全国高等院校艺术设计规划教材

广告学

段轩如　李晓冬　主　编
李翠敏　秦朝森　副主编

清华大学出版社
北　京

内 容 简 介

本教材分为四编共14章，第一编，广告基础与简史；第二编，广告市场与管理；第三编，广告实务与评测；第四编，网络传播下的广告创新。内容涵盖广告概述、广告简史、广告基础理论、广告市场与广告环境、广告受众、广告组织、广告经营与管理、广告调查、广告策划、广告创意与表现、广告媒体、广告效果测定、广告观念创新、广告营销创新等。在一些提法上与市场、消费者、媒体的衍变相衔接，体系上力求科学，观点上力求鲜明，结构上力求完整，内容上力求新颖。

本书适用于广告学专业的师生学习参考，也可供相关的广告设计工作者阅读研究。

图书在版编目(CIP)数据

广告学/段轩如，李晓冬主编．—北京：清华大学出版社，2016（2017.7重印）
(全国高等院校艺术设计规划教材)
ISBN 978-7-302-42885-5

Ⅰ.①广…　Ⅱ.①段…②李…　Ⅲ.①广告学—高等学校—教材　Ⅳ.①F713.80

中国版本图书馆CIP数据核字(2016)第030583号

责任编辑：秦　甲
封面设计：刘孝琼
责任校对：周剑云
责任印制：李红英

出版发行：清华大学出版社
网　　址：http://www.tup.com.cn, http://www.wqbook.com
地　　址：北京清华大学学研大厦A座　　**邮　　编**：100084
社 总 机：010-62770175　　**邮　　购**：010-62786544
投稿与读者服务：010-62776969, c-service@tup.tsinghua.edu.cn
质量反馈：010-62772015, zhiliang@tup.tsinghua.edu.cn
课件下载：http://www.tup.com.cn, 010-62791865
印 装 者：北京亿浓世纪彩色印刷有限公司
经　　销：全国新华书店
开　　本：190mm×260mm　　**印　　张**：26　　**字　　数**：626千字
版　　次：2016年3月第1版　　**印　　次**：2017年7月第2次印刷
印　　数：2501～4000
定　　价：52.00元

产品编号：065870-01

Editors 编委会

Preface 前言

网络时代的到来，新媒体的不断涌现，使得消费者行为、广告主和广告企业的营销行为都发生了重大变化。随着传播技术、营销手段以及广告实践的创新发展，广告学理论与实践的研究也在审慎地跟进。在此背景下，为进一步推动广告学教材建设和创新人才的培养，我们编写了这本《广告学》。

本教材有以下特点。

一是站在当前我国广告教育的前沿，借鉴西方发达国家广告教育的经验，吸收广告学研究的最新成果，特别是在移动新媒体的快速发展，传统的广告传播形态被刷新、颠覆的形势下，力求吸收广告传播的最新研究成果，体现广告理论和广告实务研究的前沿性。

二是理论与实践的紧密结合。本教材结合高校广告专业人才培养的实践要求，将学理阐释和案例分析相结合，用案例分析和精选练习加强学生的实际操作能力。每章后的“延伸阅读”提供网址或二维码，为学习者拓展思路、开阔视野提供方便。

三是力求简明、系统。每章前的“学习要点及要求”和章末的“思考练习”有助于对知识点的整体把握和学习，行文上则注重教材的可读性和对学生的启发、诱导性。

本教材分四编，共14章。第一编广告基础与简史、第二编广告市场与管理、第三编广告实务与评测、第四编网络传播下的广告创新。内容涵盖广告与广告学的概念、广告简史、广告基础理论、广告市场与广告环境、广告受众、广告组织、广告经营与管理、广告调查、广告策划、广告创意与表现、广告媒体、广告效果测定、广告观念创新、广告营销创新等。在一些提法上与市场、消费者、媒体的衍变相衔接，体系上力求科学，观点上力求鲜明，结构上力求完整，内容上力求新颖。

参加本教材编写的是多年执教于广告实践与教学一线的济南大学、复旦大学、盐城工学院、济南大学泉城学院的教师或传播学博士研究生。具体分工如下：第一章李翠敏；第二章刘妮、曹晓敏；第三章李翠敏；第四章彭伟华；第五章、第六章 李晓冬；第七章彭伟华；第八章、第九章方潇、李翠敏；第十章段轩如、秦朝森；第十一章毛海俊；第十二章李晓冬；第十三章、第十四章秦朝森、段轩如。

20世纪80年代以来为我国广告事业不停探索的前辈们的智慧、研究和践行，为本书提供了不尽活水，使本书得以滋养。在此对他们表示敬意和感谢。清华大学出版社的编辑对书稿提出了许多建设性的意见或建议，为完善本书倾注了许多心血，在此也表示衷心的感谢！

书中部分引用资料来自网络，因多方转载，作者及原出处已很难考证，在此一并致谢，特此说明。

我们热切期待高校的各位同仁和广大读者提出宝贵意见。

段轩如

Contents 目录

第一编 广告基础与简史

目录 Contents

第二编　广告市场与管理

Contents 目录

第三编　广告实务与评测

目录 Contents

第四编 网络传播下的广告创新

第一编

广告基础与简史

第一章

广告与广告学

〖学习要点及要求〗

本章有广告、广告学、广告信源、广告信息、广告媒介、广告信宿等重要术语。通过本章的学习，理解并掌握广告的基本概念、构成要素，理解广告的分类及其功能与作用；了解广告学的性质和研究对象；理解广告学与相关学科的联系。

第一节　广告概述

广告作为一种特殊的信息传播现象，已成为现代社会生活中不可缺少的一部分。特别是对人们的生产生活、商业组织、大众传媒等有关的个人和组织机构产生了广泛而深刻的影响。“在现代社会中，只有两件事是每一个人无法逃避的——死亡和广告！”“你可以爱我，你可以恨我，却不能不理我”——这是广告的自白。下面，我们首先通过一则经典案例，来看看什么是广告。

【案例1】

全球著名运动品牌——耐克

1908年，马萨诸塞州的利思建了一个制鞋厂，起初是根据客户要求进行定做，在淡季工人无事可干，鞋坊老板就开始做没有预订的鞋，这些鞋被称作待售鞋，摆在当地商店的橱窗里。20世纪60年代创建公司，起初规模很小，公司的两个创始人鲍尔曼和奈特都要身兼数职，公司没有自己的办公楼和完整的经营机构。20世纪80年代以前公司一直并不被人看好，随时都有可能倒闭。自1978年正式命名为Nike起，到如今市场占有率独占鳌头，远远超过原来运动市场的领导品牌阿迪达斯、彪马、锐步等，被誉为是“近20年世界新创建的最成功的消费品公司”，成就了耐克“神话”。在美国，有高达七成青少年的梦想是有一双耐克鞋。在全球，耐克早已成为青少年追逐的对象。

耐克神话是因为“上帝所赐”吗？耐克公司的总裁奈特回答说：“是的，是‘消费者上帝’。我们拥有与‘上帝’对话的神奇工具——耐克广告……”耐克的广告语“Just do it”更是成为广告中的经典。

1994年，“耐克”的广告费投入为2.8亿美元，是宝洁公司广告费的1/9左右，但极具创意魅力的耐克行销传播，为“耐克”赢得了消费者，使“耐克”成为市场的胜利女神(Nike原意即为“古希腊的胜利女神”)。耐克行销沟通的具体成功之处是：如何从运动员专用鞋市场拓展到普通消费者的大众市场；如何采用“离经叛道”的广告强化沟通；如何借用偶像崇拜建立品牌忠诚；如何运用动画、电脑游戏贴近青年儿童消费者；如何深入自我心理意识和价值争取到女性消费群。比如，耐克公司拓展市场的首要突破口是青少年市场，这一市场上的消费者有一些共同特征：热爱运动、崇敬英雄人物，追星意识强烈，希望受人重视，思维活跃，想象力丰富并充满梦想。针对青少年消费者的这一特征，耐克相继与一些大名鼎鼎、受人喜爱的体育明星签约，如C

罗、德罗巴、小罗、托雷斯、法布雷加斯、伊布、罗比尼奥、阿圭罗等，并拍摄了许多想象力十足的广告。例如，2010年南非世界杯的宣传片《踢出传奇》就在5月22日欧冠决赛时首播。

许多人认为耐克广告沟通术就是“明星攻势”加上与众不同的广告画面、情节。但事实并非如此，起到根本性作用的不是沟通的形式而是内容，是在广告中与消费者进行心与心的对话！耐克广告的沟通也因此获得能让消费者产生强烈共鸣的优良效果。美国著名广告大师李奥贝纳说过：“广告无法为一个人们不需要、不渴望拥有的产品塑造奇迹。但是，一位有技巧的广告人可以将产品原被忽略的特点表现出来，而激起人们拥有的欲望……好广告不仅能传达信息，更能以信心和希望，穿透大众心灵。”

一、广告的概念

广告的产生和发展，源自商品流通时期，最初是作为商品交换的辅助手段，也是产业分工的必然产物，因此说广告与商品的出现、商品经济的发展保持着近乎同步的轨迹，同时也促进着经济发展和商业繁荣。

广告一词的本意就是“广而告之”，源于拉丁文的Adverture，意思是大喊大叫，吸引人注意，后逐渐演化转变为现代英语中的Advertise一词。英文中最早的广告一词来源于世界第一畅销书——《圣经》。1450年古登堡发明了印刷术，英国开始印刷《圣经》，1655年英国出版商引用《圣经》中的广告(Advertising)一词作招牌。1660年广告开始作为商业推广的一般用语使用。日本约在明治五年(1872年)，从英文中首次翻译了“广告”这个词。直到明治二十年(1887年)广告才被社会接受并得以推广，后流传至中国。从“广告”一词的认知及应用来看，中国、日本等东方国家在时间上要晚于西方国家。直到20世纪初期，西方社会对广告的定义一般有以下几种。

(1)1890年以前，西方社会对广告较普遍认同的一种定义是：广告是有关商品或服务的新闻(News about Product or Service)。

(2)1894年，阿尔伯特·拉斯克(Albert Lasker，美国现代广告之父)认为，广告是印刷形态的推销手段(Salesmanship in Print，Driven by a Reason Why)。这个定义含有在推销中劝服的意思。

(3)1948年，美国营销协会的定义委员会(The Committee on Definitions of the American Marketing Association)形成了一个有较大影响的广告定义：广告是由可确认的广告主，对其观念、商品或服务所作之任何方式付款的非人员性的陈述与推广。

(4)美国广告主协会对广告的定义是：广告是付费的大众传播，其最终目的为传递情报，改变人们对广告商品之态度，诱发其行动而使广告主得到利益。

(5)《简明不列颠百科全书》对广告的定义涵盖了商业和非商业两大类广告：广告是传播信息的一种方式，其目的在于推销商品、劳务，影响舆论，博得政治支持，推进一种事业或引起刊登广告者所希望引起的其他反应。广告信息通过各种宣传工具，其中包括报纸、杂志、电视、广播、招贴海报及直邮等，传递给它想要吸引的观众或听众。广告不同于其他传递信息的形式，它必须由登广告者付给传播信息的媒体一定的报酬。

另外，从不同的学科角度，也产生了形态不同的广告定义。

宣传学：广告是有效的宣传手段。

心理学：广告是一种说服的艺术。

文艺学：广告就是“Truth Well Told”(善诠含意，巧传真实)。

营销学：广告是营销的排头兵。

传播学：广告通过大众传播，使目标受众产生广告主期望的购买行为。

上述这些广告定义都是基于特定的历史时期，从不同角度为我们提供的对广告的思考。这些定义既有其合理性，也有一定的片面性。

今天，广告的定义已经大为扩展。一般来说，广告有广义和狭义之分。广义的概念是基于其与信息社会紧密相联的范畴，是维持与促进现代社会生存与发展的一种大众信息传播活动。因此，广义的广告包括经济广告与非经济广告。经济广告又称商业广告，主要是有关商品或者劳务销售的经济，主要为经济利益服务。非经济广告，是指除经济广告以外的各种大众传播现象，比如公益广告、政治宣传、社会团体的公告、启事、声明等。

我们采用威廉·阿伦斯的《当代广告学》中从功能性角度给出的定义：广告是由已确定的出资人通过各种媒介进行的有关产品(商品、服务和观点)的，通常是有偿的、有组织的、综合的、劝服性的非人员的信息传播活动。

将此定义分解，第一，广告是一种传播活动。也就是说所有的广告都是通过一定的媒介渠道，向受众传播一种特定的信息，而这种信息是经过某种艺术处理的信息。所以，“传播信息”应是所有广告共有的一个本质特征。

第二，广告针对的一般是群体而非个体。也就是说广告是一种大众传播现象，而非一对一的电话推销，这有别于人员推广等其他营销手段。

第三，广告一般是有偿的。也就是说一般是有明确的出资人或者出资法人。比如，大众汽车、宝洁日化、可口可乐等都要付费给电台、电视台、报社等，让它们发布供消费者听、看、读的广告；也有一些广告主无须付费，比如红十字协会、消费者协会等全国性组织，它们的公益信息是免费发布的，因为它们属于非营利性组织。

第四，广告是经由媒介这一渠道到达受众。这里的媒介可以是电视、广播、报纸、网络或者其他新的媒介形式；但非面对面的口头传播。

第五，广告不仅是传播商品信息、促进企业实现利润的营销手段之一，又是不知不觉、潜移默化地影响着社会生活的一个重要信息源。它具有告知、诱导、教育、协调、娱乐等功能，渗透到社会生活的各个方面，从而取得经济效益和社会效益。与其他类型的传播活动相比，广告是一种集说服性、高监控性、科学性与艺术性等特征于一体的公开、有偿的信息传播活动。

二、广告的分类

目前，我们可以按照不同的目的与要求将广告进行分类去研究，例如，按广告定义、广告诉求方式、广告覆盖区域、广告使用媒介、广告传播对象、广告营销目的、商品生命周期阶段等将广告划分为不同类型。

(一) 按照广告定义划分

广告作为向大众传播信息的有效手段之一，从界定范围来看，可以分为狭义的广告和广义的广告两大类，如表1-1所示。

表1-1　广告的类别

广告的类别		举　例
广义的广告	商业广告(经济广告)	企业的有关广告，如可口可乐广告
	非商业广告(非营利性的广告)	公益广告、政治宣传广告、征婚广告等
狭义的广告	特指商业广告(经济广告)	

1. 狭义的广告

狭义的广告，专指营利性的经济广告，即商业广告，也是现实生活中绝大多数人所理解的广告。本书中提及的广告，如果没有特别说明，就是指这一类广告。哈佛《企业管理百科全书》认为："广告是一项销售信息，指向一群视听大众，为了付费广告主的利益去寻求经由说服来销售商品服务或观念。"广告的目的是通过宣传推销商品或劳务，从而取得利润。

2. 广义的广告

广义的广告，泛指一切营利性和非营利性广告，即一切面向大众的广而告知的活动。美国广告学家克劳德·霍普金斯(Claude Hopkins)的定义为："广告是将各种高度精练的信息，采用艺术手法，通过各种媒介传播给大众，以加强或改变人们的观念，最终引导人们行动的事物和活动。"

非商业广告一般是指具有非营利目的并通过一定媒介发布的广告，主要有寻人启事、职员招聘、征婚、挂失等以启事形式发布的广告以及有关政府、社会团体或企事业集团、单位的会议通知、公告和通告等。

(二) 按照广告诉求方式划分

所谓诉求方式是指广告采取什么样的表达方式来引发消费者的购买欲望并采取相应购买行动。按诉求方式划分，广告可分为理性诉求广告与感性诉求广告两大类。

1. 理性诉求广告

所谓理性诉求广告，是指广告采取理性的说服手法，有理有据地直接论证产品的优点与长处，通过向消费者介绍或展示产品的质量、性能，以及产品能带给消费者的好处，让消费者自己判断，理性地权衡利弊，最终促成购买行动。例如，乐百氏矿泉水的"二十七层净化"就是理性诉求广告的代表作。

2. 感性诉求广告

所谓感性诉求广告，是指广告采取感性的说服方式，以人们的喜怒哀乐情绪、亲情、友情、爱情以及道德感、群体感等情感为基础，向消费者诉之以情，以情动人，激发他们的感情，使他们对产品产生好感，并受情绪、情感的影响和支配，最终产生购买行动。例如，娃哈哈矿泉水"我的眼里只有你"的广告。

(三) 按照广告的覆盖范围划分

因媒介有其自身的传播范围，由此媒介渠道传播的广告自然也就有了相应的传播范围。一般而言，根据媒介的传播范围可以把广告分为全球性广告、全国性广告、区域性广告和地区性广告四大类。

1. 全球性广告

全球性广告又称国际性广告，这是国际市场一体化之后涌现出来的广告形式。这种广告在媒介选择和制作技巧上特别要考虑国际受众和消费者的特点与需要，选择具有国际性影响力的广告媒介进行发布。典型的例子有美国的可口可乐、百事可乐、万宝路香烟和耐克运动鞋等产品广告。这类广告产品大多是通用性强、销售量多、选择性小的具有国际影响的知名品牌。

2. 全国性广告

此类广告选择全国性的传播媒介发布广告，如全国性的报纸、杂志、电视和广播等。其目的是引发国内消费者的普遍反响，产生购买需求。同国际广告一样，这种广告所宣传的产品也多是通用性强、销售量大、地区选择性小的商品，或是专业性强、使用区域分散的商品。全国性广告受众人数多，影响范围广，覆盖面大，因此广告收费高。由于全国性广告的受众地域跨度大，所以要充分考虑到不同地区受众的接受习惯，注重广告信息的通用性和适用性，不宜使用方言等带有地方特色的表现形式。

3. 区域性广告

一般销售量有限、地区选择性较强的产品，往往会选择区域性的广告媒体，如省市报刊、省市电台电视台等，其传播面在一定的区域范围内。此类广告多是为配合差异性市场营销策略而进行，广告产品也多是一些地方性产品，产品销量有限，选择性强，中小型企业使用概率较高。

4. 地方性广告

此类广告比区域性广告传播范围更窄，市场范围更小，辐射面狭窄，选用媒介多是市地级报纸、电台、电视台、路牌等地方性传播媒介。这类广告主多是商业零售企业和地方性工业企业，广告宣传的重点是促使人们使用地方性产品，或提升卖点形象，引导本地消费者认店购买。

(四) 按照广告媒介的使用分类

按广告媒介的物理性质进行分类是经常使用的一种广告分类方法。使用的媒介不同，相应的广告也就具有了不同特点。在传播实践中，选用何种媒介作为广告载体是制定广告媒介策略所要考虑的一个核心内容。我们较为熟悉的传统大众媒介包括报纸、杂志、广播、电视等，相应地就有报纸广告、杂志广告、广播广告、电视广告等；同时传统的媒介划分是将传播性质、传播方式较接近的广告媒介归为一类。按所选用的媒体，可把广告分为七类：印刷媒介广告、电子媒介广告、数字互联网媒介广告、户外媒介广告、直邮(DM)广告、销售现场(POP)广告、其他新媒体广告(如2008年大放异彩的地铁新媒体广告)等。另外，还可将媒介广

告分为家中、途中和购买地点媒介广告。

(五) 按照广告的传播对象划分

各个不同的主体对象在商品的流通消费过程中所处的地位和发挥的作用是不同的。为配合企业的市场营销策略，广告信息的传播也就要针对不同的受众采用不同的策略。依据广告所指向的传播对象，可以将广告划分为工业企业广告、经销商广告、消费者广告、专业广告等类别。

总之，不同的广告分类方法具有不同的目的和出发点，但它们都最终取决于广告主的需要或企业营销策略的需要。特别是对企业而言，广告是其市场营销的有力配合手段和工具。而且广告实践的发展也会使广告的分类不断地发展变化。广告分类是我们认识广告、充分发挥广告作用的一种方法。

(六) 按照广告的营销目的划分

商业广告的最终目的都是为了推销商品，取得利润，但其直接目的有时是不同的，即达到其最终目的的手段具有不同的表现形式。以手段的不同来划分商业广告，又可以把其分为告知广告、劝说广告和提示广告三类。

1. 告知广告

告知广告的目的在于激发目标受众的初级需求，主要用于新产品开拓阶段。也就是为了向市场介绍一种新产品，向潜在顾客说明产品的新功能和新用途。例如，在美国碳酸饮料市场，当可口可乐和百事可乐竞争白热化的情况下，百事旗下的七喜汽水(Seven Up)有意识地通过广告宣传来进行区隔定位，提出“非可乐”的广告口号，使七喜脱颖而出，打破了碳酸型饮料的垄断地位，就是一个成功例证。

2. 劝说广告

劝说广告的主要目的是说服引导顾客购买本企业的产品或服务，它在企业或产品竞争阶段能起到非常重要的作用。这类广告的内容突出了产品品牌或服务的差异化特色，也可通过使用者现身说法或名人代言来提高可信度。例如，可口可乐广告一直强调自己是正宗的、传统的、真正的可乐，诉求的是一种拥有可乐的快乐感觉，进而强化消费者的拥有欲望；百事的广告则针对可口可乐的策略，强化其是“突破渴望”的新一代选择；而非常可乐则强调其是中国人的可乐。广告导致消费者的拥有欲越强，消费者购买的可能性也就越大。

3. 提示广告

提示广告的目的是保持顾客对该产品的持续记忆，适用于处在成熟期的产品。可口可乐广告经理曾经说过：如果半年不做广告的话，可能就没人喝可口可乐了。这说明消费者是非常健忘和容易流失的。特别是一些季节性很强的产品，在淡季时可做些提示性广告，以提醒消费者在最近或将来可能需要该产品。例如，好利来月饼，中秋节前三个月左右，率先在中央电视台投放提示广告，颠覆了业内传统的诉求方式，自然就提高了卖点的点名购买率。

(七) 按照广告所处商品的不同生命周期划分

按照广告所处商品的不同生命周期划分，广告可分为开拓期广告、竞争期广告和维持期广告。

1．开拓期广告

产品生命周期以产品销售量的年增长率(N)作为判断标准。若$N<10\%$，则产品处于导入期，此时的开拓期广告是指新产品刚进入市场期间的宣称。它主要是介绍新产品的功能、特点、使用方法等，以吸引消费者购买使用(此阶段也是创牌阶段)。

2．竞争期广告

若产品销量的年增长率$N\geqslant 10\%$，则产品处于成长期；若$0.1\%<N<10\%$，则产品处于成熟期。这两个时期的广告统称作竞争期广告，主要是介绍产品优于竞争产品的优点特色，如价格便宜、技术先进、原料上乘等，以使其在竞争中取胜，扩大市场占有率。

3．维持期广告

维持期广告主要是指商品在衰退期阶段所做的广告。这个阶段产品销量的年增长率$N<0$，产品处于衰退期。广告主要是宣传本身的厂牌、商标来提醒消费者，使消费者继续购买使用其商品，其目的是延缓销售量的下降速度。

三、广告的功能与作用

(一) 广告的功能

功能是指事物或方法所发挥的有利作用、效果，广告的功能具体是指广告所发挥的基本作用和效果，也就是指广告以其所传播的内容对所传播的对象和社会环境所产生的作用与影响。研究广告的功能实际上就是研究广告能达到什么样的终极目的。

从微观角度来看，传播功能和营销功能是广告的两大基本功能；从宏观角度来看，广告所发挥的两大主要功能则是经济功能与社会功能。

1．传播功能

信息传播功能确认了广告的身份。商业广告是服务于商品流通的，商业广告向消费者提供商品或服务信息，带领产品从生产领域进入消费领域，这就是广告活动最基本的信息传播功能。广告主要针对两种人群进行有效的信息传播：一种是看了广告才会买的人(此时广告的任务是劝服其购买)，另一种是不看广告也会买的人(广告的任务则是告知消费者去哪里买)。告知与劝服作为广告的两大基本任务，体现在广告传播中，就形成了广告信息的四个传播功能，具体如下。

(1) 促进功能：强化消费者现有的需求和欲望，适用于产品生命周期的导入期。

(2) 劝服功能：引导消费者产生购买行为，适用于产品生命周期的成长期。

(3) 增强功能：保证消费者购买决策的实现，有助于消费者对购买行为的肯定。

(4) 提示功能：触发消费者习惯性购买行为，适用于产品生命周期成熟和衰退阶段。

2．营销功能

营销功能明确了广告的角色，广告是营销的排头兵。广告的作用是从引起消费者的注意开始的，进而诱发他们对商品的兴趣，激起他们的购买欲望，促成购买行为；连续不断的广告宣传，可以使潜在的购买者实现购买，从而使商品销量增加。

广告的营销功能主要表现在：广告增加了产品的知名度，相应提升了产品的使用量；广告不仅可培育忠诚顾客，还可以增加产品的附加价值，即广告同时也在培养着消费者对产品和品牌的偏好，品牌忠诚的顾客是企业营销的核心基础，进而自然就会降低销售成本。广告的营销功能，不仅在于提高市场占有份额，而且还能在创造需求的基础上，帮助我们发现并开辟新的“蓝海”。

3．经济功能

广告的经济功能表现在以下几个方面。

(1) 广告是生产与消费的润滑剂，能够沟通产销，促进流通。

(2) 广告对社会的整体需求有刺激作用。广告创造了消费者对某产品的需要，有了这种需求也就扩大了工厂及设备的投资。

(3) 有利于竞争，广告是企业竞争的重要手段之一。没有竞争就没有发展，从麦当劳到肯德基，从可口可乐到百事可乐，从奔驰到宝马，从索尼到三星，无一例外都是商品竞争促进下的双峰对峙，而广告对此功不可没。

4．社会功能

广告的社会功能包括以下两个方面。

(1) 广告并不单纯是为经济服务的，还具有相应的社会功能。广告具有一定的宣传新知识与新技术的社会教育功能，向社会大众传播科技领域的新知识、新发明和新创造，有利于开阔社会大众的视野、活跃人们的思想、丰富物质和文化生活。广告通过传播新的生活观念，提倡新的生活方式和消费方式，形成一种适合国情和与一定生活水准相协调的社会消费结构，推动社会经济的发展，促进社会公共事业的进步。

(2) 广告也具有对社会的负面影响功能。广告的泛滥有可能产生信息污染；急功近利的广告宣扬了对物质欲望的追求；虚假广告也是屡见不鲜。另外，广告还有可能导致全社会的消费模式化，特别是一些迎合人们某种意识和趣味的广告，如宣扬享乐至上、物质至上的广告；传播“一旦拥有，别无所求”的广告；塑造“小公主”“小皇帝”形象的广告；描写酷男靓女搔首弄姿的广告；对超越现实的富裕生活方式进行刻意描述和推崇的广告；对充满诱惑力的超前消费尽情渲染的广告等，不胜枚举。

(二) 广告的作用

通过对广告功能的理解，可以把广告的作用归纳为三个方面。一是对企业的作用：促进竞争，开拓市场。广告有助于企业树立良好的市场形象，提高企业市场占有率，促进良性竞争。二是对大众传播媒介的作用：引导消费，沟通供需。通过大众传播手段，可以引领流行风潮，使需要某种商品的单位和个人知道在什么地方可以买到他们所需要的产品，达到沟通供需的目的。三是对消费者的作用：传递信息，满足需求。通过广告把产品或劳务的信息传

递给消费者，使一些原来并不打算购买某产品的消费者，受到大众传播媒介的刺激后产生购买行为。虽然广告具有有效促进销售的作用，但其功能也有一定的限度，原因如下。

(1) 广告是现代营销的重要工具和手段，但不是唯一的，营销目标的实现需要营销诸要素的共同努力和配合。

(2) 不同的产品有不同的生命周期，在不同的市场环境下，广告的功能和效用也不尽相同。

(3) 就广告传播来说，一般认为产品销售量的大小取决于企业投放广告量的大小，这只在一定的界限内是正确的。

四、广告的构成要素

以大众传播理论为出发点，广告信息传播过程中的广告构成要素主要包括：广告信源、广告信息、广告媒介、广告信宿等要素，信源，又称编码者、讯息发送者或讯息传播者，是信息传播活动的起点，处于信息传播过程的第一环。信源(传者)、信宿(受众)、编码、译码、讯息、传播渠道(媒介)、反馈、噪音是信息传播过程的八个基本要素。以下是信息传播流程的一个简化的模式，如图1-1所示。

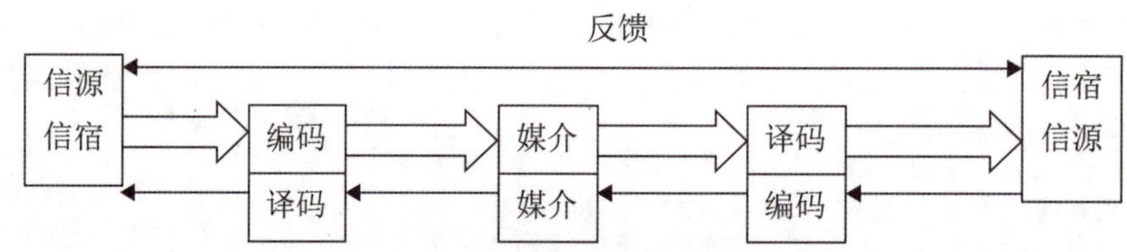

图1-1 广告信息传播流程

以广告活动的参与者为出发点，广告构成要素主要有广告主、广告经营者、广告发布者、广告的目标受众、广告信息等。其中广告主、广告经营者、广告发布者是广告运作的三大主体。

1. 广告主

广告主是指发布广告的企业、团体或个人，如工厂、商店、宾馆、酒店、公司、剧院、农场、个体生产者、个体商贩等。

广告主是广告活动的发起者，对广告活动起主导作用。广告主根据自身的需要或依托所在市场的营销环境及自身实力来确定对广告的投资，是广告信息传播费用的实际支付者。

2. 广告经营者

广告经营者也称广告代理商，是指专业从事广告经营的公司，是连接广告主和广告发布者的纽带和桥梁，也是广告活动的重要主体之一。他们是广告文本信息的编码者，必须具备较高的专业水平，其广告创意和广告文本的设计制作要能够准确体现广告主的意图，这是广告信息取得成功传播的重要前提。

3. 广告发布者

广告发布者也就是广告媒介，它是指广告信息的传输渠道或通路，是将经过编码的信息

传达给受众的载体。随着社会的发展、技术的进步，广告媒介的种类越来越多，传播费用有很大差别，传播效果也良莠不齐。因此，在选择广告传播的媒介时，必须考虑费用、产品自身特点、媒介性质等多方面因素，其中媒介到达目标受众或目标市场的能力是媒介选择的前提。不同的广告主会根据各自特定的市场营销状况来选择适合自己的媒介及媒介组合。

广告活动本质上是有计划的大众传播活动，其信息要运用一定的技术手段，才能得以广泛传播。广告媒介就是这种传播信息的中介物，它的具体形式有报纸、杂志、广播、电视和网络等。在广告媒体日益多元化的现代社会，应加强对新兴媒体的开发和研究，开拓媒体视野，特别是新的通信科技和网络技术的发展，使得媒体整合的有效性和科学性成为广告媒体研究的一个重要内容。

4．广告的目标受众

广告的目标受众，就是广告信息所要到达的对象和目的地。受众是广告信息传播活动取得成功的决定因素。传播真正开始于受众将广告信息解码成对自己有意义的信息之时。但同时，受众对广告信息的解码又具有各种不确定性，因为整个解码过程会受到诸如受众所处的信息背景、社会、文化、经济、心理等多种因素的影响和支配，并且与他们以往的生活经验、阅历密切相关。

另外，受众与消费者是两个既有联系又有区别的概念。受众是相对于广告传播而言；而消费者则是相对于市场运作、广告活动而言。当受众在接收广告信息后采取了购买行为，才成为消费者。

5．广告信息

广告信息也称为广告文本，是广告经营者结合广告主的委托，对广告说什么(内容)和怎么说(表现形式)进行专业加工后的产物。哈佛《企业管理百科全书》认为：“广告是一项销售信息，指向一群视听大众，为了付费广告主的利益去寻求经由说服来销售商品服务或观念。”广告信息首先是关于广告内容的所有消息，同时也是直接与广告受众互动交流的载体，人们通过它的介绍和推荐来认识企业、产品和服务，对是否产生最终行动形成选择意向。广告信息传播的最终目的是为了说服和诱导消费者产生购买行为。

第二节　广告学的学科性质与研究对象及方法

一、广告学的性质

关于广告学的性质有科学派和艺术派的分野。以霍普金斯、韦伯·杨为代表的“科学派”认为，广告学的形成是建立在科学技术的进步、广告活动日益科学化和规范化运作基础上形成的理论体系和学科框架；以威廉·伯恩巴克、路易斯为代表的“艺术派”则认为，广告学本质上是传播创意的艺术，广告源于知觉本能和天分，是打破陈规的艺术，创意表现需要艺术的想象，是艺术的空间和个性的张扬，吸引观众靠艺术手法。

本书认为，广告是一门具有艺术特质的科学。广告的运作需要运用现代科学的理论和研究方法，基于对市场、产品、竞争、消费者等各方面科学调研分析，从而形成科学有效的广

告策划方案，然后借助先进的科学技术设备与媒介等最终达到广告的目的。其艺术特质是指广告相比其他科学学科，创意性思维及表现要贯穿始终，艺术的思维和表现更是必不可缺。

不论广告的科学性还是艺术性，都必须承认广告学是一门独立的、规范的、综合性的边缘学科的事实。

(一) 广告学是一门独立的学科

广告学研究广告活动的历史、理论、策略、制作与经营管理，是一门既包括社会科学，又蕴含自然科学和心理科学性质的综合性独立学科。起初有关广告的知识，只零星见于新闻学和经济学的部分章节内，且不成系统。到目前为止，广告知识仍是这些学科的组成内容之一，如传播学、新闻学、市场学、公共关系学、企业管理学、商业心理学等都论述到广告内容。由于广告活动的范围日益扩大，形式日趋丰富多彩，专业广告组织开始出现，广告业务不断增加，对广告理论的研究也日益被重视。

1984年，厦门大学首开广告课程，广告理论研究的日益发展和广告工作的实际需要，使广告学逐渐从新闻传播学和商业经济学中分离出来，成为一门正规、独立的学科。广告学包括中外广告史、广告写作、广告策划、广告创意、媒体选择、广告心理、广告摄影、广告设计、广告管理、广告道德规范等一系列原理和理论，这些原理和理论揭示了广告活动的基本规律。

(二) 广告学是一门综合性的边缘学科

现代科学发展到今天已多达2000余门，学科间分工越发细密。各类学科之间互相渗透、互相交叉、互相影响，从而形成一些交叉边缘学科。广告学的形成过程，也就是从其他学科中逐渐分离出来而渐趋独立的过程。这一分离过程，是吸收其他学科研究成果的过程，也是自身体系走向完整的过程。

说广告学是一门综合性的边缘学科，是因为其学科体系涉及社会学、新闻传播学、心理学、经济学、语言学、统计学、美学等诸多学科，并且广告学本身也具有许多分支，如广告理论、广告心理、广告美学、广告摄影、广告设计等。这充分说明广告学是一门综合性的边缘学科。

(三) 广告学是一门具有学理规范的学科

广告学作为一门独立的综合性学科有其自身发展、演变的规律。在广告学的发展过程中，广告学作为一个学科出现，其内部各有机组成部分的联系也是在广告运作规模化、规范化过程中自然形成的。广告人对广告活动基本原则的总结，是促使广告学学科体系逐步形成的一个重要因素。我们需要做的就是发现这种规律，找到这种规律。

二、广告学的研究对象

广告学反映了广告活动的客观规律，揭示了广告促进商品生产的规律。它研究的是人类社会中大量存在的一种现象——有效信息传播。广告的本质就是一种广泛有效的信息传播。

以广告活动和广告事业为研究对象的广告学，根据具体研究对象的不同，主要可分为理论广告学、历史广告学、应用广告学三个研究分支。近几年，发展广告学的研究也逐渐成为一些广告学者关注的主题。

(一) 理论广告学

理论广告学是运用科学的方法，对广告活动中的根本问题进行研究，如广告的概念，广告的分类，广告在社会和经济发展中的作用、地位，广告活动的基本规律、原则，广告研究的基本方法等。其根本任务是揭示广告活动的一般规律，为广告活动和广告学研究提供理论基础。

(二) 历史广告学

历史广告学则侧重研究广告产生、发展以及广告事业变迁的规律。它的研究范围很广，内容主要有广告媒介发展研究、广告设计风格(表现技法)演变、广告历史发展等。揭示广告发展的历史规律，把握广告活动的发展趋势，从而指导、调整广告实践。

(三) 应用广告学

应用广告学是现代广告学的主体，它以具体的广告实践作为研究对象，旨在探讨和揭示广告在商品促销中的活动规律，使广告活动日益科学化、规范化。应用广告学的研究内容是广告活动的业务规律和具体运作方式，如广告策划、广告设计、广告制作、广告管理等，体现广告学研究的目的性和实际操作性。

(四) 发展广告学

发展广告学是由北京大学新闻与传播学院副院长、广告系主任陈刚教授带领的学术团队于2010年提出的，相对而言，是一个新命题。那么，什么是发展广告学？陈刚教授认为，发展广告学是研究广告产业发展问题的理论体系。所谓广告产业的发展问题，首先是中国广告产业发展的影响因素、内在逻辑、发展机制和发展路径的问题。发展广告学要分析和探讨中国广告产业发展的内在规律和特点，提炼出影响产业发展的关键因素，解释广告产业变化的路径，判断各种现象的价值，以及出现诸多问题的原因。其次，发展广告学还要探讨广告与社会发展的关系，明确广告产业的发展不是单纯的产业增长问题，从社会发展的角度，反过来再研究广告业如何适应社会的变化，推动社会的进步，健康有序地发展。

三、广告学的研究方法

广告学的研究也有方法论上的问题，只有以马克思主义的唯物论和辩证法为指导，进行科学的思维，才能在学科的创立和发展中取得应有的成果。

首先，广告学的研究必须做到理论与实践相结合。广告学是一门实践性很强的学科。广告学理论产生于广告实践，又服务于广告实践，必须从我国广告事业的实际出发，重视调查研究，详细占有材料。

其次，案例分析法也是广告学研究常用的方法。广告学的实用性强，它重在寻求于实践中解决问题的方法和策略及其推广。通过对典型广告案例的分析研究，总结出一般的规律，给广告工作者以启发和借鉴，从而推动广告管理和广告水平的不断提高。

最后，比较的研究方法，也是广告学的研究方法之一。从世界范围来看，各个国家的广告发展状况差距很大。中国作为一个发展中国家，其广告发展水平相比美国和日本等也有较大差距。我们应该借鉴西方发达国家在广告方面的先进技术和有益经验，通过对比分析研究，做到博采众长、融会贯通、推陈出新，在比较中丰富和发展广告学。

第三节　广告学及其源流

一、广告学学科体系的形成

广告学的形成经历了一个漫长的过程，它既是广告活动作为一种单个的商业行为的长期累积，又是广告作为一个整体运动与社会、经济环境等互动的结果。广告学的形成有许多重要标志或参考的坐标可供人们研究和探讨。

第一，广告学作为一门学科出现，是广告活动与人们现实生活发生紧密联系的结果。

广告伴随人类的商业活动而出现，在商品生产和商品交换活动中得以发展。随着广告技术的进步和大众传播媒体的发展，广告活动有了更为丰富多彩的表现形式。在大众媒介出现之前，广告形态和运作方式均较简单，影响的范围也较有限，广告仅仅被人们视为传播信息的方式或推销商品或观念的“推销术”。随着传播技术的迅猛发展，广告技术与大众传播媒介开始有机地结合在一起，广告的功能和价值得到了进一步发展。

第二，广告学作为一门学科出现，与广告活动作为商业行为日益规范化并逐渐行业化有很大的关系。

印刷技术的发展使报纸逐渐成为大众媒介。广告业务的增加又使广告代理业逐渐从报纸中分离并且获得独立发展。广告代理的一般模式是：将报纸版面以相对低廉的价格承包下来，再以较高的价格卖给广告主。这是美国人乔治·P.罗威尔(George P　Rowell)在1865年创建的“广告批发代理”模式。随后，更多的大众媒体如广播、电视等出现，广告更加规范化。广告主会对媒体进行比较选择，媒体也会对自身的特点和优势进行研究。广告运作逐渐呈现出一定的规律性，这是广告学作为一个学科出现的又一重要条件。

第三，广告学学科体系逐步形成的另外一个重要因素是杰出广告人对广告活动基本原则的总结和研究。

19世纪末至20世纪初，西方资本主义市场经济得到快速发展，广告行业变得日益重要，在国民生产总值中的比例不断上升。如在1904年，美国的国民生产总值是229亿美元，而广告费为8.21亿美元，其占国民生产总值的比例达到3.5%。这标志着广告业已在经济发展中占有举足轻重的地位和作用，研究广告的特点、规律等已成为必然。有些学者首先从研究广告史开始了对广告学的探讨。1866年，美国学者J.莱坞德(Laiwood)和C.哈顿(Hatton)合著了《路牌广告的历史》一书。1874年H.萨博逊(H·Sampson)推出《广告的历史》专著。这些著述对广告的演进进行了系统的研究。在这之后，市场学在美国建立起来，广告学成为市场学的组成部分，营销学注入广告活动，使广告成为营销的一部分。

20世纪初，广告学成为一门独立的学科，代表人为美国西北大学心理学家狄尔·斯科特。1904年，斯科特发表了《广告原理》一书，首次较系统地阐述了广告活动应该遵循的一般原则。1908年，他又撰写《广告心理学》，初步建构了广告心理学的基本原理。随后经济学家席克斯编著了《广告学大纲》，对广告活动进行了较为系统的理论探讨。美国一些著名大学如加州大学、密歇根大学等，都在此时开设了广告学课程。1926年，美国市场学和广告学教员协会成立，为开展广告学的研究提供了较好的条件和环境，一大批有关广告方面的著述相继问世，广告学逐步从市场学中分离出来，成为独立的学科。

二、广告学的发展与成熟

20世纪30–60年代，广告学得到大规模发展。30年代世界性的经济危机引起的经济大萧条，促使一大批广告专家和学者研究现实问题，利用广告影响和推动现实经济的发展。一些研究人员纷纷创立了不同的广告理论派别：文案撰稿人约翰·肯尼迪(Kohn Kennedy)，创立了情理广告派，他认为广告就是“纸上推销员”。克劳德·霍普金斯发展了约翰·肯尼迪的情理广告，成为情理派的代表人物，他的著作《科学的广告》一书是美国修学广告的学生的必读书。李奥·贝纳建立了“芝加哥广告学派”，在广告表现上声称“我们力求更为坦诚而不武断。我们力求热情而不感情用事”。罗瑟·瑞夫斯(Tosser Reeves)认为广告是“独具特点的销售说辞”。威廉·伯恩巴克(William Bernbach)提出广告写作要强调创造力，认为广告上最重要的东西就是独创性(Original)与新奇性(Fresh)。大卫·奥格威(David Ogilvy)创立了“形象设计”理论，他写了《一个广告人的自白》一书。乔治·葛里宾(George Gribbin)明确指出广告要贴近生活，文案创作人员需要对商品有深刻的了解，才能创作出好的广告。这一时期，众多的广告公司设在美国纽约曼哈顿区的麦迪逊大道，这条街道几乎成了美国广告业的代名词。

20世纪60年代末至70年代初，艾·里斯(AL Rise)和杰·特劳特(Jack Trout)提出“定位”(Positioning)的概念，并写了一系列名为“定位时代”(Positioing Age)的文章。后来，杰·特劳特在总结25年来的经验基础之上出版了《新定位》(*The New Positioning*)一书，提出了更符合时代要求的定位策略。与此同时，广告媒体的研究、广告心理的研究、广告运动策略、广告经济学、广告社会学、广告文化学与传播学如雨后春笋般开始出现，丰富、促进了广告学的基本理论，又同时推动了广告事业的发展。

随着广告业的发展，广告活动的规范管理逐渐受到重视，各国政府纷纷出台相关的政策法律来加强对广告行业的管理。在发展过程中，广告行业组织的作用和地位也日益得到重视，这类组织在协调关系、行业自律、提高效率等方面发挥着非常大的作用，使广告市场的运作更加规范化，广告代理制也在此阶段应运而生。随着对此行业研究成果的不断丰富，这些内容都成为广告学学科体系的重要组成部分。

20世纪70–80年代，随着全球经济一体化步伐的加快，广告业跨地区、跨国度运作力度加大，广告理论也得到进一步发展，如80年代，CI 作为一种企业系统形象战略被广泛运用到企业的经营和管理中，并在世界范围内掀起一场令人瞩目的“形象革命”。90年代，整合营销又在全球掀起狂波巨澜，如今这一理论已被广告界接受并大量实施在广告的实践活动中。此后，随着新技术革命席卷全球，广告的现代化手段及技巧有了大幅度的革新，广告调研预测技术、媒体策划技术、广告表现技术出现电脑化趋势，广告理论出现了不断创新的趋势。

三、广告与相关学科的关系

广告在成为一门相对独立的学科的基础上，其形成与发展受到各种相关学科的影响，在形成过程中大量吸收相关学科的知识，也恰恰是由于营销学、心理学、传播学、新闻学、统计学、市场学、管理学、美学、公共关系学等相关学科的发展，才促使现代广告学在独立的学科轨道上不断丰富和完善。

广告学与这些学科互相影响、互相渗透、互相耦合与包容，彼此间建立了密切的关系。这里，我们主要讨论广告学与市场营销学、心理学、公共关系学之间的关系，因为这四者在广告实际应用中具有重要意义。

(一) 广告学与市场营销学的关系

市场营销和广告同属于经济范畴，二者的最终目的也是一致的。从层次上看，广告是促销的子系统，而促销又是市场营销的子系统，因此，可以说广告是市场营销的一个工具或者说是一种手段。广告属于服务性的经济行为，通常是以全球经济一体化为背景、以市场经济为舞台、以广告信息活动为纽带、以营销策划为轴心、以有偿信息服务为目标的现代经济运作形式。广告的投入能够使品牌的知名度和信任度向更大的空间和时间范围内传播，也是企业力图扩大商品交易机会、增加即时销售、强化市场竞争地位的有效营销手段。特别是在当今信息网络高速发展的背景下，广告信息传播手段的功能和属性在不断增强，与其他促销要素比较，广告传播活动更具有时效性以及不受时间和空间限制的优势，最终导致广告应用的地位不断上升以及广告的投资比例也与日俱增。

基于此，市场营销的很多理论在广告中得到了广泛运用，比如市场细分与定位理论、产品的生命周期理论、整合营销传播理论等；每种新营销理论的出现及营销实践的成功都为广告理论与实践的发展与进步提供了直接的参考。因此，市场营销的有关原理，对于把握认识广告的基本理论和运作方式是很有帮助的。我们学好广告学，有必要了解市场营销学方面的知识，特别是一些经典理论和最新理论的应用。

(二) 广告学与心理学的关系

心理学是一门渗透力极强的科学，目前它已广泛渗透到一切实用性或非实用性学科之中。广告学的形成过程，首先是与心理学发生紧密联系的过程。1898年，美国学者路易斯(Lewis)提出了著名的AIDA法则。他认为：广告的说服功能是通过广告信息刺激受众而实现的，一个广告要引起人们的关注并取得预期的效果，必然要经历引起注意(Attention)、发生兴趣(Interest)、产生欲望(Desire)、付诸行动(Action)这样一个过程才能达到目的。

AIDA法则主要是从心理学的角度，描述一个广告目标受众在接触广告之后的大致心理过程，也就是从广告受众的心理活动过程这个视角，来探讨如何提高广告在营销过程中的效果问题，这也是衡量一则广告成功与否的标准，因而引起了人们的高度重视，实质上强调了“广告的最终目的是引起购买行动”。

20世纪40年代在美国开始流行马斯洛的“需要与动机”理论，也对现代广告学产生重大影响。马斯洛认为，人类的需要是分层次的，由低到高，它们是生理需求、安全需求、社交需求、尊重需求、自我实现。按马斯洛的理论，个体成长发展的内在力量是动机，而动机是由多种不同性质的需要所组成，各种需要之间，有先后顺序与高低层次之分，每一层次的需要与满足，将决定个体人格发展的境界或程度。广告是针对人的心理需求的诉求，因此只有不断深化目标受众的潜意识，使其一经遇到适当的条件即能转化为购买动机和行为。

(三) 广告学与公关关系学的关系

从层次上看，公关关系和广告都是促销的子系统，二者同时为营销服务；同时二者都是利用媒介来创造知名度或影响市场和公众，因此，二者更是有相当的相似性。特别是随着广告运作各层面多角关系的形成，广告在企业的经营与管理过程中发挥的作用越来越大，广告学与公共关系学在诸多领域都出现了融合与交叉。

首先，公共关系许多时候要利用广告来宣传自身、树立形象，广告也不断吸收公共关系的思想来调整、修正、完善传统的广告活动。传统的广告往往直接诉求自己的产品信息，而

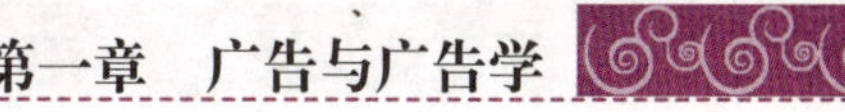

现代广告则开始以树立企业或产品形象为诉求侧重点。

其次，公共关系和广告在传播组织信息时，是从不同角度传递给公众有关组织的不同信息，但目的都是为组织整体目标服务，从而树立组织及产品服务的完美形象。

最后，广告学与公共关系学出现了交叉融合趋势。公关和广告同为营销的手段，不仅互为补充，还发生紧密联系，出现了“公关广告”。这是一种设法增进公众对组织的总体了解，提高组织知名度与美誉度，从而使组织活动得到公众信任与合作的广告。与商品广告相比，公关广告的核心问题是提高产品的声誉和企业的美誉度，更侧重企业或组织的形象塑造，侧重与公众进行情感交流，引发公众的好感。

（四）广告学与艺术的关系

广告艺术是从现代艺术中分离出来的一种独特的形式，广告艺术属于实用艺术类，属于现代设计范畴和领域。广告艺术几乎涉及现代所有艺术领域，是现代艺术丛林中灿烂的一枝，并有它自身的特点和发展规律。广告艺术的表现形式包括绘画与摄影、语言和文学、音乐和表演、雕塑与建筑等。

广告艺术与“纯”艺术相比，主要有以下特点。

(1) 以受众的感受为出发点。艺术作品的创作是以艺术家个人的心理感受为基点的(具有为我性)。广告作品是以广告目标对象的心理感受为基点的(具有为他性)。在广告创作中，不能像在艺术创作中那样，以个人的心理感受为中心，它必须暂时失去自我，设身处地地以广告受众的角色去体验、感受、揣摩广告形式带给受众的视觉冲击和心灵震撼。正如广告思想家李奥·贝纳所说：“如果你不能把你自己变成你的顾客，你几乎不应该干广告这一行。”

(2) 创作的被动性。艺术创作是一种有感而发的行为，对于那些不感兴趣的事物可以视而不见，置若罔闻。但是广告创作却不能这样，或在大部分情况下不是这样。它首先是被当作一项“任务”接下来的。广告创意是一项控制工作，广告创意是为人做嫁衣，而非自己出嫁。因此，他在创作对象的选择上的自由性远远小于艺术家。

(3) 创作和制作方法的“工业化”趋势。现代广告作品的最终完成很少完全由一个人完成，其原因在于：广告作品创作本身是个系统工程。从市场调研、广告策划、广告主题确定、广告设计制作一般需要若干个部门共同完成。今天，一个短短十几秒的电视广告创作，所调动的制作队伍几乎包括了一个电视剧拍摄的所有程序。

(4) 不同的表现形式和手段。广告艺术，是从纯艺术中分离出来的那一天，便具有相对独立性。并且在长期实践过程中，形成了自身特有的创作理论、方法、手段和表现规律。同样是绘画艺术，纯艺术作品一般都具有更深层次的精神特性，讲究“有意味的形式”，而广告作品从本质上讲只是一种带有劝服、诱导、激励的信息。基于此目的和时间的限制，广告在表现手段上和形式上，常带有程式化的痕迹。

(5) 创作上的直接切入。广告作品所传达的消息时间非常之短，影视广告一般都以“秒”计算，使得人们不可能像欣赏纯艺术那样，有铺垫、有发展、有高潮、有结尾、有回味，而且人们也极少去体会广告所传达的信息。人们接受广告的这种特殊性，要求广告创作与纯艺术是不同的。广告艺术创作必须考虑运用什么样的手法调动消费者怎样的欲望，在很短的时间内，吸引他的注意力，使他去看、去听、去想，并形成记忆和引起购买行为。

(6) 不完全属于上层建筑。与属于意识形态的纯艺术相比，经济广告的创作与表现都是为了推动商品销售，最终获得利润，或者说，广告艺术只是一种营利手段，“即是经济基础的一部分”。广告艺术的目的、手段、服务和作用的特殊性，决定了它不全属于上层建筑。但是，广告艺术必然将广告创作者的消费观念、对时尚的追求与判断等传达给消费者，并不同程度地影响着消费者的消费观、价值观。特别是一些公益广告或社会广告。所以，广告艺术是艺术与经济、艺术与科学技术的结合，它同时涉及精神文明与物质文明，是具有上层建筑性质的一种经济活动行为。

本章小结

现代广告是付费的大众信息传播形式，目的在于推广商品或服务，影响消费者的态度和行为，以取得广告主预期的效果。

广告的构成要素主要包括广告主、广告代理商、广告媒介、广告的目标受众、广告信息五个方面。其中广告主、广告代理商、广告媒介是广告运作的主体。

从传播学角度来分析，广告是一种有效的现代传播方式或传播活动。根据不同的需要和标准，可以将广告按广告目的、表现形式、广告地区、广告媒介、商品生命周期不同阶段、广告诉求方式等标准划分为不同的类别。

广告学是在许多边缘学科的基础上发展起来的一门综合性的独立的社会学科，它研究的是人类社会中大量存在的一种现象——信息传播现象。根据具体研究对象的不同，可将其分为理论广告学、历史广告学、应用广告学三个广告学研究的分支，随着研究的深入，发展广告学也纳入了学者们的研究领域。不同的分支有不同的研究内容。

广告学与营销学、心理学、公共关系学之间相互影响、互相渗透，彼此之间建立了密切的关联。

延伸阅读

1. 国际4A广告网http://www.4aad.com/

(通过该网站主页栏目，对广告及广告行业有粗略的了解)

2. 国际4A广告网奖项http://www.4aad.com/html/Award/

(通过该网站，了解广告界有哪些奖项，并欣赏所提供的获奖广告)

【案例】

可口可乐广告的前尘今朝

说到全球最有价值的品牌前三名一定有它，想到欢乐也总是想到它，它是全世界最受欢迎的饮料之一——可口可乐。

可口可乐是陪大家一起长大的知名品牌，甚至对于庶民文化的影响也非常深远。大约从19世纪90年代起，可口可乐就有了第一代平面广告，当时的slogan就是Drink

Coca–Cola和Delicious and Refreshing，非常的简单明了，毫不矫揉造作。

可口可乐公司每年花在广告上的费用日益增加，因为每期都有他们需要主打的形象slogan。一开始可口可乐的知名度还没出来，需要大众去尝试，所以打出Drink Coca–Cola。当可乐悄悄地在美国人民心中地位日益提升后，陆续推出一些与人性的联结层面，例如友谊、欢乐、幸福等。美国市场稳定后，要征服其他国家的味蕾却也不是那么容易，他们就想办法强调“喝可乐的是感觉而非味道”。现在可口可乐的粉丝遍布全球，品牌的成功建立在这里可见一斑，如图1-2所示。

(a)

(b)

(c)

图1-2　可口可乐广告

可口可乐之所以爱用圣诞老公公作他们的形象广告，是由于红白两色正是他们的企业标准色，使得大家对可口可乐品牌印象更加深远，如图1-3所示。

(a)

(b)

图1-3　可口可乐广告

大约到了2007年，有一波新的行销slogan就是：On the coke side of life，几乎已经拥有一批可乐信徒了！而海报也开始使用平面软体的手法呈现。这一波广告形象导入了“将快乐分享给朋友”的概念，更强调喝完可口可乐，从瓶口中喷出的前所未有的畅快感和新鲜感，如图1-4所示。

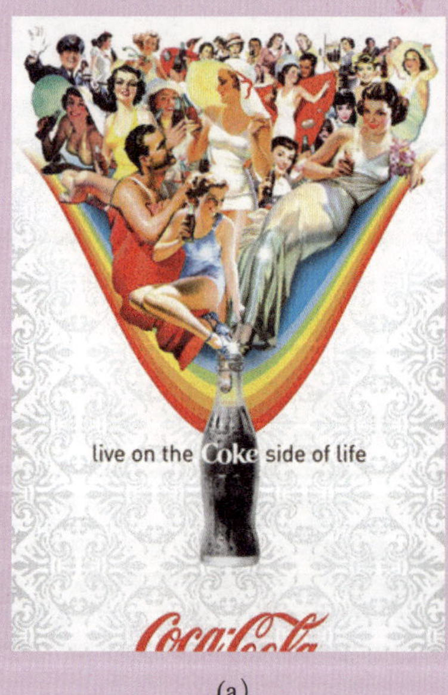

(a)

(b)

图1-4　可口可乐广告

各国也是有不同的广告风格，但还是以抓住年轻人市场为主，让他们在口渴时想到的第一个解渴圣品就是可口可乐，如图1-5所示。

(a)

(b)

图1-5　可口可乐广告

大约2010年，吹起了3D动画风，当然可口可乐的广告也要赶上这股热潮，如图1-6所示。

图1-6　可口可乐广告

（资料来源：http://www.4aad.com/html/classified/Food/4940.html，2010-09-04）

思考练习

1．如何理解现代广告的概念？
2．通过一个广告案例来分析现代广告的基本性质、特征。
3．根据不同的需要，广告有哪些主要的分类方法？请举例说明。
4．简要介绍广告学的研究对象，了解广告学的性质。
5．简述市场营销学对广告学产生的影响。
6．马斯洛的需求与动机理论对时下的广告发展有何启示？

第二章

广告简史

〖学习要点及要求〗

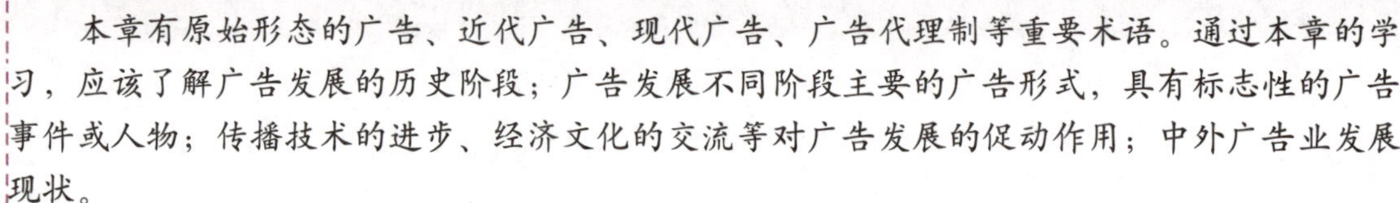

本章有原始形态的广告、近代广告、现代广告、广告代理制等重要术语。通过本章的学习，应该了解广告发展的历史阶段；广告发展不同阶段主要的广告形式，具有标志性的广告事件或人物；传播技术的进步、经济文化的交流等对广告发展的促动作用；中外广告业发展现状。

第一节　中国广告发展简史

英文单词Advertising源于拉丁文Advertere，意为“唤起大众对某种事物的注意，并诱导于一定的方向所使用的一种手段”。大约在1872年，日本首次将Advertising译为“广告”。20世纪初，“广告”一词出现在中文当中，意为向公众“广而告之”。虽然在我国古代典籍中没有“广告”一词，但作为世界上最早拥有广告的国家之一，我国的广告活动最迟在原始社会晚期就已产生。

随着历史的不断推进与演变，广告形式也随之发生变化，呈现出多样性、独特性、时代性等特征。基于不同的广告形式，可将广告史划分为以下三个阶段：①原始社会末期到鸦片战争之前的中国古代广告；②鸦片战争到新中国成立前的中国近代广告；③新中国成立后艰难恢复与快速发展的中国现代广告。

一、原始社会末期到鸦片战争之前的中国古代广告

广告是人类商品经济发展的必然产物，社会分工的细化导致商品生产和商品交换的出现，信息交流便成为一种必然，广告也就随之出现。《易经·系辞》中记载：“神农氏作，列廛于国，日中为市，致天下之民，聚天下之物，交易而退，各得其所。”这段文字描述了约公元前5000年神农之世，中国上古先民陈设货物进行物品交易的盛况。我们不难想象当时集市贸易的热闹场景，以及充盈其间的实物陈列和叫喊吆喝的广告雏形。于是，一般认为7000年前神农集市的出现，标志着我国原始商贸及广告的发端。此后，随着生产力的发展、社会分工的深化，剩余产品越来越多，物质交换活动也越来越频繁，交换品的种类和地域不断扩大，以此催生出更多的广告形式，并以更富技巧的手段传递沟通商品信息达到商品交换的目的，实物、叫卖、招牌、幌子和印刷品等原始形态的广告也就应运而生。

（一）实物广告

实物广告是以商品自身为媒体的广告形式，是一种最原始、最直接的广告形式，也是古代商品交换、推销货物时最为普遍应用的广告手段。商人或持所售商品，或将经营的商品摆放、悬挂于店铺门前，或陈列于顾客易见之处以招揽生意，均可视为实物广告。《诗经·卫风·氓》中“氓之蚩蚩，抱布贸丝”，氓所抱之“布”与所贸之“丝”显然都属于实物广告形式。

与之相类，典出《史记·司马相如列传》的“文君当垆”的故事(见图2-1)，不仅让我

们看到了摆放在旧时酒店土台上的酒瓮这种实物广告形式，同时再一次感受到了名人效应为商家带来的利好。并且，更令人称奇的是，古人竟然也使用现代广告人所喜欢的“3B原则”(即Baby、Beast、Beauty)中的“美女”作为广告创意元素，来提升广告效果。

图2-1　文君当垆

实物广告虽然是最原始、最简单的广告形式，但往往很多时候看起来最简单直接的方式，恰恰正是最有效、最有力的推销手段，实物广告便是如此。因为其直观的特点，所以具有其他广告形式无法比拟的优势，它可以使产品给人留下极其深刻的印象。如果再辅以产品演示或名人推荐，则更能增强消费者的信赖感，并激发其占有欲，从而产生良好的广告效果。

（二）叫卖广告

俗话说“卖什么吆喝什么”，由此伴随实物广告出现的是叫卖广告。叫卖广告也称口头广告，是通过言语呼喊达到吸引消费者购买的目的，是最原始、最简单，也是至今仍然最为常见的广告形式之一。例如，明代冯梦龙所编《警世通言·玉堂春落难寻夫》中“却说庙外街上，有一小伙子叫云：‘本京瓜子，一分一桶，高邮鸭蛋，半分一个’”的关于叫卖词的记录，显示了商贩以特殊商品和价格低廉作为吸引消费者的手段，叫卖广告也开始使用朗朗上口、便于理解的叫卖词作为推销商品的噱头。

商品经济的发展进一步促进实物种类的增多，作为一种十分便捷且有效的广告手段，叫卖广告被商贩普遍采用。为了易于消费者辨识加深印象，不同行业渐渐形成唱念做打各有特点、抑扬顿挫相对固定的腔调，使人一听便知贩卖何物，诸如“磨剪子来锵菜刀”之类具有特殊韵味、保有远古遗风的吆喝声，更是成为一种独具魅力的文化形态，又因其从一个侧面鲜活重现古代市井风情，所以被称为“现代都市最濒危的声音”，引起众多历史学家、文化学者以及艺术工作者们的广泛关注。众所周知，元曲“货郎儿”曲牌，最早便是沿街叫卖的货郎为招揽顾客而唱的，后来演变为民谣，最终演变为艺人曲目，被一代代传唱至今。

继而，又有商贩借助各种器材(见图2-2和图2-3)使叫卖变得省力，而且传播效果更好，这就又形成了与叫卖广告相伴而生的音响广告。一般认为早在西周时期，我国便出现了音响广告。《诗经·周颂·有瞽》中有“箫管备举”的诗句，据汉代郑玄注：“箫，编小竹管，如今卖饧者吹也。”唐代孔颖达也认为：“其时卖饧之人，吹箫以自表也。”可见西周卖糖食的小贩就已经开始注意利用吹箫管之声招徕生意。而走街串巷的布贩摇晃的“拨浪鼓”、油贩敲打的“梆子”，还有货郎手持的小铜锣，我们在很远处就能分辨这些特殊音响所代表的不同行业，至今我们仍能够在集市或村庄街巷中见到。

叫卖广告具有普遍适用、成本低廉、简单易行的优点，但同时也存在传播范围有限、场所不固定、受叫卖人身体素质影响较大等方面的局限。尽管有着诸多缺点，但这一广告形式却被一代代沿袭下来。时至今日，我们还会被偶尔听到的叫卖声唤醒旧时温暖的记忆，从而情不自禁产生浓厚的消费兴趣。由此，更不难想见在技术手段有限的古代社会，它所发挥的举足轻重的作用了。

图2-2　磨刀匠使用的惊闺叶

图2-3　糕点、糖果小贩使用的小糖锣

（三）店铺广告

随着社会政治、经济的发展，民众聚居的城邑与货物集散的集市的结合越来越密切，在“城”与“市”不断融合的过程中，集政治、军事、经济、文化等综合性功能于一体的古代城市最终形成并且规模迅速扩展；与之同步，一部分有实力的“行商”不再走村串寨、劳碌奔波于“城”和“市”之间，而是渐渐转变为“坐贾”，他们有着固定的经营场所，靠名号、声誉和专项经营来吸引消费者光顾。稳定的商业场所，经过不断的发展扩张后，逐渐发展成拥有门面的店铺。此后，花样繁多的店铺广告也就成为城市中最有代表性的广告形式了。

北宋末年画院待诏张择端在公元1111—1125年间所绘风俗画《清明上河图》(见图2-4)举世闻名，在长528.7cm、宽24.8cm的长卷中帝京汴梁内外繁华之状跃然纸上，太平盛世、海晏河清之意毕现，从某种意义上来讲，这本身就是一种体制恢宏的政治宣传广告。而从其间所描绘帝都东水门外直达虹桥的繁华景象里更可以清晰地看到宋时繁复多样的广告形式，其中，计有广告招牌23处、广告旗帜10面、灯箱广告4块、大型广告装饰彩楼、欢门(两宋时酒店为招揽顾客，在店门口用彩帛、彩纸等扎的门楼，后来建筑廊间半月形雕饰的门，也叫欢门)5座，共计40余处，仅汴州城东门外附近的十字街口，就有各商家设置的招牌、横匾、竖标、广告牌30余块，各种广告形式层出不穷，足证宋时我国广告业之发达。尤为难得的是，图中保留了迄今为止世界上最早的灯箱广告。

图2-4　清明上河图（截图）

1．幌子

幌子广告，也被称为招幌广告，是为了吸引顾客的注意，而在门前悬挂的一些布招。幌子的出现与原始人的图腾崇拜有着最直接的渊源，图腾崇拜的形象多以雕刻、绘制的方法呈现在木板或石壁上。国家形成后，一些国家的国徽、族徽以及王冠的图形较多地使用在旗帜上，也可以视为非商业性质的幌子广告。

作为商业广告形式的幌子最初被称为“悬帜”。《韩非子·外储说》中有“宋人有沽酒者，升概甚平，遇客甚谨，为酒甚美，悬帜甚高”，这应该是对我国酒家酒旗最早的记录。此后，这种以异常醒目的视觉形象标示店铺经营商品类别或服务项目等属性的广告形式迅速普及，几乎为各行各业商家所必备，因而又被人称为“行标”(即行业标记)。

招幌广告一般以商品或可以借代的物品图案为基本造型，生动形象、简洁明快，容易一目了然为顾客所接受。根据其标示方式大致可将其分为形象幌、标志幌和文字幌三类。

其中，形象幌最为常见，多以实物(或实物的一部分)、实物模型以及商品的附属物等构型。如卖麻者挂一束麻，即以实物作标志的原始形态的招幌。若店铺经营之物不宜久挂，或体积过大难以悬挂，或实物太小不够醒目，这样商家便悬挂与实物形象一致的大模型做幌子，以象形物代替实物，其实是实物幌子的变异形式，如鱼店门前悬挂大木鱼、蜡烛店挂木质红漆大烛为记等均属此类(见图2-5和图2-6)。当酒、油等商品无法悬挂时，聪明的商家便启用能引起人们联想的商品相关物来标示，如悬挂酒壶、油瓶作为标记等。

图2-5　香烛铺幌子

图2-6　钱铺幌子

标志幌多为旗幌，尤以酒旗最为普遍，杜牧“水村山郭酒旗风”的诗句可谓妇孺皆知，《水浒传》里“三碗不过冈”的酒旗更引出一段英雄传奇。除旗幌外，古代旅店、饭店常经营至深夜，故以灯笼作为标识物的“灯幌”便宛如现代的灯箱广告般，亦为人司空见惯。此外，旧时剃头行业往往悬挂白布旗帘，上书“朝阳取耳”“灯下剃头”等字样标明服务项目，兼具标志幌和文字幌的特征。

由于古时普通百姓识字不多，所以，文字幌多仅以单字或双字来简单标明经营类别，如茶、酒、书、帽、药、米、当等(见图2-7)；当然，也有部分商家意识到树立品牌的重要性，或以店名，或以竞争优势书于招幌中进行宣传(见图2-8)。

图2-7　当铺幌子

图2-8　米粉铺幌子

古人在使用幌子时，还会辅以音响手段，不仅醒目，更能悦耳。比如北京新街口外“宝兴斋”香腊胰子铺的门帘前挂一铜铃，风吹便叮当作响，人称“响铃寺”，由此可见商家的经营智慧。

幌子是一种商业传统，是一种古代艺术，更具有极为丰富的文化内涵，因其经济实用，成为众多商家首选的广告手段。即便是在崇尚新潮的现代社会中，相信一面布幌也会为店家带来意想不到的效果(见图2-9)。

图2-9　现代的幌子

2．招牌

常与幌子并举的是招牌，主要是用来指示店铺的名称和记号，可称为店标(店铺的名称)，它由文字和图案等构成。根据位置不同可将招牌分为竖招(挂在墙、门、柱上竖写的招牌)、横招(镶刻在门前牌坊上横题的字号或悬挂在屋檐下的匾额)、坐招(置于门前或柜台上的招牌)和墙招(书于墙面的文字，多为本店经营范围、类别等内容)四类(见图2-10)。

招牌是由悬帜发展而来的，唐五代时仅在官府统一管理的市场内有招牌；至宋代几乎每家店铺都有自己的招牌，以文字标明店铺名称、用图画显示行业性质的招牌已遍及城乡，如膏药店画膏药，铁铺店面前画刀、钳标记等。

至明清两代，招牌广告无论从内容还是形式上都更加成熟，这表现在三个方面。第一，出于行业竞争考虑，为达到最佳传播效果，招牌的质地、造型、做工、色泽、纹样以及悬挂方式等设计制作均变得异常考究。比如采用上好楠木，以传统工艺漆制的黑色底面、四周镶花边纹饰、正中配耀眼金字或红赤字的牌匾，显得古朴、大方、稳重，为众多商家所使用。第二，为提升店铺身价和档次，不少店主重金礼聘名人题匾，并且在匾文上做文章。或以吉祥如意为主题，如专做清朝宫廷生意的“内联陞鞋店”取“大内”“联升三级”之意，投宫廷官宦所好以招揽生意；或借文人掌故、历史故事为题大肆宣传，如明朝奸臣严嵩常派人去“六必居”买酒，店主最终成功求得真迹等；尤其是一些采用传统对联形式题写的匾文，更是脍炙人口，如旅店“未晚先投宿，鸡鸣早看天”，九江浔阳楼“世间无此酒，天下有名楼”，朱元璋为阉猪人家写的“双手劈开生死路，一刀斩断是非根”，祝枝山为酒馆写的“东不管西不管，我管酒管；兴也罢衰也罢，请吧喝吧”等，这无疑使得招牌这一商业手段又具备了浓厚的文化内涵，甚至成为书法艺术的珍品。第三，宋代以前招牌仅仅是店铺的标志，到明清两代招牌已不再是以单调的姓氏或街坊名字为字号，而是被赋予更深远的含义，成为商家物质财富和精神财富的象征，被视为立身之本、传家之宝。比如，这一时期商家注重以儒家“以义取利”的思想为主导，在商业活动中特别讲究商业道德与信誉，如已有300余年历史的北京同仁堂药店“童叟无欺”的商业信条，著名的“全聚德”烤鸭店“全仁聚德，财源茂盛”的经营理念等。于是，招牌事实上已经成为商家的品牌标识，一代代商人则会视如性命般倾全力来保护和珍惜招牌的声誉。

图2-10 《清明上河图》中古代的落地招牌和悬挂招牌

3．店内装饰

随着商品经济的发展，商家竞争日趋激烈，商人在提高商品、店铺知名度和影响力方面的投入也越来越大。一些大的商铺不仅要有华贵、艺术的招牌，还要有富丽堂皇的店内装饰，由此，店内装饰也成为广告竞争的主要形式。在《清明上河图》中可以看到一家“正店”，其店面装饰已十分讲究；宋人孟元老在《东京梦华录》中记载鼎盛时期的丰乐楼“三层相高，五楼相向，各有飞桥栏槛，明暗相通，珠帘绣额，灯烛晃耀”；同为宋人的吴自牧所著《梦粱录》对杭州的描述“今杭城茶肆亦如之，插四时之花，挂名人画，装点门面”，更是足以见得当时商人们已重视店堂装饰。而此后元、明、清各朝这种店堂装饰更是“竞比奢华”。除上述三种主要形式外，古代酒店还经常采用彩楼等广告形式，其实质是店铺的门面装潢，使之别具一格便于识别，起到类似于招牌广告的作用，《东京梦华录》中便有“凡京师酒店，门首皆彩楼、欢门”的记载。可见，古代的店铺广告不仅仅具有商业价值，其浓厚的民俗特色、文化内涵更是后人了解古代社会历史文化不可或缺的重要组成部分。

（四）印刷广告

印刷广告是古代广告中比较先进的一种形式。现收藏于上海博物馆的北宋时期济南刘家针铺的广告铜板，是我国现存最早的工商业印刷广告。铜板四寸见方，上刻“济南刘家功夫针铺”字样，中间是白兔抱铁杵捣药的图案，在图案的左右各有四字——“认门前白”和“兔儿为记”，铜板下半部刻有说明商品质地、做工、销售办法的文字：“收买上等钢条，造功夫细针，不偷工，民便用，若被兴贩，别有加饶。请记白(兔)。”铜板画面布局合理，构图严谨，借神话传说为商标图案，寓意产品工艺精良，劝说消费者对产品树立信心。文字、商标、宣传语及说明一应俱全，可以说是相当完善的古代印刷广告，它既可以做针铺的外层包装纸印制，又可以作为单独的商品宣传单或广告招贴发放。这则广告是迄今为止所发现的世界上最早的印刷广告，比欧洲出现的第一张印刷广告早四五百年(见图2-11)。

图2-11　济南刘家功夫针铺的广告铜板

元代商家已普遍使用印刷广告，并开始把广告印在包装纸上作为商品包装的重要构成，这就发展出了包装广告。至明清时期，我国还出现了套色印刷的木版年画，多以民间故事、戏剧人物为题材，辅以福禄寿喜等字样，色彩艳丽、图文并茂、生动有趣，商家多用这些木版画做商品包装。直至民国时期，木版画仍是宣传商品以及商家经营信息的重要手段。

总体而言，与经济发展相适应，我国广告萌生于原始社会，并在进入封建社会之后持续发展，出现了多种形式的广告；但在自给自足的自然经济条件下，这种发展却非常缓慢。鸦片战争以后，伴随西方经济文化对中国社会生活影响的不断扩大和深化，我国广告发展也步入了一个新的阶段。

二、鸦片战争到新中国成立前的中国近代广告

鸦片战争后，中国沦为半殖民地半封建社会，“五口通商”口岸被迫开放，外国商品大量涌入中国市场，给封闭的内地市场带来巨大冲击。帝国主义为了达到资本最大化，在大量倾销商品的同时，也带来了各种广告形式，出现了报纸、杂志、路牌、霓虹灯、车身以及橱窗陈列等广告。广告形式的多样化进一步促进了广告行业的产生，同时催生了对广告行业理论方面的研究著作。可以这样说，是现代工业革命带动了中国近代广告业的发展，与古代相比，在广告形式、广告行业的产生与发展以及广告理论研究三个方面，近代广告业都取得了极大进步。

（一）形式多样的近代广告

中国近代广告最大的突破或最突出的特征是开始利用先进的传播媒介传递广告信息，而报刊广告和电台广告是最主要的两种形式。

1．报刊广告

中国近代广告业的发展与社会商业和报刊业的发展具有密不可分的关联。外国资本和商品在鸦片战争后开始大量涌入中国市场，刺激了中国民族商业和商品生产的发展，民族资

本主义萌生，使一大批拥有爱国之心的民族资本家由此展开了与外国商人之间的激烈竞争，这就加速了中国近代广告业的发展。为推销商品、报道商情，商业报纸开始在中国兴起，这些报纸大都设有“各行告白”“各货行情”“航船日期”等专栏，登载商业广告，有些报纸甚至用近2/3的版面，为商品贸易宣传造势。在这些外国商人创办的商业报纸中比较著名的是1858年首先在香港创办的《孑孓剌报》，3年后该报成为专登船期物价的广告报；此外，1861年英商在上海创办的第一家商业中文报纸《上海新报》(见图2-12)、1868年英美创刊的《中国教会新报》(《万国公报》的前身)等报纸刊登了大量英商企业广告，有银行广告、药房广告、货轮广告等。由此，报纸广告逐渐成为这一时期企业商家开展广告宣传的首选形式。19世纪末至20世纪初，中国人自己创办的报刊如《昭文新报》《循环日报》《汇报》等也汲取外商办报经验，设置专门的广告版面，为民族工商业与外商产品竞争提供有力支持。更重要的是，随着报刊广告的繁荣，还造就了一个新的行业——广告代理商在我国产生，这标志着中国近代广告发展进入了一个全新的历史阶段。

02

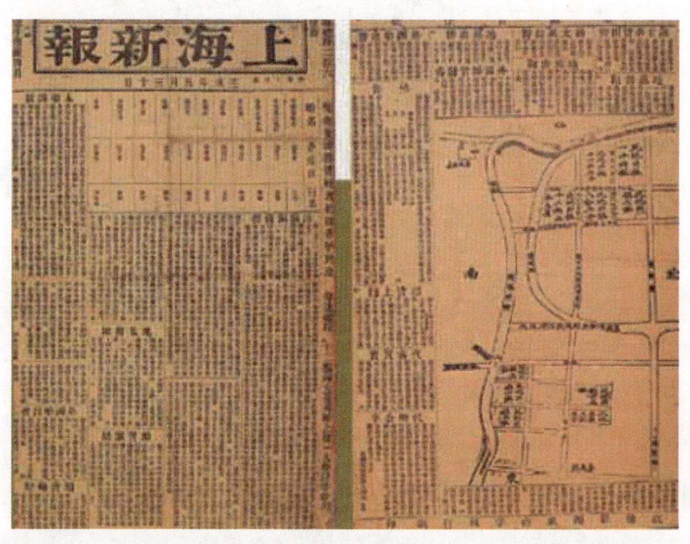
上海新報

图2-12　1861年在上海创办的第一家商业中文报纸《上海新报》

清末民初，杂志广告也开始盛行起来，如1833年在广州出版的我国境内第一家中文杂志《东西洋考每月统计传》月刊，其内容除包括社会新闻、宗教、政治、科学外，还刊登商业动态；而1904年由商务印书馆创办的、我国期刊史上首屈一指的大型综合性杂志《东方杂志》，更是每期都刊登商业广告。

随着报刊广告的繁荣，中国近代广告表现形式和制作水平也获得了极大提高，到20世纪30年代，风格各异、图文并茂的报刊广告，已成为这一时期都市文化、商业文明的最好写照。

2. 广播广告

1922年，美国商人奥斯邦于上海建造了一座50W的电台。随着中国无线电公司的成立，我国电波广告的序幕也就逐渐拉开，接着美商新孚洋行和开洛公司的广播公司也相继开播。1927年3月18日，上海新新公司为推销自制的矿石收音机，开办了一座十分简陋的广播电台，这是中国第一家民办广播电台，播出内容包括行市、时事与音乐等。不久，在天津、北

京也陆续开设了电台。到1936年，仅上海就有华资私人电台36座、外资4座、国民政府电台和交通部电台各1座，这些广播电台都主要靠播放广告来维持自身运营，而且为了吸引广告商和听众，不断推出各种形式的广播和广告节目，这就同时推动了广播业和广告业的发展。

广播广告的出现，颠覆了传统的广告形式，它不仅扩大了广告宣传的范围，而且传递的商品信息较报刊广告更加多样与灵活。

3．户外广告

人们对商品的需求越多，对商品信息的关注度也就越高。这一时期的户外广告以霓虹灯广告、路牌广告、车身广告等为主。

1) 霓虹灯广告

1926年，上海南京东路伊文思图书公司在橱窗内设置了“皇家打字机”的霓虹灯广告，这是我国第一个霓虹灯广告。第二年，由上海远东化学制造厂为上海中央大旅社制作的霓虹灯广告竖立起来，这是我国第一个露天霓虹灯广告。此后越来越多的商家用霓虹灯装点门面，古老的招牌广告获得了现代形式的全新展现，而且交相辉映、闪烁不停的霓虹灯也点亮了都市的夜晚，成为大都会的重要标志。

2) 路牌广告

20世纪20年代，竖立在路边、屋顶的路牌广告也成为都市的一道风景线。早期的路牌广告(见图2-13)常使用木架支撑，铁板装饰，油漆绘制，放置在交通路口、铁路沿线或车站人流较多的地方。路牌广告多是香烟、化妆品、药品和电影广告，为吸引注意力，多采用巨幅、美女、明星等手段。像旧上海的“人丹”“五洲固本皂”“冠生园糖果饼干”“三和酱菜”“先施化妆品”等路牌广告，都是无人不知、无人不晓的著名品牌的户外广告。

图2-13　20世纪30年代上海街头的力士香皂广告

3) 橱窗广告

橱窗广告由实物广告发展而来，并配合着光影、电力以及音响等形式，吸引顾客的注意。在人群涌动的街头，明净的橱窗内或放以实物，或张贴精美海报，来吸引顾客驻足，直至步入商店细观或选购。20世纪20年代初，橱窗广告就已经被精明的商家作为有效的广告手段加以利用。30年代中期，上海的四大百货公司率先在各自门前设置大型橱窗广告，同时，以收取租金的方式租赁橱窗的陈设场所，其中的商机不言自明，之后的一些中小商店纷纷效仿，设置橱窗广告。

4) 车身广告

车身广告可以追溯到20世纪20年代初，那时汽车在上海刚刚出现，就有一些聪明的厂商利用运送货物的汽车，在车厢两侧打上企业名称、商标、品牌等，做起不花钱的户外移动广告，向路人和客户传递商品信息。1908年3月5日，上海第一条有轨电车线路在英美公共租界正式通车营业，贯穿上海最繁华的闹市中心。在旧上海，每当开辟一条新线路，新闻界都会对此做一番报道，这引来了广告商标新立异的创意，策划了电车广告的新形式。此后，广告便随着公共车辆在川流不息的人群中运动，展示有关药品、饮料、化妆品、香烟的文字和图案，给人留下深刻印象。

这一时期，样品广告、招贴广告等也不断推陈出新，争奇斗艳的广告鳞次栉比，充分显现着大都会商业的繁荣。

02

5) 月份牌广告

借用在中国最有群众性的民间年画配以月历节气，融入商品广告信息的月份牌年画是近代风行中国城乡的一种重要广告形式(见图2-14)。其画面除了商品宣传外，表现的大都是中国传统题材的形象，或山水，或仕女人物，或戏曲故事场面等；后来则多以时装美女为主要形象。艺术手法上最初以中国传统工笔淡彩或重彩作表现，后来发展为以西洋擦笔水彩细腻的写实手法作表现，色彩明净鲜丽，并且大都用技术更为先进的铜版纸以胶版彩色精印，上下两端还镶有铜边，上端铜边居中穿孔，便于张挂。这些月份牌大多免费赠送给顾客，人们则将这种配有月历节气的商品宣传画整年张挂在家里，既可装饰欣赏，又可查阅日期节气，对商人而言，则无疑发挥了更加理想的广告效果。

图2-14　以时装美女为主要形象的月份牌广告曾风靡全国

（二）广告行业的产生与发展

19世纪末至20世纪初发轫的中国新闻业，客观上推动了广告业在20世纪30年代达到鼎盛，广告代理商开始在我国出现，企业和报社内部纷纷成立广告部门、专业广告公司等相关行业组织，这些都标志着中国广告业发展到了一个新的阶段。

广告代理商是由报纸广告代理人演变而来。早期报馆广告代理人既拉广告生意赚钱又兼卖报纸盈利。随着社会分工的进一步细化，这些代理人逐渐演变为专业代理人，单纯依靠给报纸、杂志拉广告为业。后来，早期广告代理人四处奔走为报纸承揽广告业务并从中收取佣金的模式，已无法保障报馆长期稳定的收益，于是报馆内部开始设置广告部，而合作关系良好的一部分广告代理人也就随之演变为报馆广告部的正式雇员。与之相呼应，企业、商家出于推广商品、参与竞争的考虑，也越来越倚重广告，像南洋兄弟烟草公司、中国化学工业社、信谊药厂等一批有实力、有远见的企业，在企业内部成立了广告部，使广告设计制作能力和销售推广效果都获得了极大提高。那些没有条件设立广告部的中小型企业，则寻求专门的广告代理商设计和制作广告，由此引发了20世纪初期，一批专营广告制作业务的广告社和广告公司在上海、北平、天津、重庆等地纷纷涌现。

广告公司的兴起是我国广告发展史上的又一个里程碑。1909年，吴兴人王梓濂在上海三马路设立了第一个由华人开办的“维罗广告社”，这标志着华人广告职业和职业广告人的诞生。20世纪20年代前后，外商在上海设立的广告公司与日俱增，其中，1918年美国人克劳开设的克劳广告公司和英国人美灵登开设的专营路牌、车身和电话簿广告业务的美灵登广告公司影响最大。1926年成立的较大规模的华商广告公司和1930年成立的联合广告公司，主要承接、经营各类报刊招揽广告。同年，美国哥伦比亚大学经济学硕士林振彬也把广告公司开到了上海，并因将美国广告经营模式引进中国，被时人誉为“中国广告之父”。至抗战前期，仅上海一地中外广告公司就有100多家；虽经历1947年前后因连年内战所导致的经济崩溃，中国广告业整体跌入低谷，但查1948年10月上海市广告商业同业公会的会员登记，此时仍有91家广告公司，这就不难判断当时广告业的繁盛。这些广告公司致力于网罗优秀的创作人员，依靠新异的广告手段和优异的广告表现开展行业竞争，推出了大量广告佳作，为我国广告人才培养、广告水平提升和广告业的繁荣发展都做出了贡献。

随着广告业的兴起，各类广告行业组织也相继成立。1919年我国最早的广告行业组织“中国广告公会”在上海成立；1927年，旨在维护和争取共同利益、解决上海同行之间业务纠纷的“中华广告公会”由维罗、耀南等六家广告社发起建立，该公会此后历次更名，1946年改为“上海市广告商业同业公会”，发展了90多个会员，几乎囊括当时上海的全部广告公司，是新中国成立前规模最大、持续时间较长、影响最广的广告行业组织，用以制定行业标准，解决同行业内部的纷争，争取共同的利益。

与此同时，国民政府也对广告活动实施管理，在民法、刑法、交通法、出版法中均有涉及广告的条款，并开始征收广告税；但由于战争不断，广告活动实际上几乎是处于放任自流的无政府状态，广告管理基本上仅仅表现为行业内部的自我约束，因此虚假广告、不道德竞争现象时有发生，消费者权益难以保证。

（三）广告理论研究的初步开展和持续深入

“五四”时期我国开始关注广告学理论研究与教学。在此之前，广告仅仅是新闻学研究和教学的一部分，并未成为一门独立学科。

1913年，我国译介美国学者休曼的新闻学专著《实用新闻学》，对我国广告学研究具有重大意义的“告白之文”仅为其中一章，论述了如何撰写广告文案。1918年，北京大学新闻研究会成立，这也是我国最早的广告研究团体，标志着我国的广告领域开启了学术研究和学科建设之路。第二年研究会出版徐宝璜所著《新闻学》一书，其中专列“新闻纸之广告”一章内容，初步对广告理论进行了探讨和研究。随后上海圣约翰大学、厦门大学、北京平民大学、燕京大学等也相继设立报学系，开设部分广告课程。1919年，孙科著的《广告心理学概论》出版，此后，多角度、全方位探讨广告学原理与实践的专著次第问世，我国广告学研究由此从新闻学中分离出来，并逐渐发展成一门显学。仅“五四”到新中国成立前的30年间，出版的较有影响的广告学专著就有《实用广告学》(1926年出版、蒋裕泉著)、《广告学纲要》(1930年出版、苏上达著)、《广告学》(1933年出版、丁鑫伯著)、《广告》(1940年出版、陆梅僧著)、《中国广告事业史》(1948年出版、如来生编著，我国第一本广告史研究专著)等多部，由此也能看出这一时期我国广告学研究不断深入发展，影响也在逐步扩大。

总的来看，这一阶段我国广告业在多方面均取得了一定成就，但国内战乱频仍，国外帝国主义经济侵略加剧，我国经济面临崩溃，广告业也因此再次跌入低谷。

三、新中国成立后艰难恢复与快速发展的中国现代广告

新中国广告行业的发展先后经历了恢复——停滞——发展三个时期。

（一）艰难恢复

新中国成立初期，资金短缺，原料匮乏，经济处于风雨飘摇极端危难时期。为稳定经济形势，人民政府采取了各项有效措施，在广告业比较集中的沪、京、津、渝等地率先成立相应的广告管理机构，同时，还举办过几次全国性展览会和国际博览会。

伴随国民经济的复苏，各地传媒业也开始进入恢复发展期：《北京日报》《解放日报》《文汇报》《大众日报》等253种报纸从新中国成立之初陆续创刊、复刊，并纷纷刊登广告；北京、上海、南京、天津等83座广播电台在新中国成立不久也开设了广告节目。除此之外，这一阶段党和政府对广告事业也给予了高度重视：1956年6月刘少奇视察中央广播事业局，肯定了广告对于经济建设的积极作用，对轻视广告的思想提出了批评；1957年，商业部派观察员赴布拉格出席由13个国家参加的国际广告工作者会议，这是新中国成立之后政府第一次与外国广告界的业务接触；1958年，商业部在北京组织召开国际广告会议，介绍国外广告业发展现状，并对我国广告业发展进行研讨，此次会议最突出的成就是归纳出我国社会主义广告“政策性、思想性、真实性、艺术性”的特点，继而以此为指导，推动了我国广告业的恢复与发展。

（二）停滞阶段

尽管有着政策支持和国家领导人的关心重视，但总体来看，新中国成立后广告业恢复和发展进程依然举步维艰，甚为缓慢。特别是从20世纪50年代末至60年代初开始，由于“左”的路线影响，在观念上对广告的认识偏差越来越大，认为广告是资本主义的产物，甚至被视为政治宣传的工具。因此，我国与国际广告界的接触交流几乎断绝，除了政治广告宣传外，

国内几乎没有商业广告可言；再加上政策失误造成商品供应短缺，以及“文革”期间勒令传媒全面取缔广告传播，实际上此时广告已无存在价值，更无存活空间。在中国广告史上，这一阶段的广告业几近空白，陷入全面停滞阶段，直到“文革”结束，才再次恢复勃勃生机。

（三）繁荣发展

1978年12月中共中央十一届三中全会召开，商品生产不断发展，对外贸易极速增长，这就势必要求企业重新开拓市场、迅速扩大销路。与此同时，各地报社、广播电台、电视台出于自身经营发展的需要，也开始小心翼翼地尝试恢复广告业务，这就为广告业的恢复和发展提供了契机。于是，首先是一部分国营广告公司(社)，如北京广告公司、广东省广告公司、广州市广告公司、天津市广告公司、上海市广告装潢公司(见图2-15)等相继成立并陆续接到订单，广告业务重新得以开展；旋即，北京广告公司与日本株式会社电通、大广签订广告代理协议书，李奥·贝纳、博报堂等国外知名广告公司也开始在中国设置机构，探讨利用中国媒介进行广告宣传、发展业务的可能。重新审视历史，我们不难发现，正是社会经济全面复苏带动了传媒产业的进步，继而为广告业的辉煌提供了可能；而随着广告业的发展，新时期以来广告管理的不断完善与规范，广告研究与教学也迅速升温，这又反过来推动了我国传媒业空前繁荣、对外贸易快速增长以及国民经济整体的持续发展。所以，从这个意义上来讲，中国广告业真正进入全面繁荣、蓬勃兴盛阶段，实现多元、高效发展，是以1979年作为新的历史起点的，而这一年也因此被人称为中国广告“元年”。

图2-15　《人民日报》1979.10.22第六版广告（较早的一则广告公司的广告）

1979年1月4日，《天津日报》刊登了天津牙膏厂的一则广告，在全国率先恢复了报纸的商业广告；《解放日报》紧随其后，在1月28日(农历正月初一)恢复其广告业务；3月23日《解放日报》更与《文汇报》(见图2-16和图2-17)同时刊登了美能达和精工表的广告，而且都首次使用了整版方式；继而，《人民日报》等各家具有全国影响的严肃大报也都全面恢复了广告发布业务。电视广告方面，1月28日上海电视台播出上海药材公司的参桂补酒广告，这是国内第一条电视广告；3月15日中央电视台播出我国首例外商电视广告——西铁城手表；三天后，上海电视台也播出了瑞士雷达表的外商广告。广播电台也不甘落后，3月15日上海人民广播电台播出春蕾药性发乳的广告；12月底中央人民广播电台也开始播发广告，并于1980年1月开播广告节目。至此，商业广告在全国各类媒体上惊艳亮相，且迅即融入人们的日常生活中，作用于社会的方方面面。由于其强力介入，很快便彻底激活了我国传媒产业，特别是全面更新了传媒经营观念，促成其运营模式和发展格局的逐步蜕变，这就使传媒业与广告业携手共赴辉煌。

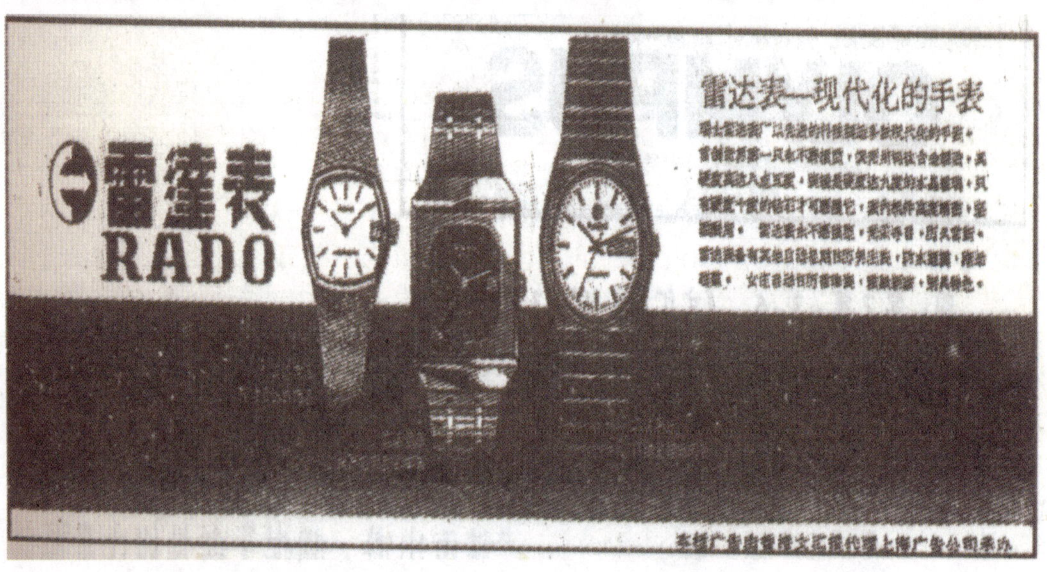

图2-16 《文汇报》1979.3.15第三版广告（该报刊登的第一条外商广告）

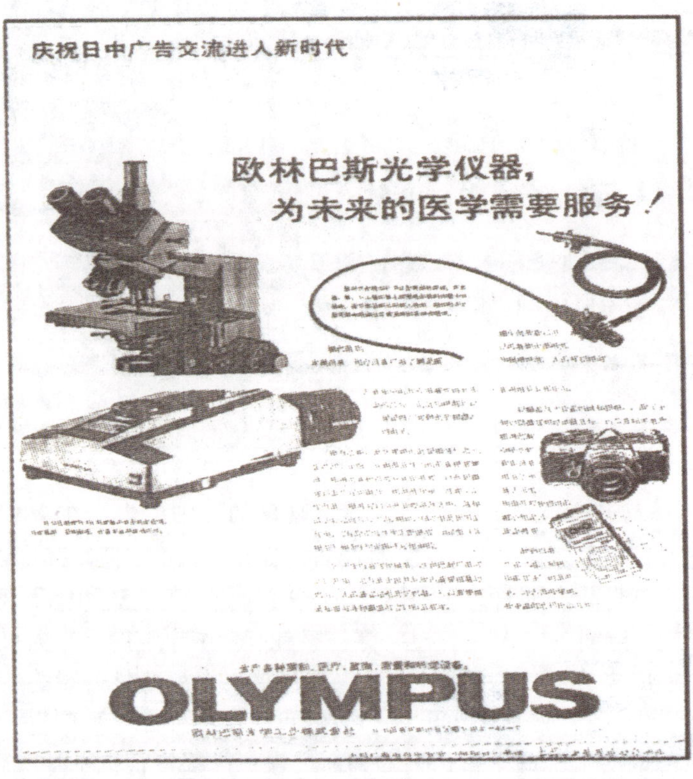

图2-17 《文汇报》1979.3.20第六版广告（欧林巴斯是较早在中国做广告的外国企业）

第二节 外国广告发展简史

在世界各国，广告的产生与发展都遵循着共同的规律：伴随商品生产而产生，跟随经济的兴旺而发展，适应科技的进步而更新。科学技术的每一次变革都会带动传播手段的革新，从而对广告发展产生巨大推力。因此，依据广告技术发展水平，一般可以将世界广告发展历程分为三个阶段：从远古到15世纪四五十年代，以德国工匠谷登堡发明铅活字印刷术并得到广泛应用为标志，世界广告走过了漫长的原始阶段，此阶段广告只能依靠手工绘制与抄写，数量及传播范围均十分有限；15世纪中叶至19世纪中期，是广告发展的近代阶段，印刷广告成为这一阶段最主要的广告形式；19世纪中期以后，世界广告发展到以媒介大众化和行业专业化为基本特征的现代阶段，特别是20世纪80年代以来，广告已不再单纯是一种商业宣传手段，而是发展成为一门综合性的信息产业，广告传播活动走向全面整合。

一、原始广告

世界上最早的广告是通过声音传播的叫卖广告。早在奴隶社会初期的古希腊，贩卖奴隶、牲畜的商人们就开始通过有节奏的吆喝来达到吸引注意、公开宣传的目的；此后，古罗马大街上也充盈着商贩的叫卖声；而位于非洲北海岸(今突尼斯)、与罗马隔海相望的古代商业高度发达的迦太基(该词源于腓尼基语，意为“新的城市”)，更曾因无数响彻全城的叫卖声而闻名；同样，根据保留下来的刻有楔形文字的瓦片记载，早在公元前3000—前2000年，古巴比伦就已经有商人雇佣叫卖人通过口头叫卖招揽顾客。

除商业目的外，早期广告还有很多带有政治宣传色彩，如公元前3000年的古亚述帝国、古巴比伦王国，以及距今2600年的迦勒底人，都曾建筑刻有文字和图案的纪念牌，以宣扬统治者的赫赫战功。公元前79年，古罗马的庞贝城因维苏威火山喷发而被全部湮没，从发掘出的古迹中人们发现大街墙壁上漆有带广告性质的文字，大意是“请投罗马一票，她是人民的朋友”，这跟当今西方国家的竞选广告，无疑具有相同性质。

目前学界公认的世界上最早的文字广告，大约出现在公元前1000年的埃及尼罗河畔的古城底比斯，一位奴隶主为缉拿逃奴谢姆，在莎草纸上手写了一则悬赏广告，其内容为“男奴谢姆(Sham)从善良市民织布店主人哈布处逃走，坦诚善良的市民们，请协助按布告所说将其带回：他身高5英尺2英寸，面红目褐，有告知其下落者，奉送金环一只；将其带回店者，愿奉送金环一副。——能按您的愿望织就最好布料的织布师哈布”。这则广告现存于英国博物馆中，是典型的手抄式“广告传单”。

几乎与文字广告同时出现的是具有象征意义的商标字号，它是由实物广告演变而来，也是一种古老的广告形式。在这一阶段这类具有象征意义的商标字号已经被人广泛且长久地使用了，如古罗马时期，用一个正在喝酒的士兵的图案表示酒店，以山羊标记奶品厂，用骡子拉磨盘表示面包房，而一个孩子被鞭子抽打则是一所学校采用的标记；流传至中世纪的英国，一只手臂挥锤表示金匠作坊，三只鸽子和一只节杖代表纺线厂，而伦敦第一家印第安雪茄烟厂的标记，则是由造船木工用船上的桅杆雕刻出来的。这些独具匠心的图案、标记将不同的行业划分开来，使人一目了然、过目不忘。

二、近代印刷广告

叫卖、实物、招牌等原始广告形态的信息传播能力归根结底还是极为有限，直到印刷术的发明和广泛使用，才极大地改进了广告的传播手段，扩大了传播空间，提高了传播效力，由此，世界广告发展到了新的阶段。

（一）书籍广告

13世纪末，活字印刷术由我国传入欧洲后，直至1450年，德国人谷登堡发明了铅活字印刷术，自此，西方步入印刷广告时代。1475年，英国人威廉·卡克斯顿创办了一个印刷所，并印行了一本法译英的小说集，这大概是世界上第一本机器印行的英文书籍，印刷出版业于是在欧洲各国发展起来。两年后，同样是卡克斯顿，为推销其印制的《圣经》之类的图书，撰写并用机器印制了世界上第一则英文印刷广告，这则长17.5 cm、宽12.5 cm的广告内容为："倘若任何人，无论教内或教外人士，愿意取得适用于桑斯伯莱大教堂的仪式书籍，而其所用字体又与本广告所使用者相同，请移驾至西敏斯特附近购买，价格低廉，出售处有盾形标记，自上至下有一条红线纵贯，以为辨识。"早期印刷广告的对象大多是印刷商们自己印制的其他书籍的介绍，但随着书籍在欧洲各国的大量出版和发行，特别是书籍购买者多为受过教育的高消费群体，其他行业也渐渐看好这一全新的广告形式，印刷广告也就迅速普及开来，于是再出现在这些书籍空白页上的就不仅仅只是书籍广告，而是扩大到诸如咖啡等其他商品领域了。

（二）报纸广告

16世纪欧洲文艺复兴之后，资本主义经济获得了进一步发展，伴随哥伦布发现美洲新大陆、麦哲伦环球航行成功，以英国东印度公司建立为标志，欧洲英、法、荷、德等老牌资本主义国家开始在亚洲、美洲、非洲疯狂瓜分殖民地。与资本主义原始积累和殖民地掠夺加剧相伴而生的是欧洲各国的生产与消费都逐渐呈现出现代性和世界性的特征，最突出的便是人们对信息的需求与日俱增。由此，也就是在这一时期，一种新的现代广告媒介——报纸，终于在欧洲诞生，并且由于机器印刷的推广，原先不定期的手抄报发展成了定期出版大量发行的印刷报，并迅速风靡了整个欧洲。

通常认为最早的英国报纸广告出现在1622年，这一年的8月英国人尼古拉斯·布朗和托玛斯·珂切尔在伦敦联合创办发行了第一份英文报纸《每周新闻》(Weekly News)，该报当年就刊登了书籍广告；1650年在报纸的"国会的几则诉讼程序"专栏里刊登了一则寻找12匹被盗马匹的悬赏启事，这被认为是真正意义上的报纸广告。

随着报业的发展，报纸广告也越来越多，到19世纪30年代，美国已有200种报纸，其中日报65种；英国在1837年共有400多种报纸，刊出广告达8万余条；进而，这一时期许多报纸的广告出现在第一版，半版甚至整版的头版广告屡见不鲜，由此可见当时受众对新闻和广告具有同等的需求，这就为广告业的飞速发展提供了可能。但同时，受印刷技术的限制，此期广告形式较为单一，典型的是通栏文字广告，很少配有图案，即便为数不多的广告应用了插图，也大都粗糙不堪。另外，由于经济和社会教育等因素的制约，此期报纸定价普遍较高，受众面和量都较小，作为传播媒介，报纸发行量远未达到大众化程度，因此，报纸广告的影响自然也就不大。而这一状况，只能等到此后"便士报"的出现才得以改变。

（三）杂志广告

在报业发展的同时，机器印刷还催生了一种新的媒介——杂志，而杂志的陆续出现又为广告提供了新的载体，由此，广告发展又掀开了全新的一页。1645年1月15日，《每周报道》(*The Weekly Account*)杂志第一次开辟了广告专栏，首次使用了沿用至今的Advertisement一词来标明“广告”。

在报纸、杂志盛行的同时，德国人阿洛依斯·重菲尔德在1706年又发明了石印，开创了印制五彩缤纷的招贴广告的历史，由此，各种类型的印刷广告成为15世纪至19世纪中期最重要的广告形式。

三、现代广告

经过工业革命后一个多世纪的发展，资本主义经济逐步走向现代化，大量电信设备的出现，使广告进入了现代化的电子技术时代，呈现出媒介大众化的基本特征。另外，经济的蓬勃发展，促使广告行业专业化，并规范了业内各方面的标准，进一步提高广告制作的技术水平和经营管理水平。

（一）媒介大众化

1．报刊广告

广告发展历程中的一个重大变化是真正意义上的大众传媒的诞生。此前，商业报纸或者政党报纸的售价较高，目标受众较少，报纸发行量普遍偏低。例如，《纽约太阳报》创办之前，纽约报纸的售价一般为6美分，而普通市民买不起也不喜欢看这些报纸，致使在拥有近13万人口的纽约市，当时7家报纸的发行总量还不足10000份。这一状况由于“便士报”的出现得以改变。1833年9月3日，本杰明·戴成功创办了第一份“便士报”——《纽约太阳报》，该报售价仅为1美分，切实体现了其“照耀所有人(It Shines for All)”的办报宗旨。短短6个月，《纽约太阳报》的发行量便达到了8000份左右，其发行量是与之相接近的报纸的2倍。由此，“便士报运动”在全球正式掀起。低廉的售价改变了以前只有富人才买得起报纸的局面，注重娱乐化和通俗性的定位也使得报纸的可读性获得了普通劳动者的认可。既然买报人不再需要支付报纸的全部成本，报社的收益就必然主要依靠广告。由此，大众化的报纸也就变成了广告的最佳载体。正因为如此，便士报的出现激活了消费者市场和广告市场，从而使大众广告实现了革命性变革。到1842年，纽约报纸大多变身为便士报，而发行量也激增至近十万份，另外，报纸开始将消息和广告分开，这就改变了广告的发布形式和性质，使广告彻底脱离消息，获得独立的存在价值。

从便士报出现到“一战”前，世界上最有影响力的报纸——如英国《每日邮报》(1896年)、美国《纽约时报》(1851年)、日本《每日新闻》(1872年)、《读卖新闻》(1874年)、《朝日新闻》(1879年)等——先后创办，报刊向大众化方向的发展势不可当，报刊广告成为企业推销商品最主要的手段，同时，报刊广告还是报社、杂志社最重要的经济来源。这样一来，作为现代广告最主要的媒介形式之一，报刊将现代企业和现代广告业的发展紧密连接在了一起，并实现了三者共同的高速发展。

2．广播广告

美国是世界上最早开办广播电台的国家。继美国之后，其他国家也相继建立了广播电台。

随着电台经营成本的提高，为解决资金压力，1922年，广播广告正式诞生了。这一年的8月28日下午5时15分，纽约的一家电台向长岛的房地产商出售了5分钟的广告时段，介绍房地产商新建的“霍松·霍尔”公寓出售的信息。此广告连续播出5天，广告费总计500美元。随后，其他电台也都纷纷效仿，开始开设商业节目播出商业信息和企业广告。而使用这些电台的广播时间需要支付一定的费用，这些费用也就逐渐成为商业电台最主要的财政收入来源。因为无线广播是第一种覆盖全国的即时媒体，再加上第一次世界大战后美国经济的蓬勃发展，20年代工业生产和消费需求极速扩大，中产阶级数量持续增长，所以，许多企业不惜重金在电台投放广告，以期获得轰动效应和销售佳绩。这样一来，广播这一新兴的大众传媒也就迅速繁荣起来，而且仅用了不到20年的时间，美国广播广告便成长为一个价值上亿美元的事业。

3．电视广告

1936年11月2日，英国广播公司在伦敦市郊的亚历山大宫建成英国第一座公共电视台，也是世界上第一座正规的电视台，每天播放两小时的节目，拥有201名员工。1941年，美国也开始建立电视台。7月1日，联邦通讯委员会允许18家电视台开播，其中全国广播公司的纽约电视台和哥伦比亚广播公司的纽约电视台两家电视台在当天就实现了节目播出，当时，只有纽约很少的观众可以收看到电视台播放的节目。也就是在这一天，世界上第一条电视广告出现了(还有人认为世界上第一次电视广告出现在1930年11月5日至13日，是英国伦敦德拜大街的尤金公司利用贝尔德有线电视播放的奥林匹亚时装节上表演的“尤金式”电烫发广告，其内容是：只要使用尤金公司获得专利并命名为尤金·萨歇方式电烫发，就会得到柔软、美丽、自然的头发波纹)。1941年7月1日凌晨2点29分，全国广播公司(NBC)旗下的WNBC电视台在棒球赛播出前的10秒钟里播出了宝路华钟表公司(Bulova Watch Company)的电视广告，这则电视广告十分简单，仅是一支宝路华手表显示在一幅美国地图前面，并搭配了公司的口号旁白：“美国以宝路华的时间运行！”这则广告的费用仅为9美元。

第二次世界大战后，电视机开始普及，美国电视业获得迅速发展，至20世纪60年代，美国90%以上的家庭都拥有了电视机，再加上美国首创彩色电视，使收视效果日趋完美。所以，电视很快便超过了报刊和广播，成为第一位的大众传媒，拥有了最多的受众群体和最广的覆盖范围。又因为电视能够集语言、音响、画面于一体，当然也就成为发布产品信息最主要的渠道和广告最理想的传播媒介。因此，直到现在，电视仍是广告商投放广告时的首选媒体。电视广告，尤其是日用清洁类如肥皂等厂商的广告，频繁插播于当时人们热衷追看的长篇电视连续剧中，因此人们甚至以“肥皂剧”来指代这些电视连续剧，而这一称谓一直沿用至今。由此可见，电视业与电视商业广告的确是同步发展、共赴辉煌的。

4．其他广告形式

广播、电视、电影、录像、卫星通信、电子计算机及网络等电信设备和通信手段的发明创造，使广告进入了现代化的电子技术时代，新的广告形式不断产生，如挂历广告、空中广

告；同时，新技术、新手段的采用，也极大提高了其他各类广告形式的传播效果，带动着广告全面发展。都市里变幻闪烁的霓虹灯、灯箱广告，使传统的户外广告形式更加绚烂多彩；电话、直邮广告使古老的口耳相传、散发传单的广告形式更具效力；而各种产品的博览会、展销会，同样令实物陈列这种原始的广告手段重新获得巨大的商业价值，成为现代社会里重要的广告形式之一。在当今社会，只要能够达到宣传推广的效果，各种广告形式无所不用，广告进入多元发展、媒介整合的时期。

（二）行业专业化

1．广告行业职业化

广告业的高速发展得益于众多职业广告人的涌现，而广告成为一种职业，源于广告代理制的建立和专业广告公司的出现。

现代意义上的广告公司真正出现并建立起普遍适用的广告代理制度，是在19世纪40年代的美国。同样是在1869年，与帕尔默、罗威尔并称为现代广告公司三大奠基人，并被誉为“现代广告公司先驱”的F．魏兰德·艾耶(F．Wayland Ayer)在费城开办了一家广告公司。自此，广告业敞开了为企业服务的大门，广告公司的活动和蓬勃发展，对企业、消费者和媒体，对商品生产、交换和市场竞争，对加速经济繁荣和更新生活观念，都产生了难以估量的深刻影响。广告专业化服务的时代正式到来了。

2．广告研究专业化

20世纪商品经济的发展客观上推动了广告行业的勃兴，而新技术的发明创造、心理学研究的成果以及学科分化的必然，都使广告学经由创立、成熟和创新三个阶段，逐渐成为一门显学。

1898年，美国学者E.S.路易斯提出AIDA法则，强调广告的劝说功能是通过广告信息刺激受众心理而实现的，一则广告要取得预期效果，就必然要经历引起公众注意(Attention)、引导公众产生兴趣(Interest)、激发公众消费欲望(Desire)并促成公众产生相应消费行为(Action)的过程。1900年，美国心理学家哈洛·盖尔出版了《广告心理学》一书，强调商品广告的内容应该使消费者容易了解，并应适当运用心理学原理以引起消费者的注意和兴趣。1903年，美国西北大学校长、社会心理学家瓦尔特·狄尔·斯科特出版《广告论》(又译为《广告原理》)一书，指出心理学的应用范围十分广泛，不仅在广告业，对各行各业都有直接启发，从而为广告学的建立奠定了基础。之后，美国经济学家席克斯编著《广告学大纲》，对广告活动进行了较为系统的探讨。接下来，美国社会学家罗斯的《社会心理学》和德国心理学家敏斯特伯格的《心理学与经济生活》等著作也对广告学的建立提供了理论依据。同期，自1902年起，美国宾夕法尼亚大学、加州大学、密西根大学和西北大学等高校都开始开设有关广告学方面的课程，培养了第一批科班出身的广告人。至20世纪30年代，广告学作为一门学科已经获得了社会的普遍关注。

自20世纪20年代开始，传播学和市场学获得极大的发展和完善，并进一步推动广告学步入成熟。美国著名广告文案撰稿人约翰·肯尼迪创立了情理广告学派，他所提出的“广告是纸上推销术”的观点，借助“美国现代广告之父”拉斯克尔的影响在广告界流行开来。随后，成功策划喜力滋啤酒广告，使之从第五位短时间内跃居行业第一位的克劳德·霍普金斯继承和发展了肯尼迪的观点，他的著作《科学的广告》一书是美国广告专业学生的必读书目。提出创作一则好的广告关键在于找出商品本身固有的刺激，即找出商品中“与生俱来的戏剧性”的观点的著名广告大师李奥·贝纳则成为“芝加哥广告学派”的掌门人。20世纪40年代，面对大众化消费时代的到来，罗瑟·瑞夫斯提出了USP(“独特的销售主题”)理念，并在50年代迅速流行。威廉·伯恩巴克提出的广告写作一定要有关联性(Relevance)、原创性(Originality)和震撼力(Impact)的理念则成为美国DDB广告公司的创意原则。60年代美国广告“创意革命”旗手之一的大卫·奥格威创立了“品牌形象设计”理论，并因此被誉为“形象设计时代的建筑大师”，他的《一个广告人的自白》一书既探讨广告创作，又涉及经营管理的现代化理论，自1962年出版以来已被译成20余种文字，成为世界范围内广告研究者和从业者必备的专业书籍。这一时期，美国许多广告公司的总部都集中在了纽约曼哈顿区的麦迪逊大道(Madison Aven Me)，这条街道因此成为美国广告业的代名词。

20世纪70年代以后，新技术革命席卷全球，广告现代化手段和技巧随之有了极大变革，广告调研、媒体策划、广告表现等技术均借助微机操作日趋科学和精确，广告理论也在不断创新，CIS(企业识别系统)理念、定位理念、品牌性格理念、IMC理念(整合营销传播)、TG&AL(全球化策划与本土化执行相结合)理念、CS(顾客满意策略)理念等相继更迭、互为补充，都体现着广告实践与理论研究持续创新的重大收获。与此同时，广告媒体研究、广告心理学研究、广告经济学、社会学、文化学以及传播学等交叉学科研究亦如雨后春笋般纷纷涌现，极大丰富和推动了广告学的研究与实践，推动着广告业的繁荣发展。

第三节　中外广告发展现状

一、外国广告发展现状

现代广告的发展形成了世界十大广告市场，依次是美国、日本、德国、英国、法国、意大利、巴西、西班牙、加拿大和韩国，2000年这些国家的广告市场价值分别是1343亿美元、332亿美元、216亿美元、158亿美元、111亿美元、83亿美元、69亿美元、54亿美元、53亿美元和53亿美元。

（一）美国广告业发展现状

美国是世界广告业最发达的国家，也是现代广告业发展的代表。当今世界有三大城市被誉为世界广告中心，即纽约、东京和伦敦，每年都有几百亿美元的广告出自这三大城市。而纽约则是广告业的摇篮和首府，拥有众多广告公司，“麦迪逊大道”也早已成为世界广告业最高水准的代名词，同时，世界广告行业组织——国际广告协会的总部就设在纽约。

作为现代广告业发展的风向标，美国广告市场现已形成科学的组织体系和有序、良性的运行机制，服务水准和经营效率很高，广告主企业、广告公司、广告媒体传播、广告调查机构以及广告管理机构等相互依存，既有竞争，又相得益彰，在运作模式和组织管理方面为世界广告业的发展贡献了丰厚的宝贵经验。同时，在广告观念、广告手法和经营方式上美国广告业不断探索、革新，同样引领了世界广告业现代化发展的潮流。20世纪20—30年代，美国

兴起市场调查研究热潮，以期使广告客户发现商机，从而更好地销售商品；40—50年代，则在广告主题上大做文章，USP策略被广泛推广；到了60—70年代，进入产品定位、企业形象树立的“形象广告时代”；80年代以后，随着电子媒介的飞速发展与普及，电子计算机技术应用于广告策划、设计与制作以及广告战略制定等方面，广告活动彻底实现科技现代化；进入90年代，整合营销传播更是成为新的发展趋势，吸引了全球的期盼与关注。

自世界广告中心转移到美国后，美国广告业始终走在世界前沿，这与严苛的广告管理机构和广告法规是分不开的。美国政府对广告限制的机构有很多，包括联邦贸易委员会(FTC)、通讯委员会(FCC)、食品与药品的管理署(FDA)等。其中，美国政府在1914年成立的联邦贸易委员会，是广告限制和管理方面最严格也是最具影响力的机构，其主要任务是执行反对假广告的法律。在美国，没有一部完整的广告法规法典，而是散见于其他宪法、法律、行政法规、地方性法规和法院判例中。除此之外，许多广告行业协会也制定了自律条例，进行自我管理。

（二）日本广告业发展现状

日本是世界上仅次于美国的第二广告大国，东京也已成为世界广告中心之一。全球最大的广告公司——电通广告公司(1901年7月1日成立)的总部就设在东京金扎区的一座高大的20层灰色大楼里。自1973年起，电通公司的广告营业额在世界所有广告公司中就一直位居前列。除电通外，成立于1895年10月的日本株式会社博报堂是日本历史最久的广告公司，迄今已有110多年的历史了，目前是日本排名第二的广告与传播集团。

02

20世纪50年代后，日本经济迅速复苏并很快呈现出高速发展态势，商品产量骤增、消费需求膨胀，广告业由此快速成长起来。50年代，日本广告进入“商品信息期”，广告对象多为衣、食、住、行等方面的日常生活用品，广告内容则为基本的商品说明；60年代，随着行业竞争的加剧，广告进入“生活信息期”，主要通过传达商品给消费者带来的舒适、惬意生活等情感讯息来达到广告目的；70年代，广告诉求开始张扬个性，因此被人称为“人性复归期”，商品附加价值成为广告宣传的重点，并且开始注重明星效应；80年代，日本广告界广告撰稿人的作用被发挥到极致，并且出现了大量动物形象和卡通形象，使广告表现大放异彩；90年代以来，日本广告业伴随社会经济共同发展到成熟阶段，广告技巧趋于精熟，广告创意也极富魄力，但无奈广告行业随经济增长一同趋缓，如何调整变革实现新的突破是目前日本广告界必须面对的课题。

据2013年日本电通公司对外公布的《2012 年日本的广告费》调查统计显示，2012 年广告总收入为5.8913万亿日元，与2011 年相比增长3.2 % 。2012 年，互联网广告刊登量为8680亿日元，与2011年相比增加7.7 % 。

二、中国广告业发展现状

1979年，中国社会发生了历史性巨变。对内搞活、对外开放的经济政策，有计划、有步骤开展的经济体制改革，使得我国社会经济持续、稳定、协调发展，人民消费水平节节攀高，总体生活水平不断改善。商品经济蓬勃发展，城乡市场繁荣兴旺，商业活动异常活跃，为我国广告事业的全面勃兴与走向辉煌注入了新的生命力。特别是进入90年代，《关于加快广告业发展的规划纲要》(1993年7月，国家工商行政管理局和国家计划委员会联合制定)明确了广告业向知识、技术、人才密集的高新技术产业发展的战略和方向，进一步加速了我国广告业向现代化和国际化迈进的步伐。

（一）当代中国广告业发展概况

1．广告公司竞争力不断攀升

广告公司是广告活动的主体之一，在社会经济发展中扮演着重要角色，其数量、规模及运作水平，无疑标志着一个国家广告业的发达程度。

近几年来，中国广告行业市场规模呈逐年增长趋势，且2010年以来其增长率明显提高。具体来看，2010年，中国广告行业实现营业收入2340.50亿元，同比增长14.67%；2011年实现营业收入3125.55亿元，同比增长33.54%；2012年实现营业收入4673.90亿元，同比增长49.54%；中国广告市场继2012年增长12.1%后，2013年增长12.0%，达2780亿元。

2013年，我国广告企业达到44.5万家，同比增长17.9%；广告从业人员达262.2万人，同比增长20.4%；广告经营额达5019.7亿元，同比增长6.8%。目前，中国广告市场居世界第二，仅次于美国。

2．传统媒体空前繁荣、新型传媒发展提速

随着社会经济的发展，传媒业也进入空前繁荣时期，可供企业选用的广告媒体种类越来越多，这同样推动了广告行业步入繁荣。目前广告传媒大致可以分为传统媒体和新型传媒两大类，其中，传统媒体主要是指报纸、杂志、电台、电视、户外广告牌等；新型传媒则包括所有基于互联网技术的媒体和平台，如综合网站(新浪、搜狐等)、即时视讯通话平台(QQ、UC、MSN等)、网络游戏平台、搜索引擎、博客平台、电子邮件以及网络电子杂志平台等。

3．广告投放持续升温

广告投放量往往是衡量一个国家或地区经济发展程度和广告业发达与否的一个重要指标。我国广告业恢复之初，1979年全年广告收入仅为1500万元，但此后，我国广告市场连年保持稳定快速的增长，至2008年，广告市场达1899亿元，2013年已达到5019.75亿元。中国经济的稳定健康发展、国内消费的强劲拉动均为广告市场的发展创造了良好的环境。中国广告市场作为新兴市场，和起飞的中国经济一起快速成长，在市场总量上同美国和日本两个广告大国的差距正在日渐缩小，特别是近十年来，中国广告业发展迅速，广告经营额年均递增30%左右，中国已经成为全球第二大广告市场。

但同时还应该看到，尽管中国广告业总体发展趋势令人振奋，可与发达国家相比，中国广告业仍存在着专业化和组织化程度不高、创新能力不强、高端专业技术人才匮乏、综合竞争力较弱等问题。“广告经营额占国内生产总值的比重、占社会消费品零售总额的比重也明显偏低。2012年，我国广告经营额占GDP的比重为0.91%，2013年占0.88%，都不到1%。而在发达国家，这一数字通常为2%。”所以，从我国和当前发达国家广告市场的差距中我们不难发现，中国广告市场离成熟阶段还有很长的路要走。

（二）中国广告业发展存在问题及应对

作为一个年轻的产业，中国广告业发展势头强劲，但同时也要看到前进过程中的各种问

题，与发达国家相比仍存在较大差距，只有意识到症结所在方能寻找到切实的解决方案，从而为将来的继续发展做好准备。

1. 区域性发展失衡

广告是经济发展的晴雨表，由于我国存在着区域经济发展不平衡的现实，导致东部沿海地区广告业发展较快，而西部内陆省份及少数民族自治区则相对落后。

目前我国广告市场在地区分布上呈现出鲜明的四级梯队的特征：第一梯队——北京、上海、广东，自20世纪90年代以来，三地广告经营总额约占全国广告经营总额的50%左右，是名副其实的全国三大广告中心；第二梯队——江苏、浙江、山东，2002年，三省广告经营总额占全国总量的20%左右；第三梯队——天津、辽宁、四川、福建、重庆、安徽，六省市广告经营总额占全国总量的16%；第四梯队——其余接近2/3的省区，广告经营额占全国总额的比重不足20%。由此可见，地区市场的广告容量与当地的经济发达程度息息相关，经济发达地区，企业广告意识强，媒体、广告公司也有良好发展，广告业就比较活跃，广告经营额度就大；反之亦然。因此，如何尽快实现区域性经济均衡发展、缩小城乡差距，成为促进广告业全面协调发展的亟须解决的关键问题。

2. 广告代理制尚须不断完善

广告代理制的确立是广告市场规范化运行的标志。作为中立组织，代理商介于广告主、媒介与公众之间，沟通协调三者的关系。一个长期稳定的广告代理公司，不仅能够帮助企业开展信息、产品以及企业形象等宣传推广的业务，甚至还可为新产品研发、推广设计行之有效的方案，正因为如此，广告代理制现已成为一种国际惯例。但目前在我国，这一制度还没有得到很好的实施，除中央电视台外，大多数媒体都没有完全实行代理制，而是采取代理制和与企业直接签单制并存的方式。

3. 创新精神匮乏

与发达国家相比，目前我国的广告业不仅在广告制作设备和材料方面明显滞后甚至老化。比如，激光绘图等高技术仪器在国内使用率极低，影视拍摄技术、灯光、特技处理粗糙，三维动画制作软件普遍落后等，致使广告艺术表现形式单调、呆板；更为突出的是在广告创意和设计环节，循规蹈矩、缺乏创新和探索精神，直接导致了广告表现存在严重模式化的倾向，甚至是因袭守旧的恶果，对比国外令人拍案叫绝的优秀创意，不能不令人汗颜，创意思维模式的固化，成为中国广告业走出国门的拦路石。因此，除了加倍刻苦地研究国内外先进的广告理论与成功实践，更应该鼓励广告创意人员大胆创新，对各种优秀的艺术形式广泛了解、融汇吸纳。

4. 广告载体利用失衡

广告主会普遍感受到广告预算紧张且日渐注重广告的短期促销效果，因此更愿意将广告集中投放到一种或几种自以为熟悉的大众媒介上，于是导致紧俏媒介广告收入节节看涨、非紧俏媒介广告收入增速缓慢的现象；即便在同一媒体内部亦是如此，有些时段，版面供不应求，有的则长期滞销，这一方面说明媒体自身经营对广告推力和卖点存在不足，另一方面也说明了广告投放技巧的严重缺失。目前，我国广告载体主要集中在电视、报刊等大众传媒上，路牌、灯箱和广告招贴仅作为补充形式，处于边缘性存在的位置，直邮广告、公关代理活动、网络媒体等多种有效载体的广告效力和价值尚未被充分意识、发掘出来。尤其是日益兴盛的网络媒体，微博、微信等传播手段对信息的推广已趋向白热化，然而广告业对网络媒体的利用率远达不到实际水平。因而，不断探索、总结各种广告载体，特别是那些新兴的分众传媒的独特效用及其组合技巧，是广告公司进一步提升运作能力的一个突破口。

本章小结

中外广告都经历了从古代到近代再到现代三个阶段发展的基本历程，同时，中外广告都遵循着伴随商品生产而产生、跟随科技进步而发展的基本规律。

作为世界文明发源地之一的中国，广告活动早在7000年前的神农集市中业已发轫，此后历经数千年传承、创新，随着生产力的发展、社会分工的深化，又产生出众多的广告形式，借助更富技巧性的沟通手段，有效地传递着各种商品信息。其中，实物广告、叫卖广告、招牌广告、幌子广告和印刷品广告等原始形态的广告，都堪称这一阶段世界广告的代表和经典。

近代广告的发展中心转到了欧洲，而英国则成为源头。1475年，英国人威廉·卡克斯顿创办的印刷所使书籍印刷广告迅速风靡欧洲，西方由此步入印刷广告时代。16世纪欧洲文艺复兴以后，资本主义经济获得了大发展，近代报刊业迅即繁盛起来。19世纪末至20世纪初，世界上最有影响的报纸先后创办，且加速向大众化方向演变，广告成为这些报纸最主要的收入来源，而报刊广告也成为企业和消费者之间沟通产销信息最主要的传播手段。于是，近代广告开始了向现代广告的过渡发展。

美国是现代广告业发展的代表，媒介大众化和行业专业化则是世界广告发展到现代阶段的基本特征。报纸、杂志、广播、电视四大传媒行业高速发展，新的传播手段的应用与大众传播时代的到来推动着广告行业进入多元发展、媒介整合的时期。与此同时，广告代理制确立且被普遍采用，新创办的广告代理公司纷纷涌现且规模迅速扩张，专门从事广告职业的专业广告人的数量也急剧增长，这一切都表明广告已经成为保障现代社会正常运转、持久发展不可或缺的一个产业门类，而有关广告专业的教育研究也随之成为一门显学，在理论与实践不断验证、结合、深化的过程中，现代广告业得以全方位、多层面的发展。

尽管与美国、日本等广告业发达国家相比，我国广告业发展目前还存在着较大差距，但30年的高速成长已奠定了未来发展的良好基础，我们有理由相信随着中国经济地位的进一步提升，我国广告业必将迎来新的辉煌，重新成为世界广告发展的中心和典范。

延伸阅读

1. 广告简史 http://www.docin.com/p-248340811.html
2. 千年中外广告简史 http://www.admaimai.com/zhuanti/adhistory/index.htm
3. 中国广告发展简史 http://zy.china-b.com/ggch/20090211/22765_1.html

【案例】

《水浒传》中的广告行为解析——兼论其广告形式在广告史中的地位

《水浒传》作为侠义小说，不但写了一百单八将英雄疆场征战的传奇故事，而且还描写了当时的风土人情、生活习俗、医药百工，真实再现了北宋时期的生活场景。正如明代无名氏所写的《又论水浒传文字》：“《水浒传》虽小说家也，实泛滥百家，贯串三教。鲁智深临化数语，已揭内典之精微。罗真人、清道人、戴院长又极道家之变幻……至于战法阵图，人情土俗，百工技艺，无所不有，真搜罗殆尽，无一遗漏者也。”《水浒传》可以称得上是一部百科全书式的作品。作者在描写日常生活、战争的同时，还有意无意地把笔墨涉猎到了广告文化上。《水浒传》可以说是中国古代广告史的一个缩影。文章详见《菏泽学院学板》2012年2月，作者李化来。

思考练习

1. 简述广告活动产生和发展的历程。
2. 列举古代广告的主要形式，并简要说明其基本特征。
3. 试述我国广告业发展现状及存在的问题。

第三章

广告基础理论

〖学习要点及要求〗

本章有广告定位、整合营销、4P、4C等重要术语。通过本章的学习，理解并掌握广告学的基本理论——定位理论、USP理论、整合营销传播原理、4P与4C的关系、认知理论、消费者行为研究；深入理解4P与4C的区别及联系。

广告学是研究广告活动的过程及其规律的科学，包括广告传播的演进、广告运作的基本原理和规律、广告活动的管理等方面的内容。从内容上说，广告学是综合了多门学科的边缘学科。本章概述广告学说的发展及定位理论、USP理论、整合营销传播原理、4P与4C的关系、认知理论、消费者行为研究等基本原理对于广告运作规律的影响。

第一节　广告定位理论

一、定位的内涵

定位观念源自美国两位著名的广告人艾·里斯和杰·特劳特。在广告运用历程中，定位观念的提出，对广告策略的确立具有划时代的意义。

所谓的广告定位属于心理接受范畴的概念，是指广告主通过广告活动，使企业或品牌在消费者心目中确定位置的一种方法。定位理论的创始人艾·里斯和杰·特劳特曾写出《广告攻心战略——品牌定位》一书，其中指出："'定位'是一种观念，它改变了广告的本质，定位是你对未来的潜在顾客心智所下的功夫，也就是把产品定位在你未来潜在顾客的心中。"可见，广告定位是广告主针对市场细分情况，把自己的产品定位为某一市场位置的做法，这是现代广告理论中非常重要的观念。产品有针对的消费群体和相应的销售策略，它的作用就是要在一系列广告宣传中，为广告主树立起有特色的企业和产品形象，争取消费者的认同和喜爱，为促进产品销售服务。

二、不同时期定位的含义

广告定位理论的发展共经历了以下四个阶段。

（一）USP阶段

20世纪50年代左右，美国的罗瑟·瑞夫斯提出广告应有"独具特点的销售说辞"(Unique Selling Proposition，USP)。他主张广告要把注意力集中于商品的特点及消费者利益之上，强调在广告中要注意商品之间的差异，并选择好消费者最容易接受的特点作为广告主题。瑞夫斯将USP理论定义为三个部分。

(1) 明确的销售主题。广告必须对消费者有一个明确的销售主题，这一主题，应该包括一个商品的具体好处和效用。

(2) 销售主题的独特性。这个主题应该是独一无二的，是竞争对手没有提出或者无法提出的产品所具有的独特个性。

(3) 销售主题的普遍性。这一主题，其产生的冲击性足以影响上百万的社会大众，并且能够推动销售和影响消费者的购买决策，促使新顾客来购买商品。

瑞夫斯认为，只有从商品中发掘出与众不同的销售主题，才能使广告的表述更加令人信服。因此，他对调查工作十分重视。为了找到商品的独特销售主题，并使其确实可靠，瑞夫斯对所宣传的商品进行反复的测试和实验，不惜下大本钱。他曾为美国著名的生活用品公司高露洁做棕榄牌香皂的广告，他所在的广告公司曾对高露洁香皂投资30万美元进行了各种各样的测试，测试结果表明：如果每天坚持用这种香皂洗脸，能使皮肤变得白嫩。瑞夫斯由此写成广告语——“棕榄牌香皂使皮肤更为娇嫩”，并附上了详细的测试数据。瑞夫斯还曾为M&M奶油巧克力糖果创作了“只溶在口，不溶在手”的经典广告词，使用时间长达40年，仍能达到使人过目不忘的效果，如图3-1所示。

代理：BBDO跨国广告公司

客户：M&M/Mars'

对白：——嗨，我们要和复活节兔子谈谈M&M在复活节推出的糖果的事。

——呃，它是个冒牌货。

评注：M&M的明星们与一些假明星出现在广告里，不过这只复活节兔子的冒名顶替者把糖果全偷走了。这是M&M针对春季的节日推出的平面广告。

图3-1　M&M奶油巧克力糖果广告

随着经济的发展和人民生活水平的日益提高，20世纪50年代末，产品定位时代悄然过去，“独具特点的销售说辞”的做法变得很困难，但是，“独具特点的销售说辞”这一基本思想却被广告理论界作为一种独特的定位方式予以认可。直到现在，这种理论仍有其独特的用武之地。国际知名的日化品王国P＆G就是凭借USP策略，加上卓越的创意表现，使它的系列洗洁用品狂潮般地占领了中国的高档洗洁用品市场，比如，海飞丝：去头屑；飘柔：洗发、护发二合一，令头发飘逸柔顺；潘婷：含有维他命原B5，兼含护发素，令头发健康、加倍亮泽；舒肤佳：洁肤又杀菌，唯有舒肤佳香皂取得了中华医学会认可等。

（二）形象广告阶段

品牌形象论，英文的全称是Brand Image。这一理论的创始人是与罗瑟·瑞夫斯同时代的另一位广告人大卫·奥格威，他被称为20世纪最伟大的广告人。在USP理论发表后的第二年，大卫·奥格威出版了《一个广告人的自白》(*Confessions of an Advertising Man*，1962)。他在书中写了关于品牌和广告的名言，蕴含着他的形象理论。他的主要理论有：广告主要的目标是要为品牌塑造形象；任何广告活动应该以树立和保持品牌形象这种长期投资为基础；为维护一个良好的品牌形象，可以牺牲短期的经济利益；描绘品牌形象比强调产品的具体功能特征重要得多。他认为，(企业)现在必须决定品牌要一个怎样的形象，是这个形象决定了它在市场的地位。奥格威根据其品牌形象理论，为一个在市场上沉寂了116年的哈撒韦衬衫设计了一个“戴眼罩的穿哈撒韦衬衫的男人”的形象(见图3-2)，使其在短短的一年内成为一个具有全国影响的知名品牌，其案例也成为品牌形象理论的典范。

图3-2　哈撒韦衬衫的广告

20世纪60—70年代，在奥格威品牌形象论的基础上，美国广告界又提出了“品牌个性论”。品牌个性论更强调个性的重要性，更注重品牌的人格化，对消费者尤其是年轻人有更大的吸引力和说服力。

（三）广告定位阶段

1969年6月，艾·里斯和杰·特劳特在《广告行销杂志》上发表了《定位：同质化市场突围之道》，在文中首次使用了“定位”一词。其后，在《广告时代》期刊上连续发表了系列定位文章，宣称创意时代的结束，定位时代的来临。1981年两人在实践的基础上出版了《广告攻心战略——品牌定位》一书，解释了定位的含义：所谓定位是你对潜在顾客心智上

所下的功夫，也就是把产品定位在你未来潜在的顾客心中。定位是一项内心中用以决定是否让其进行系统组织的门户，其观念是基于传播，只能在适当的时间及适当的环境之下，才能得到沟通。定位是一种“逆转的思考方式”，不是以你自己为出发点，而是以潜在顾客的心智状态为起点。其后艾·里斯和杰·特劳特又在20周年纪念版《定位》引言中再次对定位作了解释：定位要从一个产品开始，但是定位不是你对产品要做的事，而是你对预期客户要做的事。换句话说，你要在预期客户的头脑里给产品定位。

我国广告学者张金海在《20世纪广告传播理论研究》中对艾·里斯和杰·特劳特的定位作了如下的概括：定位就是基于把广告作为一种传播活动，为了提高传播效果，从市场出发，确立传播对象；从消费者的信息心理和品牌认知实况出发，确立诉求点，投消费者之所好，从而在消费者心目中的产品阶梯上占据有利的位置，这个位置一旦确立起来，就会使人在产生某一特定需求时，首先考虑该品牌。另外，定位是一种关系，是潜在消费者与某个特定品牌之间的刺激反应关系，这种关系使某种特定品牌在潜在消费者那里获得了绝对的优先权。成功定位的案例如图3-3所示。

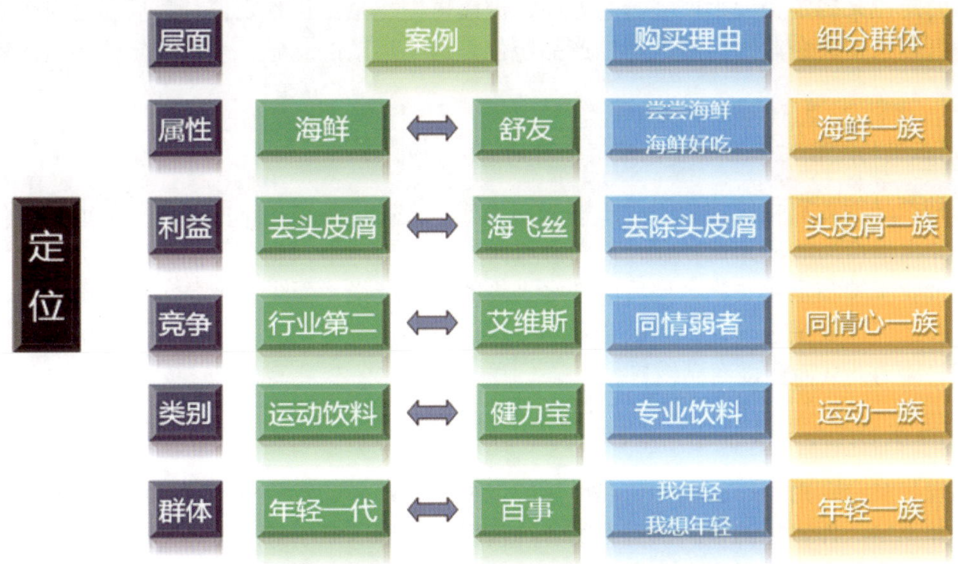

图3-3 成功定位的案例

(四)系统形象广告定位

20世纪90年代后，“全球化”趋势愈演愈烈，“地球村”概念深入人心。世界经济也突破了区域限制而越来越成为一个统一的概念。各企业间的竞争也随之而成为在全球领域内大的竞争，这种竞争使各企业一方面努力将触角伸向全球各个角落；另一方面在广告策略上也要注意各地区文化差异的同时整合自身产品的广告思维和理念。原来的广告定位思想，进而发展为系统形象的广告定位。这种广告定位思想，突破了形象定位的局部性和主观性，一改从前广告定位的零散性、随机性，更多地注重产品广告整体上的完整性、本质性和优异性。

系统形象广告定位，最初于20世纪50年代中期产生于美国，发展于60—70年代，成熟于80—90年代。如今这种广告形式风靡全球，世界上的著名企业都在用这种广告形式为自己的产品打通销路、维持知名度和美誉度。

三、定位的意义与分类

（一）定位的意义

广告定位的意义表现在以下五个方面。

1. 正确的广告定位是广告宣传的基准

企业的产品宣传要借助于广告这种形式，“广告向谁说”“广告说什么”“广告怎么说”等问题必须要考虑，而这些问题的解决就必须基于广告定位。也就是说，在现实广告活动中，不管你有无定位意识，愿意或不愿意，都必须给拟开展的广告活动进行定位。

2. 正确的广告定位有利于巩固产品定位

产品是企业赢利的核心所在，质量好且定位准的产品是现代企业运作的基础。现代企业在产品设计开发生产过程中，根据客观现实的需要，必然为自己的产品进行定位。然后，根据产品的定位来确定企业生产经营的方向，进而再进行企业形象定位。最后通过对企业形象定位的宣传来扩大企业知名度。所以产品定位是这一活动的基础，对产品定位的巩固就更为重要。

3. 正确的广告定位有利于说服消费者购买

一种商品能否真正使消费者产生购买动机和行为，广告定位准确与否非常重要。在现代社会中，由于产品的多元性存在，消费者对商品的购买，不只是对产品功能和价格的选择，更是对企业精神和企业文化、售后服务水平等的全面选择，而企业形象定位准确与否，又正是消费者选择的根据之一，优良的企业形象定位，必然使消费者对产品产生“信得过”的购买信心与动力，从而促进商品销售。

4. 准确的广告定位有利于消费者“认同性”购买

在现代社会，由于产品多元化和市场的饱和化，产品的竞争变得格外激烈，而要在竞争中胜出并不是一件容易的事。消费者受各种情境和心理因素引导，会选择自己认同的产品。因此，产品广告在定位时要充分考虑稳定的和易变的因素，在广告中突出自己品牌的与众不同，从而使消费者认牌选购。

所以广告在定位时既要考虑产品本身的“有用性”，更要在“不同于其他品牌的有用性”上下功夫，使消费者形成心理认同，与产品产生贴近感，进而产生购买行为。

5. 准确的广告定位是广告创意和创作的目标和导向

在广告活动中，广告的创意和整体创作表现应该以广告定位作为基础来进行，无论是广告视觉表现还是听觉表现，都应延续该产品广告的定位和历史沿革。表现要以广告定位为目标与导向，体现出广告表现服务于广告定位的思维逻辑。很多的名牌广告，在历来的广告中已经有了基本的思路，如万宝路的牛仔风格、可口可乐的爽酷风格等，当再作广告策划或创作时都要考虑到这些基本因素，而这些定位因素在提供思路的同时也束缚了创作者的思路，使他们“带着镣铐跳舞”。

广告定位表面上看起来仅仅是广告活动的问题，实际上牵涉到整个企业的经营管理，是

其中的重要组成部分，广告定位准确，能直达消费者的视域，激起消费者的购买欲望，从而减少在各种环节上的人力物力的浪费，优化企业的经营管理。

（二）定位的分类

广告定位主要有两大类：实体定位和观念定位。

1．实体定位

所谓实体定位，是指在广告传播中强调本品牌与同类产品的不同之处，突出产品自身独有的价值和作用。实体定位又可以区分为市场定位、品名定位、品质定位、价格定位和功效定位。

1) 市场定位

市场定位是指将市场细分的策略用于广告活动，将产品定位于最有利的市场位置上。它是广告宣传确定主题和创意的重要依据，也是取得良好广告效果的必要条件。

2) 品名定位

产品都有自己的名称，名称的得来并非随意而为之。首先要遵循当地文化和民俗习惯，特别要避开当地的文化禁忌。很多产品名称寄予了一定的心愿吉祥之意，特别是在一些非技术产品领域，吉祥如意的名称有利于产品的销售。一些我们熟知的品牌比如宝洁——清洁、洁白，奔驰——跑、快，可口可乐——欢乐、可口等，还有双喜香烟、乐百氏果奶、舒肤佳、飘柔等都是以暗示产品属性或利益的词为名，从而为消费者所认知。

3) 品质定位

质量是产品的灵魂。质量决定产品能否拥有一个稳定的消费群体。因此，很多广告把其产品定位在品质上，靠品质定位来争取消费者的青睐。用品质定位取得成功的广告很多，众多日本电器都打品质定位牌，比如提到索尼，很容易想到“精致和创新”；而甲壳虫汽车也以“小而坚固”的形象深入人心。这些都反映了一个品牌的品质形象定位。

4) 价格定位

所谓价格定位，是指广告主把产品、服务的价格定在什么样的档次，这个档次是与竞争者相比较而言的。价格定位一般有三种情况：一是高价定位，这种定位一般要借助良好的品牌优势、质量优势和售后服务优势来获得消费者的青睐；二是低价定位，由于广告主具有绝对的低成本优势，或者是企业形象好、产品销量大，或者是出于抑制竞争对手、树立品牌形象等战略性考虑，广告主通常会以低价定位进行竞争；三是市场平均价格定位，即把价格定在市场同类产品的平均水平上，这种产品主要依靠本身的质量平稳占领市场份额。

企业的价格定位并不是一成不变的，在不同的营销环境下，在产品生命周期的不同阶段上，在企业发展的不同历史阶段，价格定位可以伺机灵活地变化。

5) 功效定位

功效定位是指将广告的诉求点放在产品与其他同类品牌产品的不同功效上，将此功效强调、放大，以达到彰显自身、增强竞争力的效果。例如，“汰渍”洗衣粉广告就是强调其比一般同类产品更强的去污能力，“有汰渍，没污渍”的广告词就将去污能力阐释得简洁、彻底。

2．观念定位

观念定位是在广告中发掘、放大产品的新价值取向，尤其是其独到的、不同于一般产品的意义。这种价值观一般来说符合时代发展趋势，能够改变消费者的心理定式，重塑消费者的习惯心理。在具体操作过程中，观念定位通常有以下几种模式。

1) 心理定位

心理定位是指在广告中注重满足消费者的某种心理需求，一般运用象征和暗示等方法来借以强化消费者的主观感受。这是根据马斯洛的需求层次来定位的。马斯洛把人的需求分成生理、安全、社交、尊重和自我实现从低到高的五类需求。例如，凯迪拉克、宝马等名车，都以其豪华气派营造名流象征，强调消费者的成功体验；而人头马酒的广告词“人头马一开，好运自然来”，更是对消费者进行心理暗示，只要喝了这种酒就会有一个美好的未来。

2) 逆向定位

逆向定位就是运用逆向思维方式，从对消费者的否定宣传中找到正面的、值得肯定的优点。美国“皇冠牌”香烟曾制作了“此地禁止吸烟，连皇冠牌也不例外”的广告牌，结果反而获得消费者的好感而使其销量大增。这种定位方式的关键就是要找出产品和人们固有观念中的弱点去否定，从而肯定自身。

3) 是非定位

是非定位又称“反类别定位”，是指当产品在应归属的某一类别中难以打开市场时，在广告宣传上使产品概念与原类别形成“矛盾概念”，以“跳出”这一类别，目的是寻求竞争市场的新位置。如美国七喜汽水，刚上市的时候，可口可乐和百事可乐占据了美国饮料市场的大部分份额，七喜要想打可乐型几乎没有胜出的可能。其广告独辟蹊径，将饮料市场人为划分为“可乐型”和“非可乐”型，将自身定位为“非可乐”，明显将自己与两种可乐作了区分，为自身赢得了较大的发展空间。七喜汽水的广告如图3-4所示。

图3-4　七喜汽水的广告

4) 比附定位

比附定位是指借用已存在的、已知的定位，来说明本产品位置的方法。例如，美国艾维斯出租车公司就曾采取这种广告策略，广告词是“我们是第二，所以我们更加努力”。此广告一出，该公司第二年就扭亏为盈，这是在亏本13年后的赢利，广告所起的作用可见一斑。艾维斯的广告如图3-5所示。

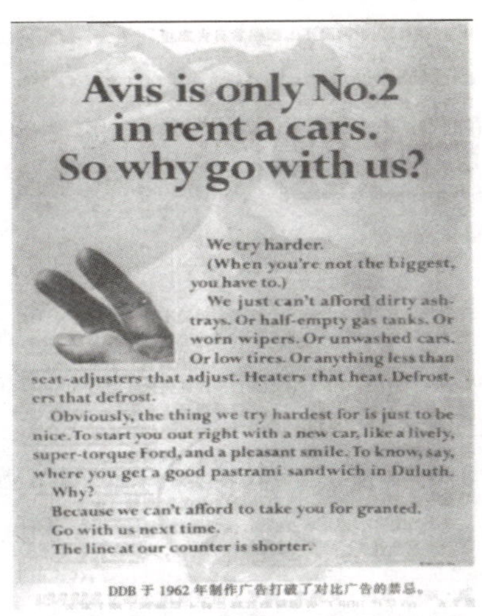

图3-5　艾维斯的广告

03

第二节　USP理论与整合营销传播

一、关于USP理论

（一）USP理论的含义

USP(Unique Selling Proposition)即“独特的销售主张”，是近代广告界公认的美国广告大师罗瑟·瑞夫斯对“科学派”广告理论的继承和发展，它成为20世纪50年代最主要的广告理论方法，使整个50年代成为USP至上时代。

罗瑟·瑞夫斯认为，只有当广告能指出产品的独特之处时才能行之有效，即应在传达内容时发现和发展自己的独特销售主题，并通过足量的重复将其传递给受众。瑞夫斯描述USP具有三部分的特点。

(1) 必须包含特定的商品效用。即每一个广告都要对消费者提出一个说辞，给予消费者一个明确的利益承诺。

(2) 必须是独特的、唯一的，是其他同类竞争产品不具有或没有宣传过的说辞。

(3) 必须有利于促进销售，即这一说辞一定要强有力招来数以百万计的大众。

从上述分析可以看出，广告以区别于竞争对手，满足广泛消费者的实际利益为广告的独特主题或独特的诉求重点，并以此为策划增强广告对受众的说服和号召力，从而直接实现广告对商品的促销目的，是USP的实质。

（二）USP理论的功能

1．差异化功能

USP通过独特的销售主张的传播与沟通，使产品及其广告具有了区别于竞争者的独特属性，从而实现差异化。没有差异的凸显，就没有广告及其商品突出自己和单独存在的资格。

2．价值功能

USP的实效性的本质和基础，在于它能够提供特殊的、他们需要的具体价值。正是广告展示的，为消费者创造的独特价值，才使这种差异化具有了实效的意义。

3．促销功能

USP的差异化和价值功能促进消费者对广告产品提供的独特的具体利益的认知和认同，促进了商品的购买；USP对广泛的消费者的适应和影响大众性的要求，使消费者对产品独特利益的认同和接受具有了促销的规模效能。

USP的差异化营销可以说是企业经营观念的一大进步。USP策略正是适应了这种营销战略的要求。因为，差异化的信息诉求是建立在差异的产品基础上的，包括产品的核心差异、产品形体的差异以及产品附加的差异。同时它也是利用人们认知的心理特点，在广告中宣传产品独具的特征以及利益，使消费者注意、记住并对其所提供的利益产生兴趣，从而促成其购买决策。下面是名牌产品表述自己独特的销售主张的例子。

(1)“给你的宝宝一个你孩提时代不曾拥有的东西。一个清爽的屁股。”(帮宝适纸尿裤)

(2)“在一小时60迈的劳斯莱斯车中，最大的噪声来自于电子钟。”(劳斯莱斯车)

二、整合营销传播

（一）概述

1992年，全球第一部整合营销传播(Integrated Marketing Communications，IMC)专著《整合营销传播》在美国问世，作者是在广告界极负盛名的美国西北大学教授唐·舒尔茨及其合作者斯坦利·田纳本(Stanley I.Tannenbaum)、罗伯特·劳特朋(Robert F.Lauterborn)。整合营销传播是指企业在经营过程中，以由外而内的战略观点为基础，为了与利害关系者进行有效的沟通，以营销传播管理者为主体所展开的传播战略。

整合营销传播的核心思想是将与企业进行市场营销有关的一切传播活动一元化。整合营销传播一方面把广告、促销、公关、直销、CI、包装、新闻媒体等一切传播活动都涵盖到营销活动的范围之内；另一方面则使企业能够将统一的传播资讯传达给消费者。所以，整合营销传播也被称为Speak With One Voice(用一个声音说话)，即营销传播的一元化策略。“在混乱复杂的市场环境中，再没有比此时更需要整合营销传播了……对消费者、经销商或零售商做整合性单一讯息传递是很重要的关键。唯有经过通盘性的统合后才可能让讯息一致地传达给目标对象。”——美国西北大学教授唐 E.舒尔茨 。

整合营销传播理论兴起于美国，是一种操作性极强的实战性理论。在现今经济全球化的

形势下，整合营销传播理论传入中国并得到了广泛的传播和发展。4As(美国广告公司协会)关于整合营销传播的定义：“整合营销传播计划概念，要求充分认识用来制订综合计划时所使用的各种带来附加价值的传播手段(普通广告、直接反应广告、销售促进和公共关系)，并将其结合，提供具有良好清晰度、连贯性信息，使传播影响力最大化。”

2003年，雅客V9《跑步篇》的广告开始在中央电视台的黄金时段播出，广告阐释了雅客V9的功能“每天两粒补充每日所需的9种维生素”。同时利用跑步将运动感和体育精神融入其中。以后，雅客V9一直以央视为“据点”，在广播、报纸、网络等各种媒体上联手促销，做了地毯式轰炸广告，逐渐在消费者心目中建构起了维生素糖果第一品牌的形象，将竞争者远远抛在后面。

但是整合营销传播也并非是万能的营销策略，在具体实施过程中仍然会受到诸如企业文化、传播地域等多方面的影响，因此，不能人云亦云、盲目地实施整合营销传播策略。要因产品而异，制定详尽的、完备的销售策略，还要结合统计学、消费者行为学等学科来进行，因此说，整合营销传播是个复杂的、需要深思熟虑的过程。

(二)整合营销传播新阶段——创意传播管理

进入21世纪之后，一个与过去迥然不同的新的传播时代已经到来，以互联网为基础的新的传播形态创造了一种新型的数字生活空间。这一数字生活空间具有几个特点：第一，既是现实生活的延伸又与其有所区隔；第二，用户参与上传、分享内容是数字生活空间的典型特征；第三，具有传播活性的群体——每一个参与者都是信息实体；第四，更加清晰的目标对象，实现了无限细分市场的可能性；第五，企业和消费者角色发生转变——生活服务者和生活者，同时伴随着直播时代、信息海啸、技术力量的凸显等特点。 在此背景下，北京大学陈刚教授提出了创意传播管理，“今天我们所面对的，又是一个必须要打破过去模式和理论的束缚进行创新的时代，不进行创新，就没有办法继续发展。当然创新必须有前提和基础，前提就是充分研究现有的传播环境的变化，找到它的发展规律，明白它的发展趋势，形成应对的整体方案。基础就是研究现有的关于互联网出现以后企业营销传播变化研究的各种论述，在此基础上进行概括和提炼”。

1．整合营销传播以“传播”为导向

整合营销传播是一个可用来计划、发展、执行和评估与消费者、客户以及其他目标相关的外部与内部受众相联系的协调、可测量、可劝服的品牌传播项目的战略商业过程。目标是产生短期的财务回报并建立长期的品牌和股东价值。

(1) 以消费者为中心，重视与消费者的沟通。

(2) 整合各种传播媒介，明确“营销就是传播”。

(3) 突出强调“同一个声音，同一个形象”。

(4) 重视整合营销传播的系统性执行。

诞生于大众传播鼎盛时代的整合营销传播理论明确以消费者为中心的观点，整合多种媒介及活动，执着地强调“营销就是传播”。这种“以传播为导向”的营销传播策略，在短期内迅速积累传播效果，解决了企业在大众传播高度细分化时代所面临的营销传播困惑。然而，在人人都是传播者、生活者、创造者的数字生活空间中，整合营销传播的力量被严重削弱了，整合没有抓手，单纯的“传播”已经不能满足企业的营销需求。

2. 创意传播管理以“管理”为导向

创意传播管理的核心观点：创造沟通元实现创意传播管理。创意传播管理是对数字生活空间的信息和内容管理的基础上，形成传播管理策略，依托沟通元，通过多种形式，利用有效的传播资源触发、激活生活者参与、分享、交流和再创作，并通过精准传播，促成生活者转化为消费者和进行延续的再传播，在这个过程中，共同不断创造和积累有关产品和品牌的有影响力的、积极的内容。其特点如下。

(1) 传播管理和创意传播共同构筑了循环的创意传播管理系统。

(2) 数字生活空间中，企业必须把传播提升到战略和管理层面，建立专门的传播管理部门，对内容、策略、资源、沟通进行管理。

(3) 数字生活空间中，必须依托沟通元进行创意构想，在分享、互动和协同创意中实现创意传播。

(4) 管理无处不在，创意传播与传播管理相互配合。

也就是说，诞生于数字生活空间的创意传播管理是“以管理为导向”的营销传播理论，它把传播从营销层面提升到管理层面。互联网带来了史无前例的变化，在这个数字生活空间的生存、竞争和发展，无时无刻都离不开传播。传播不仅是营销层面的问题，更是企业的整体发展首先要面对的问题，所以，企业必须从单纯的传播走向传播管理，进行管理的创新，成立专门的传播管理部门，通过专业的流程，完成这一艰巨而重大的任务。

3. 创意传播管理的实现路径——从整合到协同，从接触到内容，从规划到常规

从整合到协同创意，从消费者接触到参与内容建设，从执行规划到日常的执行，创意传播管理让消费者不再仅仅停留在观念上的“中心”地位，而是真正实现了消费者作为生活者在品牌传播过程中的“中心”地位。生活者成为协同创意的一员，成为沟通元的贡献者，有足够的空间参与品牌的营销传播过程。

营销传播也不再仅仅是长期的战略、规划，而是在此基础上日常的管理和执行。

第三节　4P理论与4C理论

一、4P理论

4P理论是1960年由杰罗姆·麦卡锡(Jerome Mc Carthy)在其《基础营销》(*Basic Marketing*)一书中总结出来的，他将市场要素概括为4类：产品(Product)、价格(Price)、渠道(Place)、促销(Promotion)，即著名的4P。他是在前人尼尔·博登(Neil Borden)的基础上提出该理论的。

(1) 产品。是指企业提供给消费者的物品、服务的集合，包括产品的效用、外观、品牌、包装，还包括保质和售后服务等因素。

(2) 价格。主要包括一般价格、折扣价格、付款时间等。主要指企业通过售卖产品所得的利润。

(3) 渠道。主要包括销售渠道、储存设施、存货控制等，它是企业为使产品到达目标市场所组织、实施的各种活动，包括途径、环节、场所、仓储和运输等。

(4) 促销。主要是指企业为销售产品利用媒体与消费者进行沟通的传播活动，包括广告、推销活动、公共关系等。

以上4P(产品、价格、渠道、促销)是市场营销过程中可以控制的因素，也是企业进行市场营销活动的主要手段，对它们的具体运用，形成了企业的市场营销策略。

4P理论奠定了营销学的基础理论框架，该理论将影响企业营销活动效果的因素归纳为不可控的和可控的两种因素：不可控因素是指企业所面临的外部环境，如政治、法律、经济、人文、地理等因素；可控因素是指产品生产、定价、分销、促销等营销因素。4P的实质就是将企业的可控因素发挥到最好，用科特勒的话说就是"如果公司生产出适当的产品，定出适当的价格，利用适当的分销渠道，并辅之以适当的促销活动，那么该公司就会获得成功"。

二、4C理论

1990年，美国的劳特朋教授提出了4C理论：它以消费者需求为导向，首先研究消费者的需要与欲求(Consumer wants and needs)；其次考虑要满足消费者时所需付出的成本(Cost to Consumer)；再思考如何给消费者方便(Convenience)以购得商品；最后强调与消费者的沟通(Communications)。与产品导向的4P理论相比，4C理论有了很大的进步和发展，它重视顾客导向，以追求顾客满意为目标，这实际上是当今市场由"卖方市场"向"买方市场"转换过程中对企业提出的必然要求。

（一）消费者的需求

广告主应建立起以消费者为中心的零售观念，充分考虑消费者的需要和欲望，并将其贯穿于市场营销活动的整个过程。广告主站在消费者的立场上，帮助消费者组织挑选商品货源；按照消费者的需要及购买行为的要求，组织商品销售；提供优质的服务，才能得到消费者的信赖。

（二）消费者所支付的成本

消费者总成本包括货币成本、时间成本、精神成本和体力成本等。消费者在购买商品时，总希望将有关的成本降至最低限度，以使自己得到最大限度的满足。因此，该理论强调企业应从以消费者为中心的理念出发，让渡足够的消费者剩余给消费者，并且努力提高经营效率、做好服务，以节省消费者的时间成本和精神成本。短期来看，这样的策略似乎使得企业销售利润有所减少，但从长期来看，这样的举措是企业战略目标实现的保证，能够为企业产品、服务和品牌的成长带来更大收益，对提升企业总价值具有决定性意义。

（三）消费者便利

最大限度地便利消费者，是广告主应该认真思考的问题。广告主在选择地理位置时，应考虑地区抉择、区域抉择、地点抉择等因素，尤其应考虑"消费者的易接近性"这一因素，使消费者容易接近商品。同时，在出售商品的商店的设计和布局上要考虑方便消费者进出、上下，方便消费者参观、浏览、挑选，方便消费者付款结算，等等。

（四）与消费者沟通

广告主为了创立竞争优势，必须不断地与消费者沟通。与消费者沟通包括向消费者提供有关商店地点、商品、服务、价格等方面的信息；影响消费者的态度与偏好，说服消费者光顾商店、购买商品；在消费者的心目中树立良好的企业形象。与消费者沟通比选择适当的商品、价格、地点、促销更为重要，更有利于企业的长期发展。

这一营销理念也深刻地反映在企业营销活动中。在4C理念的指导下，越来越多的广告主更加关注市场和消费者，与顾客建立一种更为密切的和动态的关系。1999年5月，微软公司开始全面调整市场战略，开始更加关注市场和客户的需求。苏宁电器设专人研究消费者的购物“成本”，以此来要求厂家“定价”，这也是对追求顾客满意的4C理论的实践。

4C理论也有其不足之处：其一，4C理论以消费者为导向，容易忽视市场其他方面的需求和竞争导向；其二，在4C理论的引导下，企业往往一味迎合消费者而不能主动掌握利润空间，从而失去发展的机会。这都是企业应该注意的问题。

顾客战略为核心的4C说，随着时代的发展，也显现了其局限性。当顾客需求与社会原则相冲突时，顾客战略也是不适应的。例如，在倡导节约型社会的背景下，部分顾客的奢侈需求是否要被满足。这不仅是企业营销问题，更成为社会道德范畴问题。同样，建别墅与国家节能省地的战略要求也相背离。2001年，美国的唐·E．舒尔茨(Don E Schultz)，又提出了关系(Relationship)、反应(Reaction)、关联(Relevancy)和报酬(Rewards)的4R新说，“侧重于用更有效的方式在企业和客户之间建立起有别于传统的新型关系”。

三、4P理论与4C理论的互补

营销理论处在一个不断发展的过程中。而万变不离其宗，传统的市场营销策略4P理论指产品、价格、渠道和促销四个方面的组合。这种理论是以企业利益作为出发点。因此，当一批营销学者提出了4C的市场营销理论时，得到了消费者的认同，4C理论是将消费者、成本、便利和沟通几个方面结合起来，尊重消费者的利益。现在一般将两种理论结合起来，营销决策(4P)要在满足4C要求的前提下将企业利润最大化，最终实现消费者利益的最大化。在这种新营销模式之下，广告主与消费者的关系结合紧密，始终体现了以客户为出发点及企业和客户努力达到双赢的目的。作为营销的基本理论，4P和4C的营销策略组合原则，都在我们日常的营销实践中被有意无意地广泛应用。

第四节　5W理论与广告传播

一、5W理论的含义

美国学者H.拉斯韦尔于1948年在《传播在社会中的结构与功能》一篇论文中，首次提出了构成传播过程的五种基本要素，并按照一定的结构顺序将它们排列，形成了后来被人们称为“五W模式”或“拉斯韦尔程式”的过程模式。这五个W分别是英语中五个疑问代词的第一个字母，即：Who(谁)；Says What(说了什么)；In Which Channel(通过什么渠道)；To Whom(向谁说)；With What Effect(有什么效果)。

由此可以看出，对于广告而言，拉斯韦尔对定义的五项分析具有重要意义，五要素构成了广告运动的全部内容。这五个W对广告运动进行了系统的研究，对每一个要素的把握是广告运动能否成功的基础。

（一）5W理论的内容

1. 广告传播者

广告传播者即广告主，需要明确。当消费者接收到一广告信息时，首先要知道这种产品是“谁”生产的。如果产品出了问题，“谁”将对此负责。

2. 广告传播的内容

广告传播的内容即“信息”，是指媒体所承担的针对消费者的对产品内容的阐述过程。运用各种诉求方式、利用各种媒体将有关产品的信息传达给消费者，竭力使消费者建立起对广告主和商品的信任和好感。

3. 广告传播的渠道

广告传播的渠道即传播媒介。广告通过特定的传播媒介，把广告信息变成文字、图像、语言等符号形式，被传播对象所接受。

4. 广告传播的接受者

广告传播的接受者即广告受众。广告以定位的受众为想象目标进行传播。在传播过程中会充分考虑消费者的利益、感受，以便建立起消费者对产品的忠诚，激发消费者的购买欲望。

5. 广告传播的反馈者

广告传播的反馈者即消费者对广告主的信息反馈。消费者将对商品的使用情况用各种方式反映到商品的广告主那里，广告主接收到反馈信息后对商品进行相应的改进，再依次循环下去形成良性循环。

广告传播的整个过程就是从广告主到消费者，再从消费者到广告主的一个动态的、完整的过程。在5W理论模式里，缺一不可，共同组成广告传播的一个完整过程。

（二）5W模式的地位与缺陷

5W模式的地位不可撼动，因为它最早明确地将传播过程划分为五个部分或者要素，并且相对应地限定了五个研究领域，有效地描述了传播和规划了传播学研究。

对它的批评主要来自以下三个方面。

(1) 这个模式将传播视作劝服性过程，认为传播是传播者打算影响接受者，并且总能取得一定效果——对此人们表示理解，因为拉斯韦尔是从研究政治传播和宣传的角度进入传播学的。

(2) 这个模式忽略了传播过程中外部环境的影响。

(3) 将传播划分为五个部分，忽略了传播行为的复杂性；同时将研究领域划分为五个部分，忽略了相互之间的关联——事实上，传播在不断进行，很难独立出一个具体和单一的传播行为。

二、5W理论与广告传播

拉斯韦尔的5W模式应用在广告活动中意义重大。在此之前的广告研究都是针对广告活动中的某一因素或某一环节进行研究，而此模式是将广告活动中涉及的五个要素综合起来研究，把广告过程看成是一个有机的运动，是各种因素互动的结果。对每一个要素的把握是广告运动能否成功的基础。

它与一般的传播活动相比，有其独特之处。

1. 广告传播是付费的信息传播活动

广告作为经济活动，具有一切经济活动所具有的投入、产出特点。每个环节都需要考虑成本问题。广告活动从最初的广告调查、广告信息加工制作到广告传播，每个环节都必须有足够的资金支持。

2. 广告要有明确的广告主

广告要把广告主的企业形象和产品形象让消费者认识、熟记，以达到认同的目的；同时消费者通过广告明确广告主是谁，从而使广告主正视自身的责任和义务。对广告本身来说，由于广告费用是由广告主来出，广告主对广告活动具有一定的主动权。

3. 广告的信息都经过了“艺术化”处理

不论是平面广告还是影视广告，都经过了“艺术化”处理。处理后的图像来源于生活且高于生活，具有更强的视觉冲击力和情绪感染力。现代广告越来越讲求艺术性，画面越来越精美，信息传达越来越具体、形象。但广告并不等同于纯艺术，艺术只是它的一种形式，它归根到底是产业化、商业化的产物。

4. 广告通过大众传播媒介进行传播

广告要通过大众传播媒介来进行，这是广告与其他传播活动的本质区别之一。广播、电视、报纸、杂志、网络都是广告信息的载体，广告也必须借助于这些大众传播工具广泛传达广告信息。

第五节　6W＋6O理论与消费行为研究

一、6W＋6O理论

近年来，西方的许多市场营销学家将研究视角从对广告主和广告信息本身的研究转向广告传播的终端——消费者，致力于研究消费者的购买动机和购买行为，认为这是广告传播的根本，如果消费者不实施购买行为，别的环节都没有意义。这种消费者购买动机和购买行为的研究被概括为6W和6O，6W和6O是形成消费者购买行为研究的基本框架。

1. 市场的需要(What)——有关产品(Objects)

通过分析消费者的具体购买需求，探讨广告主应如何生产、生产何种产品来满足消费者。

2．为何购买(Why)——购买目的(Objectives)

通过对消费动机的形成机制和过程——包括各种生理的、心理的、经济的、社会的等因素进行细致入微的分析，了解消费者的购买目的，制定相应的广告策略。

3．购买者(Who)——购买组织(Organizations)

主要是对购买者组成成分的分析。购买者是个人、家庭还是集团，产品使用者情况，有关购买的决策人、执行者的情况等。根据对这些情况的分析，制定具体的广告对策。

4．如何购买(How)——购买行为(Operations)

通过对不同购买者的不同的购买方式进行分析，有针对性地提供不同的营销服务。由于经济支付能力、价值观和心理特点的差异，不同消费者表现出不同的消费特征，如实用型消费者对商品性价比的追求，虚荣型消费者对时尚和外观的喜好等。

5．购买时间(When)——购买机会(Occasions)

根据消费者对特定产品的购买时间的要求，把握时机，适时推出产品。例如，自然季节对服装产品的影响至关重要，产品提前上市能满足消费者的“换季”需求，而“过季”的服装需要削价处理以收回成本，减少库存。

6．购买地点(Where)——购买场合(Outlets)

通过分析消费者对不同产品的购买地点的不同的要求制定广告策略，如日用品中的洗衣粉等易耗品一般就近购买；而服装等商品则会在商业区购买，因为那里品种多，有选择的余地；特殊品往往会直接到企业或专业商店购买等。

二、消费者行为

从狭义角度来说，消费者行为是指消费者的购买行为以及对消费资料的实际消费行为。从广义角度来说，消费者为索取、使用、处置消费物品所采取的各种行动以及先于且决定这些行动的决策过程，甚至包括消费收入的取得等一系列复杂的过程都属于消费者行为。消费者行为研究就是要研究不同消费者的消费心理和消费行为，以及分析影响消费心理和消费行为的各种因素，揭示消费行为的变化规律。简而言之，消费者行为学的研究对象是各类消费者的消费行为产生和发展的规律。

消费者行为是动态的，有以下几个特点。

1．消费者行为是一个过程

消费者行为是一个复杂的、体验丰富的过程，不仅仅是交换或是消费者掏钱购买的那一刻，还包括在购买前对商品的咨询、了解，购买时和销售人员的沟通，使用商品后对商品的评价以至对这个品牌的总体认识和看法等。完整的消费行为包括内在的心理过程和外在的行为过程两个方面，它是一个内容丰富的过程。

2．消费者行为是各种因素综合作用的结果

任何一个消费者的行为都不是单一的，都是在社会的、文化的，甚至周边人的影响下施

03

行的，是消费者情感、认知、行为和环境因素之间相互作用的结果。因此，要了解消费者行为，就要考察各种因素的影响，综合地、科学地来看待消费者行为以制定正确的策略。

3. 消费者行为是一种理性行为

在现实生活中，特别是大宗、大件商品的购买，消费者的消费活动都是有明确的目的性和自觉性的。尽管这种消费行为在外人看来可能是错误的或是冲动的，但是只要消费者认为是符合标准的，就会促使他做出购买决定。

4. 消费者行为会有意识地避免风险

消费行为都有风险，有可能是价格过高，或者是功能达不到要求，或者是其他原因。人都有规避风险的本能，所以消费者在消费时，会尽量选择风险最小的产品。名牌产品由于质量、售后服务等各方面周到，能够获得消费者的信赖。

三、消费者行为研究对广告活动的作用

消费者行为研究就是要研究不同消费者的消费心理和消费行为，以及分析影响消费心理和消费行为的各种因素，揭示消费行为的变化规律。

(1) 消费者行为研究可以指导设计新产品和改进现有产品。针对各种消费者的不同审美观、价值观以及不同消费习惯和行为习惯，对产品进行全方位调整，生产出新的适应消费者需求的产品，并且对现有的产品进行可能性改造。这样可以节省人力和财力，使企业利润尽量最大化。

(2) 消费者行为研究可以有效地制定市场策略，包括市场细分、广告、包装、商标、价格、零售渠道等。只有从消费者的角度来理解产品或品牌的价值，准确地预测消费者的需求并及时在生产流程上做出反应，才能保证产品上市后为消费者所欢迎。

(3) 消费者行为研究是开展广告活动的前提。广告活动的目的就是促使消费者产生购买欲望进而产生购买行为。要达到这一目的，必须了解消费者的心理、行为变化以制定正确的广告策略。

(4) 可以促进对外贸易。对外贸易是一个国家创取外汇的重要手段。出口产品只有体现一个国家的民族文化特性才能在国际市场上立于不败之地。这就需要研究各国人群的消费心理和习惯，如中国人认为红色和黄色搭配是非常富贵的颜色，而西方人却没有这样的观念；黑色在佛教国家里是丧色，而西方人却认为是庄重之色，在各种重大场合都会用黑色。这样的“跨文化”消费者研究在促进对外贸易方面非常必要且意义重大。

第六节　认知理论与广告心理学

一、认知与认知理论

（一）认知

“认知”(Cognition)是心理学上的一个术语，它有广义和狭义之分。从广义上看，认知

与认识的含义基本相同，是指个体通过感觉、知觉、表象、想象、记忆、思维等形式，把握客观事物的性质和规律的认识活动。狭义的认知近似于记忆，是指个体获取信息并进行加工、储存和提取的过程。认知是一个个体非常重要的心理活动，是人的意识的集中表现。认知对人的情绪、行为具有重要的调节作用。

（二）认知理论

认知理论(Cognitive Theory)主要是指认知心理学的主体理论。认知心理学泛指一切以认知过程为对象的心理学研究，可分为三种主要理论：一是皮亚杰的发生认识论；二是对意识现象，特别是认知过程进行研究的心理学，又称心灵主义认知心理学；三是信息加工认知心理学，又被称为现代认知心理学。

认知心理学主要的研究领域包括认知活动、认知发展和人工智能(计算机模拟)等。认知活动的研究主要是指致力于揭示认知活动信息加工过程的心理机制方面的研究；认知发展的研究致力于探讨个体认知能力的发展规律；人工智能的研究致力于依据心理学的相关理论，建立心理过程的计算机模型(计算机程序)，以验证心理学理论的正确性，并将成果运用于自动化机器的控制。

认知心理学主要具有以下几个特点。

(1) 认为知识对认知和行为具有决定性作用。当人进行认知活动时，大脑中的知识单元或心理结构图式会被激活，使人产生知觉欲望，以使身体的器官有目的地接触外部信息并且处理它。

(2) 认为认知结构和过程具有整体性特点。认知活动既需要感觉器官的活动，又需要神经中枢对输入的信息进行加工，并且与旧知识进行对照，分析综合，以确定认知对象的意义。

(3) 将电子计算机科学引入认知心理学，用以说明人在解决问题时条件—活动(C—A)的程序。

(4) 突出表征的标志性。各种各样的表征，代表了外部世界储存在头脑中的信息，揭示了语言、符号各种表征的性质。

(5) 致力于揭示认知过程的内部心理机制。认知心理学采取类比的方法把人脑看作信息加工系统，故揭示人脑如何接受、编码(表征)、储存、检索和提取各种信息就成为现代认知心理学的实质和核心。

二、广告心理学

广告心理学(Psychology of Advertising)是一门交叉学科，主要研究与广告宣传有关的心理活动规律。美国应用心理学家W.D.斯科特于1908年出版了《广告心理学》。在其后的100年里，广告心理学逐渐成为心理学学术界关注的研究领域。广告主要通过传播相关的信息向消费者宣传产品用途、特性或服务，所以广告的效力在很大程度上依赖于对消费者心理特点、需求趋向、购买习惯和生活方式的研究。广告心理学与消费者心理学是密不可分的。

广告心理学的研究模式是注意—理解—联想—记忆—行动，其中理解的作用和记忆的作用非常重要，近年来又提出许多新的研究方向，如注意前过程的研究、诉诸感性广告的情绪动机因素的研究等。

03

广告的中心任务在于说服消费者去购买广告所宣传的产品或劳务，有关沟通的理论对于广告心理学具有重要意义。例如，利用权威信息源来制作广告，便能提高广告的说服力。广告心理学研究涉及心理学的各个研究专题，包括注意、知觉、联想、理解、记忆、情绪、动机、需要和个性，等等。

引起注意是广告心理学的一个重要问题，也是广告作品的主要用力所在。人们利用实验室技术进行广告测验，主要对观察广告屏幕的人进行摄像，研究这种录像可以得出哪些因素能产生预期的注意效果。也可以利用对比技术，使目标广告与做参照物的广告同时出现，看哪一幅广告获得的注意力多，就可知哪一幅更有效。

对于广告从业人员来说，广告心理学的学习是加强专业素养的一个非常重要的方面，它为更好地进行广告创作、实施广告计划、了解消费者的消费心理提供了非常好的帮助。

本章小结

广告理论从无到有，从简单到丰富，凝结着众多广告大师和营销学者的心血和汗水。广告定位理论经历了USP、形象广告、广告定位和系统形象广告定位四个阶段；整合营销传播是广告定位理论的一次飞跃，创意传播管理又是整合营销传播理论在新媒体环境下的升华；4P和4C理论发展得较为成熟；拉斯韦尔的5W传播理论在广告界得到广泛应用；6W+6O理论对消费的动机和购买行为作了精确的分析；认知理论对分析消费者的认知过程，如何把握消费者的心理特征提供了理论指导，如此丰富的理论对广告实践具有重要的指导意义。

延伸阅读

1. 叶茂中这厮的营销BLOG 资深广告人叶茂中的广告实践
http://blog.sina.com.cn/yemaozhong
2. 宝洁老了 http://news.hexun.com/2013-11-08/159505110.html

【案例】

小毛驴给全国观众拜年啦！——啥都有的赶集网

叶茂中营销策划机构为赶集网策划的小毛驴在春节联欢晚会前的黄金时间在全国观众面前露了两次脸，相比2011年姚晨版本的小毛驴，2014年版的小毛驴已然是张老面孔了。赶集网为什么愿意花钱，老是替一头驴做宣传，其实是因为赶集网掌握了品牌打造的过程中最核心最关键的一步棋。

叶茂中打造品牌的“四步曲”：

(1) 提炼出品牌核心价值；

(2) 用正确的策略和杰出的创意表现核心价值；

(3) 一次又一次的重复积累；

(4) 在消费者心智中形成一对一的品牌联想。

在这四步曲中，对企业和广告公司而言，最为艰难的并非第一条——“提炼出品

牌的核心价值”，在叶茂中策划机构看来，提炼品牌的核心价值就好比选择正确的道路，企业自品牌初创开始，就会给予最高度的重视，往往会赋予最大的耐心和资源；然而到了品牌维护阶段，由于人性的贪婪和多变，“坚持初衷”往往成为一种稀缺的品格，“一次又一次地重复积累”往往很难被企业所接受，更多广告公司的同行，为了证明自己的实力，更是不遗余力地改变之前公司为品牌所做的建设，品牌不断被赋予新的面貌，但一个品牌要真正成为消费者心智中的品牌，在消费者心智中产生烙印，就是需要建立在“重复”的行为之上。

1954年，李奥贝纳将万宝路定位为男人的世界，将近60年，万宝路的广告里都出现过啥呢？牛仔、牛仔、牛仔，还是牛仔，非要说不同的话，最多也就是场景上做点小变化：马上、草棚里、山中篝火旁，但万变不离其宗。在哪儿无所谓，少不了的还是牛仔、牛仔、牛仔和牛仔。万宝路的老总曾经十分不满意李奥贝纳白白骗了他那么多年的钱。李奥贝纳则说：“你花了那么多钱，不就是让我监督你不要换掉牛仔的吗？否则你品牌的魂不就没了吗？”60年一甲子，我想，正是因为双方在这60年的时间里坚定地一次又一次地重复正确的策略，才最终树立起了完美的品牌联想——万宝路，男人的世界！

在核心竞争力打造的过程中，第三步显得最不起眼，一块块砌砖的过程不仅乏味，而且累人，但这是把图纸上的华丽效果图变为真实存在的唯一途径。在空地里今天丢块砖，明天找堆石头，后天扛块大理石花岗岩，或者根本就拿了一张小学生的随手涂鸦做设计图纸，即使你持续这种劳动十年，充其量也只是行为艺术而已。

所以，在赶集网和叶茂中策划机构的坚持下，各位看官在春节期间，央视1套、3套、6套、江苏卫视、安徽卫视、湖南卫视等几大卫视全天都能看见毛驴的身影，在一线城市的地铁、公交等分众媒体也随处可见小毛驴。

从“啥都有”到“我最大”！

2011年的小毛驴首次亮相，用一首家喻户晓的儿歌，拉近和消费者的距离：

我有一只小毛驴

我从来也不骑

有一天我心血来潮骑着去赶集

……

姚晨俏皮的一句“啥都有”，清晰地表明了“赶集网”作为分类网站，提供了“大而全”的服务内容：房屋租售、二手物品、招聘求职、车辆买卖、宠物票务、教育培训、同城活动及交友、本地生活及商务服务等。

通过持续两年的品牌战略推动，赶集网从原来2000多家同类型网站中杀出成为领导品牌，生活信息分类网站的价值也已被消费者所认可。

到了2013年，市场竞争格局已经稳定，赶集网的“啥都有”也已经被市场认可，在这个阶段，打造具有规模性盈利可能的明星产品成为赶集网当前最重要的工作，赶集网的老总杨浩涌洞察到：

第一，招聘尤其是新蓝领仍然是蓝海，市场规模足够大。新蓝领人群目前有5亿~6亿的规模，而且具有用工量大、招聘需求量大、跳槽频繁等特点。如果按新蓝领每年只跳槽1次，其中30%的人通过职业中介寻找工作的话，职业中介的收费保守计费1000元/人，那这个市场规模就高达2000亿。

第二，赶集网是天生的生活服务平台，且流量规模大。而招聘时可以迅速做大规模的细分市场，赶集网抓住了这个机会。

第三，国内越来越紧张的用工需求，用工荒已经不是新鲜事。赶集网可以帮助企业解决招聘难题，尤其是中小企业可以在赶集网获得性价比最高的招聘服务，大幅降低招聘成本。2013年1—11月赶集网招聘与58招聘日均覆盖人数对比如表3-1所示。

表3-1　2013年1-11月赶集招聘与58招聘日均覆盖人数对比

日均覆盖人数（万人）频道											
频道	Jan -13	Feb -13	Mar -13	Apr -13	May -13	Jun -13	Jul -13	Aug -13	Sep -13	Oct -13	Nov -13	差距分母为58
赶集招聘	200	125	166	132	137	119	130	120	121	102	103	21.54 %
58招聘	77	100	122	95	105	107	113	93	130	83	89	

我们需要在招聘这块蛋糕上深挖，加强赶集网在这个领域的领先度，并且在不违反广告法的前提下，能够让消费者感受到赶集网领先的优势。

谁搞大了小毛驴的肚子？

为了让小毛驴能表现出赶集网在招聘版块“最大”的气势，叶茂中策划机构只能把小毛驴的肚子搞大了！

各位看官，当您看到谢娜无比慈爱地抚摸着毛驴的肚子时，千万别有什么邪恶的念头闪过啊，小毛驴是为了赶集网才大肚子的哦！

虽然赶集网换了代言人，但仍旧保持了广告一贯的风格，搞笑的是，大肚子的小毛驴腆着个肚子，跟着谢娜走进了镜头，身后的一群小驴（暗示着都是小毛驴孕育的子子孙孙们），每只都代表了一个职位，职位多的都够列一个方阵了：

找工作啦

赶集网

找销售

找行政

找财务

找文员

找客服

找导购

找工作还有比赶集网更大的吗？

赶集网 啥都有

找完工作，找房子！（见图3-6）

图3-6 赶集网

对于一个赶集网的目标客户，找工作解决了生存问题——解决了生存——紧接着的就一定是衣食住行等生活问题，而在这一系列问题中，远在他乡打工的人群，“住”是首当其冲要解决的主要冲突。

正是洞察了这一冲突，小毛驴立马又带着大家找房子了：

找房子啦 赶集网

找完工作 找房子

出租房 二手房

房子多 房子多

找房子 还有比赶集网更多的吗?

赶集网 啥都有

其实，广告一定不是靠复杂取胜，越是单纯的创意，越能在消费者的脑子中留下一席之地。

行文至此，有些看官看完一定会说，不就还是那头驴子吗?

是的，还是那头驴子，2014的小毛驴在叶茂中策划机构的策划下，甚至更加单纯，但我们相信，就如同西西弗斯每天坚持推着巨大石头上山，即便没有感动宙斯，却感动了你我——重复是一种坚持的力量，是可以让所有消费者深刻记住你的力量。

但，各位看官，叶茂中策划机构坚持：必须重复品牌的核心元素、核心价值、核心载体等，至于创意，还是需要大胆、大胆、再大胆些。

(资料来源：叶茂中这厮的营销. BLOG，http://blog.sina.com.cn/s/blog_496f70540102eark.html)

思考练习

1. 广告定位理论的发展经历了哪几个阶段？
2. USP(独特的销售主张)理论的三个要点是什么？
3. 试分析整合营销传播产生的背景、本质及其发展前景。
4. 简述4P理论与4C理论的要点。
5. 什么是消费者行为？什么是6W+6O理论，对消费者行为的研究有什么意义？
6. 认知理论在广告宣传中有何指导意义？

第二编

广告市场与管理

第四章

广告市场与广告环境

〖学习要点及要求〗

本章有广告市场、广告主、广告代理、广告信息、广告媒介、广告环境、广告市场环境及广告文化环境等重要术语。通过本章的学习，理解广告市场、广告环境的概念并阐释其构成要素；了解广告环境的主要作用；认知文化环境对广告的影响；分析中国广告环境的现状。

第一节 广 告 市 场

广告市场活动是围绕着广告信息展开的，而广告信息的传播源点为广告主，传播终点为消费者，中间的广告公司和广告媒介则都是为传输广告信息而建立起来的桥梁和纽带，是必不可少的中间环节。

一、广告市场的概念

广告市场(the Advertising Market)，就是进行广告活动的场所，其概念内涵是多层面的，常见的认识视角有以下四种：时空说、经济说、管理说和社会说。

(一) 时空说

从时空角度来看，广告市场就是进行广告活动的场所，或进行广告活动的时间和地点。

(二) 经济说

从经济角度来看，广告市场作为一种特殊商品，是建立在交易主体不同的社会分工和广告商品生产基础上的交换关系的总和，这种交换关系的形成受广告消费价值规律、广告供求关系影响。即把广告市场看作是一种商品的市场交换活动，并包括由这种市场交换行为和市场交换过程所发生的广告产品所有权的转移，以及所形成的交换关系、经济关系和经济利益关系的总和。

(三) 管理说

从管理角度来看，广告市场是对需求的满足过程，即把广告活动看成对广告主宣传需求的满足。这种需求有时是现实需求，有时是潜在需求。对广告需求的管理，既要满足广告主的现实需求，又要满足广告主的潜在需求。

(四) 社会说

从社会角度来看，广告市场的形成和运作会涉及社会生活的方方面面，并受到社会因素的重要影响。所以说广告市场是一种社会活动。

二、广告市场的构成要素

广告市场的形成需具有若干基本条件，即交换的参与方、交换的内容、交换的媒介、交换的成本等。参照美国著名政治家、传播学者拉斯威尔1932年建立的5W传播模型，可以将广告市场构成要素理解为涉及Who、What、Which、Whom、What、Money的六大方面。它们是广告主、广告信息、广告代理、广告媒介、消费者、广告费，这六大要素的相互关系如图4-1所示，缺一不可、互相制约，共同构成广告市场。

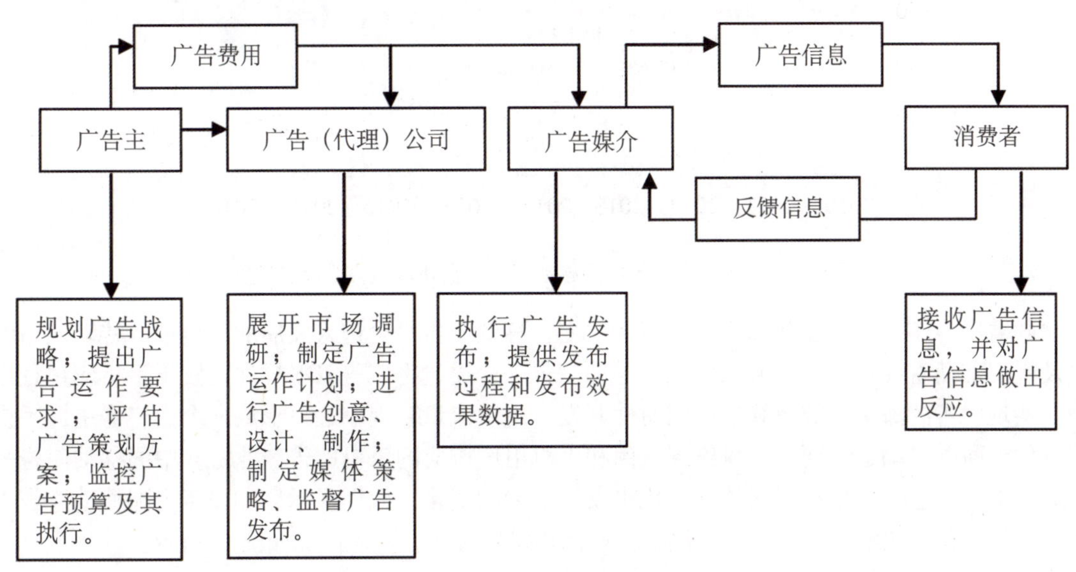

图4-1　广告市场构成要素相互关系图

(一) 广告主

广告主又称广告客户或广告消费者，是指为推销商品或服务而发起广告活动的人或组织。他们是自行或者委托他人设计、制作、发布广告的法人、其他经济组织或者个人，是广告市场中的消费者。广告主负责提供市场及产品资料给广告代理公司，监督广告公司的运作过程以及验收广告产品。

在广告市场的交易活动中，广告主是买方，广告主的需求是广告市场活动的始点，广告主发起广告活动，寻求代理商，通过与广告代理商交换与合作，达成广告目标，实现经济效益。在广告市场中，广告主始终居于市场的主导地位，他们决定了广告的目标受众、广告的发布媒介、广告的预算和广告发布活动的持续时间。

随着电子信息化的发展，移动广告市场进入高速发展期，2013年移动广告市场份额增速81.2%，其中移动购物占据超过50%的份额，移动营销规模虽然还不大，但是增长迅猛。快消、汽车、日化和娱乐是移动广告的先行者。

从2013—2014年中国移动广告平台行业观察报告可以看出未来广告市场需求量大的广告主类别的变化趋势。2014年1月26日，全球领先的移动互联网第三方数据挖掘和整合营销机构艾媒咨询发布的观察报告数据显示，2013年中国移动广告平台市场整体规模为25.9亿元，同比增长144.3%，2014年将达到50.1亿元。预计中国移动广告平台未来增长将趋于平稳，到2018年市场规模有望达到227.1亿元。近几年中国移动广告平台市场整体规模和趋势图如图4-2所示。

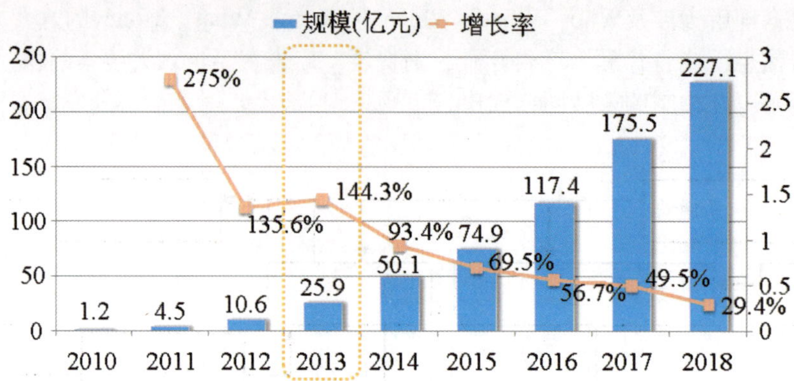

图4-2　2011—2015年中国移动广告平台市场整体规模和趋势

随着广告主投入的变化和产业自身的演变，移动广告平台进入发展的黄金期，移动应用的普及极大推动着移动广告平台的发展。移动广告平台通过将广告SDK插件内置于手机应用程序中，实现广告的海量投放及管理，同时使开发者用户流量变现，最终形成一个由广告主、手机广告代理商、移动运营商、手机终端厂商和手机用户构成的手机广告产业链。中国移动广告平台广告主行业总体分布和费用情况占比也发生了新的变化，数据显示，2013年中国移动广告平台广告主行业以快消为主，其次是汽车、日化和娱乐行业。具体情况如图4-3所示。

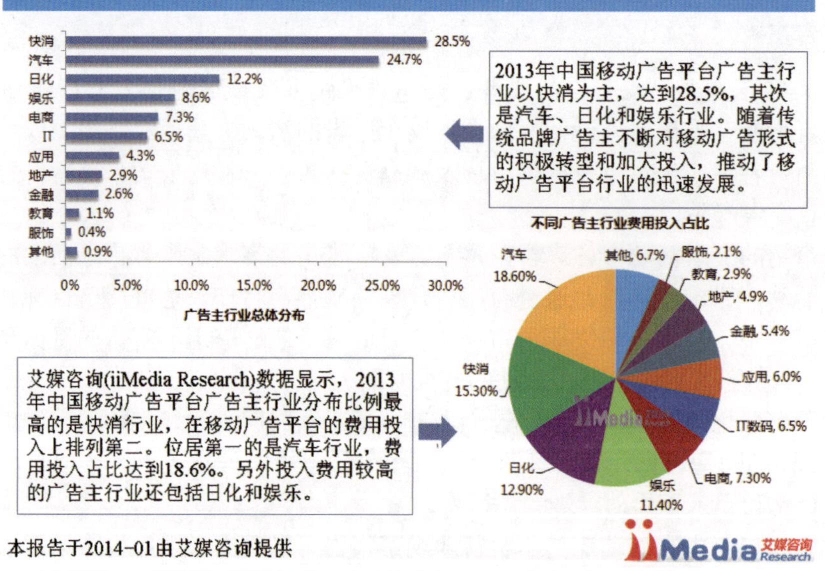

图4-3　2013年中国移动广告平台广告主行业总体分布和费用占比

消费者明确广告主对保护消费者的权益是非常重要的，可使消费者知道某条广告是为哪个组织哪个产品而做，从而了解该广告信息发布的初衷和目的。明确广告主可帮助消费者理性地分析广告信息，然后理性地参照广告信息作出是否购买广告产品的决定。如果消费者在使用广告产品的过程中产品出现问题，也能找到直接责任人。

消费者明确广告主对保护广告主的权益也是非常重要的，可使广告主认清自己的责任，

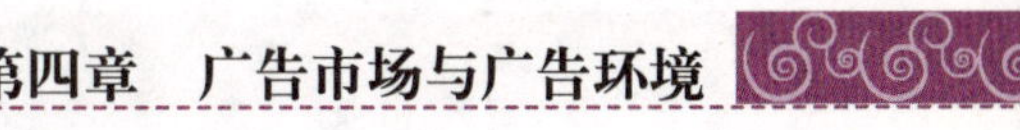

提高消费者对广告信息的信任感，树立广告主的形象，并且可以避免为他人作嫁衣的情况发生，保护广告主的利益。

还需注意，过去的广告主大多是工业企业和商业企业。随着社会的发展和市场的需求，组织形式越来越多样，广告的性质也从商业性广告扩展到了观念广告、形象广告和公益性广告。所以，广告主的形式也就越来越多样化，广告主由工商企业扩展到了政府机关、社会团体、学校甚至个人。

(二) 广告代理

广告代理是指受广告主的委托专业从事广告策划和广告制作活动的专业广告公司及其他专业广告组织；是被广告主雇用的独立地规划和完成广告主部分或全部广告工作的组织；是受广告主委托进行广告服务，即完成广告调查、广告制作或从广告媒介购买一定的版面或时段，策划制作广告作品并进行发布，并从广告媒介处获取相应的代理佣金，并从中获取一定比例的佣金的经营机构，它负责整个广告活动的策划与执行。

由于现代社会是一个分工协作的社会，所以广告活动所涉及的职能也有了越来越细致的分工与紧密协作的趋势，广告代理公司的出现就是这一发展趋势的体现，广告代理制也因此成为国际上通行的广告运作机制。它是随着广告事业的发展而出现的组织形式。广告代理制可以明确广告主、广告公司、广告媒介各自的分工，广告代理公司通过为广告主和广告媒介分别提供服务，在广告经营活动中扮演着广告主与广告媒介之间沟通桥梁的角色。

广告主有时仅靠自身的资源和能力无法顺利地高质量地完成广告运作的全部工作，必须依靠专业的广告代理公司为其提供专门的服务，帮助完成部分或全部广告工作，而广告媒介委托广告代理公司向广告主销售广告发布的媒介资源，既能保证广告运作的顺畅，又能提高广告信息的质量和传播效果。

广告主只有辅助和监督广告代理公司的工作，才能实现最终的广告运作目的。首先广告主必须向广告代理公司全面详尽地提供有关自己的经营战略、经营目标、目标市场、目标客户、历史销售记录、广告预算等信息，便于广告代理开展工作。其次，广告主在充分尊重广告代理公司工作模式的基础上，随时行使自己的监督责任，即监督广告代理的创意完成、作品制作、资金使用等是否按计划执行。同时，广告代理公司也应按照广告主的意图完成其委托的各项广告工作。

(三) 广告信息

广告信息是广告市场的核心内容，是广告市场中最重要的元素，依据传播主题的不同而有不同的信息内容。主要包括需要传播的组织信息、商品信息、服务信息、劳务信息或观念信息等。

组织信息是传播广告主的信息，向消费者介绍广告主组织名称、所处行业种类、所在地址等信息，使消费者了解商品的生产者或服务的提供者。

商品信息是最常见的一类广告信息，是商业广告的主要内容。传播商品信息广告的主要内容是介绍商品的品种、功能、品质、特色、种类、价格等，使消费者详细了解有关商品本身的各种信息，促使他们购买商品。

服务信息是介绍服务的项目和服务的提供方式的信息，便于消费者选择。

劳务信息是介绍劳务的人员供给信息与劳务工种、岗位的需求信息。

观念信息是对广告主倡导的意识、形象、生活方式等观念进行传播的广告信息。它使消费者在思想观念上认同广告主的倡导，在心理上亲近和忠诚广告主，在情感上依赖广告主，从而在行为上被引导产生购买。

(四) 广告媒介

1. 广告媒介的概念

广告媒介是拥有进行广告活动、传播广告信息的技术手段，将广告主的广告信息有效地传播到广告受众的沟通渠道，是传播广告信息的中介物，是广告信息传播的承载物。广告媒介也指广告媒介机构，包括报纸、杂志、电台、电视台等大众传播机构和以提供广告刊播媒介为主要业务的经济组织。它可以完成广告的刊播工作并提供媒介数据。

对于包含着广告信息的广告作品而言，“媒介”一词具有特殊的含义，它包含广告活动中任何能够放置广告信息的地方和传递广告信息的方式。

2. 广告媒介的分类

广告媒介分为两大类：标准媒介(measured media)和非标准媒介(unmeasured media)。

标准媒介是指电视、广播、报纸、杂志、看板等，因为广告主或广告公司可以对这些媒介上的广告量等相关数据进行较准确的追踪测量，所以称为标准媒介。非标准媒介指DM(直邮)、现场促销活动、联合广告、优惠券、商品目录、酷卡等，广告主或广告公司对这些媒介上的广告量等相关数据不易进行系统的追踪测量，所以称为非标准媒介。

标准媒介和非标准媒介在广告活动中都占有重要的地位，不同的广告主喜好不同，不同的广告信息适用不同的广告媒介。标准媒介传达信息更快更广泛，而非标准媒介对广告受众聚焦更准，引发其购买行动更有效，所以广告主应综合考虑，合理选用媒介。

现代科学技术的创新性发展，使得广告媒介的种类和形式越来越多样化。针对人类视、听、嗅、触等感觉器官的媒介都被用作了广告信息的承载和传播工具，并且越来越多的组合媒介不断出现，如互联网迅速成为传播广告信息的新媒介。

同时，传统媒介经过创新技术的改进增强了广告与广告受众的互动性，提高了广告受众关注广告、识读广告、理解广告的兴趣和主动性。如图4-4所示：麦当劳推出了街头“七巧板”互动看板广告，一个打乱了排列标准秩序的户外看板被放置在行人流量大的街头，容易引起过往行人的好奇和动手排列的冲动，大多数行人会跃跃欲试，上前排列，待到他们完成正确排列后，将会看到完整的麦当劳广告，这种创新设计的看板通过受众的参与提高了广告信息的到达率和有效率。

目前，虽然广告媒介已有数百种，但是随着广告从业人员的创新创意和科学技术的发展，还在不断丰富，并向着高科技、电子化、现代化、多元化、艺术化、多媒介化、持续化、高参与化的方向发展。在互联网技术的带动下，不断成长的数字新媒体技术以及网络化媒体在世界范围内改变了传统的媒体发展脉络与格局。

图4-4　麦当劳“七巧板”互动看板广告

(五) 消费者

消费者是广告的对象，也是广告活动中广告信息流通的最后一环，是广告信息传递的终点。

(六) 广告费

广告费是指完成广告活动所需要的所有费用。它包括两个方面的内容：媒介价格和广告作品价格。媒介价格是指发布广告时租用媒介所需的代价，广告作品价格则是指广告的制作费用及广告代理公司的收费等。所以，广告是一种付费的信息传播活动，广告费是进行广告宣传活动的经济保障。

广告活动是一种经济活动，必须讲求效益，追求投入产出效益原则是广告主、广告代理、广告媒介必须遵循的重要原则。

第二节　广 告 环 境

要做好广告，达到广告主的目标要求，在开展广告活动之前首先要进行广告环境分析。广告环境分析就是仔细考察广告活动所处的环境，分析广告主所面临的市场机遇，评价广告环境中的威胁程度，分析竞争对手的广告宣传情况，比较得出自身的优劣势，为广告创意等后续工作打下基础。

一、广告环境的概念

广告环境(the Advertising Environment)是指广告活动所处的环境，指影响和制约广告活动开展的战略、策略、计划实施的各种因素。

二、广告环境的构成

广告环境可被看作一个由三层嵌套的层级结构构成，如图4-5所示。

(一) 广告的外层环境

它由整个社会中影响广告产生、发展的宏观环境构成，包括自然环境、经济环境、社会环境、人文环境、政治环境、法律环境和科技环境等。

(二) 广告的内层环境

它由影响广告实施的微观环境构成，包括广告行业的市场环境、竞争环境、人才环境和业务运作环境等。

(三) 广告的核心层环境

广告的核心层环境包括：

(1) 广告主、广告公司、广告媒介、广告组织、广告研究和教育机构构成的“广告产业链”；

(2) 广告运动、广告活动、广告作品构成的“广告内容”；

(3) 广告信息对广告对象所起的“广告作用”。

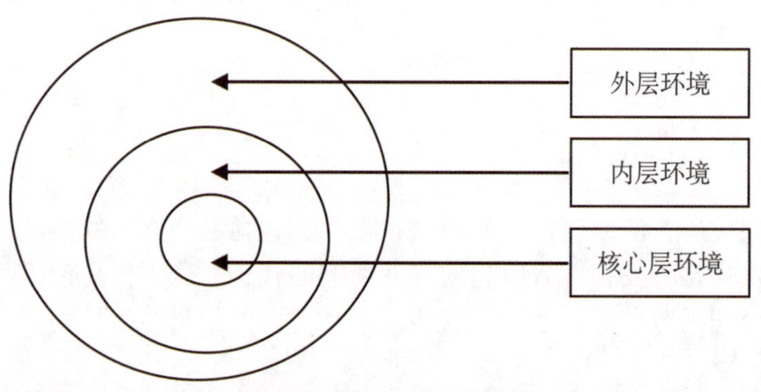

图4-5　广告环境构成图

三、广告环境的作用

无论是广告的外环境还是内环境，都对广告起着促进、调整、制约的作用。促进作用——为广告主体、广告本体、广告对客体的作用的发展变化提供有利条件；调整作用——环境的变化促使广告主体、广告本体、广告对客体的作用发生趋向于适应环境的变化；制约作用——为广告主体、广告本体、广告对客体的作用提供有限的发展条件或者削减其有利条件，使它们在限定的空间中生存和发展。

同时，广告的外环境和内环境对综合作用的广告主体、广告本体、广告对客体的作用的影响又发生在不同层面的，产生不同的效果。

(1) 导向作用：广告的“外层环境”对广告行业的发展起着导向和促进作用。

(2) 规范作用：广告的“内层环境”对广告活动的运作起着规范作用。

(3) 保障作用：广告的“核心层环境”对广告活动的效果实现起着保障作用。

每一层级的环境因素都对下一层级的环境因素起着作用，并最终影响着广告产业的发展、广告内容的作用效果和广告主及相关利益团体的利益。

四、广告环境的类别

广告环境主要有广告市场环境、广告传播环境、广告文化环境和广告经济环境四大类。

(一) 广告市场环境

广告市场环境对广告的影响主要表现在以下四个方面。

1．广告主的成熟程度

广告主的成熟程度包括广告主观念上的成熟度和广告主资源上的成熟度。广告主观念上的成熟度是指广告主对广告的作用有无正确的认识；广告主资源上的成熟度是指广告主是否有人力、物力、财力自己或委托他人进行广告活动。广告主的成熟程度决定着广告市场的需求。

2．消费者的需求

广告的发展离不开消费者，消费者是否看中广告的价值，消费者是否理解广告的意图，消费者是否接受广告的宣传等影响着广告的传播效果，也从根本上影响着广告市场的发展。

3．行业结构和水平

广告业的过快膨胀和水平的良莠不齐会导致整个行业中广告活动的不正当竞争和非理性行为大大增加，致使行业平均利润率下降，阻碍广告市场健康发展。

4．广告市场法制的健全程度

如果关于广告的法律法规建设落后于广告市场的发展，不仅不能促进广告业的健康发展，还会严重制约广告业的发展。近年来，中国的广告业发展较快，但违法总量却也增长很快，甚至违法总量的增长速度快于广告业的发展速度，这说明广告监管的标准严重滞后于广告业的发展。现行的《广告法》颁布于1994年，于1995年实行，但是三十几年来，广告业在发展中已经出现了一些新现象、新问题，尤其是新媒介和新技术的使用使得广告业与其他产业融合而带来了一些新的管理问题，但现行的《广告法》对这些新问题还缺乏规范标准和制约作用。

(二) 广告传播环境

广告传播是传播活动之一，是一种大众传播行为。广告传播离不开传播环境，广告活动的组织和实施必须依赖于一定的传播环境来进行，广告的传播环境影响着广告传播的内容和方式。广告传播环境既是广告媒介赖以生存和发展的基础和条件，也是人们进行广告传播活动的基础和条件。优良的传播环境有助于丰富传播媒介的形式，有助于提升传播媒介的质量，有助于提高广告传播者和广告受众参与广告传播过程的积极性和主动性，有助于吸引优秀广告传播人才，有助于广告信息清晰高效地传播。而低劣的广告传播环境，会降低广告传播的效果。充分了解和全面认识广告传播环境，才能提高广告传播效率，达到传播目的。

广告传播对广告传播环境具有客观依赖性和主动适应性；而广告传播环境对广告传播具有自发作用性。广告传播环境的构成要素众多，根据所涉及要素的性质等参数可将广告传播环境划分为不同的类别。

1．广告传播的间接环境与广告传播的直接环境

广告传播的间接环境是指与广告传播活动有间接作用关系的环境因素，一般包括政治因素、经济因素、社会文化因素、科学技术因素等。这些因素属于大范围内的因素，主要是从宏观上影响广告宣传活动，即广告外层环境。

广告传播的直接环境是指与广告传播活动有直接作用关系的环境因素，它一方面指间接环境因素在特定地域中的综合作用，一方面指特定的产业环境，它对广告传播活动的影响更直接、更具体，即广告内层环境和广告核心层环境。

2．广告传播的硬件环境与广告传播的软件环境

广告传播的硬件环境是指进行广告传播活动所必需的各种有形的物质条件，即广告传播的设备条件等硬件设施。它是一种物质环境要素，通常显现在一定的具体物质上，具有静态、显性和硬性的特征。它对广告传播的影响是显而易见和较易测量的。

广告传播的软件环境是指完成广告传播活动所需要的各种无形的非物质条件。它是一种非物质环境要素，通常存在于人们的意识、感觉中，是一种精神环境，具有动态、隐性和软性的特征。它对广告传播的影响是隐蔽的和不易测量的。

3．广告传播的行为环境与广告传播的心理环境

广告传播的行为环境是指广告传播活动中传播参与者的动作、行为及其组合。

广告传播的心理环境是指广告传播活动中传播参与者的心智模式，即人们长期生活所形成和留存下来的对世界看法的心灵地图。

广告的行为环境与心理环境之间存在相互作用，心理环境是在一定的行为环境中形成的，是行为环境在传播参与者心理上的客观反映；行为环境又是传播参与者心理环境的外在表现。

(三) 广告文化环境

广告文化环境是指广告传播与社会文化的关系，是指文化对广告及其传播的影响。广告能否取得理想的传播效果，最终还是由人们的需求来决定。而人们的需求状况和消费行为，又受到特定社会文化环境的影响。其实，广告本身就起源于文化，广告的深层次含义就是文化，广告本身就是一种文化产品。广告要针对性地向目标消费者进行诉求，提高传播效果，就必须研究广告文化环境因素。

1．文化环境的内涵

文化是指在群体经历中产生的代代相传的共同的思维与信仰方式，它是一个社会的思维方式以及适用于其成员的知识、信仰、习俗和技能。文化是促使一种生活方式产生的最重要的动因，包括知识、信仰、艺术、道德、习俗及其他能力和行为习惯。一个社会的文化被其社会成员共同拥有，它是人们后天习得的而不是天生的，人们在家庭、学校、教会等场所学习文化。正是由于一个社会中的个人遵循相同的文化，才使人与人之间的交流和沟通得以顺利进行。在跨国、跨地区的广告活动中，需要进行跨文化沟通，由于跨国、跨地区天然地存在着不同的文化，从而使广告信息传播异常困难。

2．文化环境的构成

广告的文化环境由五大要素构成，如表4-1所示。

表4-1　广告的文化环境要素

文化环境要素				
价值观念	风俗习惯	亚文化	民族心理	宗教信仰

(1) 价值观念。

价值观念是指人们对客观对象所持的观点、看法。拥有共同生活经历的人们，通常享有共同的价值观念。价值观念是一种信仰，是一种能明确或含蓄地影响人们行为方式的基本观念。在不同的国家或民族之间，甚至是同一国家、同一民族的不同群体之间，人们的价值观念可能迥然不同。不同的价值观念，影响着人们对广告、对广告产品的接受度、喜爱度，进而影响着他们的消费需求与消费行为。如果广告主能认真探究不同市场上消费者的价值观念，那么其成功的可能性就会很大，否则，广告宣传就会事倍功半，甚至无功而返。所以，价值观念经常被用来帮助我们分析不同社会中消费者的基本差异，广告活动要注意他们价值观念的差异，对于不同的价值观念，应采取不同的广告策略。

例如，东方人崇尚群体合作，对集体有较强的责任感和认同感，广告宣传就要注重人们对产品的共性认识；西方人崇尚个人主义和个人创造能力，广告宣传就要注重产品标新立异的特点，或传播彰显个人主义，甚至是对社会行为规范叛逆表达的广告信息。

(2) 风俗习惯。

风俗习惯是人们依赖自己的生活内容、生活方式和生活环境，在一定的社会物质生产条件下长期形成，并世代相传而成的一种风尚以及由于重复、练习、学习而巩固下来的必然的行动方式等的总称。不同国家、不同民族有不同的风俗习惯，它反映在各国不同的饮食、服饰、居所、婚丧、庆典、人际关系等方面，对消费者接收广告信息具有重要的影响。

例如：在西方国家，每逢2月14日情人节前夕，载有情人节礼物信息的广告就会大受欢迎，西方情人习惯在情人节购买情人玫瑰、情人套餐、情人套装等商品，欢度情人节。在中国，每逢春节前夕，载有春节商品信息的广告会很受欢迎，中国人习惯在春节期间贴春联、放鞭炮、吃饺子、串门拜年送礼，所以“送礼就送脑白金”广告在春节期间引发了购买脑白金的市场热潮。

(3) 亚文化。

亚文化是指包含在较大的社会团体文化中的较小的非主流的团体文化，是在主文化或综合文化的背景下，属于某一区域或某个集体所特有的观念和生活方式。一种亚文化不仅包含着与主文化相通的价值与观念，也有属于自己独特的价值与观念。 每一种社会或国家内部都包含若干亚文化群。它往往根植于不同的民族、种族、宗教、区域群体中，形成民族亚文化、种族亚文化、宗教亚文化、地理亚文化，随着社会和技术的发展，以及人们文化取向的自由化和多样化，又出现了由其他标准区分的亚文化，如职业亚文化、年龄亚文化、性别亚文化、爱好亚文化等。这些不同的亚文化群体，各自拥有着自己群体的独特价值观、行为规范和生活方式，从而影响到他们对商品的需求口味和购买行为表现。所以，进行广告活动必须深入研究文化环境中的亚文化的特殊形式。

(4) 民族心理。

民族心理主要是指一个民族作为一个大群体所具有的典型心理特点，是一种特殊的心理状态。不同的民族有着不同的心理活动，每一种民族都有着自己的民族心理的产生和发展规律。法国文化史学家H. A. 丹纳认为文化发展在于三大要素，即民族、环境和时代，而民族对人们的影响又是最强烈的、最广泛的、最深远的、最根深蒂固的。理解和顺应民族心理对广告市场是至关重要的，如有的民族特别豪爽开朗，有的民族却是温婉细腻，这就造成了不同民族成员对同一颜色或图形会表现出不同的理解和情绪。如中国人特别喜爱荷花，但日本人却特别厌烦荷花。所以，不同民族对同一广告信息的认同度、对广告产品的接受度截然不同就是民族心理在起作用。

(5) 宗教信仰。

宗教信仰作为历史的产物，是文化因素的一个主要方面。因此，广告人员必须研究各种宗教信仰的规范，在尊重人们宗教信仰的前提下，创意、设计、发布广告、策划完成广告宣传活动。例如：伊斯兰教信奉真主，但在某拖鞋制造企业开发信奉该教的国家的拖鞋市场时，在宣传拖鞋防滑功能的广告中，着重展示了拖鞋鞋底的防滑结构设计，而鞋底的凹凸结构造型形成了近似真主头像的图案，因而招致进口国抗议，人们纷纷拒绝购买，进口商不得不退货。反之，如能顺应广告受众的宗教信仰，广告就会容易地号召教徒购买和使用。例如：一商人发现沙特阿拉伯国家的人们每天必须定时五次朝向圣地麦加跪地祷告，就发明了一款小毛跪毯，上面嵌有根据“指南针”原理制成的指针，该“指南针”始终指着麦加的方向，广告诉求重点突出该产品的“指向麦加”的功能因而大受欢迎。

3．文化环境对广告的作用

(1) 文化环境对广告作用的途径。

①消费行为与文化环境。

文化决定着消费者的世界观，也影响着消费者的消费观，个人的行为包括其消费行为显示出其所处的文化环境的印记，改变消费者的文化相对困难。所以，当一个广告主进入新的广告市场时，一定要重视广告的文化环境，对影响消费行为的文化因素进行深入调查了解，顺应当地文化取向，才能实现和消费者进行有效的沟通，达成文化认同的一致，避免推出载有不一致甚至相悖文化内涵的广告。只有这样才能通过广告信息的传达，帮助消费者了解广告主，了解广告主的产品或服务，树立品牌形象，拓展新市场，达到经营目标。

②广告传播与文化环境。

在广告传播尤其跨文化广告传播中，广告人员要特别注意广告信息传播地区的文化环境，因为当地的文化因素对消费者理解广告信息、接受广告信息有着特别重要的影响，直接关系着消费者的消费观念。每个国家或地区的独特文化环境会影响消费者的需求、满足需求的方式以及对信息作出的反应，最终影响到他们是否会发生消费行为。

由于历史的原因，不同的国家和地区拥有各自不同的独特文化，这种文化的差异在国际市场中的表现尤为明显。据《中国广告》披露，很多广告主由于对其他国家或地区的文化环境不了解或对其文化图腾、标识内涵的错误理解，导致了广告信息传播的失败，损害了自己的产品形象，最终未能实现广告目标。

例如：2003年年末，一汽丰田向中国消费者推出其两款新车——陆地巡洋舰、霸道时发

布了两则平面广告，如图4-6和图4-7所示(资料来源：《中国广告》)。

在“霸道”车的广告画面上，“霸道”越野车威武地行驶在宽阔的公路上，有两只石狮蹲坐在路旁，一只石狮伸出右爪向“霸道”车作俯首行礼状，另一只石狮则做低头作揖状。在画面的显著位置出现的广告语是：“霸道，你不得不尊敬”。“陆地巡洋舰”的广告画面是在可可西里无人区的崎岖山路上，一辆丰田“陆地巡洋舰”迎坡而上，后面的铁链上拖拉着一辆貌似“东风”的军绿色的坏掉的大卡车，卡车显得极其笨重，画面左侧的墙上悬挂着追捕盗猎者所用的军事用具等。

然而，这两则平面广告在中国引起了轩然大波，激起了中国人的民愤和爱国热情。因为这两则广告的画面，让中国人看后不由得会产生不好的联想。凡是中国人都知道石狮对中国意味着什么，石狮在中国传统文化里代表权利和尊严，而“卢沟桥的石狮”让中国人马上会想到八年抗日。所以，向中国消费者传播的广告中用石狮向日本车敬礼、作揖，不能不引发中国消费者的疑义和愤怒。而“陆地巡洋舰”的广告中用丰田车来拖拉着不好用的貌似“东风”的大卡车，也有明显贬低中国大型国产车产业落后的嫌疑。广大的中国受众纷纷要求丰田公司、广告制作公司和刊登广告的杂志社向中国人民赔礼道歉。至此，日本丰田汽车公司和一汽丰田汽车销售公司不得不联合约见了十余家媒介，宣称“这两则广告均属纯粹的商品广告，毫无他意”，并正式通过新闻界向中国消费者就这两则广告带给他们的不愉快情绪而表示诚挚的歉意，并且丰田汽车公司立即停止了这两则广告的投放。

图4-6　丰田霸道的平面广告

图4-7　丰田陆地巡洋舰的平面广告

其实，仅从平面广告构图设计本身的要素来看，这两幅作品没有多大问题。但是，广告设计者和广告发布者显然忽略了一个重要问题，就是广告与文化的联系。这两则广告均忽略了文化环境因素对广告的重大影响，忽略了广告作品形象要素的文化寓意。广告一旦忽略了与文化的联系，就可能刺激广告受众，促使广告受众感到不愉快甚至产生愤怒情绪。不同国家对事物的理解不同，每个国家都有自己的传统文化及其代表物。狮子是中国的图腾，在一定意义上是中华民族的象征，所以给中国人看的广告必须尊重中国受众的这一文化习惯。在广告创意和品牌传播中，无论是创意的内容还是表达的方式，都要考虑到中国当地的现实文化因素。跨国企业在进入中国市场时，更须注意采取本土化的传播策略和广告方案，过分追求创意的新奇及注意力效果，往往会给广告主带来广告认同的风险，最终波及广告的促销效果。因此，广告公司必须了解广告环境，特别是广告文化环境，适应广告市场环境、传播环境和文化环境。

还须注意，跨文化差别不仅体现在不同国家之间，也存在于一国内的不同地区甚至不同城市之间。广告从业人员在进行广告活动的策划、创意、制作、实施时也要充分考虑这种地域文化差异对广告效果的巨大影响。

(2) 文化环境作用的层面。

①文化差异对广告发展模式的影响。

19世纪初期，工业化刚刚起步，基本没有国际营销活动，即使在本国各地市之间、各民族之间也很少有商业活动，并且当时因为是供小于求的市场环境，所以不需要商品宣传，即使宣传也是在文化趋同的小范围区域内进行，所以文化环境对广告发展模式的影响较小。但是，随着社会和市场的发展，商业活动逐渐频繁，市场范围逐渐扩大，产品的同质性逐渐突

出，对广告的需求越来越多，甚至一种产品的广告常常要面向全球不同文化背景的消费者，文化环境的差异对广告业发展模式的影响就越来越明显了。

②文化自恋对广告创意表现的影响。

文化自恋具体表现在文化近视与本文化至上两个方面。广告人在广告作品的创意制作中，常常以自己的文化取向来推断广告主的文化或广告受众的文化，即以自己本民族的文化为标准来评判他人文化，或主观地认为他人与自己具有相同的文化，致使在广告作品中呈现出文化近视现象。另外一种现象就是主观地认为自己的文化高于他人的文化，从而显现出本文化至上现象。

文化自恋限制了广告人接受文化差异的能力，同时也大大减少了广告人进行有效广告活动的成功机会。为了和其他地区或其他国家的消费者进行有效的沟通，就必须克服文化近视，摒弃本文化至上的心态，认识到不同文化的差异对营销及广告活动有明显影响，虚心学习和探讨他人文化。比如：美国宝洁公司曾到日本销售其洗发用品，播出的广告中有陌生男子抚摸青年女子头发的镜头，结果该产品遭到了日本消费者的坚决抵制，并被形容为“杀头”的洗发水。原因是在日本传统中流行一种风俗：一个人在被处死前才会被别人摸头，另外日本传统上是一个含蓄的民族，女子更是不能轻易被男人碰触。而该产品广告在西方国家播出却反响良好，因为西方国家的消费者没有这种风俗和禁忌，他们觉得画面营造的情景很美好很浪漫，该品牌产品在西方国家销售很好。

总之，在跨文化广告传播中，广告从业人员一定要重视不同国家或地区的文化差异，只有这样才能和当地的消费者进行有效沟通，从而在市场竞争中占据有利的位置，取得最大的成功。

(四) 广告经济环境

在构成广告环境的各种因素中，经济环境是决定着广告发展的首要因素。

经济环境主要是指宏观经济状况，包括经济制度、经济发展阶段和购买力状况等。经济环境的好坏，对广告决策影响最大。经济的发展进程决定着广告业的发展进程，经济的景气与否决定着广告业的兴衰。同时，经济发展也是影响广告对受众作用的重要因素。所以，广告是经济发展的晴雨表，广告的投放量和广告对商品的促销作用直接或间接地反映了经济环境对广告的影响程度。

经济环境对广告活动的影响表现在两个方面：一个是对广告主的广告投资额的影响，另一个是对消费者购买广告商品的能力的影响。

广告投资额是广告主在开展广告活动方面的预算和实际投入。一般地，当经济进入衰退时，广告主会削减广告预算或撤销广告投入，当经济进入繁荣时期时，广告主会增加广告预算或加大广告投入。

购买力是指社会各方面在一定经济环境中受到广告影响而用于购买商品或劳务的货币支付能力，是构成市场和影响市场规模大小的一个重要因素。它主要是由消费者收入、支出模式、储蓄和信贷等因素影响和决定，可从以下方面进行分析。

1. 消费者收入

消费者收入状况决定着消费者购买力水平。一般地，消费者收入增加，就会增加消费支出；消费者收入减少，就会减少消费支出。同时，消费者收入的增减制约着消费者的总支出和支出结构，影响着社会总需求的高低，影响着不同产品或服务市场的需求状况，影响着市场规模的大小。

消费者收入，可分为货币收入和实际收入。在货币收入不变的情况下，如物价下落，相当于消费者的实际收入增加；如物价上涨，相当于消费者的实际收入降低。消费者实际收入的波动，会引起市场需求的波动。

消费者收入，还可分为基本收入、可支配收入、可任意支配收入。基本收入是指消费者所有可能来源的总收入，包括消费者个人工资、奖金、津贴、股息、租金和红利等一切货币收入，它只是其实际购买力的参考基数。个人可支配收入是指在个人总收入中扣除税金和非税负担后，消费者真正可用于消费和储蓄的部分，它是影响消费者购买力水平和消费支出结构的决定性因素。个人可任意支配收入是指在个人可支配收入中减去消费者用于购买食品、支付房租及其他必需品的固定支出后所剩下的那部分收入，非必需品的消费主要受它的制约。

2．消费者支出模式

消费者支出模式是指消费者用于各种消费支出的比例关系，即消费结构。恩格尔定律把食品支出占家庭收入的比重称作恩格尔系数。该定律指出：随着家庭收入的增加，用于购买食品的支出占家庭收入的比重就会下降；用于住房和家庭日常开支的费用比例保持不变；而用于服装、娱乐、保健和教育等其他方面及储蓄的支出比重会上升。所以恩格尔系数是衡量一个国家、一个地区、一个城市、一个家庭的生活水平高低的标准。表4-2用恩格尔系数表明了近年来中国城镇和农村居民生活水平的变化情况，恩格尔系数越小表明人们生活越富裕，恩格尔系数越大则表明人们生活水平越低。从恩格尔系数的大小可以了解市场的消费水平和消费者支出模式变化的趋势，消费者支出模式的变化会给广告活动带来影响。

04

表4-2　中国居民恩格尔系数历年数据

年份	1978	1990	1995	2000	2004	2007	2008	2011
城镇居民/%	57.5	54.2	50.1	39.4	37.1	36.3	37.9	29.4
农村居民/%	67.7	58.8	58.6	49.1	47.7	43.1	43.7	37.4

（资料来源：依据历年国家统计年鉴数据整理）

经济发展、产业结构、文化环境、科技进步等因素也会影响消费支出模式。如中国的消费多以家庭为中心或受家庭影响，比较保守，还是以传统消费模式居多。近几年消费观念有所突破，休闲娱乐型消费比重有了明显的增加，但总体而言虽然城乡居民的收入逐年增加，但日常生活之外的支出还是较少，大多数人还是倾向于把增加的收入用来储蓄。

3．消费者储蓄和信贷

在其他条件一定的情况下，消费者的储蓄与购买力成反比，储蓄额增加，购买力就减小；反之，购买力则增大。由于消费习惯的影响，我国居民对住房、医疗、教育等非常看重，又担心这些支出将来会增大，所以倾向于事先储蓄。2000年年底全国储蓄额已达到6.7万亿元人民币。尽管近年来央行多次采取了降低利息、征收利息税等办法来刺激现金消费，但效果不很明显。根据中国人民银行的最新统计数据，截至2013年5月，全国金融机构个人储

蓄存款已达到44.17万亿元，受消费观念影响，绝大多数中国人不愿意今天花明天的钱，所以信贷消费在中国不能普遍开展，这种情况影响到中国市场的消费能力。

五、中国的广告环境

中国的现代广告事业开始于20世纪初，但后来由于中国进入了特殊的历史时期，广告事业曾经停滞了几十年，从1979年十一届三中全会后，中国的广告事业才开始了突飞猛进的大发展。尤其是邓小平南行讲话后，发展更加神速。历年来反映广告市场发展的数据如表4-3所示。

30多年来，随着中国经济的发展，中国市场的竞争由产品竞争逐步走向品牌竞争，促使越来越多的企业日益注重产品宣传和品牌塑造，中国广告市场随之发生了翻天覆地的变化。从表4-3中可以看出1979年广告经营单位数仅有10家左右，营业额仅有1000万元左右。到2012年年底，广告经营单位数已达37.78万家，营业额已高达4698亿元。30多年来，广告业经营单位数增长了近40 000倍，广告从业人员数增长了近2200倍，广告业营业收入增长了近50 000倍。人均营业额从1979年的1万元增长到了2012年的21.55万元。

表4-3　中国广告业从业人员数和广告业营业收入

时　间	经营单位数/家	从业人数/人	营业额/元
1979	10	1000	1000万元
1981	1160	1.62万	1.18亿
1982	1500	1.80万	1.50亿
1983	2340	3.49万	2.34亿
1984	4077	4.73万	3.65亿
1985	6052	6.38万	6.05亿
1986	6944	8.11万	8.45亿
1987	8225	9.23万	11.12亿
1988	1.07万	11.21万	14.93亿
1989	1.11万	12.82万	19.99亿
1990	1.11万	13.20万	25.02亿
1991	1.18万	13.45万	35.09亿
1992	1.67万	18.54万	67.87亿
1993	3.18万	31.20万	134.09亿
1994	4.31万	41.01万	200.26亿
1995	4.81万	47.74万	173.30亿

续表

时　间	经营单位数/家	从业人数/人	营业额/元
1996	5.29万	51.21万	366.64亿
1997	5.70万	54.58万	461.96亿
1998	6.17万	57.89万	537.83亿
1999	6.49万	58.75万	622.05亿
2000	7.08万	64.11万	712.66亿
2001	7.84万	70.91万	794.88亿
2002	8.96万	75.64万	903.15亿
2003	10.18万	87.14万	1078.68亿
2004	11.35万	91.38万	1264.60亿
2005	12.54万	94.04万	1416.30亿
2006	14.30万	104.00万	1573.00亿
2007	17.26万	111.25万	1740.96亿
2008	18.58万	126.60万	1899.56亿
2009	20万	133万	2041亿
2010	24.3万	148万	2340.5亿
2011	29.65万	167.34万	3125.55亿
2012	37.78万	218万	4698亿

（资料来源：依据历年中国国家工商行政管理总局统计数据整理）

广告业已成为一种新兴的高附加价值的无烟产业，中国广告业的发展也急剧迅速。CTR公布的数据显示，2010年，我国广告市场总体额度为7000亿元左右，超过日本成为仅次于美国的全球第二大广告市场。国际广告协会主席阿兰·卢瑟福德表示，中国正在从低成本生产过渡到创新和营销创意为主，迈向世界广告大国。但是，中国的广告环境还存在着种种影响广告市场发展的障碍，具体如下。

(一) 广告观念尚显落后

广告观念就是市场观念、法制观念、科学观念、文化和道德观念等多种因素表现于广告行为的综合体现。

虽然对广告作用的认识已经从完全没有意识发展到了特别看重广告的作用，但是有的广告主还往往偏向于仅仅把广告当作一种简单的信息传递工具，仅起告之的作用。而有的

广告主却走向了另一个极端，盲目地认为广告的作用是万能的，夸大了广告的作用，误以为只要做广告就能促销，广告能带来一切，有的广告主认为广告的大投入就一定能带来大回报。还有一些中国的中小企业广告主认为有钱就做做广告，没钱就不做广告，等等错误观念不一而足。

(二) 广告市场结构发展不均衡

在市场经济条件下，经过30多年来的发展，我国这个人口大国已成了消费大国，同时也催生了中国的广告市场。广告主纷纷主动利用广告来宣传自己的产品和服务，产生了对广告传播媒介的巨大需求，中国经济社会由此成为世界上最引人注目的传媒广告市场。

但是，整个广告业发展结构极不平衡，形成了媒介拥有绝对优势的问题，甚至媒介处于垄断地位，未建立起以广告代理为核心的合理的广告市场运作机制，以及以广告代理为主干的合理的市场结构体系，广告市场还未进入成熟阶段。在广告市场结构中，广告公司所占有的市场份额相对较少，广告公司的功能和水平还须提高。又由于我国地区间的经济发展不平衡导致的市场消费能力的严重不均衡，也影响到我国地区广告市场的发展不均衡。例如：中国的绝大多数广告公司和强势媒介都集中在北京、上海、广州和深圳。据统计，2010年北京、上海、广东三地的广告营业额占到全国总营业额的50%以上，而处于经济不发达地区的海 南、甘肃、宁夏、西藏、青海5省的广告经营额总和还不到全国的1%。不仅如此，广告的先进技术和人才也基本上集中在经济较发达的地区，而其他大多数城市的广告市场无论是数量上还是质量上都相对落后。

目前，市场经济发展的新趋势和新特点，势必引起广告业相应的变化：随着沿海地区经济迅猛发展的浪潮向内地推进，中南和西北地区地缘经济的发展将会再上台阶；西南和华南经济区域，将会与港、澳及新、泰地区经济进一步相互渗透和影响。这种经济发展的势头，将使中国广告业区域发展的不平衡化大大缓解，全国广告业的整体发展也随之跃上新台阶。

(三) 广告从业人员素质较低

近年来，由于广告业的迅速发展需要大量的从业人员，使得进入广告业的门槛偏低，一些广告从业人员，没受过良好的教育和系统的训练就得以入行，入行后又缺少专业、正规、长期的培训和实践。虽然，近年开展广告专业教育的高校越来越多，但是大部分还是偏重于单项技能的培养，高等教育与广告用人市场存在偏差。广告需要一专多能的人才，广告人应该事事都有所接触、事事都要懂一点，要有思想性，要了解政治、文化、经济等各个方面，要具备综合素质。目前，除少数大型规范化的广告公司外，广告从业人员的专业化水平普遍不高，人员综合素质普遍偏低，创新能力普遍较弱，甚至无法为广告客户提供科学的市场调查与广告策划，服务水准普遍偏低。另外，他们对行业法规的学习和遵守也存在若干问题。

(四) 广告监管体制有待加强

中国自从1994年10月27日第八届全国人民代表大会常务委员会第十次会议通过了《中华人民共和国广告法》，并于1995年2月1日施行起，广告业开始走上了法制化的道路。但是随着社会的发展和广告市场的发展，广告违法案件的出现形式多样化了。中国国家工商行政管理总局发布的资料显示，仅2013年一年，全国工商系统全年共查处虚假违法广告案件4.4万件，罚没款达3.2亿元，其中各级工商机关在专项行动中监测检查医药广告1006万条，曝光违

法医药广告6130条，叫停13万多条，查处违法案件6902件，罚没款6227万元，停止213户违法主体的广告业务；各地查办网络广告案件4034件，罚没款3827万元。

出现这些不法广告的原因首先是广告从业者和组织缺乏职业道德和法律意识：要么不经审批就发布广告；或虽经审批但又改头换面发布虚假广告。其次是由于法律法规的不健全、执行不到位，使得他们有机可乘。

此外，因为历史的原因，在我国还存在着借垄断、权力、关系、人情等因素扰乱着正当的广告环境的现象，对广告市场发展产生着不利的影响。所以，在公开广告价格、透明优惠政策、市场化人员流动、打击违法广告等方面亟待完善规范的法律法规和监管制度。

(五) 加入WTO后中国广告市场呈现更严峻的竞争格局

中国广告市场需求的快速上升吸引了大批外资企业。中国加入WTO后，广告业作为服务业的一种，市场已对外放开。中国广告业在进入WTO后，必须遵循WTO的规则，允许外资进入中国广告市场，服务于中国的广告客户或在华的外国公司客户。尤其是中国在2008年出台的相关政策为外资公司进入中国广告市场创造了更加便利的条件。出于贸易往来和国际广告交易互惠原则，我们不得不兼顾外资广告的利益，2008年10月1日起，国家工商总局取消了2004年版中“允许外资拥有中外合营广告企业多数股权，但股权比例最高不超过70%”的规定，开始执行新的《外商投资广告企业管理规定》，市场对国际资本的开放程度更高了。市场放开后外资广告公司纷纷得以以各种方式进入中国的广告市场。首先表现在外国投资者呈报文件单位更加多元化，除向国家工商行政管理总局外，还可向其授权的省级工商行政管理局呈报相关文件并获得批准。仅2013年1—8月份全国就新批设立了14 480家外商投资企业，实际使用外资金额(FDI)797.7亿美元，同比增长6.37%。外资广告公司数量的增长表明诸多国际广告公司对中国市场寄予厚望并加大了蚕食中国广告市场的力度和速度，这无疑从数量上加大了本土广告业面对挑战和国际竞争的难度。其次，进入中国的外资广告公司大部分都是4A国际大公司，从而从质量上使所有中国本土的广告公司面临着更直接、更严峻的来自海外跨国企业的正面激烈竞争。

本章小结

广告是一种市场行为，是市场经济活动的产物。广告市场也遵循着市场的供求原理确立和发展，因为广告主需要将自己产品的信息传递给消费者，消费者也需要在购买产品前知道生产者及其产品的信息，所以，就有了传递广告信息的广告代理公司和广告媒介组织，利用广告媒介传递广告信息是要支付费用的。学习本章了解广告市场的六大构成要素，是非常必要的。

广告所处的环境会对广告主、广告代理、广告信息、广告媒介、消费者、广告费带来影响，尤其是广告文化环境会对广告主的市场观念、广告代理的创意和信息表现方式、媒介选择、消费者对广告的接受态度以及广告费用的高低产生着重要影响。并且文化环境的影响无处不在。所以，广告主和广告代理公司一定要充分考虑文化因素的影响，避免产生文化自恋、文化霸权的现象而影响广告效果。

延伸阅读

1. iiMedia Research研究报告指定发布平台魔部网(www.moobuu.com)、艾媒网(www.iimedia.cn)

2. iiMedia Research官网http://www.iimedia.com.cn

3. 魔部网http://www.moobuu.com/information/7251.jhtml

4. 中国广告资源在线http://www.chinaaad.com/

5. 中华广告网http://www.a.com.cn/

6. 中国广告媒体网 http://www.ad163.com/

7. 广告市场_百度百科http://baike.baidu.com/subview/9683/8749457.htm

8. 中国公共关系网http://www.17pr.com/viewnews-132102.html

9. 广告市场网http://www.guanggaoshichang.com/

10. 央视国际频道http://ad.cctv.com/20070821/103524.shtml

11. 广告环境分析网http://baike.baidu.com/view/2043237.htm

12. 易观国际·易观智库htttp://www.yiguan.cn，www.enfodesk.com

【案例1】

Polo汽车平面广告

在一定的社会文化环境中只能产生适应这种社会文化环境的广告，而只有顺应某种文化环境的广告才能吻合这种环境中广告受众的文化品位，进而起到促销的效果。DDB(伦敦)为大众Polo创作的平面广告作品如图4-8所示，广告文案是："Small but tough"。画面展示的是紧急情况下的多名警察以车体为掩护向对面持枪的歹徒喊话，而他们选用的车体并不是大家惯常认为的坚不可摧的警车车体，而是体形矮小的Polo车车体，视觉对比和滑稽场面给受众留下了强烈的视觉冲击，从而轻松地向受众传递了Polo车"小而坚固"的广告诉求主题。

图4-8 Polo汽车-警察篇

(资料来源：http://pic.sougou.com)

问题：

1. 这种创意和表现手法是否适合任何国家？

2. 从文化角度分析这种广告是否有损警察的形象？

04

【案例2】

立邦漆广告——龙柱篇

2004年《国际广告》第9期第48页上，刊登了一则由中国广州代理的立邦漆《龙篇》平面广告作品如图4-9，评价等级：8.3分。这则平面广告画面上是一座中国古典风格的亭子，亭子的两根红色立柱上各盘踞着一条金黄色的龙，左边的立柱上红色色彩陈旧灰暗，但金黄色的龙紧紧地攀附在柱子上；形成鲜明对比的是右边的立柱上红色色彩鲜亮，金黄色的龙却跌落到了柱角。这则广告传递的信息是右边的立柱因为涂刷了立邦漆，所以非常鲜亮光滑，所以盘龙滑下去了。旁边由GPC给出的创意评价是：“这是一个非常棒的创意，非常戏剧化地表现出了产品的特点。这种表现方式在同类产品的广告创作中是一个突破。结合周围环境进行贴切的广告创意，在这一点上这幅作品是非常完美的例子。”但是广大的中国受众一看到这则广告，会立即想到“霸道”的广告，并认为其中的不好寓意有过之而无不及。

图4-9　立邦漆广告“龙篇”

(资料来源：国际广告，2004(9))

问题：

你对该广告有什么看法？

【案例3】

红罐王老吉品牌定位与广告战略

——本案例受邀《哈佛商业评论》整理，刊于其中文版2004年11月号

一、品牌释名

凉茶是广东、广西地区的一种由中草药熬制，具有清热去湿等功效的“药茶”。在众多老字号凉茶中，又以王老吉最为著名。王老吉凉茶发明于清道光年间，至今已

有175年，被公认为凉茶始祖，有“药茶王”之称。到了近代，王老吉凉茶更随着华人的足迹遍及世界各地。

20世纪50年代初由于政治原因，王老吉凉茶铺分成两支：一支完成公有化改造，发展为今天的王老吉药业股份有限公司，生产王老吉凉茶颗粒(国药准字)；另一支由王氏家族的后人带到中国香港。在中国大陆，王老吉的品牌归王老吉药业股份有限公司所有；在中国大陆以外的国家和地区，王老吉品牌为王氏后人所注册。加多宝是位于东莞的一家港资公司，经王老吉药业特许，由香港王氏后人提供配方，该公司在中国大陆地区独家生产、经营王老吉牌罐装凉茶(食字号)。

二、背景

2002年以前，从表面看，红色罐装王老吉(以下简称“红罐王老吉”)是一个活得很不错的品牌，在广东、浙南地区销量稳定，盈利状况良好，有比较固定的消费群，红罐王老吉饮料的销售业绩连续几年维持在1亿多元。发展到这个规模后，加多宝的管理层发现，要把企业做大，要走向全国，就必须克服一连串的问题，甚至原本的一些优势也成为困扰企业继续成长的障碍。

而所有困扰中，最核心的问题是企业不得不面临一个现实难题——红罐王老吉当“凉茶”卖，还是当“饮料”卖？

(一) 现实难题表现一：广东、浙南消费者对红罐王老吉认知混乱

04

在广东，传统凉茶(如颗粒冲剂、自家煲制、凉茶铺煲制等)因下火功效显著，消费者普遍当成“药”服用，无须也不能经常饮用。而“王老吉”这个具有上百年历史的品牌就是凉茶的代称，可谓说起凉茶想到王老吉，说起王老吉就想到凉茶。因此，红罐王老吉受品牌名所累，并不能很顺利地让广东人接受它作为一种可以经常饮用的饮料，销量大大受限。

另一个方面，加多宝生产的红罐王老吉配方源自香港地区王氏后人，是经国家审核批准的食字号产品，其气味、颜色、包装都与广东消费者观念中的传统凉茶有很大区别，而且口感偏甜，按中国“良药苦口”的传统观念，消费者自然感觉其“降火”药力不足，当产生“下火”需求时，不如到凉茶铺购买，或自家煎煮。所以对消费者来说，在最讲究“功效”的凉茶中，它也不是一个好的选择。

在广东区域，红罐王老吉拥有凉茶始祖王老吉的品牌，却长着一副饮料化的面孔，让消费者觉得“它好像是凉茶，又好像是饮料”，陷入认知混乱之中。

而在加多宝的另一个主要销售区域浙南，主要是温州、台州、丽水三地，消费者将“红罐王老吉”与康师傅茶、旺仔牛奶等饮料相提并论，没有不适合长期饮用的禁忌。加之当地在外华人众多，经他们的引导带动，红罐王老吉很快成为当地最畅销的产品。企业担心，红罐王老吉可能会成为来去匆匆的时尚，如同当年在浙南红极一时的椰树椰汁，很快又被新的时髦产品替代，一夜之间在大街小巷上消失得干干净净。

面对消费者这些混乱的认知，企业急需通过广告提供一个强势的引导，明确红罐王老吉的核心价值，并与竞争对手区别开来。

(二) 现实难题表现二：红罐王老吉无法走出广东、浙南

在两广以外，人们并没有凉茶的概念，甚至在调查中频频出现“凉茶就是凉白开”“我们不喝凉的茶水，泡热茶”这些看法。教育凉茶概念显然费用惊人。而且，内地的消费者“降火”的需求已经被填补，他们大多是通过服用牛黄解毒片之类的药物来解决。

做凉茶困难重重，做饮料同样危机四伏。如果放眼整个饮料行业，以可口可乐、百事可乐为代表的碳酸饮料，以康师傅、统一为代表的茶饮料、果汁饮料更是处在难以撼动的市场领先地位。

而且，红罐王老吉以“金银花、甘草、菊花等”草本植物熬制，有淡淡的中药味，对口味至上的饮料而言，的确存在不小的障碍，加之红罐王老吉3.5元的零售价，如果加多宝不能使红罐王老吉和竞争对手区分开来，它就永远走不出饮料行业“列强”的阴影。这就使红罐王老吉面临一个极为尴尬的境地：既不能固守两地，也无法在全国范围推广。

(三) 现实难题表现三：推广概念模糊

如果用“凉茶”概念来推广，加多宝公司担心其销量将受到限制，但作为“饮料”推广又没有找到合适的区隔。因此，在广告宣传上不得不模棱两可。很多人都见过这样一条广告：一个非常可爱的小男孩为了打开冰箱拿一罐王老吉，用屁股不断蹭冰箱门，广告语是“健康家庭，永远相伴”。显然这个广告并不能够体现红罐王老吉的独特价值。

在红罐王老吉前几年的推广中，消费者不知道为什么要买它，企业也不知道怎么去卖它。在这样的状态下红罐王老吉居然还平平安安地度过了好几年。出现这种现象，外在的原因是中国市场还不成熟，存在着许多市场空白；内在的原因是这个产品本身具有一种不可替代性，刚好能够填补这个位置。在中国，容许这样一批中小企业糊里糊涂地赚得盆满钵满。但在发展到一定规模之后，企业要想做大，就必须搞清楚一个问题：消费者为什么买我的产品？

三、重新定位

2002年年底，加多宝找到成美营销顾问公司，初衷是想为红罐王老吉拍一条以赞助奥运会为主题的广告片，要以“体育、健康”的口号来进行宣传，以期推动销售。成美经初步研究后发现，红罐王老吉的销售问题不是通过简单的拍广告可以解决的——这种问题目前在中国企业中特别典型：一遇到销量受阻，最常采取的措施就是对广告片动手术，要么改得面目全非，要么赶快搞出一条“大创意”的新广告——红罐王老吉销售问题首要解决的是品牌定位。

红罐王老吉虽然销售了7年，其品牌却从未经过系统、严谨的定位，企业都无法回答红罐王老吉究竟是什么，消费者就更不用说了，完全不清楚为什么要买它——这是红罐王老吉缺乏品牌定位所致。这个根本问题不解决，拍什么样“有创意”的广告片都无济于事。正如广告大师大卫·奥格威所说：一个广告运动的效果更多的是取决于

你产品的定位，而不是你怎样写广告(创意)。经过一轮深入沟通后，加多宝公司最后接受了建议，决定暂停拍广告片，委托成美先对红罐王老吉进行品牌定位。

按常规做法，品牌的建立都是以消费者需求为基础展开，因而大家的结论与做法亦大同小异，所以仅仅符合消费者的需求并不能让红罐王老吉形成差异。而品牌定位的制定，是在满足消费者需求的基础上，通过了解消费者认知，提出与竞争者不同的主张。

又因为消费者的认知几乎不可改变，所以品牌定位只能顺应消费者的认知而不能与之冲突。如果人们心目中对红罐王老吉有了明确的看法，最好不要去尝试冒犯或挑战。就像消费者认为茅台不可能是一个好的“啤酒”一样。所以，红罐王老吉的品牌定位不能与广东、浙南消费者的现有认知发生冲突，才可能稳定现有销量，为企业创造生存以及扩张的机会。

为了了解消费者的认知，一方面研究红罐王老吉、竞争者传播的信息，另一方面与加多宝内部、经销商、零售商进行大量访谈，完成上述工作后，聘请市场调查公司对王老吉现有用户进行调查。在此基础进行综合分析，厘清红罐王老吉在消费者心目中的位置——在哪个细分市场中参与竞争。

在研究中发现，广东的消费者饮用红罐王老吉主要在烧烤、登山等场合，其原因不外乎“吃烧烤容易上火，喝一罐先预防一下”“可能会上火，但这时候没有必要吃牛黄解毒片”。而在浙南，饮用场合主要集中在“外出就餐、聚会、家庭”。在对当地饮食文化的了解过程中，研究人员发现，该地区消费者对于“上火”的担忧比广东有过之而无不及，如消费者座谈会桌上的话梅蜜饯、可口可乐都被说成了“会上火”的危险品而无人问津。(后面的跟进研究也证实了这一点，发现可乐在温州等地销售始终低落，最后两乐几乎放弃了该市场，一般都不进行广告投放。)而他们对红罐王老吉的评价是“不会上火”“健康，小孩老人都能喝，不会引起上火”。这些观念可能并没有科学依据，但这就是浙南消费者头脑中的观念，这是研究需要关注的“唯一的事实”。

消费者的这些认知和购买消费行为均表明，消费者对红罐王老吉并无“治疗”要求，而是作为一个功能饮料购买，购买红罐王老吉的真实动机是用于“预防上火”，如希望在品尝烧烤时减少上火情况发生等，真正上火以后可能会采用药物，如牛黄解毒片、传统凉茶类治疗。再进一步研究消费者对竞争对手的看法，则发现红罐王老吉的直接竞争对手，如菊花茶、清凉茶等由于缺乏品牌推广，仅仅是低价渗透市场，并未占据“预防上火的饮料”的定位。而可乐、茶饮料、果汁饮料、水等明显不具备“预防上火”的功能，仅仅是间接的竞争。

同时，任何一个品牌定位的成立，都必须是该品牌最有能力占据的，即有据可依。如可口可乐说“正宗的可乐”，是因为它就是可乐的发明者，研究人员对于企业、产品自身在消费者心智中的认知进行了研究，结果表明，红罐王老吉的“凉茶始祖”身份、神秘中草药配方、175年的历史等，显然是有能力占据“预防上火的饮料”这一定位。

由于“预防上火”是消费者购买红罐王老吉的真实动机，自然有利于巩固加强原

有市场。而能否满足企业对于新定位“进军全国市场”的期望，则成为研究的下一步工作。通过二手资料、专家访谈等研究表明，中国几千年的中医概念“清热祛火”在全国广为普及，“上火”的概念也在各地深入人心，这就使红罐王老吉突破了凉茶概念的地域局限。研究人员认为：“做好了这个宣传概念的转移，只要有中国人的地方，红罐王老吉就能活下去。”

至此，品牌定位的研究基本完成。在研究一个多月后，成美向加多宝提交了品牌定位研究报告，首先明确红罐王老吉是在“饮料”行业中竞争，竞争对手应是其他饮料；其品牌定位——“预防上火的饮料”，独特的价值在于——喝红罐王老吉能预防上火，让消费者无忧地尽情享受生活；吃煎炸、香辣美食，烧烤，通宵达旦看足球……这样定位红罐王老吉，是从现实格局通盘考虑，主要益处有四。

(一) 利于红罐王老吉走出广东、浙南

由于“上火”是一个全国普遍性的中医概念，而不再像“凉茶”那样局限于两广地区，这就为红罐王老吉走向全国彻底扫除了障碍。

(二) 避免红罐王老吉与国内外饮料巨头直接竞争，形成独特区隔

(三) 成功地将红罐王老吉产品的劣势转化为优势

(1) 淡淡的中药味，成功转变为“预防上火”的有力支撑。

(2) 3.5元的零售价格，因为“预防上火”的功能，不再“高不可攀”。

(3) “王老吉”的品牌名、悠久的历史，成为预防上火“正宗”的有力的支撑。

(四) 利于加多宝企业与国内王老吉药业合作

正由于加多宝的红罐王老吉定位在功能饮料，区别于王老吉药业的“药品”，因此能更好促成两家合作共建“王老吉”品牌。两家企业共同出资拍摄了一部讲述王老吉凉茶创始人行医的电视连续剧《岭南药侠》。

成美在提交的报告中还提出，由于在消费者的认知中，饮食是上火的一个重要原因，特别是“辛辣”“煎炸”饮食，因此建议在维护原有的销售渠道的基础上，加大力度开拓餐饮渠道，在一批酒楼打造旗舰店的形象。重点选择在湘菜馆、川菜馆、火锅店、烧烤场等。

凭借在饮料市场的丰富经验和敏锐的市场直觉，加多宝董事长陈鸿道当场拍板，全部接受该报告的建议，决定立即根据品牌定位对红罐王老吉展开全面推广。

“开创新品类”永远是品牌定位的首选。一个品牌如若能够将自己定位为与强势对手所不同的选择，其广告只要传达出新品类信息就行了，而效果往往是惊人的。红罐王老吉作为第一个预防上火的饮料推向市场，使人们通过它知道和接受了这种新饮料，最终红罐王老吉就会成为预防上火的饮料的代表，随着品类的成长，自然拥有最大的收益。

确立了红罐王老吉的品牌定位，就明确了营销推广的方向，也确立了广告的标准，所有的传播活动就都有了评估的标准，所有的营销努力都将遵循这一标准，从而确保每一次的推广，在促进销售的同时，都对品牌价值(定位)进行积累。

这时候才可以开始广告创意，拍广告片。

四、品牌定位的推广

明确了品牌要在消费者心智中占据什么定位，接下来的重要工作，就是要推广品牌，让它真正地进入人心，让大家都知道品牌的定位，从而持久、有力地影响消费者的购买决策。紧接着，成美为红罐王老吉制定了推广主题“怕上火，喝王老吉”，在传播上尽量凸现红罐王老吉作为饮料的性质。在第一阶段的广告宣传中，红罐王老吉都以轻松、欢快、健康的形象出现，避免出现对症下药式的负面诉求，从而把红罐王老吉和“传统凉茶”区分开来。

为更好地唤起消费者的需求，电视广告选用了消费者认为日常生活中最易上火的五个场景：吃火锅、通宵看球、吃油炸食品薯条、如烧烤和夏日阳光浴，画面中人们在开心享受上述活动的同时，纷纷畅饮红罐王老吉(见图4-10)。结合时尚、动感十足的广告歌反复吟唱“不用害怕什么，尽情享受生活，怕上火，喝王老吉”，促使消费者在吃火锅、烧烤时，自然联想到红罐王老吉，从而促成购买。

图4-10 王老吉(影视广告)

红罐王老吉的电视媒介选择主要锁定覆盖全国的中央电视台，并结合原有销售区域(广东、浙南)的强势地方媒介，在2003年短短几个月，一举投入4000多万元广告费，销量立竿见影，得到迅速提升。同年11月，企业乘胜追击，再斥巨资购买了中央电视台2004年黄金广告时段。正是这种疾风暴雨式的投放方式保证了红罐王老吉在短期内迅速进入人们的头脑，给人们一个深刻的印象，并迅速红遍全国大江南北。

2003年初，企业用于红罐王老吉推广的总预算仅1000万元，这是根据2002年的实际销量来划拨的。红罐王老吉当时的销售主要集中在深圳、东莞和浙南这三个区域，因此投放量相对充足。随着定位广告的第一轮投放，销量迅速上升，给企业极大的信心，于是不断追加推广费用，滚动发展。到2003年底，仅广告投放累计超过4000万元(不包括购买2004年中央台广告时段的费用)，年销量达到了6亿元——这种量力而行、滚动发展的模式非常适合国内许多志在全国市场，但力量暂时不足的企业。

在地面推广上，除了强调传统渠道的POP广告(见图4-11)外，还配合餐饮新渠道的开拓，为餐饮渠道设计布置了大量终端物料，如设计制作了电子显示屏、灯笼等餐饮场所乐于接受的实用物品，免费赠送(见图4-12)。在传播内容的选择上，充分考虑终端广告应直接刺激消费者的购买欲望，将产品包装作为主要视觉元素，集中宣传一个信息："怕上火，喝王老吉饮料。"餐饮场所的现场提示，最有效地配合了电视广告。正是这种针对性的推广，消费者对红罐王老吉"是什么"、"有什么用"有了更强、更直观的认知。目前餐饮渠道也已成为红罐王老吉的重要销售传播渠道之一。

图4-11　王老吉(户外广告)

图4-12　王老吉(广告物料)

在频频的消费者促销活动中，同样是围绕着"怕上火，喝王老吉"这一主题进行。如在一次促销活动中，加多宝公司举行了"炎夏消暑王老吉，绿水青山任我行"刮刮卡(见图4-13)活动。消费者刮中"炎夏消暑王老吉"字样，可获得当地避暑胜地门票两张，并可在当地度假村免费住宿两天。这样的促销，既达到了即时促销的目的，又有力地支持巩固了红罐王老吉"预防上火的饮料"的品牌定位。

图4-13　王老吉(刮刮卡)

王老吉还专门针对学生群体开展了“学子情”活动(见图4-14)。

图4-14　王老吉(温州“学子情”活动)

同时，在针对中间商的促销活动中，加多宝除了继续巩固传统渠道的“加多宝销售精英俱乐部”外，还充分考虑了如何加强餐饮渠道的开拓与控制，推行“火锅店铺市”与“合作酒店”的计划，选择主要的火锅店、酒楼作为“王老吉诚意合作店”(见图4-15)，投入资金与他们共同进行节假日的促销活动。由于给商家提供了实惠的利益，因此红罐王老吉迅速进入餐饮渠道，成为主要推荐饮品。

图4-15 王老吉(广告物料)

这种大张旗鼓、诉求直观明确“怕上火，喝王老吉”的广告运动，直击消费者需求，及时迅速地拉动了销售；同时，随着品牌推广的进行，消费者的认知不断加强，逐渐为品牌建立起独特而长期的定位——真正建立起品牌。

五、推广效果

红罐王老吉成功的品牌定位和传播，给这个有175年历史、带有浓厚岭南特色的产品带来了巨大的效益：2003年红罐王老吉的销售额比去年同期增长了近4倍，由2002年的1亿多元猛增至6亿元，并以迅雷不及掩耳之势冲出广东；2004年，尽管企业不断扩大产能，但仍供不应求，订单如雪片般纷至沓来，全年销量突破10亿元；2005年再接再厉，全年销量稳过20亿元；2006年加上盒装，销量近40亿元；2007年销量则高达90亿元。

附录：王老吉饮料历年销量
2002年 1.8亿元
2003年 6亿元
2004年14.3亿元
2005年 25亿元(含盒装)
2006年 近40亿元(含盒装)
2007年 近90亿元(含盒装)
2008年 近120亿元(含盒装)

(资料来源：成美营销顾问公司)

问题：
加多宝公司遇到了哪些广告环境难题？

思考练习

1. 广告市场由哪些要素构成？
2. 广告环境的影响因素及主要类别有哪些？
3. 广告的文化环境是从哪些方面对广告产生影响的？
4. 试分析当前的中国广告环境状况。

第五章

广告受众

〖学习要点及要求〗

本章有广告受众、广告目标受众、目标消费者及其心理特征等重要术语。通过本章的学习，了解广告受众的含义、广告受众的权利；了解广告受众的心理变化规律和信息接受规律；明确广告受众与消费者的联系与区别；掌握广告对受众和消费者的影响方面及影响途径。

第一节　广告受众的概念

受众是指接受信息的人，是信息传播的“终点站”。它是广告传播的信宿，即信息传播的最后一个环节，也是最重要的一个环节。它保证了信息传播的完整性和有效性。所以，受众是信息传播过程中的重要角色。广告受众就是广告信息传播过程中不可或缺的重要角色。成功的广告能吸引广告受众的注意，调动他们的购买欲望，把他们由被动的信息接收对象变成主动的购买者。

一、广告受众与消费者

(一) 广告受众

广告受众(the Advertising Audience)就是接收广告信息的人或组织，是指广告信息传播过程中的接受方，是广告信息传播的终点，是广告作用的对象。

(二) 消费者

消费者是实施了购买行为的人。ISO(国际标准化组织)消费者政策委员会在1978年5月10日于日内瓦召开的第一届年会上给出了关于“消费者”这一术语的国际公认的标准定义：“消费者指为个人目的购买或使用商品和服务的个体社会成员。”中国1997年出台的国家标准《消费者使用说明总则》中对“消费者”这一术语给出了如下定义：“消费者指为满足个人或家庭的生活需要而购买、使用商品或服务的个体社会成员。”

消费者有广义和狭义之分，狭义的消费者仅指消耗商品或服务的使用价值的人；广义的消费者还包括对产品或服务的需求者和购买者。

二、广告受众与消费者的联系及区别

广告信息的传播往往借助大众传媒，大众传播的对象必然是广告信息的受众。但是，并不是所有的广告信息受众在产品市场上都是消费者，只有采取了购买行为的人才是消费者。另外，除大众传媒方式外的广告信息接受群体其实也是广告受众。因此，广告受众与消费者就具有了以下几种可能的关系。

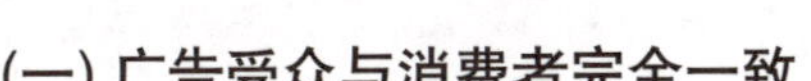

(一) 广告受众与消费者完全一致

这是一种理想的广告信息传播效果状态，即接收到广告信息的受众都购买了产品，购买产品的消费者都是广告受众。说明广告战略非常恰当，广告定位完全正确，对广告受众的选择无比准确。但是，这种情况在实际的市场活动中往往不常发生。需要精心选择适用的媒介并进行有机结合，才能最大限度地节省传播成本，实现广告信息传播效果最大化。

(二) 广告受众在数量上少于消费者

这种情况表明有些产品购买者并没有看过广告，就采取了购买行为，可能是广告主的广告宣传扩大了消费者群，使拥有近似需求的消费者变成了该广告主的实际消费者。此时，需深入分析形成数量不一致的原因，调整好媒介组合，尽量避免购买媒介过剩，造成不必要的资金浪费。

(三) 广告受众在数量上多于消费者

这种情况说明看过广告的人并没有都去购买产品，这是现实中常常出现的一种情况。这种情况说明消费者还没有全部变成实际消费者，目标市场还需开发。这反映出媒介选择和媒介组合没有达到理想的构成或广告的促销作用没有达到最大化。应该分析广告创意、广告表现、广告发布渠道等方面存在的问题。

(四) 广告受众和消费者出现交叉

这种情况说明消费者中有一部分人不是广告受众，甚至不是广告主认定的目标受众，而广告受众中有一部分人没有成为消费者。此时，应该重新审视广告主的市场定位战略和广告定位战略是否有误。

(五) 广告受众和消费者完全不同

这种情况说明广告受众都没有成为消费者，而消费者也都不是广告受众。这是最差的情况，说明广告传播完全找错了传播对象，广告定位战略出现了严重偏差，需要立即调整。

目前，新媒介已经成为一个更好的平台和更好的广告媒介。新媒介已经进入了一个精准测量的时代，对媒介受众的情况，在未来一段时间里，可实现从质化的评估转变成量化的评估，通过精准地测量某媒介能够到达多少人、到达什么人，和其他的媒介相比，媒介接触度是多大，广告信息到达程度会怎么样，就可以实现有效防止传播不足、传播过剩或传播错位，有助于受众和消费者关系达到理想状态。

第二节　广告受众的心理特征

古语说："攻城为下，攻心为上。"广告传播的目的是为了劝说广告受众认同广告主的观念或购买广告主的产品。首先，需要了解广告受众的心理特征，分析广告受众的心理需求，才能针对性地创意设计出能打动人心的广告，从而提高劝说的效果，实现广告主的愿望。

一、广告受众的心理特征

广告受众的心理特征表现在很多方面，重要的是：需要、动机和感知。

(一) 需要

心理学理论告诉我们：需要是自然界在人体上的一种基本反映，它是人类社会形成和发展的原动力。需要是人类个体在自然界和社会生活中产生的对某种事物的不足之感和满足之愿。它是一种心理活动，是人的主观感受。

正常情况下，人体系统是处于均衡状态的，每当均衡被打破时，人就会产生需要。如某人许久没有进食，机体就会出现不均衡、不舒服的难受状态，也就是出现饿的感觉，此时就会随之产生吃东西的需要，一旦完成进食，这种需要就会随之消失。

人的需要是分轻重缓急的，为了区分人类多种需要相对重要和急迫程度，充分利用有限的资源去满足它们，美国著名的心理学家马斯洛于1965年创立了需要层次论，他把人类的需要分为五个层次，如图5-1所示。

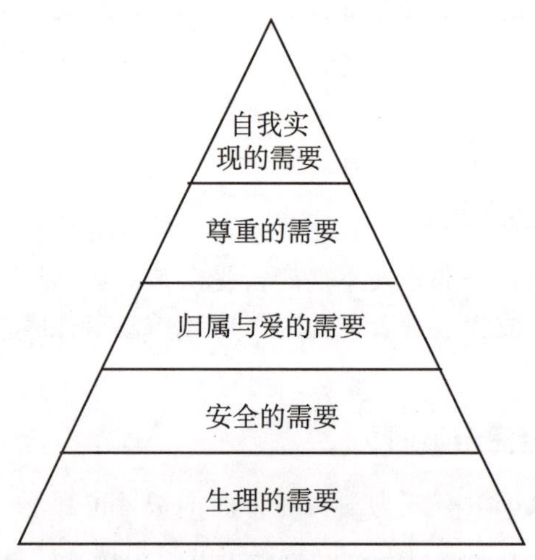

图5-1　马斯洛的需求层次论

第一个层次是生活保障性需要，也是最基本的需要，是人类最初会产生的需要，包括衣食住行等基本生活保障性需要。第二个层次是安全性需要，它包括人类对人身安全、环境安全、就业安全、生活安全的需要。第三个层次是情感归属性的需要，它包括与人交往的需要，希望得到来自家庭、同学、同事的关爱的需要。第四个层次是尊重性需要，它包括尊重自我、尊重他人和受到他人尊重的需要。第五个层次是自我实现性需要，这是最高层次的需要，它包括对取得突出的成就、完成自己的终极目标、获得极大成就感、成为众人瞩目人物的需要。一般地，在较低层次的需要得到满足后才会产生更高层次的需要。每一层次需要的强度和满足的来源在个体间的差异会很大。

借鉴马斯洛的需要层次论，可以将消费者(广告受众)的需求分为五个层次(见图5-2)来理解，广告诉求应吻合消费者(广告受众)购买需求的层次，才能产生预期效果。

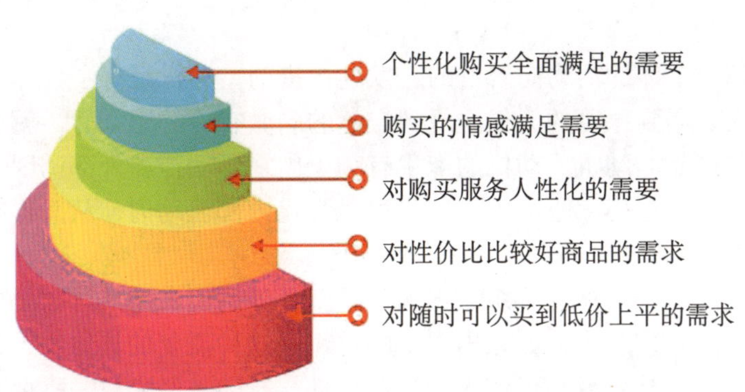

图5-2 消费者(广告受众)购买需求五层次

1．对随时可以买到低价商品的需求

当消费者购买力较低时，消费者只要求广告主能随时随地提供价格便宜的产品。对于消费者这一层次的需求，广告诉求的重点就应是方便购买，价格低廉。

2．对性价比较好商品的需求

随着消费者自身购买能力的提高，就开始要求产品的质量，并且要求广告主最好能做到提供性价比高的产品。对于消费者这一层次的需求，广告诉求的重点就应该是宣扬产品优良品质，物有所值，物超所值。

3．对购买服务人性化的需求

当市场中的同类产品众多，品质和价格差别不大时，消费者就开始要求广告主提供购买附加价值。对于消费者这一层次的需求，广告诉求的重点应转移到强调产品的附加价值，如宣传周到的服务。

4．购买的情感满足需求

随着社会的发展和消费者购买基本需求的满足，消费者开始要求购买过程不仅能完成产品购买，而且还能通过购买获得情感满足，期望购买的过程能产生并伴随着愉悦的心情。对于消费者这一层次的需求，广告诉求的重点应是购物会有快乐体验。

5．个性化购买全面满足的需求

人类自我成长的最高境界被马斯洛称为自我实现，消费者购买的最高要求就是在购买过程中能获得个性化的全面满足。广告主应该提供个性化的产品，伴随个性化的贴身服务，使消费者得到极大尊重，感受购买成功的喜悦。广告诉求的重点是全方位、全程的个性化服务，强调保证顾客完全满意。

马斯洛的需要层次论可以帮助广告人员全面了解消费者(广告受众)对广告诉求信息的需求和认知程度，了解消费者(广告受众)对什么类型、什么内容的广告感兴趣，指导广告创意与表现，达到广告受众与消费者完全一致的理想状态，产生好的促销效果。

(二) 动机

动机是激发和维持每个个体的活动向着目的进发的推进剂，动机是有了具体指向物的需要，是行为的动力。当人类遇到寒冷的天气，受到自然的刺激有冷的感觉后，就会想买羽绒服穿，即产生了购买这种产品的动机。动机的产生有赖于内在驱动力和外部诱因，天气寒冷是外部诱因，需要穿衣保暖就是内部驱动力。广告可以强化内部驱动力，从而影响人类的动机，最终促成其购买行动。

行为与需要和动机之间有着密切的关系，当人们受到外界诱因产生某种需要但还没有满足时，就会产生一种紧张的心理状态，如果出现了能够满足这种需要的具体物，需要就有了具体的指向，即产生了动机，动机就会促使人们采取行动。行动一经完成，需要就可以得到满足，紧张心理也就随之消除。在这一过程中，广告可以协助人们更快更准地找到可以满足需要的具体指向物，确立动机。

(三) 感知

感知是人们通过自己的感觉器官接受客观事物使之在人脑中反映出来的生理、心理活动，感知包含着感官知觉和直觉。

受众和消费者接触广告的过程也是感知广告信息的过程。广告信息通过受众和消费者的眼、耳、鼻、舌、身等感觉器官在人脑中形成反映即获得感官知觉，而受众和消费者透过广告的音、画、色、“味”给予的听觉、视觉、味觉、嗅觉等感官知觉可以获得对广告商品的认知，有助于产生对广告商品的直觉。

二、广告对广告受众与消费者的影响

广告是一种信息传播活动，能在同一时间内向众多的受众与消费者传递信息。广告对受众与消费者的影响力是巨大的，影响后果是辩证的。

(一) 广告对广告受众与消费者的正面影响

1. 广告可以最大限度地吸引广告受众与消费者的注意

广告以独特的创意、震撼的表现给消费者强烈的吸引，可引起消费者的注意。如Odol牌口气清新剂，用不合常理的组合画面和夸张的人物表情(见图5-3)，突出表现出了该产品的强大功能和品牌特色，不能不引起人们的注意，并引导他们从对画面构图的好奇发展到对广告所宣传产品及品牌信息的注意。

2. 广告可以广泛地向广告受众与消费者传播信息和知识

广告尤其是理性诉求的广告会向消费者传播详细的产品信息，如产品的名称、规格、性能、用途等，帮助消费者理解产品，并告诉人们，如何利用这些产品去改善自己的生活。

由于现代大多数新产品推向市场时都会大做广告，通过详细介绍这些新发明和新技术创造的新产品的特性、用途和使用方法，教育和引导消费者爱上新产品，从而使广告受众和消费者通过广告可以获得许多产品和生活知识，同时也使消费者和广告受众感觉到广告更具科学性，它介绍的产品是可信赖的。广告在给广告受众与消费者传递各种各样的有关生活、工作的新信息、传授新知识的同时，可以帮助他们建立起对产品的认知和对品牌的偏好。

图5-3　Odol牌口气清新剂的平面广告

3．广告可以成功地打动广告受众与消费者的内心

广告也常常以情感诉求的方式打动广告受众和消费者的内心，广告语“威力洗衣机——献给妈妈的爱”就从情感上引起了广告受众与消费者的共鸣，对购买行为的推动作用是不可估量的。广告语“层层监管，只为这一管”为伊利牌牛奶，从情感上树立了品牌品质，容易取得广告受众和消费者的信赖。法国依云牌矿泉水广告用孕妇、婴儿、美人鱼等形象生动地传递出该品牌矿泉水的纯净、天然、安全无污染等特质，很容易触动消费者的内心(见图5-4)，因此能打动消费者内心的广告才是好广告。

05

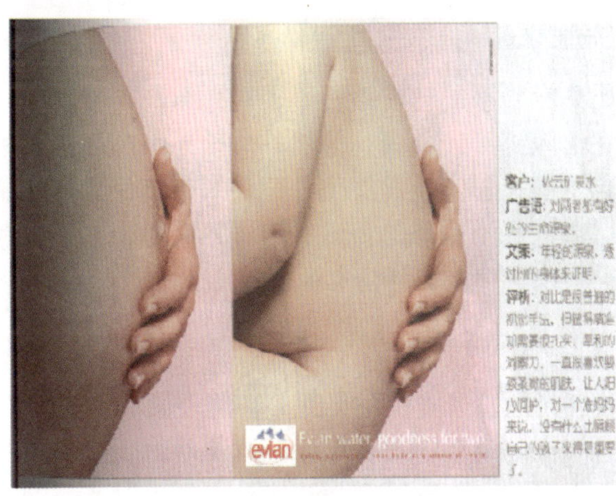

图5-4　依云矿泉水的平面广告

4．广告可以巧妙地引导广告受众与消费者的消费态度

广告在传播产品信息、引起广告受众与消费者感情共鸣的过程中，能逐渐影响广告受众与消费者对产品的认知态度，甚至能改变广告受众与消费者对某产品原有的认知态度，促使消费者作出购买决定和购买行动。

5. 广告可以专业性地指导广告受众与消费者购买

广告主通过广告信息的传播，可以告知广告受众与消费者产品的用途、产品的使用方法和产品的售后服务等各种专业性信息。对食物的选购、家居用品的选购、医药的选购以及外出旅游的选购等向广告受众与消费者提供专业性的信息指导。广告也可以给广告受众与消费者进行生动的选购示范，像朋友一样向广告受众与消费者告知有关产品的新信息，为广告受众与消费者提供消费指导，从而激励更多的广告受众与消费者参与购买。

(二) 广告对广告受众与消费者的负面影响

虽然广告具有上述若干正面影响，但如果不负责任地创作和传播广告信息就会对广告受众与消费者造成以下负面影响。

1. 广告可能引导广告受众与消费者走入精神误区

有些广告夸大其词，任意介绍保健品的疗效或减肥产品的减肥效果，把人们引入了不可实现的境界；而有些广告则给人灌输错误的生活态度，或倡导不佳的生活方式，对消费者产生误导，使之进入精神误区。

2. 广告可能会给广告受众与消费者带来伤害

由名人代言的广告更有可能产生这种后果，广告受众与消费者对名人因喜爱而信赖，爱屋及乌，就会容易相信名人在广告中介绍的产品，有时名人没有用过产品却说用过某某产品而减肥成功，有时名人不了解产品品质就推荐放心产品，会给消费者带来实质性伤害。如2008年出现的涉及伊利、蒙牛、光明等著名品牌的奶制品广告，致使消费者购买使用后受到了本不应该受到的伤害。

3. 广告可使外来广告文化对本土文化造成侵略

某些产品的广告文化具有隐蔽的“侵略性”，在介绍产品信息的同时，以隐蔽的形式，潜移默化地将其本国文化输入到了进口国。虽然，外国品牌产品进入中国市场常常实施本土化战略，但形式的本土化不能掩盖实质的文化外国化。用穿中国民族服装的人物形象表达的广告主题还是外国的生活方式和消费观念，这种广告尤其对中国下一代消费者的文化观念和消费观念悄悄地进行着俘获或置换，这种情况值得注意。

4. 广告可能降低广告受众与消费者的满意度

如果广告是虚假的，任意拔高了产品的效果，广告受众和消费者受到广告的误导，就会对广告所介绍的产品产生较高的期望，并且增强其购买动力。而当消费者购买使用产品后，往往发现实际效果远远低于当初的期望，从而更容易产生出对产品的不满意，对广告也会不再信任，结果严重地影响到消费者以后的消费行为。所以，广告要真实。其实，早在1903年，约翰·亚当斯·塞耶就成为公开强烈反对欺骗性广告的第一个广告人。

从正反两个方面正确认识广告对广告受众与消费者的影响，充分运用理性与感性诉求向消费者传播真实的广告信息、杜绝虚假广告是广告人的责任，也是广告业可持续发展的前提。

第三节 广告的目标受众与目标消费者

一、广告受众分析与目标受众的确立

(一) 广告受众分析

1. 广告受众的种类

(1) 按照广告信息传播媒介类型可将广告受众分为报纸广告受众、电视广告受众、广播广告受众、杂志广告受众、网络广告受众和户外广告受众等。

由于广告信息传播媒介类型的不同，形成了不同的广告信息受众类型。因此，广告受众的特点和接受信息的效果也因媒介类型的不同而不同。所谓报纸广告受众，是指获取广告信息源于阅读报纸的群体，广告信息的接收度主要取决于他们对报纸的阅读量、阅读频率，以及报纸广告的干扰度等。所谓电视广播广告受众是指通过电视广播接收广告信息的人群，他们接收广告信息的效果取决于看电视听广播的时间长短、所看电视(所听广播)的频道、栏目、换台的频率，以及插播广告的方式、频率(内容)等。所谓杂志广告受众是指在杂志上接收到广告信息的人群。杂志广告受众接收广告信息的效果取决于他们所看杂志的种类、发行频率、发行范围、广告所在页面以及相邻页面杂志内容等。所谓网络广告受众是指通过网络接收到广告信息的人群。网络广告受众接收广告信息的效果取决于他们上网的频率、时长、网络广告显示方式等。所谓户外广告受众是指在户外接收到广告信息的人群。户外广告受众接收广告信息的效果取决于他们在户外活动的时间、频率、场所、范围，以及户外广告的布置是否充分利用了户外环境设施来凸显广告信息等。

(2) 按照广告信息传播次数可将广告受众分为广告的直接受众和广告的间接受众。

所谓广告的直接受众是指直接接收广告信息的人群。他们接收到的广告信息最原始、最逼真，损耗最小。所谓广告的间接受众是指经过别人转述而接收到广告信息的人群。他们接收到的广告信息或已经过了别人的二次及多次加工，广告信息可能已有所丢失或偏移，造成广告信息的失真，影响广告效果。

(3) 按照广告受众的个体特征可将广告受众分为广告的男性受众和广告的女性受众；或分为广告的老年受众、广告的中年受众、广告的青年受众和广告的少年受众，等等。

一般地，以性别为细分市场标准的商品广告信息传递效果会受到广告受众性别的很大影响。很多商品都是以年龄为标准来划分细分市场，年龄对广告受众接受广告效果的影响也不容忽视。

广告受众个性特征的差异会影响到他们对广告信息的敏感度、注意度和记忆度。

(4) 按照接收广告信息的态度可将广告受众分为积极广告受众和被动广告受众。

所谓积极广告受众是指积极搜寻、接收、选择、传播广告信息内容的广告受众。比如，为搜寻某种信息而事先选定广告媒介、时段或栏目阅读、收听、收看、浏览广告的读者、听众、观众或网民；所谓被动广告受众是指没有搜寻广告信息的主观愿望和事先安排，顺便看到或听到了广告信息的读者、听众、观众或网民。

(5) 按照接收广告信息后的再传播行为可将广告受众分为最终广告受众和中介广告受众。

所谓最终广告受众是指接收广告信息后不再传播接收到的广告信息的受众。所谓中介广告受众是指接收广告信息后再向他人传播接收到的广告信息的受众。意见领袖常常表现为中介广告受众。

(6) 按照广告传播对象可将广告受众分为预想广告受众、现实广告受众和潜在广告受众。

所谓预想广告受众是指广告信息传播者在传播广告信息前预想的广告信息的传播对象。所谓现实广告受众是指广告信息的真实传播对象，是广告信息的真实接收群体和信息作用对象。所谓潜在广告受众是指广告主或广告信息传播者主观上未意识到，但客观上应是广告信息的作用对象的群体。理想的情况是三者一致，若三者或两两不一致都将会大大影响广告信息的传播效果。

2. 广告受众的作用

(1) 广告受众影响广告目的的实现。

广告传播的目的是改变广告受众的消费观念，推动广告受众的消费行为。如果广告不能吸引广告受众、打动广告受众，就失去了传播的意义。广告受众的反应是广告产生效果和广告活动继续进行的重要制约因素，广告受众反映越强烈、越积极，说明广告效果越明显，越值得继续进行广告活动。

(2) 广告受众对广告主具有市场反馈功能。

广告受众的反映是给广告主的一种信息反馈，可以协助广告主分析市场需求以及市场需求的变化，帮助广告主及时调整市场战略和广告战略、策略。

(二) 广告目标受众的确定

广告的目标受众，也可以称为目标顾客、目标群体或目标客群，指传播或营销所针对的接受人群。广告的选择特性决定了其要根据广告目标的要求，来确定某项广告活动特定的诉求对象。广告目标受众包括一般消费者、组织市场中的机构代表、商品经销中的采购决策人。

作为消费者的广告受众才是广告目标受众。通过具体调研，建立目标受众的人口统计和心理资料，是准确了解目标受众的有效途径。目标受众的细化，更利于创建准确的信息，从而选择恰当的广告传播的方式方法，以获得较好的广告效果。

二、消费者分析与目标消费者分析

(一) 消费者分析

1. 消费者的分类

(1) 按照消费目的的不同，可以将消费者划分为中间消费者和最终消费者

最终消费者是为了满足个人、家庭或公共利益需求而购买某种产品或服务的个人、家庭或组织，可分为个体消费者、家庭消费者和机构消费者。中间消费者是为了加工生产再出售或为了转卖的需求而购买某种产品或服务的个人或组织。

(2) 按照消费者在购买过程中所处的地位或担当的角色不同，可以将消费者划分为购买提议者、购买决定者、实施购买者、产品使用者和购买影响者

在有的商品的购买过程中五种角色分别由不同的人担任。如家庭用品、老年用品和儿童用品等，大部分商品的购买者是五种角色合而为一的。

(3) 按照消费状态可以将消费者划分为现实消费者和潜在消费者。

现实消费者是对某种产品有需要，也具备其他购买条件，已经发生了实际购买行为的消费者。潜在消费者是对某种产品有需要，但其他购买条件还不完全具备；或其他购买条件已经具备，客观上消费者对某种产品有需要，但其主观上还未意识到这种需要，致使目前尚未发生实际购买行为但将来可能发生购买行为的消费者。

此外，还可以根据需要按照年龄、性别、地域等标准对消费者进行必要的划分，对消费者划分目的是使广告诉求找准广告目标受众。

2．消费者的购买行为分析

消费者行为是指消费者的一切消费活动。它包括消费者寻找商品信息、发生购买、实际使用以及用后评估等一系列活动的总和。消费者行为分析就是对消费者在购买过程中的行为影响因素、行为表现、行为动机等进行分析，为在这一过程中的广告活动的进行提供依据。

(1) 消费者购买行为过程分析。

消费者从产生需要开始到购后感受结束的过程称为消费者购买行为过程。这个过程经历了六个阶段，它们是产生需要、明确动机、搜集信息、比较选择、决定购买、购后感受，如图5-5所示。

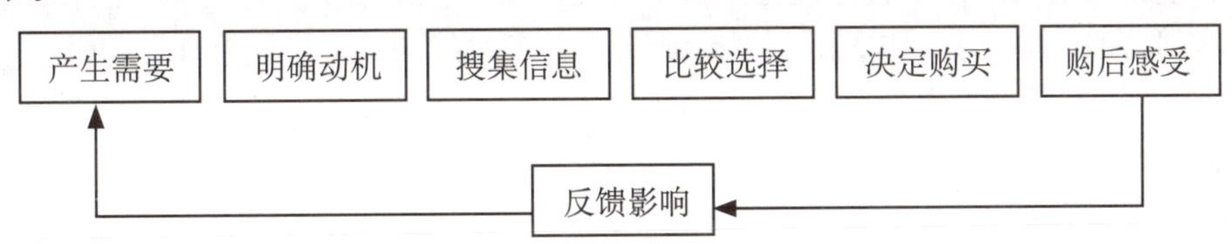

图5-5　消费者购买行为过程

第一阶段产生需要：有赖于自然和社会的刺激，自然刺激就是饥渴等生理方面的刺激；社会刺激就是人在社会活动中所受到的刺激。因刺激产生需要是一种心理活动过程，消费需要即消费者因受到刺激而产生的对商品的心理倾向。

第二阶段明确动机：指消费者根据自己受到刺激后的主观感受明确自己购买行为具体需求指向物的过程，在这个过程中，随着消费者对商品效用的明确，而产生购买行为动力。

第三阶段搜集信息：进入这一阶段，消费者为了购买到自己所需要的商品，会因为商品类别的不同，或者主动搜集商品信息，或者被动接收商品信息，所以在这一阶段广告对消费者购买意向的引导作用是巨大的。

第四阶段比较选择：为了作出一个正确的购买决策，消费者对搜集到的相关商品的信息进行收集整理，从而对商品进行比较、评价、筛选。消费者对自己所要购买的商品列出一系列自己认为重要的属性，然后对各种同类商品在各种属性上的表现进行对比分析，以便取舍。这一阶段的广告对消费者购买行为的发生起着决定性的作用。

第五阶段决定购买：即作出购买决定，并完成购买。这是消费者购买行为最关键的阶段，也是购买过程完成的决定性阶段，完成购买动作才基本完成购买行为过程。

第六阶段购后感受：消费者购买商品后在消费、使用商品的过程中还会涉及对购买决策

的确认、对购买经历的评估、形成对本次购买满意与否的感受和对下次购买以及对他人相关购买意图的影响。

实践证明：消费者在购买行为过程的每一阶段都会或多或少地受到广告的影响。有时消费者还会作为市场营销者主动通过广告收集商品信息，帮助自己作出正确的购买决策。所以，广告人员应仔细研究消费者在购买过程中的心理活动和信息需求，准确地在消费者购买过程的各阶段传递消费者需要的广告信息。

(2) 消费者购买行为影响因素分析。

影响消费者购买行为的因素有四大类，它们是文化因素、社会因素、个人因素和心理因素。文化因素对消费者购买行为的影响最深刻、最广泛、最深远，包含文化、次文化、社会阶层等多个层面。社会因素的影响是指消费者的购买行为会受到相关群体、家庭、社会身份、地位等方面的影响。个人因素的影响是指消费者的购买行为会受到其年龄、生命周期阶段、职业类型、经济状况、生活方式、性格特征、思想观念等因素的影响。心理因素的影响是指动机、感知、学习、信念、态度等因素对消费者的影响。

(3) 消费者购买行为动机分析。

动机就是由需要引起的、推动人们实施购买行为的驱动力。消费者的动机有以下两种基本类型：第一种是感性动机。消费者对产品、对品牌、对广告主会拥有不同的态度，如果消费者由于对特定的产品感觉、品牌内涵、广告主形象怀有特殊的偏好，受到情感的驱使而产生的购买冲动就属于感性动机。第二种是理性动机。理性动机产生于消费者对产品、品牌、广告主的客观认识基础之上，消费者经过理性的比较分析后才产生的购买动机属于理性动机。

(4) 消费者购买行为类型分析。

根据同类产品不同品牌的差异程度和购买者的购买过程参与程度，可以将消费者的购买行为分为四种类型，如表5-1所示。

表5-1　消费者购买行为类型

品牌差异＼介入程度	高	低
大	复杂购买行为	寻求多样化购买行为
小	和谐性购买行为	习惯性购买行为

复杂购买行为：当消费者对某种商品非常看重，该商品又非常贵重，常常属于非重复性购买产品，其品牌差异又很明显时，消费者作出购买决策时会非常慎重，消费者会广泛收集该产品的相关信息，认真学习商品知识，对比分析各品牌产品的优缺点，经过较长时间的思考才会进行购买。

寻求多样化购买行为：在产品品种多样、品牌差异很明显的情况下，消费者会抱着对新鲜事物的好奇心，在购买过程中降低介入程度而经常转换购买。而转移购买的原因并不是对所购商品不满意。

习惯性购买行为：一般性商品、品牌差异不大的产品，或者消费者对品牌差异不太在意，已根据自己过去的知识、经验、信息建立了某种购买偏好，在购买过程中介入程度最低，基本不去主动收集信息和进行烦琐的评价，而是习惯性地作出购买决定，购买过程简单快捷。

和谐性购买行为：有时，消费者对于品牌差异不大的产品也会提高购买介入程度，也会持谨慎态度比较查看，主要表现在购买比较贵重的、偶尔购买的产品时，尽量查阅自己所选品牌的信息，并寻求种种理由来减轻、化解因价格差异导致的心里不平衡，达到和谐性的心理期望。

(二) 目标消费者分析

处于市场中的个体企业不可能提供所有产品或服务，满足所有消费者的需求。企业只能在对市场进行科学细分的基础上，依赖自身的特点和优势，选定自己的目标市场，为特定的消费对象生产销售某些产品或提供某些服务，这些特定的消费对象就是企业的目标消费者。

广告主的目标期望是目标消费者接受广告后都能成为实际消费者，但是在实际市场活动中，二者有着复杂的关系。

依照实际消费者与目标消费者的数量及关联度可将两者的关系归纳为图5-6和图5-7。图中实线代表实际消费者，虚线代表目标消费者。

1. 数量关系

(1) 实际消费者与目标消费者数量相等[如图5-6(a)所示]。

(2) 实际消费者数量>目标消费者数量[如图5-6(b)所示]。

(3) 实际消费者数量<目标消费者数量[如图5-6(c)所示]。

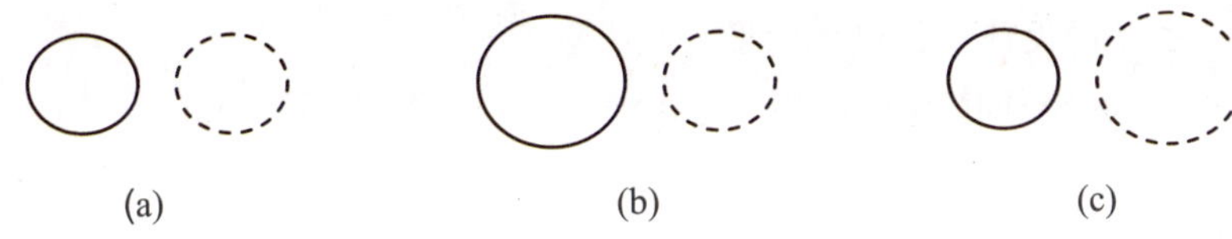

图5-6　实际消费者与目标消费者的数量关系

2. 关联度关系

(1) 实际消费者与目标消费者完全重合[如图5-7a所示]。

(2) 实际消费者与目标消费者部分交叉[如图5-7b所示]。

(3) 实际消费者与目标消费者完全无关[如图5-7c所示]。

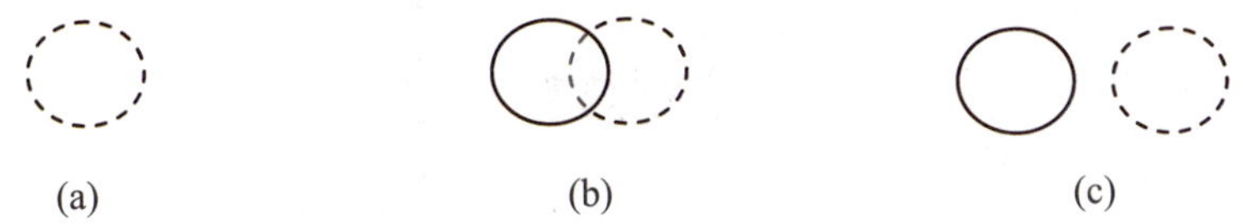

图5-7　实际消费者与目标消费者的关联度关系

本章小结

广告是一种信息传播活动，广告主是信源，通过广告公司和广告媒介将信息传递给广告受众，广告受众是信宿。只有把信息由信源传递到信宿才算完成了信息的传播。所以，广告信源、广告信息、广告传播媒介和广告信宿是四大不可或缺的要素，缺少一项都不可能完成广告信息传播活动，缺少信宿广告信息传播就会失去意义。

在广告信息的传递过程中，要明确广告受众与广告目标受众的区别，也要明确消费者与目标消费者的区别，更要了解广告受众与消费者的关系和区别，同时掌握广告受众的心理，理解影响消费者购买行为的因素，以及消费者的购买过程和购买行为类型，才能从根本上降低广告信息的传播成本，提高广告信息的传播效果。

延伸阅读

1. 广告受众-百度文库http://wenku.baidu.com/view/4cef9b51ad02de80d4d840a3.html
2. 广告受众-中国广告网
http://search.cnad.com/html/Article/2006/1031/20061031105159539.shtml
3. 2004中国户外广告受众调查报告
http://wenku.baidu.com/view/05edc621a6c30c2258019e17.html
4. 孔晓梦.浅析网络新闻受众的心理特征 人民网
http://media.people.com.cn/n/2013/0902/c192370-22772246.html
5. 简述高校媒体宣传受众特点
畅享网http://group.vsharing.com/Article.aspx?aid=1713317
6. 为某广告公司设计的组织机构图
畅享网 http://bbs.vsharing.com/Management/HRM/1298353-1.html

【案例】

晶立传媒的肯德基新品广告

一、市场背景

2008年5月19日到6月上中旬，KFC委托晶立中国为其最新快餐产品“至珍七虾堡”进行广告投放策划和执行。广告投放画面效果图如图5-8所示。

图5-8 肯德基广告(至珍七虾堡)

在这个夏天各大快餐品牌推出新品吸引消费者的热潮中，肯德基的“至珍七虾堡”占据了市场先机，主要的竞争对手麦当劳和汉堡王分别在6月和7月才推出自己的

主打新品；对于肯德基来说，广告宣传的目的在于利用好这个先机，让新产品同时抢占消费者的眼球和肠胃，吸纳更多的中立消费者进入，并且进一步提高消费群体的忠诚度。对于新产品的广告宣传、目标受众群的定位、广告媒介的选择、广告投放的具体策略，这些内容的确定都是非常重要和紧迫的。因此，肯德基选择了晶立中国。

二、广告项目分析研究

在确定广告策略之前，晶立对这个广告项目进行了全方面的市场调查和分析，得出了以下几个结论。

首先，肯德基的目标受众群体主要分三部分：儿童、学生和职业白领。前两者消费的目的多为休闲娱乐和会友，而且由于自身消费能力的局限造成消费行为缺乏独立性，消费决定往往由家庭成员一起作出；而写字楼白领的消费目的多为日常用餐，消费方式也以电话订餐外送为主。

其次，竞争者在广告宣传的同时期并没有新产品的发布计划，这意味着在广告宣传中会造成品牌混淆的干扰信息很少，比较利于受众记忆度的提高；但是因为肯德基自身的产品之间相似度过高，容易相互混淆，如果广告被投放到信息繁杂，受众注意力不集中的公共媒介上，受众投入的关注有限，留下来的品牌记忆也是不能保证的。

第三，对于一个快餐产品的新产品，受众往往抱有很高的预期和不信任感，因此新产品的广告往往会享有很高的关注度，但是吸引受众购买的难度比较大，如何消除消费者的陌生感，引起他们的购买欲望，是解决问题的关键。

第四，肯德基的加盟店在地理区位上分布广泛，而本广告的目标受众群的分布也是很广泛的，因此广告的发布范围必须是面向全国的。

三、广告策略制定与执行

通过对广告项目本身的分析研究，晶立总结出了具有针对性的媒介策略：在北京、上海、广州、西安、青岛等15个城市的住宅楼、办公写字楼的楼宇电梯媒介同时投放肯德基“至珍七虾堡”新品宣传的平面广告。广告投放实景图例如图5-9所示。

东方国际大厦B座(上海)

世纪东方嘉园三期(北京)

中环广场(西安)

图5-9　肯德基“至珍七虾堡”新品宣传平面广告

选择电梯媒介，而不是传统媒介或者其他户外媒介，是由项目本身的特点决定的。电梯媒介受众稳定明确，覆盖面广，到达率高，并且成本优惠性价比高。晶立选择使用电梯媒介的原因在于：

(一) 电梯媒介的受众群体与肯德基新品广告的目标受众群相吻合。肯德基快餐的消费者主要为中等收入者，消费方式主要是办公室订餐和家庭集体消费。这些目标受众主要出没的地点正是电梯媒介点位，它们主要的分布地点是居民住宅楼和办公写字楼。对于目标受众的精确定位和定向传播有助于保证广告信息的有效到达，减少广告信息流失。据AC尼尔森的调查研究报告显示，80%以上的人选择在中午11到下午1点，以及晚上17点到22点期间进行快餐消费，而这两个时间段正好是乘坐电梯的高峰期。

(二) 电梯为安静的封闭空间，受众在看到广告的时候只面对这一个单独的信源，信息干扰微弱，受众关注度高，有足够的时间来消化广告画面形成品牌记忆，观众看到的是七虾堡，记住的就是七虾堡。

(三) 电梯媒介属于受众亲和度比较高的户外媒介，媒介点位被设置在受众的日常生活环境之中，时间一长，甚至已经成为受众熟悉的生活环境中很自然的一部分，这无疑会大大减弱受众对于广告的心理防御，出色地消除了他们对于新产品的陌生感。而且，电梯框架媒介属于静态户外，没有噪声，不会主动拉扰受众观看，因此不会引发受众的抵触情绪。

(四) 电梯广告成本低廉，方便大范围进行立体投放，保证广告到达的频次和范围。相对于传统三大媒介和传统户外，电梯广告的特点就在于既保证了传播的范围，又保证了传播的针对性。

四、广告投放效果

如此详尽的分析与论证得出的媒介策略，到底取得了怎么样的广告效果呢？

在本则广告投放三周之后，AC尼尔森对此广告在北京、深圳、宁波、西安、佛山、太原和上海的投放效果进行了详细的综合评测，随即于2008年7月8日发布了《肯德基至珍七虾堡电梯平面广告效果评估报告》。该报告显示：

肯德基至珍七虾堡电梯平面广告覆盖的人群中，总的到达率高达94%。在北京和上海的到达率都是100%。

同时，广告日均到达次数约4次，已经能激发被访者的购买意向，调查结果如图5-10所示。

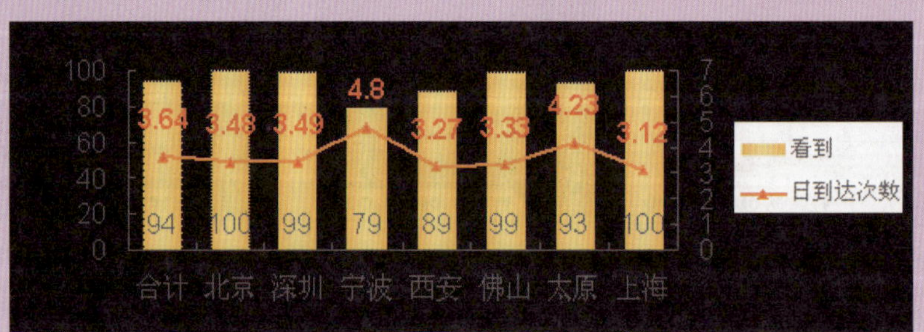

图5-10 购买意向调查结果

被访者对此次广告的回忆情况良好，广告画面到达率高达96%，其中产品画面回忆率高达80%，文字/广告语的回忆率也超过50%。此广告通过画面和文字来传递信息，产品信息到达率高达91%，其中有59%通过广告认识到肯德基推出了新的汉堡，也有43%的人感受到它是美味可口的。

总的来看，接近七成的被访者喜欢至珍七虾堡的电梯平面广告，并且有45%的人在看了此广告后马上去尝试了这个新产品，今后产生购买意向的被访者也近八成。从不同城市来看，北京的被访者对此广告的喜爱、对新产品的尝试率和购买意向都最高。

五、案例总结

一则成功的广告案例一般是有许多因素作用构成的，具体到这次肯德基与晶立中国的合作，主要归功于晶立系统而精确的广告策划和媒介策略制定，以及其遍布全国数量庞大的电梯媒介分布网络。当然，肯德基自身的品牌知名度和美誉度，也是广告本身令人印象深刻的重要原因之一。

（资料来源：中国广告网，2008-12-9）

问题：

1. 晶立传媒在为肯德基案例制作和发布广告的过程中是如何选择广告目标受众的？

2. 从该广告活动的事后调查数据看，广告的受众与消费者呈现了什么样的关系状态？

05

思考练习

1. 何谓广告受众？
2. 广告受众具备什么心理特征？
3. 消费者购买行为分哪几种类型？
4. 消费者购买过程经历哪些阶段？
5. 简述广告受众与广告目标受众的关系。
6. 简述广告对消费者的影响。

第六章

广告组织

〖学习要点及要求〗

本章有综合服务型广告公司、专项服务型广告公司、广告公司部门制组织形式、广告公司小组制组织形式、企业广告作业流程、媒体广告部并举制组织形式以及媒体广告部综合制组织形式等重要术语。通过本章的学习，了解广告代理公司的类型与业务范围；广告代理公司的机构设置、职能划分、人员配备及作业流程；企业广告部组织类型、作业流程与管理模式；媒体广告部基本职能与组织结构；广告协会及其职能；我国广告教育发展历程与现状。

广告组织是为了更好地完成各项广告业务而设立的对广告活动进行计划、实施和调节并对广告活动实行有效管理的经营机构。其中，各类专业广告公司、企业广告部门和传播媒介广告部门是共同承担广告经营活动的主体机构，是最重要的广告组织。此外，与广告行业有关或派生出来的各类广告团体，如行业性组织和学术研究性组织，也各自发挥其功能，保证广告活动的顺利开展及运作水平的不断提升。本章即以目前国内广告组织为主，对各类广告组织的类型、构成、职能及其运作特点进行简要说明。

第一节　专业广告公司

一、广告公司的类型与服务范围

美国《现代经济词典》对广告公司的定义是：以替委托人设计和制作广告方案为主要职能的服务性行业。我国《广告法》所称的广告经营者，即广告公司“是指受委托提供广告设计、制作、代理服务的法人、其他经济组织或者个人”。可见，广告公司是专门从事广告代理与广告经营的商业性服务机构，通常它会站在广告主的立场上，为广告主制定广告方案并根据方案购买媒介时间和空间，进而实施广告活动，因此，广告公司处于广告企业和广告媒体之间，通过自身桥梁式的信息传播，连接着企业、媒体和消费者，它是现代广告经营的核心力量。

(一) 广告公司的类型

依据不同标准，可以把广告公司分为以下几种类型。

1. *以承担的职能为标准划分*

根据承担的职能，可将广告公司分为综合服务型广告公司和专项服务型广告公司两种类型。

(1) 综合服务型广告公司。

这种广告公司通常规模较大，内部组织机构健全，可以为广告客户提供包括市场调查和研究、广告战略策划与执行、广告计划具体设计与制作、广告媒介选用与发布、广告预算制定、广告效果测定等全方位综合性的服务。此外，随着整合营销传播理念的普及，这类广告公司还能为广告主提供信息咨询、企业形象设计等战略层面的服务和建议，并具体策划和组织各类展会、文化活动、现场促销以及公关服务等。

具体来说，这类广告公司为广告主提供的有关广告活动全过程、全方位的服务主要包括以下七项内容：第一，产品研究。通过搜集各方面资料并经研究分析后，为广告客户提供制订广告计划所需的产品研究资料。第二，市场调查与预测。通过分析市场调查资料和市场历史，为广告主分析顾客类型，界定广告目标受众；分析市场环境，制定有针对性的广告方案。第三，产品销售分析。根据产品销售渠道、网络的情况，制定与之匹配的宣传推广方案，最大限度地发挥广告对消费者的“拉力”；同时，通过广告的“推力”，促进分销网络的建立健全和良性运转。第四，媒介选择。为广告客户选择“物美价廉”的有效媒介，并对所选媒介的时间和空间运用予以最佳组合，以使广告信息有效传播。第五，广告计划拟订。为广告客户提供有关产品定位、渠道建设和价格策略的建议，同时，对广告创意、媒介运用、广告诉求主题、广告信息内容、广告预算和广告活动内容等提出意见，并与广告客户共同商定切实可行的计划方案。第六，广告计划执行。在广告计划制订后，把计划内容付诸实施并负责到底。第七，配合客户的其他市场活动。对广告客户除了提供广告服务外，还能配合企业为其商品设计、包装装潢、营销活动等提供信息咨询服务和市场活动服务，以使广告活动发挥最大的效益。

(2) 专项服务型广告公司。

这种广告公司通常规模不大，功能有限，往往只凭借其业务专长，为广告主提供广告活动中的某一项或几项服务，如单一的设计、制作、媒体购买等业务。由于其特点突出，能够满足企业某些特殊需要，所以在广告行业中这类广告公司同样发挥着巨大作用，占据着重要地位。

根据经营范围和提供的广告业务内容，专项服务型广告公司又可以分成三种主要类型：提供某一特定产业广告代理服务的专项广告代理公司，如房地产广告代理公司等；提供广告活动中某一环节广告服务的专业广告公司，如广告创意公司、广告制作公司、广告调查公司等；提供特定媒介形式广告服务的媒介购买公司，如交通广告、路牌广告、灯箱广告、霓虹灯广告等。

这些不同类型的广告公司，各自拥有不同的组织形式和机构设置，而且，这些中、小型的广告公司在某些项目上具有综合服务型广告公司无法比拟的专业优势、灵活的运营方式以及较低的经营成本，因此，它们一方面顺应了行业专业化分工的发展潮流，同时，又有助于广告专业水平的提高。所以，在现代广告经营中，综合服务型广告公司和专项服务型广告公司，只有规模大小的差别而无好坏之分，两者共同代表了广告行业发展的两种方向。

2．*以隶属关系为标准划分*

依据这一标准，一般可将广告公司分为独立经营的广告公司和专属广告公司两种类型。

(1) 独立经营的广告公司。

按照美国广告协会(the American Association of Advertising Agencies，AAAA)的定义，专门从事广告和营销计划、广告作品以及其他促销工具的制作与准备的创意人员和工商人员组成的独立机构，便是独立经营的广告公司。前面所说的综合服务型广告公司和专项服务型广告公司大多归属于这一类型，这类广告公司是我国广告公司的主体，也是广告业发展的中坚力量。目前，我国独立经营的广告公司主要包括合资4A广告公司和本土广告公司两种。由于早期进入中国的一批中外合资广告公司的外资方多为美国4A成员，因此，人们通常将中外合资的广告公司称为4A公司，其实这一称谓并不准确。实际上，4A原指1917年成立的美国广告代理公司协会，4A广告公司是指成为该协会会员的广告公司，后来世界各地都以此为标准，取符合资格、从事广告业、有组织的核心说法，再把美国的国家称谓改为各自国家或地区的称谓，就拼成了各地的4A称谓，比如欧洲共同体或香港分会的会员也都叫4A广告公司。

(2) 专属广告公司。

专属广告公司是指由企业或媒体组建、完全附属于企业或者媒体，只经营本企业或媒体自己的广告业务的广告代理公司。这种类型的广告公司具有比较鲜明的中国特色，主要包括大型企业自办广告公司和媒体自办广告公司两种。在机构设置和人员配备方面，这些广告公司往往与企业或媒体的广告部是两个牌子、一套班子。专属型广告公司实际上是我国广告代理制不够健全、广告业恢复时期传媒业不够发达、媒体垄断没被完全打破，而当时国内的广告公司又鱼龙混杂、服务水平低下等多种原因所共同导致的产物。因为对广告公司缺乏信赖，出于节省代理费、“花最少的钱做最好的事”的愿望，一些有实力的企业便纷纷成立自己的广告公司直接与媒体打交道，企业希望这样一来可以使广告公司更好地为企业服务并对其进行有效监控；媒体同样基于肥水不流外人田的目的，相继组建附属于自己的广告公司，希望借此获得稳定的广告收益。但这种现象不符合广告行业专业化的发展趋势，而且从实际运营来看，这类广告公司很难吸纳真正优秀的人才，广告运作能力有限，因此，随着我国广告行业的不断发展和完善，这类广告公司将会逐渐萎缩直至消亡。

3．以服务所及地域为标准划分

根据这一标准，可将广告公司分为全球性广告公司、全国性广告公司和地方性广告公司三种。

(1) 全球性广告公司。

20世纪90年代以后，全球经济一体化进程明显加快，21世纪被公认为是全球化的世纪，配合企业拓展全球市场的需要，面对文化多元化的国际市场，“全球化策划与本土化执行相结合”的理念逐步被人接受并付诸实施，因此，可以将业务延展至全球的跨国广告公司规模不断扩张，并成为广告业发展的新标杆。1986年，我国首家合资广告公司——电扬广告公司在上海成立。之后，国际大型跨国广告公司和集团纷纷来华设立合资公司或办事处，著名的有盛世长城国际广告有限公司、麦肯·光明广告有限公司、智威·汤逊—中乔广告有限公司、上海奥美广告有限公司、上海灵狮广告公司、北京电通广告有限公司等。至1998年，全球排名前10位的广告公司已全部在中国设立了合资公司。这类广告公司资金雄厚、经验丰富，全球一体化的服务网络极为发达，而且经营管理模式科学、业务水平较高。它们进入中国市场后，一方面瓜分了原来由本土广告公司代理的外商客户，同时，其经营管理理念和具体运作方式也给本土广告公司以全面且深刻的启迪。

(2) 全国性广告公司。

顾名思义，这类广告公司能够在全国范围内开展广告代理业务，除跨国广告公司外，在本土广告公司中，通常多以综合服务型广告公司和媒介购买公司为主。其规模较大、业务能力较强，又因其了解本国国情、最懂本土文化，也成为国外企业进入中国市场进行广告宣传推广时首选的合作对象。但同跨国广告公司相比，人才、资金以及创新精神的缺乏成为制约这类本土广告公司发展的三大“瓶颈”，而通过并购、重组等不同方式寻求大资本运作扩张，并且不断探索适合我国本土广告公司发展的经营模式，是这类广告公司与跨国广告公司开展竞争的制胜之道。

(3) 地方性广告公司。

这类广告公司主要为企业地方性市场拓展提供广告代理业务，通常规模较小，以专项服务型广告公司为主。这类广告公司的竞争力主要体现在作为大型广告公司的补缺者，因其地域性较强，故能以更具针对性的服务，满足企业深耕密作、开发重点市场的需求。

(二) 广告公司的主要业务范围

应该说，广告主的任何广告需求在现代社会中都可以通过一家或多家广告公司获得满足，现代广告行业能够涉及的业务内容众多，简单说来包括以下内容。

1. 广告策划

广告公司以广告代理为业务核心，为代理客户进行广告策划则是广告公司最本质的功能和最常规的工作。具体包括为广告客户进行有关商品的市场调查和研究分析工作，为企业发展确立市场目标和广告目标，为代理客户制订广告计划和进行媒体选择。广告公司从自己的专业领域出发，为广告客户提供广告主题和实现广告主题的广告创意、构思和策划。

2. 广告制作

这是指广告公司将创造性构思和创意转换成广告作品具体外在表现形式的活动。选择最具表现力、影响力和感染力的手法，使用客观、真实、具有美感和艺术性的表现形式去传播具有创造性的广告思想，这是对广告制作的根本要求。

就类别而言，目前广告公司能够为客户提供的广告设计制作主要包括：平面设计制作、影视动画制作、多媒体制作、展览展示制作、展台设计制作、展架设计制作、展柜设计制作、景观设计制作、雕刻刻绘制作、售点广告制作、店面设计制作、灯箱设计制作、标志设计制作、包装设计制作、企业VI设计制作、名片设计制作、宣传册设计制作、宣传单设计制作、折页设计制作、请柬设计制作、海报设计制作、贺卡设计制作、插画设计制作、提袋设计制作等，可谓无所不包、无所不能。

3. 广告发布

广告公司在策划和制作出广告作品之后，通过广告媒介的合理选择和应用，把广告信息及时、迅速地传递给广大社会公众。发布广告时，广告公司要为客户利益着想，注意选择最具表现和传播效果的媒介，也就是以最低投入，将广告信息传递给最多数的潜在购买者，从而引导社会公众对广告客户信息的认可、接受并最终产生购买行为。

4. 广告信息反馈与广告效果评估

广告发布后，广告公司要对所发布的广告进行市场调查和研究，对广告效果进行科学测定和评估，及时向广告客户反馈有关市场的销售信息及相关的变动信息。

5. 提供咨询服务

广告公司要为广告客户的产品(品牌)设计、产品(品牌)计划、市场定位、营销策略、广告

06

活动和公共关系等提供全方位、综合性信息，为客户提供各方面的咨询服务，从而实现企业资源的合理流向与最佳配置，推动经营企业的发展。

除上述主营业务之外，目前部分广告公司还可以开展DM媒体运营、网站运营、庆典礼仪以及文化传播等相关业务，从而更好地为企业服务，推动着广告业的不断发展。

二、广告公司的机构设置与职能划分

不同类型的广告公司具有不同的规模和形式，大的广告公司在世界各地可以拥有成百上千名员工，每年处理过亿元的订单，而最小的广告公司则可能只有承担广告创意工作和广告客户接洽工作的一两个人。另外，跟其他任何一个行业一样，广告行业也处于不断变革之中，广告公司内部机构设置、组织职能以及管理运营模式，自然也随着行业发展和具体业务需要，而趋于不断调整和完善。

(一) 广告公司的机构设置

部门制和小组制是目前广告公司较多采用的两种机构设置方式。

1．按职能设置部门

广告公司的组织结构并不完全相同，典型的是以职能为基础设置部门(也叫部门制组织形式)，将广告公司内部分设为创意部门、客户部门、行销部门和财务管理部门四大部门，每个部门都有特定的工作范围与专业要求，四部门分工协作保障整个广告公司日常业务的正常运转(见图6-1)。

综合服务型广告公司一般会采用这种组织结构。如图6-1所示，在公司当中，总经理或总裁处于最重要的位置，其下至少设有4个大部，分别由数位副总经理负责，同时在各部设立总监，总监既可以由副总经理担任，也可以另外择定人选。

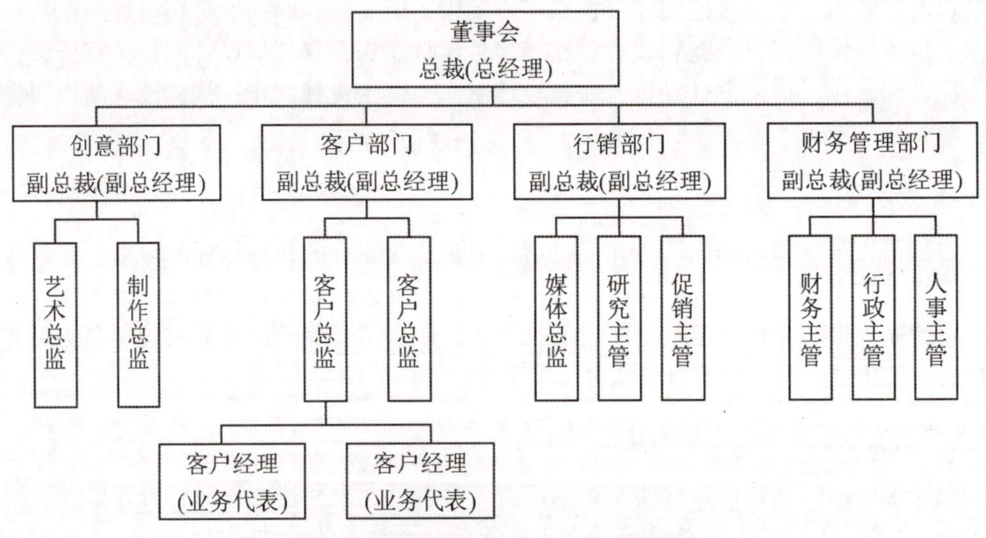

图6-1 典型的职能组织型广告公司组织结构

当公司发展形成一定规模后，有些广告公司会在上述基础上对各部门作一些调整。最常见的是在保留创意部门和客户部门两个部门的同时，把行销部门当中的媒体部门与市场研究部门一分为二。另外，对人事和财务这两个重要部门也单独设置；为加强管理，行政办公室也要单独设置，并作为公司的管理中枢，保障各部门的正常运转(见图6-2)。

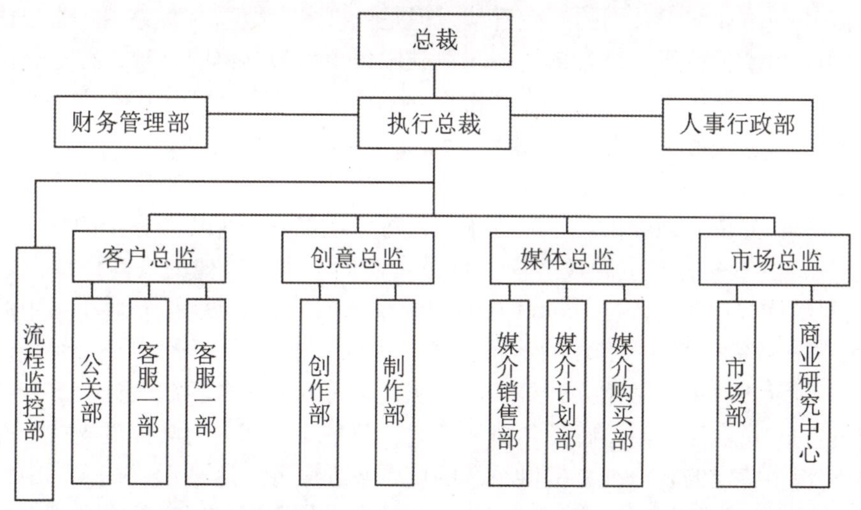

图6-2　职能部门与行政管理部门分设的职能组织型广告公司组织结构

按职能设置部门有利于公司的系统化、专业化运作，能够充分调动各职能部门主管的积极性和能动性，便于日常业务活动的开展与管理；同时，还能够简化员工培训工作，充分发挥人力资源优势，提高工作效率。但是，各部门工作难以及时沟通交流，因而有时候不能最大限度满足广告客户的特殊要求，而且易于形成部门本位主义狭隘认识，导致全局观念、整体意识缺失，则是这一组织形式需要克服的一面。

2．按客户设置部门

按客户设置部门(见图6-3)，简单说就是将除财务部、人事部、办公室、媒体部和市场调研部外，广告公司其他各部门均按服务的客户对象编组设置，实施集中化管理、分散化执行。

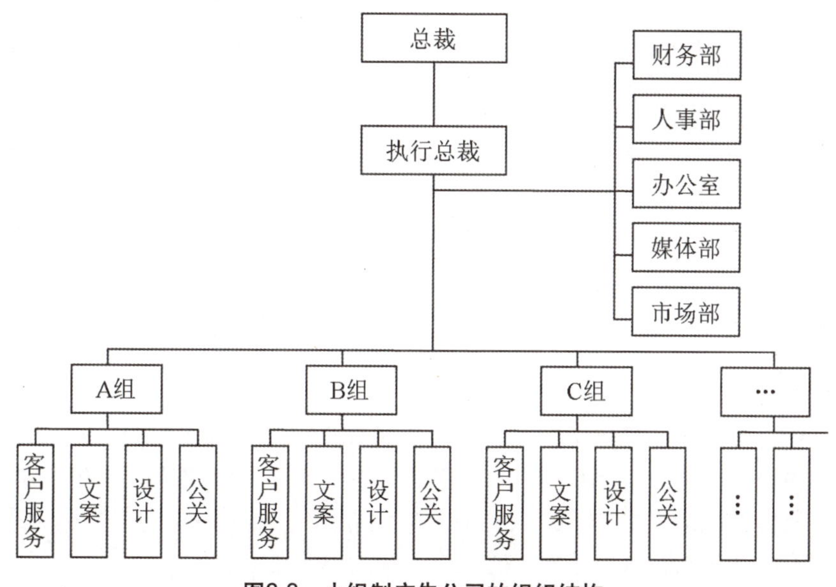

图6-3　小组制广告公司的组织结构

这种形式也称为小组制组织形式，它是在综合服务型广告公司的部门制基础上发展起来的。职能型部门组织结构模式，能够通过组织结构的良好运作，将广告公司的人力资源、物力资源加以集中使用，便于公司的有效管理。但是，许多大型综合服务型广告公司在实际业务进程中发现，出于种种原因，各部门之间很难做到预想中的协同一致，往往会出现工作脱节、沟通障碍，最终导致业务混乱、效率低下。按客户设置部门的小组制组织结构形式(也称为“专业制度”“专户制度”或“AE制度”)由此孕育而生。

这种以个别客户为基础的组织形式的特点是：将广告公司的个别广告客户或一组广告客户作为服务对象，并依此划分出若干专业小组，每一组都是一个功能齐全的独立服务单位。一个专业小组，由一名客户主管或客户监督负责协调工作，其他的视客户情况，还可下设若干品牌经理或称客户执行人(Account Executive，AE，其实也就是专业小组中的业务负责人)，具体负责一家客户或一组客户的不同品牌产品的广告宣传。一个专业小组里，可以齐集调研、策划、创意、制作、媒介、SP等各类人员，也可以仅包含客户服务、广告创作、广告设计三个方面的人员，而由高层管理和财务部门、信息支持部门为其提供支持，并进行协调管理，从而实现为特定的客户独立提供系统的广告代理服务。这种形式，实际上也就是让一组广告方面的业务专家只针对一家特定客户全面负责，如同客户所属的小公司一样，完全按照客户要求开展工作，这就是为什么也将这种形式称为“专业(户)制度”的原因所在了。这些小组因服务对象不同，通常被称为营业X部(局、组)或其他名称；小组规模和人员数量同样也根据客户业务量大小而定，少则3人，多则可达数百人，如美国BBDO环球广告公司曾有上百人为克莱斯勒汽车公司服务，日本电通为丰田汽车公司服务的人数也有100多人。

06

促使小组制被众多广告公司广泛采用、迅速普及的原因主要有两个：一是在部门制体制下，客户为一件事情往往需要分头和行销、创意或媒体部门逐一沟通，这样的沟通不但麻烦而且通常效果不佳；二是随着广告公司客户和业务量的增长，以部门制形式服务于多个客户时，各部门都难免感到心力不支，从而造成监管乏力、业务混乱，进而由于公司中每名员工都有可能会服务于若干不同客户，因此，客户业务机密遭到泄露也就难以防范和避免。正是这些不便与不利迫使广告公司必须改制，而采用小组制的组织结构后，上述问题便迎刃可解。

专业小组服务制度，比较能适应各种不同广告主的不同业务特征的需要，运作较为协调、灵便，具有一定的优势，因而受广告客户的欢迎。此外，从具体广告业务的开展来看，各小组业务，主要是围绕广告活动的整体策划来进行的，所以这种组织形式被称为重视策划的一种组织形式。这种组织形式，比较适应于较大的广告客户或较大的广告业务项目。但是，这种组织结构同样存在一些问题，比如不同小组之间、小组与其他功能性管理部门之间往往缺乏联络，协调性较弱；人员和设备的利用率不高；一旦出现“跳槽”或挖墙脚情况，客户往往会随着业务负责人的离开而流失，给公司造成巨大损失。

(二) 部门职能划分

在组织机构设置健全的基础上，各部门还必须明确各自的职能划分，这样才能做到责、权、利落实，继而才能在分工明确的基础上实现各负其责、协调运行、相互制约和相互促进。下面，以典型的职能组织型广告公司的部门设置为例(见图6-1)，就各部门职责划分、人员配备、作业流程以及发展趋势等相关情况作一些简单介绍。

1. 创意部门的职责

创意部门是整个广告公司的生产中心，其核心业务就是负责广告创意、设计和制作。该部门的核心人物是行政创作总监，其职责当然是生产、照顾并维护好广告公司最珍贵的资产——创意作品。一般来说，创作总监的职位每家广告公司只有1人，不过近年来却开始出现由两人分工处理不同客户或联合处理相同客户业务的趋势。行政创作总监的工作具体包括：负责本部门行政工作、拟定创作宗旨、协调本部门人员、保证按计划和预算完成广告制作并掌控作品水准。

根据各公司业务开展情况，创作总监之下分设创作组、印刷组(室)、影视制作组(规模小的公司可能只有文案和美术两个人，规模大的公司可以分工更细，比如，影视制作组、平面制作组、电脑绘图组)等，具体负责广告创意、设计和制作。

创意部门的工作流程大致是：首先对客户部门和行销部门(包括市场调查部门、媒体监管部门等)提供的有关资料和意见进行分析；再依照广告计划要求发展出广告创意，拟订创意方案；然后会同客户部门和行销部门，制订出完整的广告方案并提供给客户审核；再在客户审核后根据客户要求进行相应调整和完善；直到客户完全满意后，最终将广告创意制作成完整的广告作品。

进入广告制作环节，主要由文案、美术和制作合成三方联合作业，但不管负责哪项工作，均要求所有参与制作的人员都必须熟悉各种类型的媒介，并能根据不同媒介的特点进行广告创意、设计和制作。具体来说，文案主要负责广告标题、正文的撰写，是广告创作的关键，要求撰写人员必须具备良好的创造性思维和较强的语言驾驭能力，能以精美的语言来表达广告创意、传达广告信息；美术的任务是为广告文案配上艺术性、趣味性和容易引发人们联想、增强广告记忆效果的图案、照片或影像；制作合成的任务则是完成广告文案和画面的设计合成，这些工作可由文案人员和美术指导共同承担，也可交由专职人员负责完成。定稿之后，便可组织印刷或配音等后期制作。

需要指出的是，随着广告公司业务和规模不断增加，广告制作的种类越来越多，对设备、人员的要求也就越来越高，尤其是影视广告制作，因此，要求一个广告公司能够从事各类广告制作变得越来越困难。为减轻制作负担、节省运营成本，有些广告代理公司干脆只集中进行广告创意，只负责提供广告设计和广告制作的具体方案，而将广告制作方面的业务，转托独立、专门的广告制作机构去完成。这种运行方式，有利于充分发挥广告代理公司和广告制作机构各自的优势，在当今社会已逐步为许多广告代理公司所采用。如果实现创意和制作分离，那么创意部门的职能也就变成了以下两个：一是负责广告创意，提供广告设计与制作的具体方案；二是负责对广告制作机构的广告制作过程进行监督，确保广告创意准确表达以及广告作品的质量和水准。

2. 客户部门的职责

客户部也可称为业务部或客户服务部，是广告代理公司与广告客户之间的桥梁，负责两者之间的信息沟通与传递。因此，客户部的主管实际上分属两个不同的世界：一方面，作为广告公司的部门主管，理所当然地应该熟悉广告业务；同时，他又应该是自己公司所代理的广告主所属行业的研究者和熟悉者，否则他就无法很好地担负起自己的职责——对外寻找并保持与广告客户的密切联系与有效沟通，对内督促创意部门保质保量按照客户要求及时并且

出色地完成既定任务。

客户部除1名部门经理外，还包括若干客户主管和业务员，资深的业务员往往可以担任大的广告业务项目的客户主管。同本部门经理一样，客户部所有工作人员通常都扮演着双重角色：对外代表广告公司利益，主动寻找合作伙伴与之商谈、签约以及催收费用，同时，与现有客户联络协调、保持发展双方的良好关系，从而为创意部、媒体部及时传达准确信息；对内则代表客户利益，对广告计划的执行，从广告设计、制作、发布到具体活动的展开，进行全面监督，确保客户能够得到优质服务。

客户部门的工作流程大致是：首先进行客户开发，即广告公司在接触到一位客户时，由客户部门进行初次商谈，通过对广告公司的介绍和对客户形成的初步了解，坚定客户信心，将潜在客户转化为现实客户，并签订相关协议。然后，依据广告客户提供的有关企业、产品、市场资讯以及提出的广告宣传要求和广告预算费用，会同公司其他有关职能部门，在进一步调查研究基础上，制订出广告计划及具体实施方案，在征得客户认可后，定下工作日程，交由各部门执行。接下来，在广告活动整体进程中，客户部门始终需要全程扮演好自己的双重角色，通过对广告活动进展情况的及时互通，求得双方协调一致、统一行动，从而保障广告活动的顺利完成。

需要指出的是，作为广告活动的组织中心，代表广告公司直接与客户打交道的往往是客户主管。客户主管直接代表着公司形象，他必须善于协调与具体广告业务有关联的内内外外、方方面面的各种关系：对外，既要善于听取客户意见，又要善于向客户解释、推销公司的宣传方案，使客户愉快地认可；对内，既要善于尊重各职能部门的创造性劳动，又要善于把公司总体决策方案让各级职能部门接受下来并按时保质完成。因此，他既是市场方面的专家，同时，又必须十分熟悉广告业务的每一个工作环节乃至细节。所以，当前在广告公司中，对于具体广告业务的开展，客户主管的作用极为重要。没有一流的客户主管，就不可能有一流的广告经营，没有一流客户主管团队的公司，也绝不可能成为一流的广告公司。

3. 行销部门的职责

按职能和规模，有许多广告公司将行销部门一分为二，分设媒体部和市场调研部。由此可见，两者虽同属行销范畴，但又有着明确分工，且都具有举足轻重的地位和作用，下面分别说明。

(1) 媒体部门。

媒体部门通常设部门经理1名。各广告公司依据各自业务的运转情况，有的按媒体类别下设若干媒体组，分管各类媒体工作，如报纸组、电视组等；有的则按地区划分下设若干地区媒体组，具体负责各地区的媒体工作。

媒体部门的工作流程及其主要职能为：首先，在广告策划阶段，根据广告计划制定科学、合理的广告媒体策略，包括广告媒体选择、不同类型媒体的有效组合以及广告媒体费用的具体分配方案等。媒体策划方案是广告策划的重要构成部分，同样决定着广告效果是否能够充分体现。因此，媒体策划也是广告客户审慎审核的重点，而优秀的媒体策划方案更是广告公司实力、经验和竞争力的直接显现，是吸引客户、坚定其广告投放信心的重要因素。其次，在广告计划实施阶段，媒体部门需要确保广告按计划在规定的媒体上的指定时间或空间顺利发布，同时，还负责对媒体广告发布情况进行全程监督，包括监督印刷或播放的质量和数量等。再次，在广告实施后，代理媒体单位敦促公司客户部向广告客户收取广告费用。

需要指出的是，通常人们在认识上存在一个误区，认为媒体部门只是负责一些单调死板的技术性工作，实则不然。在现代广告中，对媒体的选择和使用，事实上同样体现着创意，比如，对新兴媒介、特殊媒介的选用，对传统媒介的创新运用等(见图6-4)。要做到这些，自然离不开媒体部门的奇思异想以及更为关键的有效落实。所以，从这个意义上讲，媒体部门的作用远不止于我们现在所见到的这些。

媒体部门的上述职能，要求部门员工必须具有丰富的媒介知识，熟悉各种媒体的特征，掌握各相关媒体的详细情况，并能够和各有关媒体机构始终保持密切联系，建立长期稳定的良好关系。

(2) 市场调研部门。

市场调研部门的工作贯穿广告活动始终，其工作流程及主要职能为：首先，在广告策划阶段开展“事前测定”(有关“事前、事中、事后测定”详见第十二章第三节)，即根据广告活动需要，参照客户部门提供的客户相关资料、媒体部门初步形成的媒体选择方案，组织开展市场调查、产品调查、消费者调查以及媒体调查，并对调查结果予以分析，形成更为客观、全面的意见，为广告公司和广告客户制订广告计划，提供全方位信息资料和信息咨询。其次，在广告活动进程中开展即时研究，通过“事中测定”一方面向广告公司和广告客户及时反馈广告实施的相关信息，为广告计划的调整、完善提供参考；另一方面不断积累资料，为广告效果测定作积极准备。最后，广告活动阶段性完成后开展“事后测定”，对广告经济效果、传播效果、心理效果和社会效果进行综合测评，总结教训、积累经验，以利于广告公司业务运作水平的不断提升。

图6-4　两则异型路牌广告

市场调研部门的上述职责，要求广告调研人员必须具有丰富的专业知识和技能，熟练掌握市场调查的程序和技巧，了解广告产品的各项基本性能，能够准确把握市场发展趋势，敏锐洞察市场变化态势，并且，还需要具备较强的文字写作能力。

需要看到的是，目前，由于世界范围内信息革命的刺激和推动，广告公司的信息功能业已开始不断强化扩大，市场调研部门进一步发展成为现代广告公司信息收集、处理、储存中心。正因此，市场调研部门的职责，就不能再仅仅局限于围绕某一具体的广告活动展开相关调研，而是应当围绕广告公司的整个业务范围，进行有计划、有目的的经常性信息采集、调研工作，从而为加强现代广告公司的信息咨询和信息服务功能，为拓展现代广告公司的经营业务，发挥越来越重要的作用。

此外，随着广告公司业务的扩展和职能的转变，特别是适应整合营销传播的需要，在行销部门当中又有一些新的业务部门开始设置并开展各自的业务。常见的是专门协助客户进行有关宣传工作的公关部和专门参与客户促销活动，帮助客户组织展会、抽奖以及其他一些文化活动的促销部，这些部门配合其他业务部门，为客户提供整体的综合信息交流服务。

4. 行政管理部门

在广告公司的所有职能部门中，行政管理部门属于非业务性职能部门，它主要担负公司计划、人事、财务、审计、机要和后勤等全面管理职责，是公司的管理中枢。由于人事、财务在广告公司的经营管理中具有极为重要的地位，因此，许多广告公司也常将其单列为行政管理部门之外的独立部门。

对广告客户和专业媒体来说，一个管理有序、工作高效的广告公司无疑是最佳合作伙伴，因此，加强广告公司的自身管理，对广告公司的生存和发展都具有重大意义。广告公司的管理具体包括以下几个方面。

(1) 财务管理。

广告公司的财务管理是对公司经营活动中资金形成、分配、使用等一系列问题，进行计划、组织、协调、控制、监督与核算。其中，收取广告费、参与广告预算制定、监督广告预算执行、公司行政费用管理、财产及物资出入账管理、专项基金管理、交纳税金等，都是财务管理部门的常规性工作。

(2) 人事管理。

人事管理是指广告公司对内部员工的管理。当今社会，企业竞争实质是市场竞争，而市场竞争归根到底是人才竞争，对广告公司而言，更是如此，因为广告业属于知识密集、技术密集、人才密集的高新技术产业，所以，广告公司存在和发展的核心竞争力就体现为是否拥有一支高素质、高效率的工作团队。为管理和使用好人才，广告公司人事管理部门必须做好人员录用、培养、考核、定级、晋级及奖惩等各方面的工作。

(3) 行政管理。

广告公司的行政管理就是围绕公司广告战略和广告目标的实现而展开的计划、组织、指挥、协调和控制过程。行政管理的目的是实现企业内部工作的有序化，为此，行政管理往往涉及业务管理和日常事务管理两个方面。

广告业务是广告公司的支柱，有效地进行业务管理是广告公司赖以存在的基础。在广告公司业务管理上，要明确分工、各司其职，同时又要求行政管理部门能够充分发挥指挥、协

调和控制功能，促进各业务部门之间的相互协调、密切合作，进而保障每一项广告业务的出色完成。

广告公司，特别是一些规模较大的广告公司，日常事务千头万绪，工作涉及方方面面，若想正常运转，则时刻离不开行政管理部门的全面管理。为了更好地对业务部门实施行政监督，同时更为了向各业务部门提供周全、细致的后勤保障服务，往往在行政管理部门之下还会分设办公室、计划部门、机要部门以及后勤保障部门等机构。其中，计划部门具体负责公司年度工作计划和经营计划的制订以及监督执行，同时还负责制订公司的长远发展规划，以保证公司长期稳定的发展；机要部门负责公司文件收发、借阅、保管和归档管理，并为企业建立各类业务档案，同时检查其保密情况；后勤部门主要协助公司业务部门的工作，为各业务部门开展广告活动提供物质支援和后勤保障。

同任何企业一样，广告公司的行政办公室也是直接为总经理服务的管理中枢，是公司的核心，因此，必须切实明确其职权和工作任务，并配备精明强干、懂得现代管理的工作人员，这样，才能保证整个公司处于良好的运转状态，保持较高的管理水平和竞争素质。

最后再申明一点，这里所介绍的仅仅是功能齐全、机构配套的大公司的机构设置及人员配备情况，对于大多数中小型公司而言，更为常见的则是一人多任制，从而使人员大大精减且充分发掘每个员工的全部潜能。

第二节　企业广告组织

目前，多数规模较大的工商企业都在内部设有广告部，还有一部分企业甚至单独设立附属于自身的广告公司，代理企业自己的广告业务。企业广告部多由原来的业务部或销售部分化而来，随着其独立性越来越强、发展规模越来越大，广告部的负责人也逐渐成为企业的高管，这无疑强化和提升了广告业务在企业经营中的重要地位。

一、企业广告管理模式与组织类型

(一) 企业经营活动流程及广告活动的位置

任何企业，都是作为产品生产者或服务提供者存在于社会之中的，广告活动只是企业所有经营活动中的一部分(见图6-5)。

企业主要的经营活动是制定企业发展目标，根据目标确定经营战略，包括确立财务战略、生产战略、人事战略、营销战略等；在营销战略中，要继续制定并执行产品、价格、流通、促销等多种具体战略；在促销战略中，企业要进一步制定销售促进战略、人员销售战略、公关战略以及广告战略等；最后，为实现各种战略还需制定具体战术安排及各种战术组合，以此保证企业在残酷的市场竞争环境中能够始终生存并实现长期稳定发展。

广告公司主要出现在企业广告战略制定和执行环节中。企业常常借助广告公司的帮助制定并执行广告战略，特别是在广告策划、广告制作、广告发布和广告效果测评四个方面，企业广告部往往会全面委托广告公司予以执行。

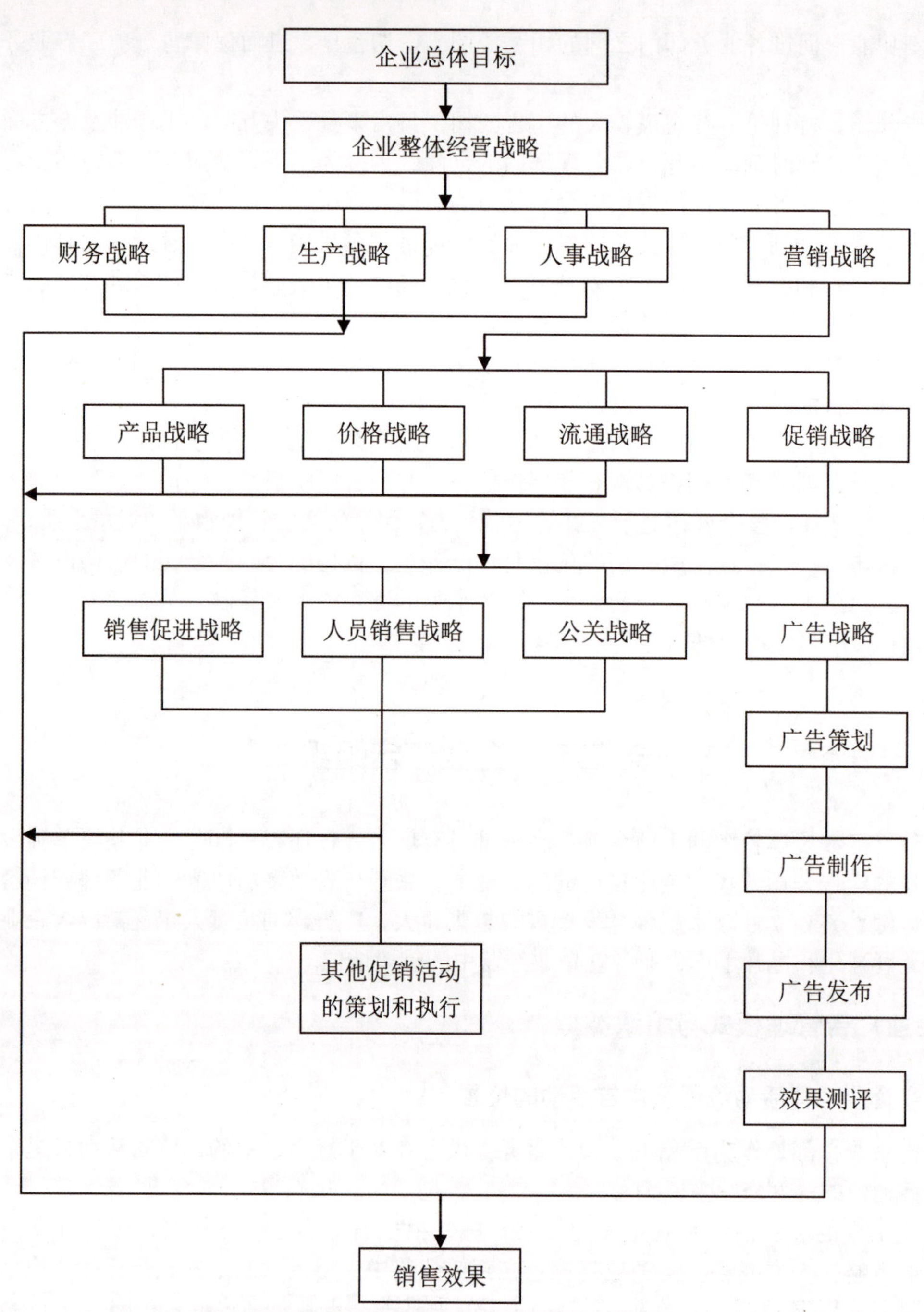

图6-5 企业经营活动流程和广告活动的位置

(二) 企业广告组织的结构类型

企业内部广告部的地位、隶属关系及其内部组织机构设置等，视具体情况而定，其间有较大差异。

1．组织机构设置

根据企业自身大小和特殊需要，广告部的组织机构设置通常呈现为如表6-1所示的五种类型。

表6-1　企业广告部的组织结构类型

序　号	类　型	分工方式
1	职能型组织结构	按照广告美术、文案、媒体、调查、促销等各种职能进行分工，广告部内设专门与媒体单位接触的媒体科、专门从事广告设计的方案科、美术科以及与广告制作部门联系的专门科室等(见图6-6)
2	产品型组织结构	按照不同的产品(品牌)设置科室，由相关人员专门负责某一产品的广告宣传工作，为每种主要产品提供更多更好的广告服务。在产品线(品目)较多的企业，常采用这种形式(见图6-7)
3	地区型组织结构	按照产品销售不同区域市场的特点分设科室开展广告宣传工作。产品品种单一，但销往不同市场的企业常采用此种方式，使广告诉求针对性强，效果显著(见图6-8)
4	对象型组织结构	根据企业不同消费对象的消费动机与购买行为分设科室并采用不同的诉求方式。企业产品销售对象较集中、销售量又大的工业企业和批发商企业采用此种方式可收到较好的广告效果(见图6-9)
5	媒介型组织结构	按不同媒体要求分设科室，进行职能分工。因熟悉各种媒体特点，全面掌握相关媒体情况，在媒体选择、运用以及与媒体单位之间的联络沟通的效果较好，可提升媒体使用效果(见图6-10)

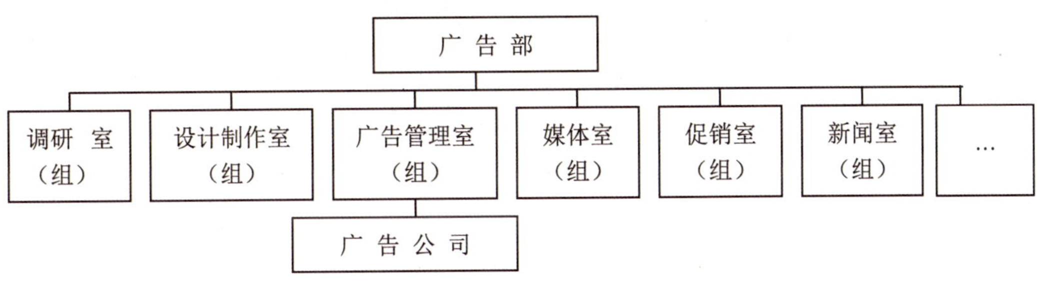

图6-6　职能型组织结构

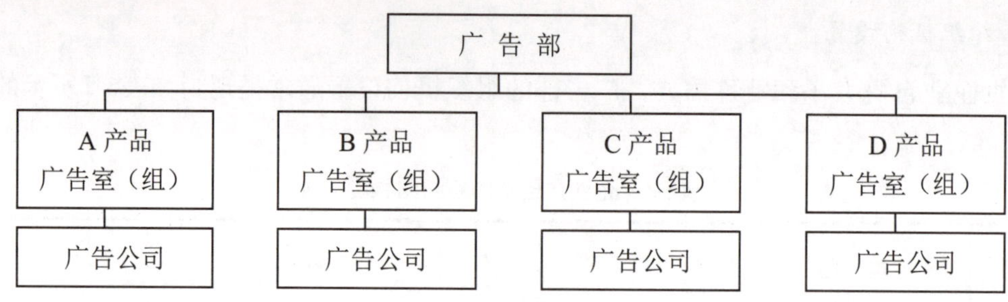

图6-7 产品型组织结构

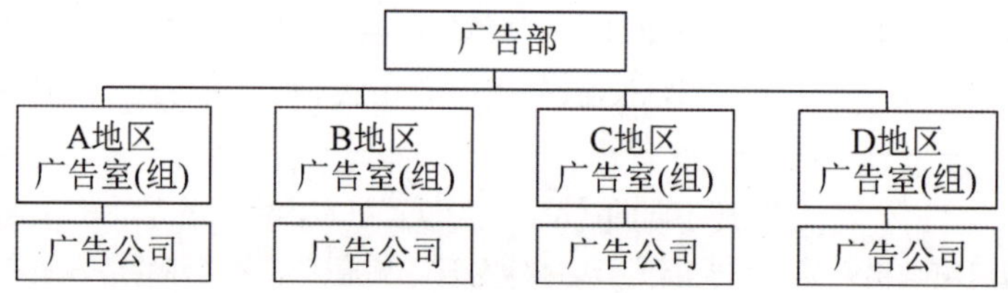

图6-8 地区型组织结构

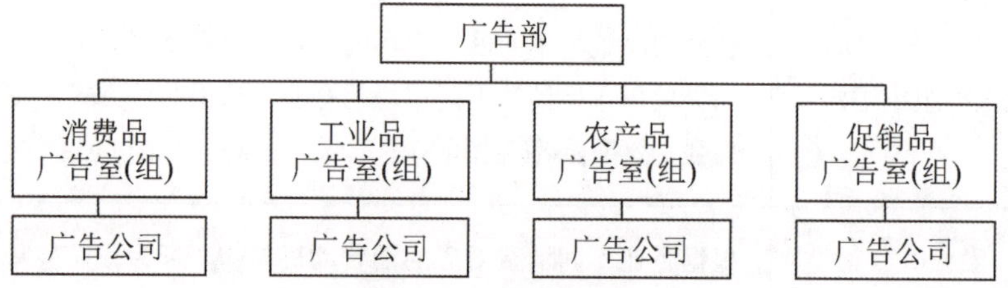

图6-9 对象型组织结构

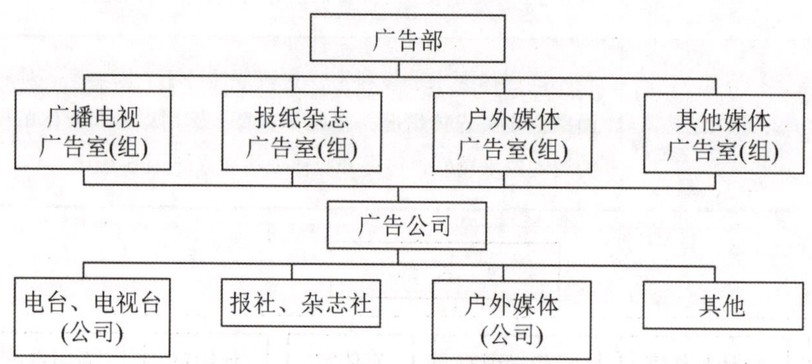

图6-10 媒介型组织结构

2．管辖(隶属)关系

(1) 按广告部隶属关系划分。

按照广告部门隶属关系，一般而言，可将企业广告部分为如表6-2所示的三种类型。

管辖型广告部作为企业的二级下属机构，隶属于销售(业务)部门，在工作上对销售(业务)部门负责，这是传统的管理类型。

专属广告公司前面已有介绍(详见本章第一节广告公司类型部分)，不再重复。

表6-2　企业广告部隶属关系类型

类　型	隶属关系	广告部级别	部门领导
直辖型	总经理直辖	一级下属机构	总经理或副总经理兼任(如图6-11所示)
	负责销售的副总经理直辖		
管辖型	销售部门或业务部门管辖	二级下属机构	销售或业务部主管兼任(如图6-12所示)
法人型	专属广告公司	独立机构	企业高管兼任或另择人选担任

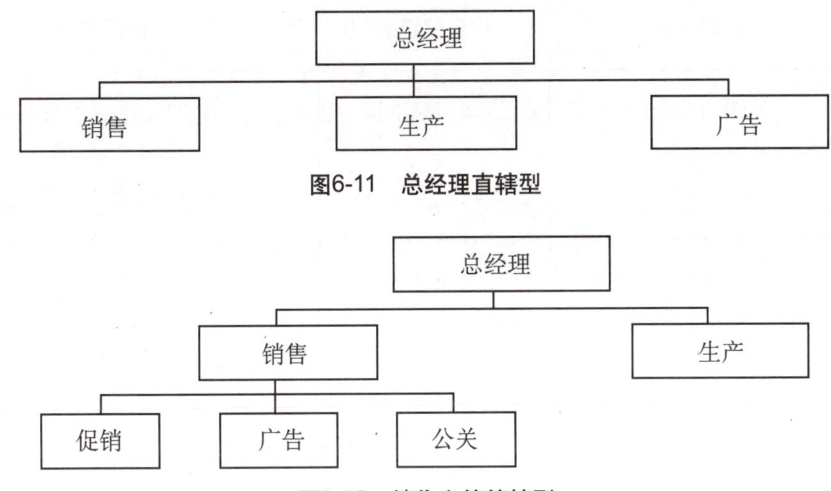

图6-11　总经理直辖型

图6-12　销售主管管辖型

直辖型的广告部门与企业其他职能部门地位相同，广告部门经理直接向总经理负责，甚至直接由企业总经理或副总经理兼任，全权负责广告部工作。企业在总厂或总公司领导下，不管有多少分厂或分公司，只设立一个广告部门，经营管理企业的全部广告业务。

在广告部内部组织设置方面，可根据企业具体情况，在产品型、地区型、职能型、对象型以及媒介型五种组建方式中任选其一，或者寻求某两种或更多种类型的组合(如主体按职能型组织形式设置机构，但同时为一级目标市场单独设置科室等)。

相对于管辖型广告部门，直辖型广告部门的设立更有利于总经理的统一决策和指挥，便于统筹全局，形成规模效益。从具体操作层面来看，直辖型广告部具有较高的经营地位，拥有总经理绝对权威的支持，这就有利于保证广告部与其他组织部门之间的互动合作，从而形成整合营销传播优势。从企业长期发展的角度来讲，直辖型也利于获得广告目标与企业目标、广告计划与企业发展规划的协调统一，从而保障广告投放成为品牌建设、企业建设长期有效的投资。

(2) 按广告部分集权程度划分。

按照广告部门集权程度，可将企业广告部分为如表6-3所示的三种类型。

在大型企业里，不管企业规模多大，只设立一个广告部，即设立在总厂或总公司之下，作为其一级下属机构，向上直接对总经理负责，对下则统管企业的下属分厂或分公司的全部广告工作，这就是集权型广告部。在隶属关系上，它既可以是总经理直辖也可以是销售主管管辖。

大型企业的各下属分厂或分公司分别设立隶属于自己的广告部，作为分厂或分公司的直属机构，负责本分厂或分公司的广告工作，只对分厂或分公司负责，这就是典型的分权型广告部。此外，企业按照不同分部、区域、品牌或其他不同需求来设立各自独立的广告部门，也都可算是分权模式。按照这种模式设立的广告部，广告活动开展将更加灵活便利，有利于各分支机构按本身的产品和市场营销情况灵活安排和调整广告策略，便于引进新的方法和观念，从而提升广告业务水平和强化广告实际效果。

表6-3　企业广告部集权关系类型

类　型	隶属关系	广告部级别	部门领导
集权型	总厂(公司)	一级下属机构	总厂经理或销售主管(见图6-13)
分权型	各分厂(公司)	二级单位内设机构	各分厂经理或销售主管(见图6-14)
交互型	总部、分部均设广告部	兼而有之	兼而有之(见图6-15)

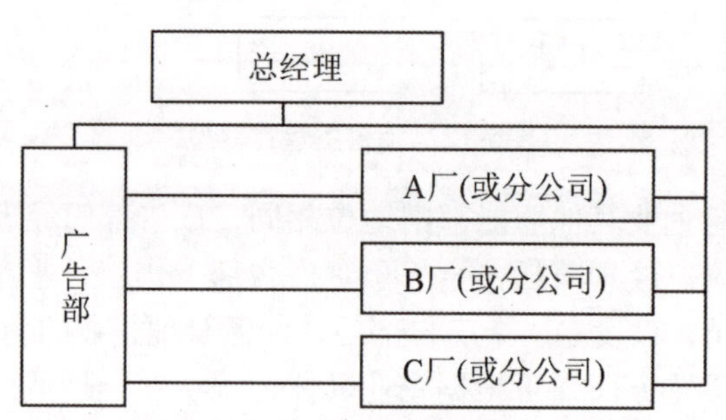

图6-13　集权型广告部

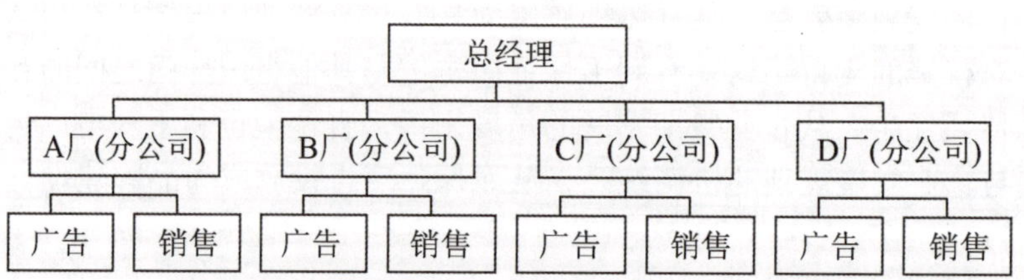

图6-14　分权型广告部

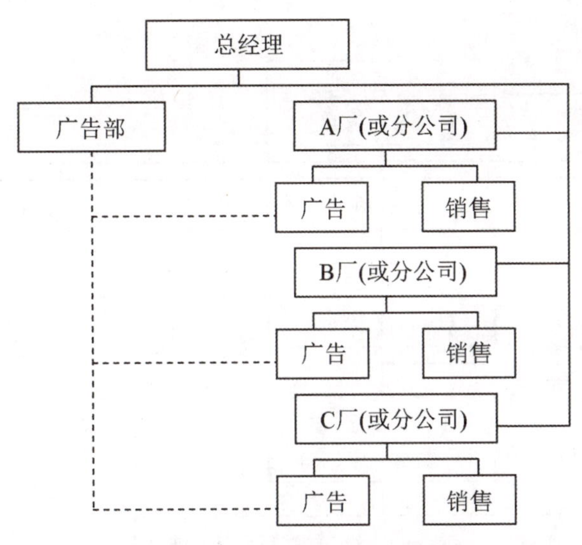

图6-15　分权与集权交互型广告部

但分权式容易造成部门本位主义作风，对自身广告活动、预算、促销等问题斤斤计较，而不太注重企业整体利益，广告有时缺乏统一性，不利于品牌形象建立，更甚者会在部门、品牌之间酿成不良竞争关系，导致混乱和内耗。为此，企业往往将集权与分权两种模式结合交互使用(见图6-15)，总公司或总厂设置企业广告部门，所属分支机构也各自设立广告部门，承担自己的广告活动，但在业务上接受企业总广告部门的指导、监督与协调。这样便于在企业统一的广告决策下，充分发挥分支广告部门的能动性，分工协作，促进企业整体广告活动的健康有序高效地进行。

06

二、企业广告运作的一般程序与方式

(一) 企业广告工作流程

企业广告部门委托专业广告公司或媒体广告公司进行广告活动的业务手续、工作流程(见图6-16)，一般可以分为三个阶段。

首先，选择广告代理公司阶段。

广告部门根据营销战略规划制订阶段性营销计划，主要涉及促销计划、传播计划、价格计划和流通计划等。然后，针对特定的传播计划形成相应的广告计划，继而召开广告定向说明会，向有关专业广告公司提出利用媒体开展广告活动的业务委托意向。而广告公司根据企业广告部门的相关要求，立即着手广告策划，包括制定广告目标、形成广告创意、拟定媒体计划、确定广告预算、制作广告样稿等，直至完成广告提案的撰写。接下来，广告公司在规定时限内，将广告提案呈交给企业广告部门，广告部门召集、组织包括企业管理决策者在内的相关人员，听取提案说明，并在不同广告公司的广告提案当中进行比稿，最终选定自己信赖的广告公司代理企业广告业务，并正式签约。当然，这之间及之后，如果广告部门对广告公司的提案尚存疑问，可直接提出，经双方共同审视、商讨，直至最终确立双方都认可的广告执行计划，制订好日程表后，交由广告公司全权负责执行。

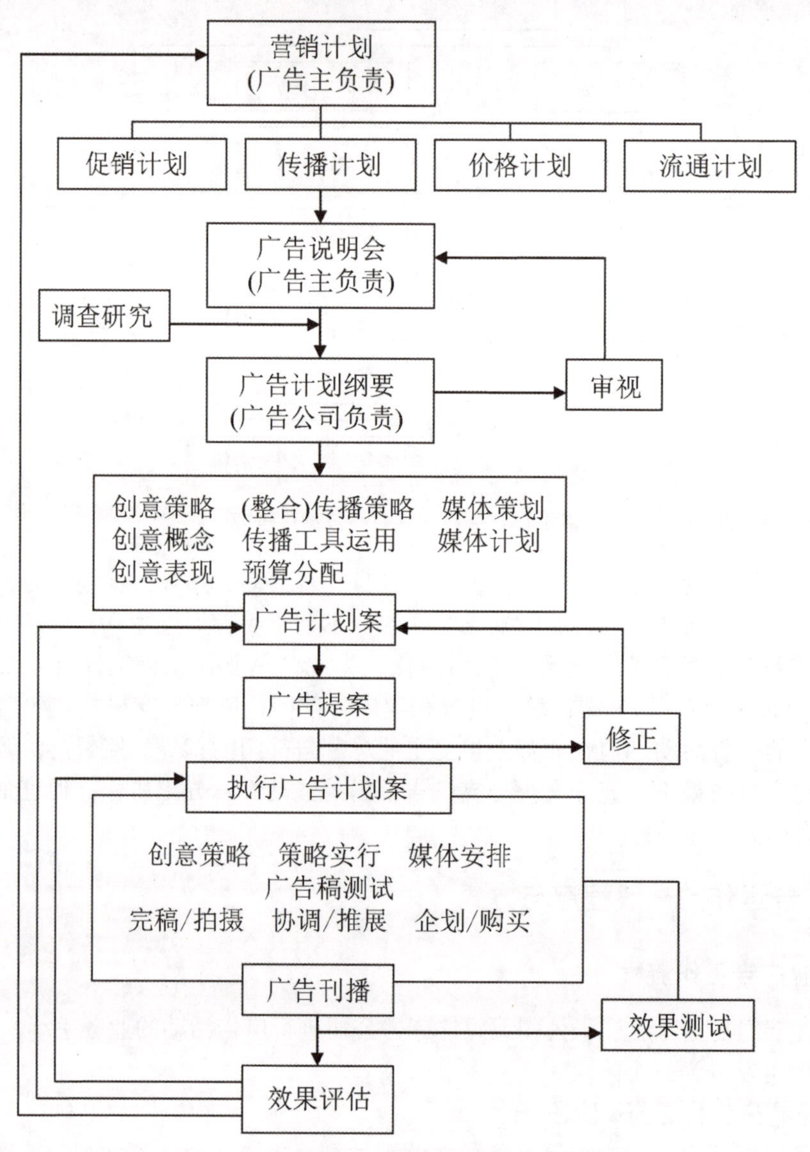

图6-16 广告作业流程

其次，广告活动开展阶段。

这一阶段，广告部门主要负责协调、监督和管理，而广告公司则成为广告活动真正的主角。广告公司按照广告执行计划的规定，负责广告作品的设计制作，报社、杂志、电台、电视台、户外等媒体广告部门的联络，预约、购买所需媒体的空间或时间，安排广告发布的具体事宜。在这一过程中，企业广告部门要始终保持与广告公司的沟通交流，随时知晓工作进展情况，切实发挥监控、协调的作用，以保障广告活动按时保质地顺利进行。广告活动开展后，广告部门还需要协同广告公司及时开展效果调查研究，随时发现问题随时予以解决，通过对广告执行计划的调整和补充，争取更好的广告传播效果。

最后，广告效果测评阶段。

广告活动阶段性完成后，广告部门还应该组织进行(也可以委托第三方调查机构开展)广告效果测评，从而确认广告效果是否达到预期目标。另外，通过测评还可以进一步考量广告公司的业务水平，为下一步是否继续与之合作提供参考。更为关键的是，通过测评，总结教训、积累经验，为今后广告部门的业务运营能力的提升奠定基础。

通常，企业向广告公司支付广告费的15%作为代理费，并且，在整个广告活动进程中，企业广告部门与广告公司、广告公司与媒体广告部门之间的有关业务内容，一般都以合同的形式予以契约化，这是国际通行的惯例。目前我国广告业务活动中存在一些不相适应的做法，应逐步加以调整，以尽快适应国际化的要求。

(二) 企业广告部门的职能

企业广告部门的主要职能包括五项内容，如表6-4所示。

表6-4　企业广告部门的主要职能

主要职能	描　述
广告决策	从企业营销战略角度出发，提出企业广告目标，为实现企业市场目标服务
广告管理	有效选择广告代理公司；制定广告预算方案；精心管理、有效利用广告费；参与、协调、监督广告公司的广告活动，确保广告计划的实施与广告效果的实现
广告调查	制定、实施广告效果测评方案，分析广告活动效力
员工培训	不断引进人才的同时，开展专业培训，提高员工业务水平
市场营销	协同配合其他营销部门(公关、促销等)开展业务活动，实现整合营销传播

美国舒尔茨和马丁在《战略性广告竞争》一书中绘制了“广告计划系统图”(见图6-17)，从中可以了解到企业广告部门的基本职能。

从图6-17中不难发现，企业广告部门的业务重心是进行广告管理，包括选择合作伙伴、制定广告预算、管理广告经费等。其中，最重要的是选择合适的广告代理公司、广告调查公司、广告制作公司以及其他广告业务合作机构，而要想选择适合企业自身的广告公司，有几方面的因素必须加以考量：

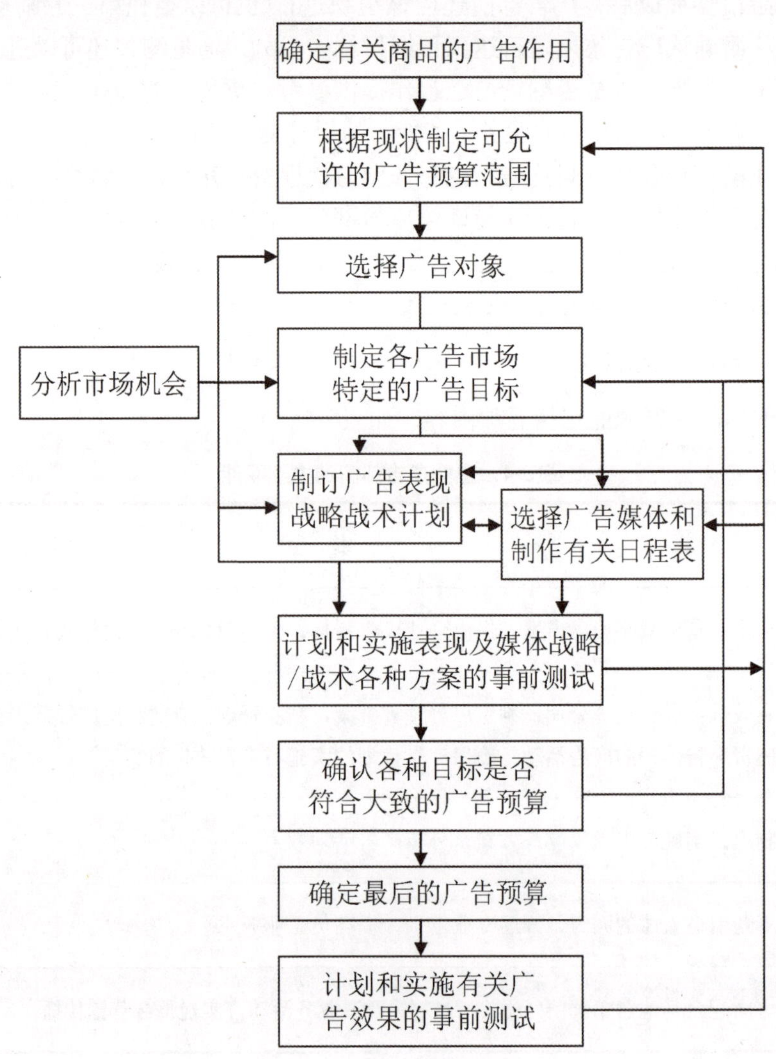

图6-17　广告计划系统图

首先，了解广告公司的基本情况，这包括了解候选广告公司的性质及业务范围、内部机构设置及管理状况、客户情况及客户记录、资信及职业道德情况、与主要媒体的协作关系、有关人员在业务上的诚信水平、公司业务水平乃至公司内部重要人员的流动情况等。其中，关键是看其信用、业务能力和管理水平，这从广告公司的口碑、以往代理过的企业(品牌)和业已取得的成绩中不难发现。至于广告公司的规模，需要结合企业自身规模和市场竞争地位来加以确认，并非越大越好，应以适合自己为标准。其次，依据广告预算进行选择。再次，根据广告公司的业务专长和企业本期广告活动的实际需要，选择最为匹配的合作者。最后，从以往的合作经验作出判断。

第三节　媒介广告组织

广告代理公司最早就是从媒体中分化出来的。媒体最初的广告经营是集承揽、制作、发布广告等多种职能于一身，随着现代广告业的独立发展、广告经营机制的逐步确立，媒体广告经营也经历了职能与角色的转换过程，即由集承揽、发布等多种职能于一身转向专司广告发布的单一职能，而实现和完成这一转换的便是广告代理制的建立与推行。

当今社会，对媒体发展而言，由一个专门机构统一负责、协调安排广告业务，能保证媒体广告经营长期稳定、有序高效地进行，提高广告服务质量，增加广告收入，最终使媒体经营效益得到增强。随着传播产业发展，目前，广播、电视、报纸和杂志四大传媒都已相应地设立了自己的广告组织，并且日臻完善和复杂化，成为这些媒介组织的有机构成部分，更是媒介经营的主要经济来源。

一、媒介广告组织的职能

媒介广告组织的主要职能如下。

(一) 承揽广告业务

传媒经济具有高度的外生型特征，广告收入是大多数传媒的主要盈利支柱，因此，把媒体的广告空间或时间有效地售卖出去，是媒体正常运转和长期发展的保障，也是媒体广告部门的业务重点。拥有众多广告客户的专业广告公司无疑是最大最好的买主，所以，媒体广告部门首先要做的工作便是尽量争取与更多的广告公司建立起业务联系，通过长期、稳定、积极、多元的合作，确保媒体获得高效、坚固的销售渠道。

若要使自己成为企业和广告公司的首选媒体，在贯彻“内容为王”、不断提升传媒自身影响力的前提下，媒体广告部门还必须做好三件事情：第一，实现与企业、广告公司之间有效的信息沟通，使外界充分认识到媒体的广告价值，比如，对媒体覆盖范围、发行量、视听率、受众构成等数据和资料的权威性发布，以此增强企业和广告公司的选择信心，并通过全面系统、高质高效的服务，赢得客户的认可与支持。第二，在寻求众多企业和广告公司支持的基础上，媒体广告部门还需要从广告公司实力、业务代理能力、经营状况、管理水平、代理信誉、专业资质、与本媒体专长匹配度以及以往业绩等多方面，综合考量、审慎选择广告公司，对各方面表现良好的广告公司，要下大力气维护，以保证长期、稳定的合作关系。第三，也是最重要的一点，依据媒体专长、竞争地位等现实情况，制定高效的广告政策和有针对性的广告价格体系。

一个不争的事实是，广告收入对于媒体，特别是对大部分市场化运作的媒体来说十分重要，因为这是其最主要的收入之一。但是，如何提升广告收入，却是一个令很多人都头疼的问题。以往，媒体大都是等着广告上门，只要媒体本身做得好、发行量(视听率)大，就可以吸引更多的广告，媒体广告部门也能轻松扮演好“坐商”角色。但可惜的是，目前媒体竞争加剧，“坐商”显然不足以应对当前形势，于是“行商”纷纷活跃起来，在媒体广告部门运作中，出现了“公关即广告”的现象。此种手法是以全力搞好与广告公司和广告商的关系为主，利用关系来吸引广告、增加收入。当然，维护客户关系是媒体必备的竞争手段之一，但若将之视同法典，毫无疑问就会产生很多问题：首先，如果过分依赖关系，就会减少在媒

体内容质量上的投入，在盲目乐观中逐渐丧失媒体最基本的竞争力；其次，靠关系吸纳的广告量总是有限，并不适合大型媒体，也不足以支持媒体的长期发展；最后，也是最关键的一点，这种做法实质是以欺骗(至少是不真实)的方式，最终损害了广告客户的利益，很难长远，而且其间多半还会涉及“回扣”甚至是“贿赂”之类的非法手段，绝不可取。

所以，真正优秀的广告部当家人，应该是制定广告政策的高手，并以此来吸纳广告、增加收益。

广告政策其实包括很多内容，比如，客户分析(最基本也是重要的一项)、经营方向确认、广告定价(广告定价是通过严格的计算得来的，并不是凭空制定的，从一个广告定价中可以看出媒体内部的很多数据)、版面(时段)规划、业务培训、优惠措施、广告套餐、行销手段等，可以说，大到媒体经营方向与竞争策略，小到广告人员第一次给客户打电话应该说什么、递什么样的名片，都是广告政策可能而且需要涉及的领域和设计的环节，其中包含了太多的内容，也融汇了大量媒体经营的原理和智慧，而前面所说的客户关系维护，只是其中的一个部分而已。

据《法制晚报》2009年5月19日报道，魔术师刘谦在春晚表演之后，荧屏刮起了“魔术旋风”，各地电视台的魔术类节目数量激增，其中，央视的《魔法奇迹》、湖南卫视的《金牌魔术团》、安徽卫视的《星光模范生》和东南卫视的《全民大魔竞》四档热播节目角逐荧屏，虽然形式大体类同，都是魔术师表演加现场互动，但广告收入却大不相同。其中，央视以“价”取胜，一条15秒的广告标价11万元，而且没有任何折扣，尽管总共在片头只有2分钟的广告，但此档节目广告收入仍然轻松获益88万元；湖南卫视则以“量”取胜，在广告播放时间上以20多分钟的绝对优势拔得头筹，相应的，虽然广告费没有央视贵，而且还打了4折，但海量的广告使其进账3000多万元，挣钱最多；在广告播放时间上紧排其后的是安徽卫视的《星光模范生》，广告时长接近14分钟，按4折的优惠价格折算后，安徽卫视获得百万元收入；相比之下，虽然东南卫视《全民大魔竞》只有插播广告，但是广告时长却并不亚于《星光魔范生》，总时长也接近13分钟，打了5折后也有接近90万元的收入。

从上述报道中不难发现传媒市场地位、竞争策略与广告政策之间深层的交互关系，广告政策不仅直接影响着传媒的短期收益，更对传媒市场地位的强化和竞争策略的制定具有重要作用。

(二) 设计制作广告

媒体广告主要有两个来源：一是广告公司或其他机构代理推荐，此时广告作品大都由广告公司设计制作完成，媒体广告部门主要是协调安排广告发布日程，并根据本媒体的传播特点，对广告作品终稿的进一步修整、完善提出建议，做好广告排期。二是广告部门直接承揽的广告业务，此时广告客户可能只提供一些基本的广告资料和具体的广告要求，须由媒体广告部门负责策划、设计、制作广告作品的全过程，如报纸、杂志广告的文稿撰写、美工设计，广播电视广告的脚本撰写、演员排演、录音录像、后期剪辑合成等。这类直接承揽的广告业务量通常不会很大，主要是报刊小广告、分类广告和广播电视广告中声像比较简单、时长较短的广告，更复杂的主要还是由广告制作公司来设计制作。

(三) 广告审查

作为面向社会和公众进行信息传播的专门机构，大众传媒的公共属性和社会责任都要求其传播的信息必须真实可信，对社会和公众负责。因此，媒体广告部门必须加强对广告内

容和表现形式的审查，自觉抵制和杜绝违法违规广告以及对社会舆论、生活可能造成不良影响的广告的传播。目前，广告审查就是依据《中华人民共和国广告法》为核心的有关广告管理法规以及行业自律性条例等，审核广告主的主体资质是否合法，广告内容是否真实客观，是否存在误导、误解，广告内容和表现形式是否合法，是否存在不道德、不健康、不文明的方面。

(四) 广告发布

大众传媒是广告实施的具体工具和手段，是广告信息传播的载体，其主要功能就是发布广告。媒体广告部门与广告公司签订合约出售一定的广告空间或时间，各广告公司据此巧妙地设计版面或时间的组合运用，并有计划地安排广告发布日程，从而实现广告信息向社会公众，特别是企业目标消费群体的有效传播。

(五) 提供调研和信息咨询服务

为便于客户选择广告媒体和更好地开展广告宣传推广，媒体广告部除了要向广告公司和广告客户提供诸如受众构成、发行量、视听率、媒体级别、节目时长及频次、版面位置及大小等系统、详细、真实的媒体资料外，还应该充分利用自身资源优势，及时收集广告效果反馈信息，按照客户需要深入细致地开展有关调查研究，通过一系列更为全面、优质的信息服务，增加媒体广告服务的附加价值，在探索媒体多元经营、多向发展新路的同时，这些附加服务又能极大地提升广告公司和广告客户对媒体的满意度，进而与之建立起长期稳定的业务合作关系。

(六) 广告财务核算

在做大做强广告经营业务的同时，媒体广告部门还需要进行财务核算，这也是媒体广告部门分内的基本职能之一。媒体广告部门的财务工作主要包括：确定广告收费范围(如版面费、时段费、设计费、制作费、调研费、咨询费等)、确定广告价格体系(根据媒体受众构成及其在目标受众群中的注意力、影响力表现等指标计算)、确定收入计算方式(根据营业额、广告收入、广告纯收入三种计算方式)、确定广告费用结算方式(预先购买、预交定金、播发后收取、广告公司代收、广告客户接纳等)等四个方面。

在有些媒体中，广告财务工作可能由媒体财务主管部门直接负责，但广告部门仍然需要积极参与其中，协助配合财务主管部门做好该项工作。

二、媒介广告组织的内部结构与职能划分

首先，从广告部门在媒体中所处地位看，在不同的国家、地区、传媒业发展的不同阶段以及不同的媒体当中，媒体广告部门的地位有很大不同。一般来讲，在市场经济比较发达、行业竞争趋于激烈、传媒业发展已经进入成熟稳定阶段的国家和地区，媒体广告部门的地位和作用往往会获得较为充分的肯定；反之，其地位则较低。目前，我国传媒业的发展早已跨越了单纯依靠“内容为王”的时期，媒体普遍开始强调“采编”与“经营”并重，依靠两个轮子协调运转来推动传媒进步(甚至还有人提出当今只有给传媒再安上“企业化管理”和“资本运作”两个轮子，四轮驱动才能保证传媒的未来发展)。因而，如何进一步增强广告开发和吸纳能力，成为传媒发展的关键问题，也正由此，我国目前大部分媒体广告部门的地位获得

进一步提升，与采编业务部门处于了同等重要的位置。但不可否认，目前仍有一些观念较为保守或者由于种种原因竞争压力较小、竞争意识薄弱的媒体，还在延续着传统的运作模式。其次，从广告部门的组织规模看，媒体广告部门因其广告业务规模、类别不同，有的比较精简，有的则发展完备、职能齐全，机构也较为复杂。还有，不同类型的媒体，因其广告业务涉及范围、作业流程不同，也会采用不同的组织机构设置模式，以适应自身实际。基于上述三个方面的原因，媒体广告部门的组织结构和职能划分存在着较为明显的差异。

(一) 报纸广告部门

报纸广告部门的主要任务可分为对外和对内两个方面。对外职能又一分为二：一是密切与广告公司的业务往来，承揽品牌广告或大客户广告；二是完成零售版面的任务，主要是招揽安排一些分类广告。目前，随着报纸行业性专刊(与行业密切连接，以软文或直接用广告形式刊登商品、消费信息或相关内容的生活服务性版面，如健康、美食、汽车、教育、楼市、家居、时尚、旅游、招聘等)的流行，有些媒体的广告部门或直接负责此类稿件的采编，或对外包的此类业务进行必要的审查。对内，广告部门则主要负责处理收集广告，按照客户要求编排发稿的时间、版面和位置，以及收取广告费等。

广告部门的规模可视业务量大小而定，其机构设置一般有以下两种类型。

1. 并举制

在报社总编辑下设编辑部、广告部、发行部、印刷业务部等各主要业务部门(见图6-18、表6-5)，这些业务部门之间相互关联、环环相扣，合理安排各部门职责，分工明确，节省成本。

通常，大型报社因业务类型多样、规模数量较大，所以一般还会按职能在广告部下分设调研、分类广告、策划、艺术、广告编辑校对、印刷监制和出纳等专业小组(科室)，分别负责广告的调研、策划、设计制作、实施发布和财务管理等专业业务(有时还可根据广告类别，如普通广告、专刊广告、娱乐消费广告等进行小组设置)。其基本组织结构如图6-19所示。

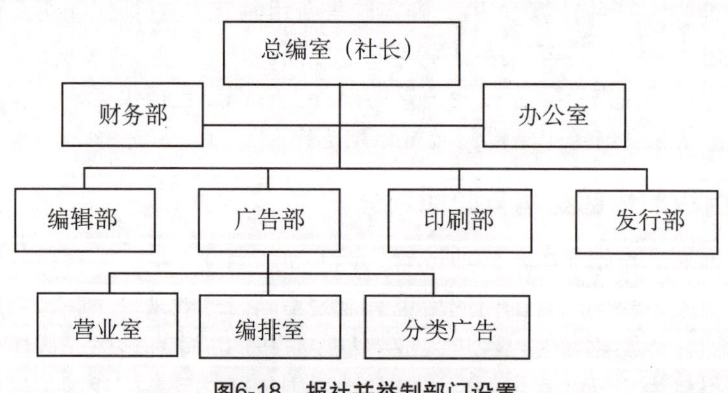

图6-18　报社并举制部门设置

表6-5　报社各业务部门职能

部　门	业务职能	广告职能
编辑部	报纸各版面的编辑出版	排版面广告
发行部	报纸发行、收订以及发行事务安排、发行渠道组织、报纸发放等	
印刷部	与印刷厂联系，安排印刷计划、时间，监督印刷工作，检查印刷质量	
广告部	广告业务的接洽、签约、设计制作和实施发布等，并对外来广告作品负责编辑、检查审核和安排发布时间与版面等事宜	

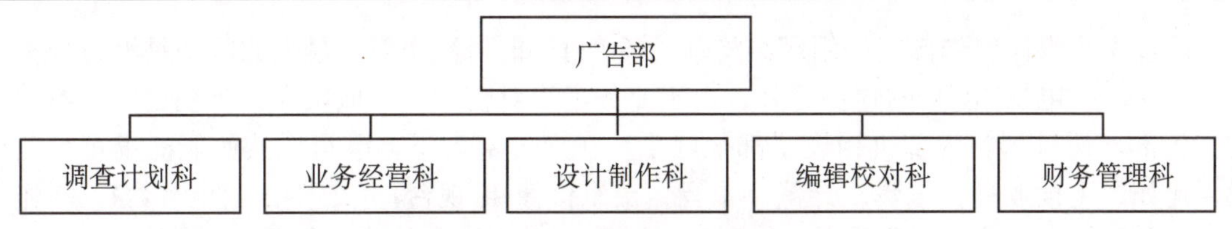

图6-19　报社广告部职能型组织结构

2．综合制

一般规模较小的报社，因其广告业务量较少，所以往往在总编辑之下设编辑部，编辑部内部设广告组，其下再设编辑、营业、分类广告等专业小组(如图6-20所示)，以此精减人员、压缩管理成本、提高工作效率。

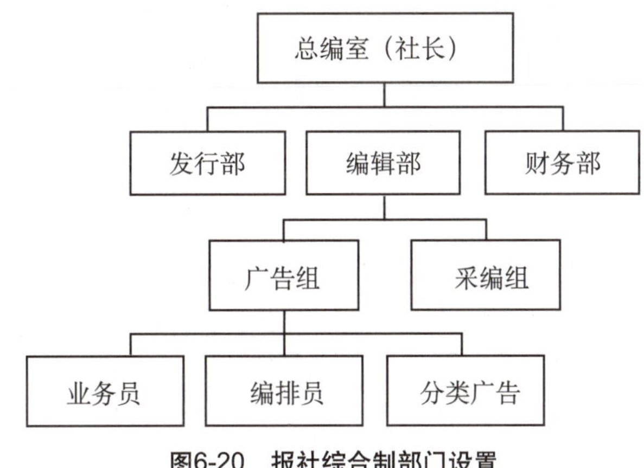

图6-20　报社综合制部门设置

(二) 杂志广告部门

杂志广告部门同报纸一样，根据机构大小、业务量多少而设置。

1．小型杂志

小型杂志社由于广告业务量小，一般不单独另设广告机构，而是采用由编辑、美工和发行人员兼办广告业务的方式。

2. 大型杂志

大型杂志一般有一套与大型报社相类似的机构设置。总编辑室之下设编辑组、美工组、印刷业务组、发行组和广告业务组等专业小组。编辑负责文字编排，美工负责美工设计和杂志版式设计，他们都在一定程度上参与广告的编排制作工作。特别是美工组，杂志广告的版式设计、图画创作一般由他们去完成。印刷业务组负责杂志的印刷事宜。发行组专门负责杂志的发行工作。广告组则主要负责广告业务的联系接洽、签约、策划和设计制作，以及广告实施发布等事宜，其工作量也相当可观。

(三) 广播电视广告部门

广播电视媒体广告部门的组织结构(见图6-21)与报刊社相似，最大的区别是没有分类广告，而添加了电视(电话)购物。另外，由于业务量相对较大，一般电台、电视台都设有独立的广告部，而且部门内部机构设置都很健全。在广告部之下，既可以按照职能进行科室设置，比如，下设业务、编辑、导演、录音、摄影摄像(电视台)、美术指导(电视台)、制作合成、财务等，也可按照行业作出小组划分，比如，按工业、农业、商业、文化教育、外贸等设立专业小组，全面负责该行业的广告业务接洽、制作和发布等工作。需要指出的是，随着频道(率)专业化发展的进程，后一种模式渐渐被一些专业性较强的频道(率)所采用。

如图6-21所示，业务组下设对内对外两个业务单位，主要负责电台、电视台广告业务的联络、洽谈与承接，向客户提供本台(频道)的节目内容、广告时间、广告报价以及有关市场消费的信息，延揽广告，接待上门广告业务，办理广告代理等。设计制作组则主要负责文案撰写、画面设计、广告故事版创作、录制拍摄和后期编辑合成等业务工作。随着影视广告业务分工的细化，这部分工作也可交由影视广告作品制作公司去完成。此外，审查编播室和财务合同管理室的业务职能，与报刊社相似，不再赘述。

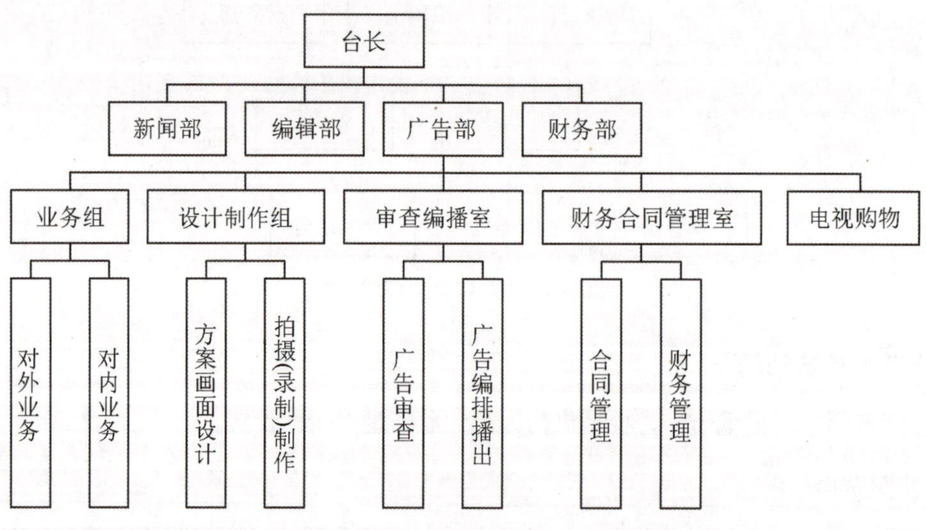

图6-21 电台、电视台广告部的组织结构

第四节　广 告 团 体

广告团体是指具有民间性质的广告行业协会组织或学术组织。它是由从事广告业务、学术研究、广告教育或其他与广告业有密切关系的组织及人员自愿联合组成的群众性组织，比如，广告协会(公会)、广告学会、广告业联谊会和广告业联合会等。此外，随着传播业与广告业的飞速发展，一些较为专业性的团体，如广播业、电视业、报纸业、杂志业等事业机构发起的广告协会、广告学会组织也相继出现，还有其他诸如美术、摄影、包装装潢、电影、戏剧等艺术性团体，也与广告团体有着密切联系。各类广告团体，对促进广告行业的业务交流、沟通、协调以及增强行业自律和管理等，都具有重要作用。

一、专业广告协会的类型

专业广告行业协会组织按照地域范围可分为国际性广告行业组织、地区性国际广告行业组织和我国国内广告行业组织。

(一) 国际性广告行业组织

近年来，随着国际广告事业的发展，还出现了地区性国际广告组织和全球性国际广告组织。国际性的广告行业组织主要有国际广告协会和世界广告行销公司等。

1. 国际广告协会

国际广告协会(简称IAA)创建于1938年，是目前最大和最权威的国际广告组织，总部设在美国纽约。它是由个人会员和团体会员组成的非营利性组织，会员遍布世界近80个国家和地区。该协会每两年召开一次世界广告会议，交流广告经验并探讨有关广告理论与实务方面的问题。我国于1987年5月12日，以“国际广告协会中国分会”的名义加入了国际广告协会。

2. 世界广告行销公司

世界广告行销公司(简称WAN)由世界各地著名的广告公司组成，总部设在英国伦敦，该组织主要为成员提供业务帮助，如人员培训、交流国际经济与市场动态信息等。

(二) 地区性国际广告行业组织

亚洲广告协会联盟(简称亚广联)是典型的地区性国际广告组织，它成立于1978年，是一个松散型的组织，由亚洲地区的广告公司协会与广告有关的贸易协会和国际广告协会在亚洲各国、各地区的分会等联合组成的洲际广告行业组织，每两年召开一次广告会议。我国于1987年6月14日以“亚洲广告联盟中国国家委员会”的名义加入亚广联。

这些国际性广告组织的出现，对于协调、促进各国广告界的交流与合作，提高广告业务水平做出了积极贡献。

(三) 我国国内广告行业组织

我国国内广告行业组织分为两种类型。

1. 广告行业组织——广告协会

广告协会是广告经营单位联合组成的行业组织，是代表政府对广告行业进行指导、协调、咨询、服务活动和执行行业自律的广告行业组织。

我国最早的广告行业协会组织，是1927年由上海6家广告社成立的“中华广告公会”，后几经改名，在1933年定名为“上海市广告同业公会”，新中国成立后更名为“上海市广告商业同业公会”(参见第二章第一节)。

1979年我国广告市场得以恢复和发展，广告行业组织也获得飞速发展。1981年，中国对外经济贸易广告协会成立；1983年，中国广告协会成立。随后，全国相继成立了省、市、地、县等各级广告协会，各地区的媒介也先后成立了广告协会组织。

(1) 中国对外经济贸易广告协会。

中国对外经济贸易广告协会，是对外经济贸易部领导的全国性社会经济团体，具有法人资格，对外代表中国对外经济贸易广告界，参加国际广告活动。协会由全国对外经济贸易系统的专业广告公司和报刊、出版社等兼营广告的单位，以及对外经济贸易专业进出口总公司和工贸进出口公司的广告宣传部门联合组成。该协会和全国广告业一道，共同为发展社会主义广告事业、繁荣商品经济、促进社会主义现代化建设做出突出贡献，同时，对于积极促进发展与世界各国广告界和贸易界的友好合作关系、扩展我国对外贸易和经济技术交流服务，更是具有特殊价值。

(2) 中国广告协会。

1983年12月27日，中国广告协会(简称中广协)成立，其组织机构如图6-22所示。

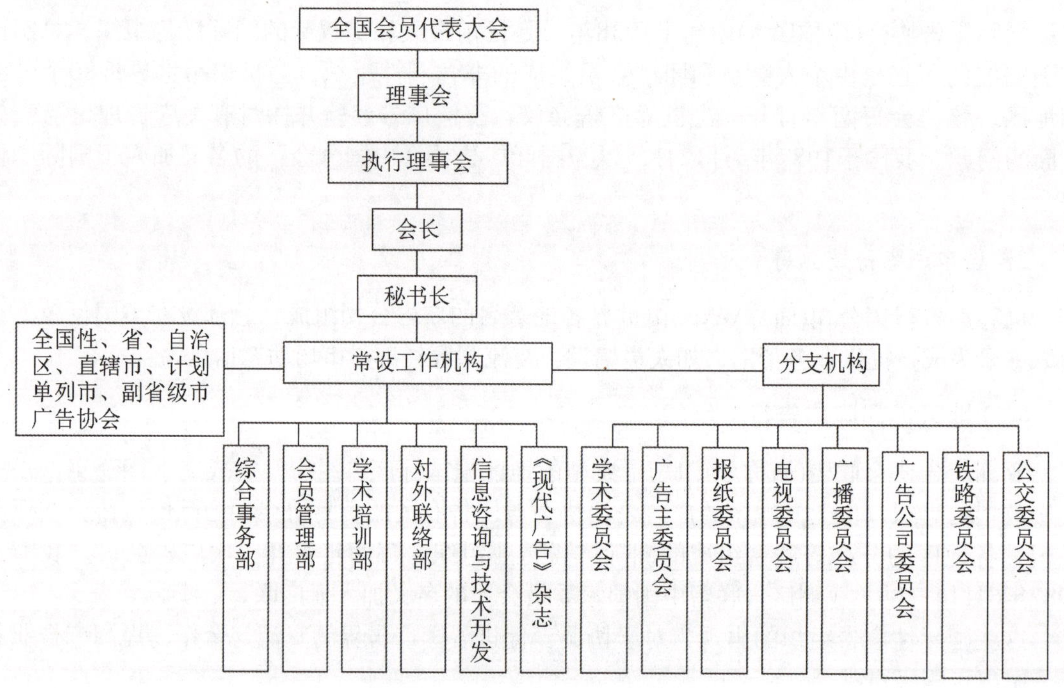

图6-22 中国广告协会的组织机构

中国广告协会是经民政部批准登记的具有社团法人资格的全国性广告行业组织，其办事机构是国家工商行政管理局的直属事业单位。协会首批成员包括奥美整合行销传播集团、广东省广告有限公司、海润新时代广告有限公司、博达大桥国际广告传媒有限公司、智威汤逊—中乔广告有限公司、广东黑马广告有限公司、灵智精实整合行销传播集团、中视金桥国际传播集团、麦肯光明广告有限公司、上海观唐广告有限责任公司、扬罗必凯北京广告有限公司、上海同盟广告有限公司、盛世长城国际广告有限公司、分众传媒(中国)控股有限公司、阳狮广告有限公司、北京广告公司、达彼思(达华)广告有限公司、北京青腾联广广告有限公司、实力传媒、北京视新天元广告有限公司、上海李奥贝纳广告有限公司、北京互通联合国际广告有限公司、北京电通广告有限公司、北京世邦广告有限公司、传立媒体、兑立媒体、尚扬媒体、灵立媒体等著名广告公司。该协会以“坚持四项基本原则，贯彻执行改革、开放的方针，代表和维护会员的正当权益，团结全国广告工作者，抓自律，促发展，为建设社会主义物质文明和精神文明服务”为宗旨；“在国家工商行政管理局的指导下，按照国家有关方针、政策和法规，对行业进行指导、协调、服务、监督”，是其基本职能。中国广告协会提出的协会主要任务包括：①宣传贯彻有关广告管理法规、政策，协助政府搞好行业管理；反映会员单位的意见和要求，就有关广告管理、行业规划向政府提出建议。②开发信息资源、建立信息网络，为会员单位和工商企业提供经济、技术、市场、行业等方面的信息咨询服务。③开展境内外人员培训和学术理论研究，提高广告从业队伍的思想水平、理论水平、政策水平和业务能力。④组织开发、引进和推广国内外先进技术、设备、材料和工艺，举办本行业的全国性和国际性展览会、展销会，促进广告设计、制作、发布水平的提高。⑤建立广告发展基金会，为促进广告行业健康发展提供资金支持。⑥开展国际交流与合作，代表和统一组织中国广告界参加国际广告组织及活动。⑦开展行业资质检评活动，向社会推荐资质优秀的单位，促进会员单位不断提高经营管理水平。⑧加强行业自律，建立和维护良好的广告经营秩序，反对不正当竞争，坚持广告的真实性，提高广告的思想性、科学性和艺术性；向社会提供广告行业法律咨询服务，调解行业内、外部纠纷。1994年12月7日，中国广告协会制定并通过了《中国广告协会章程》和《中国广告协会自律规则》，成为我国广告行业自律的重要依据。

中国广告协会是我国目前最大的全国性广告行业组织，会员为团体会员，由国内的广告经营单位联合组成，每两年举行一次会议。其最高权力机构是会员代表大会，它对我国的广告行业具有较强的指导力和监督力。

2. 广告学术组织——广告学会

广告学会主要由广告行业中有关广告理论研究、广告管理部门联合组成的民间学术研究组织，是从事广告工作的艺术人员、业务人员、科研人员、教育工作者以及广告专业企业、兼营单位、大专院校有关广告专业等组成的团体。其目的是联络上述广告人员和组织，积极开展广告理论的学术研究和交流探讨，提高广告的专业水平和理论水平。

各广告协会都有自己的章程，对协会的性质、宗旨、任务、组织会员资格和协会活动等作出明确规定。广告行业协会开展的活动一般都与其任务相关，此外，还定期召集年度会议，研究和讨论广告协会的活动方针、计划和总结工作等。

二、专业广告协会的职能

行业协会是介于政府和企业之间、商品生产者与经营者之间，提供服务、咨询、沟通、监督、公正、自律、协调的社会中介组织，作为一种民间性组织，它不属于政府的管理机构系列，而是政府与企业的桥梁和纽带。基于此种属性，专业广告协会的职能大致可以归结为两类，即协会基本职能与行业自律职能。

(一) 协会基本职能

广告协会的基本职能主要为如表6-6所示的八项职能。

表6-6　广告协会基本职能

序号	基本职能	描　　述
1	代表职能	代表本行业全体经营者的共同利益
2	沟通职能	作为政府与企业之间的桥梁，向政府传达企业共同要求，同时协助政府制定和实施行业发展规划、产业政策、行政法规和有关法律
3	协调职能	制定并执行行规行约和各类标准，协调同行业之间的经营行为
4	监督职能	对本行业产品和服务质量、竞争手段、经营作风进行严格监督，维护行业信誉，鼓励公平竞争，打击违法、违规行为
5	公正职能	受政府委托，进行资格审查、签发证照，如市场准入资格认证等
6	统计职能	对本行业的基本情况进行统计、分析，并发布结果
7	研究职能	开展对本行业国内外发展情况的基础调查，研究本行业面临的问题，提出建议、出版刊物，供企业和政府参考
8	特定的服务职能	信息服务、教育与培训服务、咨询服务、举办展览、组织会议等

(二) 行业自律职能

作为自律性组织，行业协会在市场经济中的作用主要体现为以下三个方面。

第一，维护经营者的合法权益，沟通政府与企业的关系，营造良好的市场经营环境。

我国社会主义市场经济的运行方式，是国家间接宏观管理与调控下的市场资源配置方式。这种经济运行的基本形式，一方面决定了政府的职能主要集中在立法、管理、监督、协调、服务、调控等间接性的管理工作方面，政府不再包揽或直接管理经营者的各项具体事务；另一方面也要求经营者必须是具有自主经营、自负盈亏、自我约束、自我发展的完全独立的经营主体。而经营者在具体经营过程中，所遇到的权益、矛盾、困难、问题等，往往由于其单独的能力不够、权力有限、势单力薄等原因无法有效解决，因此，在现实经济运行过程中，介于政府和经营者之间的行业协会，使经营者与政府之间能够及时、有效地沟通、对话、协商和解决问题，从而达到维护正常的经济秩序的目的。

另外，在建立和完善社会主义市场经济体制过程中，行业协会的建立与完善，也为转变政府职能、规范政府经济管理行为、提高政府工作效率、完善市场经济管理体制和宏观调控机制，发挥着重要的作用。

第二，维护经营者之间公平的市场竞争关系，创造良好的市场竞争秩序。

在市场经济条件下，行业之间以及行业内部经营者之间的激烈竞争是市场经济规律的内在体现和客观现实。如何正确处理、协调和规范这种竞争关系，避免行业、经营者之间的不正当竞争，这就需要行业协会来发挥协调、处理、规范行业、经营者之间的竞争关系和各类经营关系的作用，达到协调和维护经营者之间合理有序竞争的目的。

第三，降低交易活动费用与风险，提高交易效率和经营管理水平。

在经营活动中，经营者必然遇到各种繁杂的事务性工作和各种各样的纠纷等，在具体办理时，也往往会感到种种困难与不足。为提高交易效率、降低交易费用与风险，经营者就十分需要行业协会出面解决各类问题，以求公正、快捷、方便地办好这些事务性工作和公正地解决好经营纠纷。

第五节　广告人的教育与培养

作为现代信息产业构成部分的广告行业，属于知识、信息、技术密集型的新型产业，其发展，需要大量复合型、高素质专业人才的强力支撑，而广告人才教育与培养的重要基地就是学校，因此，从一定程度上讲，我国广告教育的规模和质量，决定着我国广告业未来发展的水平和走向。

一、我国广告教育的历史进程

在我国，广告作为一门专业在高校开设，最早是在1983年的厦门大学，但是广告课程的开设却可追溯到20世纪20年代。20世纪初，我国新闻事业已初具规模，现代广告业(尤其是报纸广告)随之也开始起步并得到发展。作为新闻(报纸)学研究和教学的一部分，一些大学开始开设有关广告的课程。从1920年开始，上海圣约翰大学、厦门大学、北京平民大学、北京国际大学、燕京大学、上海南方大学和广东国民大学等高校的报学系(科)、新闻系(科)相继开设了广告课程。但这时的学者，并没有将广告看成是一门独立学科，讲授的内容仅仅局限于报纸广告，而且大多是从实践角度出发，只对广告操作的一些具体的技术性问题作浅层、宽泛意义上的经验描述。

新中国成立到改革开放以前，受政治环境影响，广告业在我国的发展举步维艰，甚至一度停滞不前，相应的，国内院校广告学方面的教育几乎是一片空白。尤其在十年动乱时期，连单一的广告课程也被彻底赶出了新闻院系，只在一些美术院校和外贸院校当中，零星保留了一部分商标、包装、装潢等方面与广告尚且相关的课程，但实际上教学重点是美术设计，对作为商品经济产物的广告的各种运作特质并没有任何介绍，因此这不能算作是真正意义上的广告专业教学。

1983年6月，厦门大学新闻传播系创办广告学专业并于翌年开始正式招生，这是我国真正意义上院校广告教育的滥觞，也是最早招收广告专业本科生的开始。5年后，北京广播学院新闻系在1988年开设了国内第二家广告学专业，1990年深圳大学大众传播系紧随其后成为国内第三家开设广告专业的高校。从此，我国广告教育开始步入高层次、正规化教育的轨道。

1992年是我国广告教育的分水岭，设置广告学专业的院校数量激增，其中1993年和1994

年是历年来广告学专业设立最多的年份。但由于专业设置应时而动，难免急功近利，因对培养目标、自身实力、特色定位等未作充分科学的论证，所以，多数院校在经费不足、师资教材匮乏、教学设备不足的情况下仓促上马，给广告专业教育带来一定隐患。

经过15年的艰难发展，至1997年，我国广告教育已从一哄而上的局面走出，几家老牌院校在全国广告教育界和广告业界奠定了牢固地位；而当初不计实力纷纷开设广告专业的院校有的因难以为继而停办，更多的则是根据实际调整了自身专业方向，强调特色办学，扬长避短，逐渐在众多的广告专业中明确定位，走出了属于自己的道路。比如，不同院校、系科依据自身专业优势，确定了不同的培养方向：美术院系侧重设计制作，影视院系偏向影视拍摄，商业院系发展营销策划，新闻院系训练媒介传播，而一些综合性大学也依托自身学科优势，在综合素质培养上形成自己的专长。

由此，大量优秀人才经过系统的专业教育培养，进入到广告行业，切实带动了广告业整体水平的高速成长。

二、我国广告教育的现状及未来发展方向

首先，我国广告教育的大发展表现在规模性上。据统计，1983—1992年间，中国大陆仅6所高校开办广告专业，20世纪90年代后期，我国开设广告专业的院校在90所左右。2007年9月，我国开设广告学专业的高校已达322所。中国广告教育研究会的最新统计数显示，截至2013年8月，全国共有412家设有广告专业的院校。此外，高校、媒体、广告公司等借助自身资源优势开办的各种专业教育和岗位培训更是不可胜数，为广告业持续发展源源不断地输送着优秀人才。其次，在全国布局开展方面，随着广告学专业的增多，院校布局结构也渐次展开，由原来主要集中于京、沪、粤和经济发达的东、中部省会城市及沿海城市，向内陆拓展，贵、滇、豫、甘、晋等省的院校也相继开设了广告专业，为实现全国广告业的均衡发展奠定了基础。最后，人才培养模式与办学模式日趋完善。目前，从研究生、双学士、本科生到专科生、函授生的多层次人才培养模式和导师制、函授、双学位、课堂教学到长短期培训的以院校为主包括社会参与在内的多样化的办学模式初步形成并日臻完善，由此，构建起较为成熟的广告专业全方位、多层次的人才培养体系，适应并满足了广告业发展的不同层次的人才需求。

中国的广告教育目前已从“高速”向“高质”的方向转型和发展，这是广告行业发展和广告学科成熟的必然趋势和内在要求。在经济全球化的大背景下，随着我国经济不断深入地与国际接轨，广告业也正在面临着前所未有的巨大变动与挑战，国内外现实环境对广告从业人员提出了更新、更高的要求，这就是，不仅要有从业的基本技能、厚实的人文功底、对新生事物敏锐的洞察及快速反应的能力，还必须具有宏观的战略眼光和开阔的国际视野。所以，在全球化背景下，如何尽快调整自身以适应与国际接轨的发展需要，将成为今后一个时期，我国广告教育发展进程中所必须面对并且一定要加以解决的一个重要课题。

本章小结

在广告活动中，各类专业广告公司、企业广告部门和传播媒介广告部门是共同承担广告

经营活动的主体机构，是最重要的广告组织。

综合服务型广告公司为解决客户的营销问题提供多方面的服务：战略、创意、设计制作、媒体策划以及公关活动等。大多数广告公司由创意、客户服务、营销服务和内部财务及管理四个部门组成。也有一些广告公司按客户设置部门，以便于集中化管理、分散化执行，从而更好地为客户提供广告服务。

企业广告部主要负责选择适合自身要求的广告公司，与之配合，共同搞好企业广告宣传推广工作。根据企业规模和特殊需要，广告部组织机构设置通常有五种类型，即职能组织型、产品组织型、市场地区型、广告对象组织型和广告媒介组织型；同时，按照隶属关系和集权程度，又能够分别采用不同的管理模式，保证其高效运行。

媒介广告部主要负责广告承揽、设计、制作、审查、发布、财务核算以及提供相应咨询服务等工作。依据媒介规模和广告部承担的业务量大小，通常有并举制和综合制两种机构设置模式，还有一些则成立附属于自身的广告公司，以保障媒介的广告经营。

国际广告协会、世界广告行销公司、亚洲广告协会联盟等均为著名的国际性广告组织，中国广告协会则是我国目前最大的全国性广告行业组织，这些广告组织在协调、促进各国广告界的交流与合作，提高广告业务水平，加强行业自律等方面都做出了重大贡献。

自从1983年厦门大学创办广告学专业开始，我国广告教育历经20余年的发展，目前已培养出大量优秀人才，但在全球化背景下，如何尽快调整自身以适应与国际接轨的发展需要，将成为今后一个时期，我国广告教育界所必须面对并且一定要加以解决的一个重要课题。

1. 广告组织-百度百科http://baike.baidu.com/view/1688721.htm
2. 广告代理公司组织结构http://wenku.baidu.com/view/48573667ddccda38376baf7e.html
3. 4A广告组织架构http://wenku.baidu.com/view/063c60136bd97f192279e93b.html
4. 4A广告公司的组织结构http://www.fengrun.com.cn/news_view.asp?newsid=3380
5. 为某广告公司设计的组织机构图
畅享网http://bbs.vsharing.com/Management/HRM/1298353-1.html
6. 中国广告行业网 http://www.guanggao001.com/

中国4A广告公司排名

1. 盛世长城广告公司(Saatchi & Saatchi)
2. 奥美广告公司(O&M)
3. 广东省广告公司
4. 智威汤逊广告公司(JWT)
5. 天联广告公司(BBDO)
6. 中视金桥广告公司
7. 梅高广告公司(Meikao)

8. 电通广告公司(Dentsu)
9. 李奥贝纳广告公司(Leo. Burnett)
10. 阳狮广告公司(Pulicis)
11. 北京未来广告公司
12. 灵智精实(Euro. RSCG)
13. 麦肯·光明广告(McCann)
14. 博达大桥广告公司(FCB)
15. 精信广告公司(Grey)
16. 广而告之有限公司
17. 恒美广告公司(DDB)
18. 腾迈广告公司(TBWA)
19. 凯络媒体(Carat)
20. 互通国际广告公司
21. 达彼思广告公司(BATES)
22. 观唐广告公司
23. 百帝广告公司(Batey)
24. 中航文化股份有限公司
25. 灵狮广告公司(lowe)
26. 世邦广告公司
27. 实力传播
28. 博报堂广告公司(HAKUHODO)
29. 浩腾媒体(OMD)
30. 旭通广告公司(ADK)
31. 扬罗必凯广告公司(Y&R)
32. 广东英扬传奇广告有限公司
33. 电通国华股份有限公司(台湾)
34. 传立媒体(MindShare)
35. 分众传媒(中国)控股有限公司
36. 北京广告公司
37. TOM户外传媒集团
38. 竞立媒介
39. 尚扬媒介
40. 玺桥国际传播机构
41. TEQUILA(香港)
42. 广东平成广告有限公司
43. 盟诺公司(Magna)
44. 五洲佳世传媒
45. 北京视新广告有限公司
46. 澳门天比高广告有限公司

47. 宣亚国际传播集团
48. 合众传播
49. 香港Three. Sixty
50. 上海同盟广告
51. 澳门达域广告有限公司
52. 通线传播广告公司(Kitchen)
53. 索贝国际广告(北京)有限公司
54. 香港隽域有限公司(e-Crusade)
55. 沈阳龙邦国际广告有限公司
56. 哈尔滨海润国际广告传播集团有限公司
57. 香港奥文广告公司
58. 广东黑马广告有限公司
59. 广州市九易广告有限公司
60. 上海国泰广告有限公司
61. 北京帝诚国际广告有限公司
62. 香港Digit. Digit
63. 武汉市相互广告有限公司
64. 贵州天马广告公司
65. 大唐灵狮广告有限公司
66. 重庆金牛慧通广告有限公司
67. 上海韦登迪广告有限公司
68. 天津世纪座标广告公司
69. 江苏大贺国际广告集团有限公司
70. 中国台湾联众广告股份有限公司
71. 广州市蓝色创意广告有限公司
72. 北京东方仁德广告有限公司
73. 巴蜀新形象广告传媒股份有限公司
74. 中国台湾联广股份有限公司
75. 安瑞索思中国有限公司
76. 叶茂中营销策划机构
77. 湖南博创广告有限公司
78. 广州市旭日因赛广告有限公司
79. 凯帝珂广告(上海)有限公司
80. 国安广告文化传媒
81. 广东天艺广告有限公司
82. 广州市天进广告有限公司
83. 台湾我是大卫广告股份有限公司
84. 武汉市大唐广告有限责任公司
85. 广州市白羊广告有限公司

86. 大连国域无疆传媒有限公司
87. 广州市印象广告有限公司
88. 南京鼎艺国际广告有限公司
89. 广东金长城国际广告有限公司
90. 厦门市夏广广告有限公司
91. 广州国云风广告有限公司
92. 广州喜马拉雅广告有限公司
93. 福建奥华集团有限公司
94. 中国台湾达一广告股份有限公司
95. 广州市医药海马广告有限公司
96. 广东广旭广告公司
97. 深圳市新经典广告制片厂
98. 广州市致诚广告有限公司
99. 三人行广告有限公司
100. 海润新时代广告公司

(资料来源：http://blog.sina.com.cn/s/blog_4d2480680101lntp.html)

【案例】

广告公司组织架构分析(以奥美为例)

业务部：

副总经理→ Business Director → Group Account Director →Account Director →Associate Account Director → Account Manager →Account Executer

创意部：

Executive Creative Director → Creative Director → Copy Writer &Art Director

创意服务部、媒介部、制片部、“创作流程”与“组织架构”说明。

广告制作的源头，是新产品的出现。当某公司研发出新产品并计划推出于市时，便会经由委托或是比稿的方式，与广告公司合作，进行营销中“广告”这个环节。

首先，客户(即委托公司)会做一个Brief，陈述他们研发新产品的理由、产品特性、目标受众、是否计划请知名人物代言、对于市场的观察等。产品在客户手中时，也许已有初步的策略与企划，也许没有。无论如何，当广告公司的业务部接到来自客户营销人员的案子时，思考与行动就开始了。

在听完客户的Brief后，业务部门便与企划部门进行初步的讨论与作业。除了全方位地搜集产品信息外，还要透过如市场调查、消费者访谈等方式，了解消费者对于产品的感想与心态。有了实际数据与观察后，结合客户先前的Brief，就产生了广告策略。值得一提的是，策略的目标对象要明确，每个消费者所需要的产品不同，品牌与产品必须与消费者沟通，而广告也要将讯息明明白白地传递给目标消费族群。与客户多次研讨找出企划的切入点，产生策略后，广告概念就越来越清楚了。下一步，就轮到创意人员大显身手了。

有了清楚的策略，创意人员便要负责将它无限延展。同样的策略，可以有很多表现方式，创意人员必须发挥天马行空的巧思，想出既符合产品又可引人注目的Idea。这些Idea成形后，就可以提案给客户作讨论了。假设一切顺利，提案通过，广告公司就要开始思考媒介的问题了——要透过电视、平面、公交车、电影院，或是其他媒介广告？需要公关操作或举办活动吗？关于这样的问题，奥美会结合媒体公司作评估，并且依实际情况进行整合性营销。

以电视广告为例，提案结束后，就开启执行的部分，此时制片部门会参与承担起沟通与监督的责任。首先是寻找适合的广告制片公司与导演，以及解决预算的问题。接下来便是一连串的沟通，有创意人员与导演的协商，与客户共同参与的Pre-production Meeting，决定广告主角、拍摄场地、服装、剧情等巨细靡遗的事务。经过拍摄、剪片、配音等初步的制作后，会产生出第一个片子版本，叫作A Copy，主要是看广告的Flow，决定是否以此制作为最终版本。客户同意了A Copy之后，B Copy的制作就接近完成品了。在此制作人员绘过颜色，并进行详细的后制工作。接下来，就是完成品上片了。

一个阶段的广告完成后，并不代表合作的结束。以奥美而言，合作的对象是某一产业的单一品牌，且为长期合作。当一个个案结束后，负责此品牌的小组，会持续观察追踪产品的销售情况，并不断吸收新的相关信息，开始思考下一步路该怎么走，以维持品牌的生存。

广告制作中的企划与执行，都是由以组为单位的人员所完成。一个小组中，可分为业务Team与创意Team。业务Team基本上由Account Director、Associate Account Director或是Account Manager，以及一个资浅或资深的Account Executer所组成，职责在于巩固客户、了解品牌与产品、提出企划，以及各方面的沟通。至于创意Team，则包括Creative Director、Copy Writer与Art Director。两个单位加起来基本上是六个人，但有些Case则需要更资深的人参与，例如Account Planner、Executive Creative Director与副总经理。各方人马加起来可达九人，而且有时不同小组的人员也会相互交流与合作，如何能在最短的时间达到最大效益，都要靠各方在每个环节不断地沟通(有时沟通层级可上至委托公司的董事长)。

以上为奥美广告的基本创作流程与组织架构，与其他公司的制作方式与架构可能不尽相同，但运作方式大同小异。依照这样的差异去比较，可以更深入地了解各家公司的文化与背景，不同的作业制度，反映在实际制作上，是否有不同之处，也是值得观察的。

(资料来源：FotoAV上海虞城设计， http://www.fotoav.com/read-article-526.html)

思考练习

1．简述广告公司各部门的基本职能。
2．广告公司实施小组制设置有哪些利弊？
3．企业广告部门的基本职能是什么？
4．媒体广告部门的基本职能是什么？

第七章

广告经营与管理

〖学习要点及要求〗

本章有广告管理、广告代理制度、广告公司及代理收费制等重要术语。通过本章的学习，了解广告管理的含义和特征；掌握广告管理的内容和方法；了解广告准则和广告审查的内容；了解广告代理制度的内涵和发展历史。

第一节　广告管理概述

中国的广告业经过30多年的发展，作为一种新兴产业，不论是广告公司数量、广告公司规模、广告业从业人数，还是广告创意思维、广告艺术表现、广告发布方式等方面都有了飞速的进步，同时，为中国经济做出了巨大的贡献，必将在未来继续为企业、为人民、为社会服务。但是，在这个过程中，出现了一些违法、违规、不健康的广告，损害了消费者的利益和社会公众的利益，破坏了广告市场和产品市场的公平竞争环境，甚至损害了国家的经济利益和社会利益。所以，必须对广告行业和广告市场进行严格管理，规范参与广告的人员和组织的行为。

广告的规范管理源于三个方面：一有赖于国家制定法律法规，二有赖于全社会监督，三有赖于行业自律。

一、广告管理的概念

广告管理(the Advertising Management)属于经济管理范畴，是指国家工商行政管理机关会同广告行业协会和广告社会监督组织，依照广告管理法律、法规和有关政策规定，对广告行业和广告活动实施的指导、监督、协调与控制。

广告管理从管理主体和管理范围上看分为广告宏观管理和广告微观管理。广告宏观管理是指国家和社会对全社会广告活动的管理，是我国工商行政管理的重要组成部分。这种管理的主要目的是协调广告活动与社会经济、文化、政治等之间的关系，是广告市场健康、有序运行的保证。广告微观管理是指企业或广告经营组织对广告活动的内部管理，指广告主对广告活动所涉及的人、财、物的管理。本章的广告管理专指广告宏观管理。

二、广告管理的特性

（一）行政性

国家对广告的管理主要是通过各级工商行政管理部门来执行的。工商行政管理部门是国家经济行政管理的主体，替国家行使经济行政管理的权利，以便保障社会经济健康发展。它是一种外部宏观性管理，通过制定并监督执行广告法律法规，使广告活动始终被限制在法律法规允许的范围内。

（二）强制性

广告管理作为国家经济管理和信息传播管理的一部分，是严格依法进行的，具有强制性

的特点。广告法规与其他国家法律一样也是需要被管理对象强制执行的。

（三）广泛性

广告是一种信息传播活动，这种活动涉及面多，传播范围广。它与社会各个方面都有关联，所以对它的管理也具备广泛性特征。

（四）综合性

广告管理的综合性体现在两个方面：一是管理对象和管理内容是复杂多样的，所以广告管理不是对一个广告对象、一个广告活动，或广告活动的某一环节或某一方面的管理，而是要对广告活动涉及的全部人员、全部过程、全部内容的全方位综合管理。二是参与广告管理的部门、人员也是多样化的，需要各部门人员的通力配合，运用各种管理法规，才能有效地进行广告管理。从这两个方面来看广告管理是一项综合性管理。

三、广告管理的必要性

（一）规范广告活动

广告是一种市场行为，是社会经济生活的重要组成部分，只有对广告活动进行规范化管理，才能维护广告市场秩序，保障广告活动顺利进行。规范广告活动，有些最基本的要求，如任何广告交易行为都应当平等、自愿，遵守公认的商业道德；遵守国家制定的、统一的广告管理制度；广告的内容和发布不得危害国家和社会公众利益；广告信息不得以任何形式侵害他人利益；广告经营者必须遵循广告市场准入的登记许可制度、广告审查制度与广告收费制度等法律法规。为了实现广告业促进国家的经济发展和社会可持续发展的目的，必须加强对广告活动的规范化管理。

（二）保证广告业健康发展

改革开放以来，我国广告业恢复和发展很快，已经成为知识密集、人才密集、技术密集的新兴产业。但是，在迅速发展的过程中，不可避免地出现了一些消极现象和不健康因素，如果不予重视，不及时通过行政、法律以及其他手段进行管理，就会成为我国广告业进一步发展的严重障碍。广告管理是国家发展广告业的方针、政策得以落实的具体措施和手段，只有通过广告管理和广告立法，才可能抑制各种消极现象和排除不健康因素的影响，保证广告业健康发展。

（三）保护消费者合法权益

保障消费者和用户的合法权益是广告管理和广告立法的最终目的。广告是促销的重要手段，它对消费者的购买、使用以及对他们的生产、生活都有重要影响。广告真实与否、合法与否、健康与否，对消费者利益有着直接的影响。某些人或组织为获取不正当利润，以各种形式散布虚假广告信息，坑骗广大消费者购买不合格的广告产品，从而给消费者造成精神和物质损失。所以，必须对这种现象严加管理。

广告管理就是对广告传播行为进行监督，对广告活动主体各方严格要求，使广告主、广告经营者和广告发布者在思想上、认识上能够重视发布违法广告的危害和后果，震慑和打击各种广告违法分子，保护消费者的合法权益。

（四）维护社会经济秩序

我国加入世界贸易组织后，维护好社会经济秩序显得更加重要。良好的社会经济秩序，不仅是社会经济活动正常运行的前提，也是社会稳定和繁荣市场的基本保障。广告作为各种市场参与者间的一种竞争手段，其形式与内容是否合法，对社会经济秩序的正常和稳定有着直接的影响。广告管理就是依法管理广告市场，维护社会经济秩序的一种必要手段，通过广告管理使工商企业和广告经营企业的合法经营得到保护，如果缺乏广告管理，广告活动将处于混乱无序状态，那就必然会扰乱整个市场秩序，危害全社会经济生活。加强广告管理，既能保护广告行业企业的合法权益、抵制不正当经营、促进竞争，又能保证整个市场的正常发展。

（五）加强社会主义精神文明建设

广告的信息传播发挥的作用是多方面的。广告不仅在经济领域会产生影响，而且在社会文化领域也起着不容忽视的作用。随着一条广告的反复播放，广告内容会对广告受众的文化观念起到潜移默化的影响作用。如果这种作用有悖于我们社会文化方向，长此以往，后果不堪想象。因此，广告信息的内容、形式及其传播关乎我国社会主义精神文明建设，也关乎我国的社会稳定。所以，要保证广告从形式到内容到传播方式都是健康向上的，都是符合我国社会主义精神文明建设大方向的，就必须重视和加强广告管理。

我国恢复广告活动30多年来，在防止广告内容和表现形式不健康、不道德、可能带来不良后果等方面做了大量工作，但还是有一些不良分子和机构为了不正当利益而创作发布虚假的、污秽的广告，给消费者带来精神和物质危害，给社会带来经济和发展危害，所以要加大管理的广度和力度，杜绝“广告污染”。加强广告管理，不是限制广告行业的发展，而是促使广告事业在正常的、健康的轨道上更好地发展，推动广告行业加快自身建设，不断迈向新的层次，促使广告业与国民经济和社会和谐发展，为我国社会主义建设事业发挥更大的积极作用。

四、广告管理体系

广告管理体系是指在广告管理方面建立方针目标并设置实现这些目标的指挥和控制要素，其中最重要的就是建立广告管理组织。

（一）广告协会、学会

国际广告协会(International Advertising Association，IAA)成立于1938年，总部设在纽约，该协会现拥有会员2600多名，会员遍布世界上78个国家和地区。国际广告协会由广告公司、广告客户、广告媒介以及广告界知名人士组成，是世界性的非营利行业组织。通过协会活动或提供服务，交流学术、完善标准，促进广告业规范发展。中国于1987年5月12日，以“国际广告协会中国分会”的名义加入了国际广告协会。

中国广告协会成立于1983年12月，是中国广告行业民间组织，各企业自愿参加，实行民主集中制组织原则，对全国的广告经营单位进行指导、协调、咨询和服务；开展学术研究，提高广告从业人员的思想水平和业务水平。

中国广告学会于1982年2月21日在北京成立，是由广告创意、广告设计、广告制作、广告教学与理论研究人员组成的群众性学术团体。中国广告学会在广告管理中起着咨询与参谋

的作用，进行广告理论研究，组织优秀作品观摩，组织编写专业期刊，交流创作思想，也积极促进会员与国际广告界的联系。

（二）广告协会联盟

亚洲广告协会联盟成立于1978年，由亚洲地区的广告协会与广告有关的贸易协会和国际广告协会在亚洲各国、各地区的分会组成，是亚洲范围内的广告行业组织。亚广联会议每两年召开一次，旨在团结亚洲各广告专业协会，提高会员业务水平，传递广告业务和广告市场的信息，促进亚洲地区的广告人才开发。中国于1987年6月14日，以“亚洲广告协会联盟中国国家委员会”的名义加入了亚洲广告协会联盟。

（三）ABC组织

全球最早的出版物发行量核查机构于1914年在美国诞生。美国的广告主、广告代理和出版商自发合作设立了一个体系，在共同利益基础上提供可靠的发行数据，发行量稽核局(Audit Bureau of Circulations，ABC)由此诞生。ABC是非营利第三方组织，它建立了一套科学、完整、客观、准确的报刊发行量登记制度。

1963年，国际发行量稽核局联合会(IFABC)诞生，标志着这一审计制度从此得到了世界范围的认可。该组织成为国际性的报纸、杂志发行量审核机构，是由各国出版物发行量核查局、协会、中心等机构发起的合作联盟。IFABC是世界贸易组织(WTO)承认的国际性机构，并为世界贸易组织提供数据支持。它向社会公布各种报纸、期刊的类别及其发行量、发行对象等信息，便于广告主选择广告媒介、制定广告成本预算、预测广告效果；便于广告受众选择广告信息和信任广告信息，既保障了广告主和广告受众的利益，又督促了报纸、杂志的出版发行的发展。

2008年11月11日在墨西哥，中国的国新出版物发行数据调查中心作为中华人民共和国新闻出版总署唯一认定的出版物发行量核查机构，正式成为国际发行量核查组织联盟(IFABC)的第49位成员。

（四）广告行销公司

世界广告行销公司(World Marketing Company Advertisement，WAM)，总部设在英国伦敦，由世界上著名的广告公司组成，是世界性广告行业组织。该组织的宗旨是帮助会员拓展国际市场和提高业务水平。主要为成员定期举办讲习班，培训会员，协调会员在世界范围内交流学习。该组织还吸收了世界上著名的厂商作为他们的会员，以有利于会员开拓国际广告市场。

（五）广告管理机构

各个国家都有自己专门的广告管理机构。我国的广告管理机构是中华人民共和国工商行政管理总局和各省市的工商管理部门，它们共同构成我国广告的行政管理系统，代表国家行使管理广告活动的职能，负责制定和监督执行广告管理的法律法规。

第二节　广告管理的主要内容和方法

一、广告管理的主要内容

广告管理的主要内容包括：对广告主的管理、对广告经营者的管理、对广告发布者的管理、对广告信息的管理、对广告收费的管理、对户外广告的管理等。

（一）对广告主的管理

广告主是广告活动的发动者，是广告费用的实际支付者，广告主对是否做广告、做多少广告、选择哪家广告代理商(设计、制作、代理广告)以及何时、通过何种媒介发布广告，都有绝对的自主权。因此，广告主的广告意识和广告行为将直接对广告活动产生决定性的影响。对广告主进行切实有效的管理，实质上是对广告活动的源头进行管理，无疑对保证广告的真实性与合法性，防止和杜绝虚假或违法广告的产生，进而净化整个广告市场，具有十分重要的意义。

根据现行广告管理法律、法规的有关规定，广告管理机关对广告主管理的内容主要包括：

(1) 要求广告主提供主体资格证明。

(2) 广告主的广告活动应在其经营范围或国家许可的范围内进行，不得超过其经营范围或者国家许可的范围从事广告宣传。

(3) 广告主委托他人设计、制作、代理、发布广告，应委托具有合法经营资格的广告经营者、广告发布者进行 。

(4) 广告主必须提供保证广告内容真实性、合法性的真实、合法、有效的证明文件或者材料。

(5) 广告主应依法申请广告审查。

(6) 广告主在广告中使用他人名义、形象的，应当事先取得他人的书面同意。使用无民事行为能力的人，限制民事行为人的名义、形象的，应当事先取得其监护人的书面同意。

(7) 广告主发布烟、酒广告，必须经过广告管理机关批准。

(8) 广告主设置户外广告应符合当地城市的整体规划，并在工商行政管理机关的监督下实施。

(9) 广告主应合理编制广告预算，不得把广告费用挪作他用。

我国对广告主的管理，主要实行验证管理制度。对广告主的验证管理，是指广告主在委托广告经营者设计、制作、代理、发布广告时，必须向其出具相应的文件或材料，以证明自己主体资格和广告内容的真实、合法。广告经营者只有在对广告主提供的这些证明文件或材料的真实性、合法性和有效性进行充分审查后，才能为其设计、制作、代理、发布广告，并将所验证过的证明文件或材料存档备查。

对广告主的管理要分类进行，对特殊的广告主和对一般的广告主的管理是有区别的。

1．对一般广告主的管理

一般的广告主在进行广告宣传活动的过程中，必须遵守最基本的法律法规，即对一般广告主要进行通用的法规管理。

2．对特殊广告主的管理

药品和医疗器械生产销售商、化妆品尤其是特殊化妆品生产销售商、食品生产销售商、烟草

生产销售商、酒类生产销售商、农药生产销售商等作为广告主都属于特殊广告主，他们要宣传的产品具有特殊性，对这类广告主《中华人民共和国广告法》有专门的更加严格的管理法规规定。

(1) 药品、医疗器械广告不得有以下内容：含有不科学的表示功效的断言或者保证的；说明治愈率或者有效率的；与其他商品、医疗器械的功效和安全性比较的；利用医药科研单位、学术机构、医疗机构或者专家、医生、患者的名义和形象作证明的；法律、行政法规禁止的其他内容。

(2) 药品广告的内容必须以国务院卫生行政或者省、自治区、直辖市卫生行政部门批准的说明书为准。

(3) 国家规定的应当在医生指导下使用的治疗性药品广告中，必须注明"按医生处方购买和使用"。

(4) 特别是规定麻醉药品、精神药品、毒性药品、放射性药品等特殊商品，不得做广告。

(5) 农药广告不得有下列内容：使用无毒、无害等表明安全性的绝对化断言的；含有不科学的表示功效的断言或者保证的；含有违反农药安全使用规程的文字、语言或者画面的；法律、行政法规规定禁止的其他内容。

(6) 禁止利用广播、电影、电视、报纸、期刊发布烟草广告。禁止在各类等候场所、影剧院、会议厅堂、体育比赛场馆等公共场所设置烟草广告。烟草广告中必须标明"吸烟有害健康"。

(7) 食品、酒类、化妆品广告内容必须符合卫生许可的事项，并不得使用医疗用语或者易与药品混淆的用语。

07

（二）对广告经营者的管理

广告经营者特指专业从事广告经营的广告公司，它是连接广告主和广告发布者的中间桥梁，是广告活动的重要主体之一，其广告行为是否规范，对广告活动的影响至关重要。所以，加强对广告经营者的管理，是广告管理中尤为重要的内容。对广告经营者的管理主要包括：对广告经营者的审批登记管理、广告业务员证制度、广告合同制度、广告业务档案制度和广告经营单位的年检注册制度。

1. 对广告经营者的审批登记管理

对广告经营者的审批登记管理属于政府的行政管理行为，是广告管理机关依照广告管理法律、法规对广告经营者实施管理的开始，广告经营者只有在获准登记、注册，取得广告经营资格后，才能从事广告经营活动。否则，即为非法经营。严格地说，广告经营者要取得合法的广告经营资格，必须符合《民法通则》的有关规定和企业登记的基本要求，必须具备广告法规中规定的资质条件，必须按照一定的法律程序依法审批登记。

广告经营者的审批登记程序主要包括受理申请、审查条件、核准资格和发放证照四个阶段。

2. 广告业务员证制度

广告业务员是专职从事承揽、代理广告业务的工作人员，而"广告业务员证"则是广告业务人员外出开展广告业务活动的有效凭证。为了加强对广告宣传和广告经营活动的管理，保障其健康发展，国家工商行政管理局在1990年10月19日颁发了《关于实行(广告业务员证)制度的规定》(工商〔1990〕226号)，决定在全国广告行业中统一实行"广告业务员证"制度。该规定自1991年1月1日起执行。因此，凡经批准经营广告业务的经营单位，其广告业务人员都必须按照国家工商行政管理局颁发的《关于实行(广告业务员证)制度的规定》，申领“广告业务员证”后，方可从事广告业务活动。

广告业务人员申请办理广告业务员证，必须接受专业培训与考核，然后向所在地的工商行政管理机关提出书面申请，并提交本单位证明文件和有关材料，经省、自治区、直辖市或其授权的省辖市工商行政管理机关审核批准后，发放“广告业务员证”。

3．广告合同制度

广告合同制度是指参与广告活动的各方，包括广告主、广告经营者和广告发布者，在广告活动前为了明确相互的权利和义务，必须依法签订协议的一种制度，以保护参与广告活动的各方的正当权益不受侵害。

广告合同一经依法订立，就具有法律效力，合同各方都应认真履行。广告合同是经济合同的一种，也必须遵守《合同法》等国家通用的法律和行政法规，必须遵循平等互利、协商一致的原则。

广告合同纠纷是参与订立广告合同的各方当事人在依法订立广告合同后，对合同履行情况和违约责任承担等所产生的争议。它包括广告合同履行情况争议和违约责任承担问题争议两方面的内容。解决经济合同纠纷的主要办法有协商、调解、仲裁和诉讼四种。广告合同制度对于广告合同纠纷的处理给予了解释。

4．广告业务档案制度

广告业务档案制度是指广告经营者(包括广告发布者)对广告主所提供的关于主体资格和广告内容的各种证明文件、材料，以及在承办广告业务活动中涉及的承接登记、广告审查、广告设计制作、广告发布等情况的原始记录材料，进行整理、保存，并建立业务档案，以备随时查验的制度。

广告业务档案是在广告业务活动的过程中建立起来的，它是广告经营者(包括广告发布者)从承接登记，到收取和查验各种广告证明、材料，再到广告设计、制作、代理、发布等情况和结果的总汇，是广告业务活动的真实记录。因此，建立广告业务档案的作用主要有两个：一是业务参考作用，二是法律凭证作用。

5．广告经营单位的年检注册制度

广告经营单位的年检注册制度是广告管理机关依照国家广告管理的法律、法规和政策规定，对广告经营单位一年来的经营状况进行检查验收的一种管理制度。它是各级工商行政管理机关对广告经营单位实施规范化管理的重要内容之一。任何广告经营单位都必须经过年检注册，取得“广告经营单位年检注册证”后，才有资格继续经营广告业务，否则即为非法经营。

（三）对广告发布者的管理

对广告发布者的管理，又叫广告媒介管理，是指广告管理机关依照国家广告管理法律、法规的有关规定，对以广告发布者为主体的广告发布活动的全过程实施的监督管理行为。广告发布者管理是广告管理机关依法对发布广告的报纸、期刊、电台、电视台、出版社等事业单位和户外广告物的规划、设置、维护等实施的管理。

广告管理机关依法对广告发布者实施管理的主要内容包括：

1．对广告发布者经营资格的管理

以广播电台、电视台、报纸、期刊和出版社等为主体的广告发布者(或广告媒介)，其主要职责是宣传党的路线、方针、政策，发布信息，传播新闻，若同时以收费的形式兼营广告发布业务，传播经济信息则属于一种广告经营行为。所以，广告管理机关必须对其实行专门管理。要求广告发布者在发布广告前，必须到当地县级以上工商行政管理局办理兼营广告业务的登记手续，并由其审查是否具备直接发布广告的条件。对符合条件的广告发布者，广告管理机关依法予以登记，并发给广告经营资格证明。广告发布者只有办理了兼营广告发布业务的登记手续，并取得广告经营资格证明后，才能经营广告发布业务，否则，即为非法经营。

2．对广告发布者提供的媒介覆盖率的管理

媒介覆盖率是媒介覆盖范围和覆盖人数的总称，它随媒介的不同而有不同的名称。它包括广播电台的覆盖范围与收听率，电视台的覆盖范围与收视率，报纸、期刊等印刷媒介的发行范围与发行量，以及户外场所的位置和人流量等。真实的媒介覆盖率是广告主、广告经营者实施广告战略和广告发布者确定收费标准的重要依据，因此，广告管理机关应该加强对广告发布者提供的媒介覆盖率的真实性进行管理，这对维护广告发布者的声誉，树立媒介自身形象，拓宽广告发布业务来源以及保护广告主、广告经营者的合法权益，有着积极重要的作用。

3．对广告发布者利用媒介时间、版面和篇幅的管理

07

广告发布者虽然拥有对媒介的使用权，但是并不能无限制地扩展广告刊播的时间、版面和篇幅。国家行政管理机关会利用其行政职能，对媒介刊播广告的时间、版面和篇幅作出限制性的规定和控制，以确保媒介履行更为重要的社会职能，实现健康协调的发展。

（四）对广告信息的管理

广告信息包括广告信息内容及其表现，它以广告作品的形式，经媒介的发布完成传播。对广告信息的管理是世界各国广告管理中尤为重要的内容。

1．对广告内容的管理

对广告内容的管理，即对广告内容的真实性、合法性进行管理，以确保广告内容的真实、合法与健康。《广告管理条例》第3条规定：“广告内容必须真实、健康、清晰、明白，不得以任何形式欺骗消费者。”《广告法》第7条规定：“广告内容应当有利于人民的身心健康，促进商品服务质量的提高，保护消费者的合法权益，遵守社会公德和职业道德，维护国家尊严和利益。”《广告法》第7条对广告中不得出现的内容作出了明确规定，《广告法》第14条、第17条对药品、医疗器械和农药广告中不得出现的内容作出了明确规定。此外，《药品广告管理办法》《医疗器械广告管理办法》《化妆品广告管理办法》《食品广告管理办法》《酒类广告管理办法》《关于加强体育广告管理的暂行规定》《关于加强融资广告管理的通知》《关于加强对各种奖券广告管理的通知》等单项法规，也对其相应的广告内容的管理作出了明确规定。

2．对广告表现的管理

广告表现是指广告的表现方法和形式。广告作为一种劝说的艺术，必须借助一定的表现

方法和形式，才能将商品或服务的信息传递给广告受众，并尽可能使其在广告受众心中留下深刻的印象，以促进广告受众购买行为的发生和完成。由于广告表现是广告主为了追求赢利目标针对社会公众所开展的宣传活动，所以它必须受到广告管理的法律、法规和道德的约束，必须符合一定的社会规范。广告表现管理的内容主要包括：对广告表现真实性的管理；对广告表现合法性的管理；对广告表现道德性的管理；对广告表现公益性的管理；对广告表现独创性的管理；对广告表现可识别性的管理等。

（五）对广告收费的管理

广告收费是指广告经营者、广告发布者在承接和完成广告主委托的广告业务后，所收取的广告设计费、制作费、代理费和发布费等费用。广告收费管理是指广告管理机关会同物价、城建、公安等职能部门，依照广告管理法律、法规的有关规定，对广告经营者、广告发布者在设计、制作、代理、发布等广告业务活动中的收费行为的合法性进行的管理。我国对广告收费实行国家定价管理和备案价格管理相结合的原则。

（六）对户外广告的管理

户外广告是指张贴、设置、绘制在城镇繁华地段、商业闹市中心、交叉道口、旅行沿线、机场、车站、码头、高大建筑物等露天场地和交通工具上的广告。对户外广告管理的一般要求是户外广告的设置不得妨碍交通，不得有损市容和风景地区的优美环境，不能破坏古物建筑等。户外广告要与社会人文环境、自然环境相适应。对户外广告的管理实行登记管理，即县级以上广告管理机关会同城建、环保、公安等有关部门，依照当地人民政府批准的户外广告设置规划和管理办法，对申请经营户外广告的单位或个人的经营资格、条件和设置户外广告的区域、地点等进行审查核准，对具备经营资格、条件的单位或个人，在核准其户外广告设置区域、地点符合当地户外广告规划和管理办法后，准予登记。未取得核准登记的单位或个人，不得经营户外广告。否则，即为非法经营，将被依法取缔。对户外广告的内容要求是真实、合法。

与其他广告形式的管理相比，户外广告的管理较为复杂，它涉及工商行政管理、城建、环保、公安等多个部门，其规划管理也主要由这些部门负责。在当地县级以上人民政府的组织下，上述部门共同就城市或者地区户外广告设置的区域、地点、规格、质量和安全等问题作出统一规划，报当地人民政府批准后，由工商行政管理机关负责监督实施。

户外广告发布后，并不意味着发布活动的结束。户外广告在设置、安装过程中和完毕后的安全问题，以及平时的维护问题，仍是其发布活动的继续。广告管理机关应会同城建、环保和公安等有关部门，对户外广告设计、安装所用材质和抗风、抗震等级以及与原建筑物的连接等问题、环节，进行切实有效的管理，把户外广告的安全问题落到实处，同时应加强对户外广告的维修装饰管理，对那些残缺不全、影响市容市貌的户外广告，该维修的应及时维修，该更换的应及时更换，该清理的应坚决清理。

户外广告的数量多少，质量如何，设置的地点、场所是否合理、恰当，在一定程度上会反映出一个城市或地区的经济发达程度、整体精神面貌以及城市文化、城市美化、城市环境保护的程度。

二、广告管理的方法

（一）法律管理

广告的法律管理是我国法律制度的一个组成部分，属于行政法规的范畴，它由国家制定或认可，体现国家意志，是以国家强制手段来保证实施的行为规范，主要被用以调整广告主、广告经营者、广告发布者和消费者在广告活动中的经济关系。广告管理法规的制定原则是遵循我国《宪法》及国家其他法律、法规和其他法律、法规的关系，切合广告业发展的实际，有利于广告业健康的发展。我国早期的关于广告的主要法律是《广告管理暂行条例》：1982年2月6日颁布，1982年5月1日试行，1987年12月1日废止。它是我国第一个全国性的广告管理法规，第一次确定工商行政管理总局和地方各级工商行政管理部门对广告实施管理。此后陆续颁布了《广告管理条例》(1987年)、《广告管理条例施行细则》(1988年)(2004年)等法律法规。1994年10月27日颁布、1995年2月1日正式在全国施行的《中华人民共和国广告法》标志着我国广告法律制度的正式建立。

（二）社会监督

广告社会监督机制包括消费者监督和社会舆论监督。从国内外广告管理的发展历程和我国市场经济发展的实践来看，广告活动的监督管理，仅仅依靠政府主管部门和国家法律是远远不够的。在实际运作中，许多广告问题是在社会舆论的压力下和消费者联合监督下得以解决的。社会舆论监督主要依赖新闻传媒、广告管理机关、人民法院对虚假或违法广告及其责任人的曝光、查禁和征处。消费者联合监督在我国主要指1984年12月26日在北京成立的中国消费者协会和各地设立的消费者协会(可称委员会或联合会，1983年于北京成立的最早的全国用户委员会)所进行的监督。

其特点如下。

(1) 广告社会监督主体的广泛性：每个消费者和舆论机构都有广告监督的权利。

(2) 广告社会监督的法制大众性：通过民办组织的监督更能维护法律的尊严。

(3) 广告社会监督行为的自发性：由于广告受众意识到自己应该拥有接受真实广告信息的合法权利，并且维护自己购买广告产品的合法权益不受伤害会主动实施监督。

(4) 广告社会监督的无形权威性：虽然广告社会监督不是强制性法律监管，但是它的全社会性和消费者主体性会产生强大的无形的权威性。

(5) 广告社会监督的全面性：广告受众和舆论机构可以对广告进行全方位监督。

（三）行业自律

广告行业自律又叫广告行业的自我管理，一般是由广告主、广告经营者和广告发布者自发成立的民间性行业组织，根据国家法律、社会道德和职业规范，针对本行业特点制定准则、公约等进行约束的管理。行业自律条文是一种职业道德规范。世界上最早的国际性行业自律条文是20世纪60年代由国际广告协会发表的《广告自律白皮书》。在中国由中国广告协会于1990年制定了《广告行业自律规则》，对广告活动中应当遵循的基本原则和广告主、广告经营者、广告媒介所应体现的道德水准进行了规范。其特点是自发性、自愿性、道德约束性、舆论规范性、灵活性、非强制性。在1994年12月7日，中国广告协会第四次代表大会通

07

过了《中国广告协会自律规则》，该规则共分12条。2007年中国广告协会又出台了《中国广告协会广告自律告诫规则》，对于违反行业自律规则的行为处罚警示作出了规定。中国广告协会于2008年废止了1994年的《中国广告协会自律规则》，出台了第59号文件《中国广告行业自律规则》，共分六个部分：总则、广告内容、广告行为、自律措施、规则体系、附则，更详细地规定了自律规则。

第三节　广告代理制度

一、广告代理制度的含义及基本内容

（一）广告代理制度的含义

广告代理制度就是在广告活动中，广告客户、广告公司与广告媒介三者之间明确分工，广告客户委托广告公司实施广告宣传计划，广告媒介通过广告公司承揽广告发布业务，广告公司处于中间地位，为广告客户和广告媒介双向提供服务，以广告公司为核心和中介的广告运作机制。

广告代理制度是国际通行的广告经营与运作机制。它是广告代理方(广告经营者)在广告被代理方(广告客户)所授予的权限内，开展一系列广告活动的做法。

（二）广告代理制度的内容

广告代理制突出广告公司在广告运作中的中心地位和重要作用。广告代理制度的内容包括广告公司的客户代理、媒介代理、代理服务的业务范围，以及代理佣金制。代理制度的主要内容是客户代理和媒介代理。广告公司的客户代理指广告公司可以全面代理广告客户的各项广告活动。它包括广告调查、广告策划、广告创意与制作、广告实施与发布、广告效果测定与反馈等。广告公司的媒介代理指广告公司为媒介单位代理广告业务的承揽，如广告版面的销售与时间的销售、为媒介提供业务来源。

二、广告代理制度的建立与发展

据史料记载，1141年在法国的贝星洲成立的口头叫卖组织，是世界上最早出现的广告组织。该组织与商店签订合同，替商店沿街叫卖。可以认为这是早期的广告代理行为，这种行为受到法国于1258年公布的《叫喊人的法则》的规范，这部法则可以被看成是对早期代理行为的制约。

广告代理制度是伴随着清晰的专业化分工、广告经营活动的普及和规模扩大而逐渐确立和发展起来的。

（一）广告代理制度的缘起

1610年英王詹姆斯一世命令两个骑士成立了专为报纸招徕广告的广告代理店，可谓世界上最早的广告专门代理店。早期的广告代理从属于报业，随着欧美报业的发展、运营经费的不足，出现了专门为报纸兜售广告版面的人或组织。报纸广告版面的代理时代又被称为“版

面销售时代”。1729年，被称为美国广告业之父的富兰克林，自任出版商、编辑、经纪人、推销员，创办了《宾西法尼亚报》，在创刊号的第一版上的报头下面安排了广告栏以单纯的贩卖媒介广告版面来维持报纸经营，而贩卖媒介版面的工作由报社内部的经营部门完成，代理职能并非由独立的组织或人承担。

（二）广告代理制度的演进

1786年，英国的威廉·泰勒为Maidstone Journey承揽了第一则广告而成为英国第一个专门的广告代理商。1800年，英国伦敦青年詹姆斯·怀特创立了White Sun公司，向报社收取佣金，替报社将报纸版面兜售给广告主。1841年美国人福尔尼·帕墨在费城创办了美国第一家广告公司，建立代办处，自称“全国的报纸广告代理人”，既为报纸推销版面，也充当广告客户的代理人，为客户购买报纸版面。随着广告市场的扩大和业务量的增加，广告代理业逐渐从媒介中彻底分离出来。1865年，美国人乔治·P. 罗威尔在波士顿创建了“广告批发代理”公司。自此，广告代理的规模更大了，代理行为也更规范了，并且，代理的职能优势也更加突出了。他先买下了100家报纸的广告版面，然后再将广告版面以略高的价格转售给不同的广告主，从中赚取差价。实际上，也就是从罗威尔开始，广告代理业出现转化，成为名副其实的媒介和广告主之间的“广告发布渠道中间批发商”，彻底独立于报社，开始了单独运作。罗威尔的这种经营方式，逐渐成为广告代理经营共同执行的一种模式。罗威尔还创办了广告专业杂志《印刷者墨汁》和《美国报纸导读》。这份导读开列了美国五千多种报纸的名称，尽量评估出这些报纸的发行量的确切数字和版面的公平价位，便于广告主选择合适的版面，同时也督促了报社的公平经营。

（三）广告代理制度的确立

1869年，随着美国艾耶父子(N.W.Ayer & Son)广告公司在费城创立，为广告客户提供广告创意、设计、制作等专业化技术服务的公司开始陆续出现，更大范围地满足了广告主和广告媒介的需求。艾耶父子广告公司不仅替媒介出售版面，向广告媒介收取佣金，还为广告客户提供专业化的服务，设计、撰写文案，建议和安排适当的媒介，并制作平面广告，在购买报纸广告版面的过程中，代表广告主利益向报社讨价还价购买报纸版面。它发明的“合同制度”将其代理广告客户广告业务的佣金定为15%。这一制度于1917年在美国得到正式确认，并一直沿用至今，已经成为国际惯例。这种广告公司的出现标志着广告代理制度的开始确立。

1914年，美国开始施行对报刊发行量进行核查的ABC(Audit Bureau of Circulation，ABC)制度，使得各报刊发行量公开化，促使报刊更加重视信息服务的质量，也间接促进了广告代理业的发展。19世纪末至20世纪初，随着大工业化的出现，产品开始极大丰富，技术也得到突飞猛进的发展，广告公司所提供的业务种类和服务对象的范围越来越广泛，甚至延伸到了为客户进行市场调查等。

独立于媒介和广告主的服务专业化与业务多样化的广告代理公司的出现，广告客户与广告代理公司的代理关系的法律确认，以及广告代理佣金制的建立，标志着现代意义上的广告代理制度的真正确立。

（四）广告代理制度的发展——全面服务

美国的马奇·恩利科松广告公司总经理在1960年提出了“广告代理业向市场营销业过渡”的构想。广告的信息传播功能，在市场营销活动中更加受到重视，广告代理公司逐渐成为能够提供多种服务的综合性机构。

1976年，国际商业会议组织曾对广告业所承担的新职能作了全面的概括：大型的广告公司，一要能够配合广告主进行市场营销活动；二要能与媒介保持良好的密切的关系，保证信息传播渠道的畅通；三要有策划广告活动的能力，能够提出有力度的创意；要具备综合制作广告作品的能力。另外还要能开展市场调查，收集和分析有关市场、流通、商品等多方面的信息，制定广告战略，确定广告媒介策略，设计制作广告作品以及进行促销活动、公共关系活动等多种业务活动，即能够为广告客户提供全面服务。

（五）广告代理制度的发展——整合传播

20世纪80年代以后，广告代理进入了整合营销阶段，整合营销传播的观念在企业界和广告界被广泛接受，一些全面代理广告公司越来越多地承担了非传统广告意义上的活动，广告业进入了整合营销服务时代。

20世纪90年代初开始，广告业一方面由专业性服务向综合性服务扩展，一方面从广告向营销发展，而且从仅提供商业性广告开始向也提供公益性广告发展。

20世纪90年代以后，以美国为首的一些市场营销学者提出，营销策略应由“4Ps”转向“4Cs”。代表人物是美国的罗伯特·E.劳特朋，他在《广告时代》上发表文章，提出以消费者为中心的新的市场营销4Cs观念。他指出：必须深入研究消费者的需求和欲望，销售的不再是企业能够制造的产品，而是消费者希望购买的能满足需求的效用，即由产品(Product)转向消费者(Consumer)；必须深入研究消费者对产品的价值感觉和愿意支付的成本，而且该成本应指寿命周期成本，而非初始售价，即由成本(Cost)代替了价格(Price)；必须从消费者的立场出发，考虑怎样才能使购买方便，而不是仅仅考虑销售地点(渠道)(Place)，即由销售地点(渠道)(Place)的选择转向对购买便利性(Convenience)的营造；必须要以满足消费者的需要为目的，充分利用各种手段措施与消费者保持长期友好的关系，即由销售促进(Promotion)转向传播和沟通(Communication)。企业的生产经营活动转向以消费者为中心来展开，广告的诉求重心也应随之转向以消费者为中心。

（六）广告代理制度的发展趋势

21世纪开始，广告活动进入了信息传播时期，重在进行整合传播，广告公司逐步向信息交流公司过渡。例如：美国不少大型广告公司面对新的竞争压力，更加重视和发挥广告信息的沟通作用，并与其他信息传播手段进行整合。日本电通公司近些年来提出综合信息服务的经营理念，为广告主进行全方位的信息交流服务，这说明广告代理业已经进入了一个新的历史时期。

三、实施广告代理制度的条件和意义

（一）实施广告代理制度的条件

广告代理制是随着广告行业的发展和广告行业的技术进步而出现的一种科学分工现象，即把广告业务交给独立于广告主和媒介公司的专门的组织来完成，这种组织就是广告代理公

司。媒介不再直接从广告主那里承接广告业务，而是将广告业务留给广告代理公司去完成，而媒介将广告时段、广告版面的使用权卖给广告代理公司，这样就使整个广告业走上了专业化分工、密切协作的产业发展道路。

1．社会市场经济的确立和成熟

社会市场经济的确立和成熟是实行广告代理制的首要条件。市场经济讲求分工与协作，以使社会资源合理配置，社会产出最大化。目前世界上广告产业发达、代理制规范的国家或地区都是市场经济确立较早，并且发展成熟的国家或地区，如美国、巴西等。

2．广告主的市场意识和市场管控能力

广告主应该有意识地做自己最擅长的事，通过市场的力量完成自己不擅长的事或自己做不经济的事。当广告主没有能力自己完成所有的广告活动或自己完成所有广告活动成本较高时，就应该充分将市场资源为己所用，将广告业务委托给广告公司。

同时，广告主应具备选择广告公司的能力。既要把握广告战略，又要懂得从广告策划、市场调研分析、广告创意、广告设计制作、广告媒介购买等各方面去考察广告公司的能力水平，还要有能力评估广告效果，从而正确选择和管理与广告公司的关系。

3．媒介资源丰富且呈市场化运作

最初，虽然媒介数量偏少，但大量企业没有广告意识，所以，广告公司主要是为媒介服务，替媒介兜售版面。后来，一方面，媒介种类和数量虽然越来越多，但为了方便地低成本地寻找到合适的广告主，媒介继续需要中介替它推销版面或时段；另一方面，企业的广告意识也越来越强，需要寻找合适的广告信息发布渠道。同时，广告主的要求也不仅局限在购买媒介。所以，广告公司开始为广告主全面服务，全面代理公司得以大量出现。

在中国，由于历史的原因，媒介资源偏紧，广告市场上媒介供小于求，呈现卖方市场状态。并且，中国广告市场中主要媒介处于垄断地位，不需要代理服务。因此，造成广告代理公司在中国发展缓慢。

4．广告公司代理能力的提升

广告公司是联结广告主与广告媒介的中介，在广告行业产业链中应该发挥重要作用。如果广告公司自身代理范围窄、代理能力低下，就不可能有代理市场需求，不断地提升代理能力和丰富代理内容。

（二）实施广告代理制度的意义

1．实施广告代理制有利于对整个社会的资源合理配置

实施广告代理制是为了适应广告专业化分工发展的需要。市场经济越发达，与之相适应的广告业的专业化分工就会越细致，正是这种分工促进了广告专业技术水平的提高，也有利于提高广告业整体及其相关产业的发展水平。

2．实施广告代理制有利于促进广告业健康发展

实施广告代理制可以规范广告市场，广告代理制明确规定了广告主、广告公司、广告媒

介各自的权利和义务：广告主根据自身进行广告活动的需要选择广告代理公司，制定广告投资战略；广告公司按照广告主的委托负责广告活动的整体策划、创意、设计、制作、执行；广告媒介专门实施广告信息的发布。三者功能职责明确，须彼此协作配合，有利于消除行业内的不正当竞争，有利于广告市场的规范化运作和广告业的健康发展。

3．实施广告代理制有利于广告主的自身发展

实施广告代理制能消除广告主广告活动无整体计划、投入产出效益不佳的弊端，能协助广告主科学合理地使用广告经费，精简机构和人员，并取得较好的广告效果。

在竞争激烈的市场中，为了提高竞争能力，企业必须加大市场营销力度，广泛开展以广告传播为主的信息交流活动。如果将部分或全部广告业务委托给有资质和能力的专业广告代理公司，让广告公司提供专门的广告策划和广告宣传服务，企业只需明确自己的广告战略，审核广告公司提供的广告计划、广告策略，监督广告实施和广告预算，就可以把主要资源投入到技术创新、产品开发和顾客服务上去。

4．实施广告代理制有利于广告传播业的发展

广告代理制能促进媒介全面提供信息服务，合理有效地发挥资源优势，促进传播业的繁荣和发展。

5．实施广告代理制有利于广告公司的专业化发展

实施广告代理制能突出专业广告公司在广告活动中的主导作用，媒介虽然拥有信息传播的版面或时间，但媒介的优势更多的是在报道新闻、提供娱乐、进行教育等内容的信息服务。广告公司具有不同于媒介所具有的功能，有广告专业优势，可以为广告客户提供专业化的优质服务。同时，由于广告代理制能使广告专业组织的业务得到保证，就能确保行业发展的资金，吸引优秀人才加入广告行业，使广告业能够得到持续发展。

四、我国广告代理制度的现状

20世纪80年代中期，中国极少的城市开始率先尝试广告代理制，如北京广告公司和广东省广告公司。1987年底，我国《广告管理条例》出台，并于1988年1月开始施行《广告管理条例实施细则》(简称《细则》)。根据《细则》第十五条的规定，承办国内广告业务的代理费，为广告费的10%；承办外商来华广告付给外商的代理费，为广告费的15%，第一次明确提出了广告代理费的概念。1987年，我国国内的广告市场开始向外国广告公司开放，国外广告代理公司开始通过各种途径进入中国市场，并在中国执行15%的广告代理费。2004年重新颁布的《广告管理条例实施细则》第十四条规定，广告代理费标准为广告费的15%。至1990年中国有800家较大的广告公司，可以分为三类：一类是对外经济贸易部系统的企业，另一类是工商行政管理局系统的企业，还有一类是新闻界的企业。1993年7月，国家行政管理局和国家计委联合下发了《加快广告业发展的规划纲要》的通知，1993年下半年开始在全国一些经济较发达的大中城市推行广告代理制试点。通知要求广告客户必须委托有相应经营资格的广告公司代理广告业务，不得直接通过报社、广播电台、电视台发布广告。通知要求广告公司为广告客户代理广告业务，不仅要为广告客户提供市场调查服务和广告策划方案，而且能落实媒介计划。广告公司为媒介承揽广告业务，应有与媒介发布水平相适应的广告设计、

制作能力，能够提供广告费支付能力的经济担保。我国还要求兼营广告业务的报社、广播电台、电视台，必须通过有相应经营资格的广告公司代理，方可发布广告(分类广告除外)。广告媒介可以自主地选择服务质量好的广告公司为其代理广告业务。

中国商务广告协会综合代理专业委员会(the Association of Accredited Advertising Agencies of China，简称中国4A)于2005年12月17日在北京成立。它是为提升整个中国广告行业的地位和社会形象、为中国广告业培养人才，并建立行业标准、树立专业作业规范而成立的中国广告代理商的高端组织，它由一流服务、一流创新、一流实力和一流诚信的合资、独资及本土综合性广告公司共同组成，是公开、公正、公平、透明、自发自律性的行业组织。中国4A几乎包揽了所有在国内运作的大型国际广告代理商，占总数的一半以上，我们希望借助他们丰富的历史、资源与经验，来协助本土广告产业扩大自己的视野和经验，通过密切的交流，推进中国广告业逐步实现按国际规范进行的广告代理制运作。

但是，随着市场经济改革的逐渐深入和广告业竞争的加剧，我国不完善的广告市场仍存在很多问题，影响着广告代理制在中国的发展。

（一）广告主广告代理观念落后

中国的广告主广告意识不强或观念滞后，要么认为自己什么都能做，没有认识到市场分工的好处，要么常常受惯性和利益驱使，往往撇开专业广告公司，直接与媒介联系广告业务，而冷落了处于广告代理制中介位置的广告公司，使其不能发挥专业广告公司的主导作用。结果就使处于广告代理制中间位置的广告公司没有得到应有的发展，广告市场处于一种不正常运行状态。

（二）中国广告业推行代理制不是市场行为

自1987年国务院《广告管理条例》明确提出了有关“广告代理业务”和“广告业务代理费”的法律条文以来，中国推行广告代理制一直不是市场行为而是政府行为。1990年，中国国家工商行政管理局下发了《关于在温州市试行广告代理制的通知》，开始我国广告代理制的探索，1993年发布了《关于在部分城市进行广告代理制和广告发布前审查试点工作的意见》，进一步推动了代理制在全国范围内的实施。然而，1995年开始实行的《中华人民共和国广告法》没有对广告代理制给出专门详细的规范，也成为广告代理制在此后的十多年中没有得到大力发展的原因之一。

（三）广告媒介资源天生拥有制度性垄断性质

中国的广告媒介资源的研究范围是大众媒体，因为中国媒介资源主要是报纸、杂志、电视、电台四大类。其中，主要媒介是电视媒介和报纸媒介。这两大类媒介因为特殊的体制属性和供不应求的资源稀缺性而成为强势媒介，它们拥有强大的广告业务员队伍，绕开专业广告公司，广泛招揽广告业务，或自己成立广告公司，赚取代理费。媒介在广告市场中长期处于绝对优势的地位，统占了广告经营承揽和发布权，实施垄断价格，制约了广告公司的中介作用。

（四）广告代理制法律、法规有待完善

广告代理制的真正执行需要完整系统的法律规范体制保证。广告法制不健全，广告代理制必定实施困难。目前，在中国实行全面广告代理的制度虽然早已被确定，但是国家还没有

关于广告代理制度的专项法规。所以，有关广告代理制度的法律、法规还有待完善，并须出台强有力的措施来保证法律、法规的执行，才能从根本上促进广告代理制的实施，实现合理的市场分工和市场竞争。

第四节　广告公司的经营与管理

广告公司是站在广告主的立场制定广告方案并根据这个方案购买媒介、实施广告活动的机构。

一、广告公司的业务运作流程

一般地，广告公司的业务运作流程分为作出决策、制订计划与监督执行三个阶段。

（一）广告决策阶段

在广告决策阶段，主要是确立广告客户关于广告的基本战略思想，确定广告客户的广告总体战略目标，以及实现目标所要采取的手段，指导广告客户明确具体广告目标与企业整体战略目标的关系，明确营销目标与广告目标的联系与区别。

（二）广告计划阶段

广告计划阶段，主要是在市场细分的基础上，确定广告的目标市场、广告的目标受众，选择合适的市场机会，制定广告内容、广告表现策略和广告媒介策略，广告执行具体日程的安排。另外，还包括其他推广传播活动的建议，达成广告目标所作的广告预算等。

（三）广告执行阶段

广告执行方式分自我执行和委托代理执行。

(1) 当企业的广告运作采取自我执行时，企业自己的广告部门将担负起企业广告运作的一切工作与职责。

(2) 当企业委托外部广告代理公司执行时，企业的相关部门负责：①选择理想的广告代理公司；②积极协同广告代理公司一道工作；③监督广告计划的代理执行情况；④按照预定的检测方案，与广告代理公司一起，完成广告活动的效果检测和评定。

从实际操作角度分析，广告公司的运作流程经过四个步骤，如图7-1所示。第一步，由广告公司的客服部门主动收集潜在广告主的信息和意向，并向可能的广告主介绍公司实力，争取使潜在广告主变成现实广告主。第二步，广告主向广告公司提出委托。第三步，听取广告客户的业务要求。第四步，以市场部为主针对广告合同客户进行市场调研、竞争者分析、市场细分、目标市场选择、市场定位，作出广告计划；由创意部提出创意策划方案以及后期的设计制作；由媒介部提出媒介购买计划、预算及购买执行；由客户部全程与客户沟通和监督执行。它开始于广告客户向广告公司提出委托业务，终结于完成向广告客户的目标消费者传递广告信息。有时还会延伸至广告效果调查。

二、广告公司的业务运作方式

（一）综合广告代理服务公司

综合广告代理服务公司是全面服务型公司。它具备提供与传播和推广有关的各方面服务的能力，向广告主提供广告与非广告范围的整体服务：广告范围的服务主要以完成广告策划为主，其内容包括市场调查策划、创意、广告制作、媒介选择与购买等服务；非广告范围的服务，则是协助广告主制作一些促销素材、宣传文件、公司年报、商展陈列品以及销售人员训练素材等。

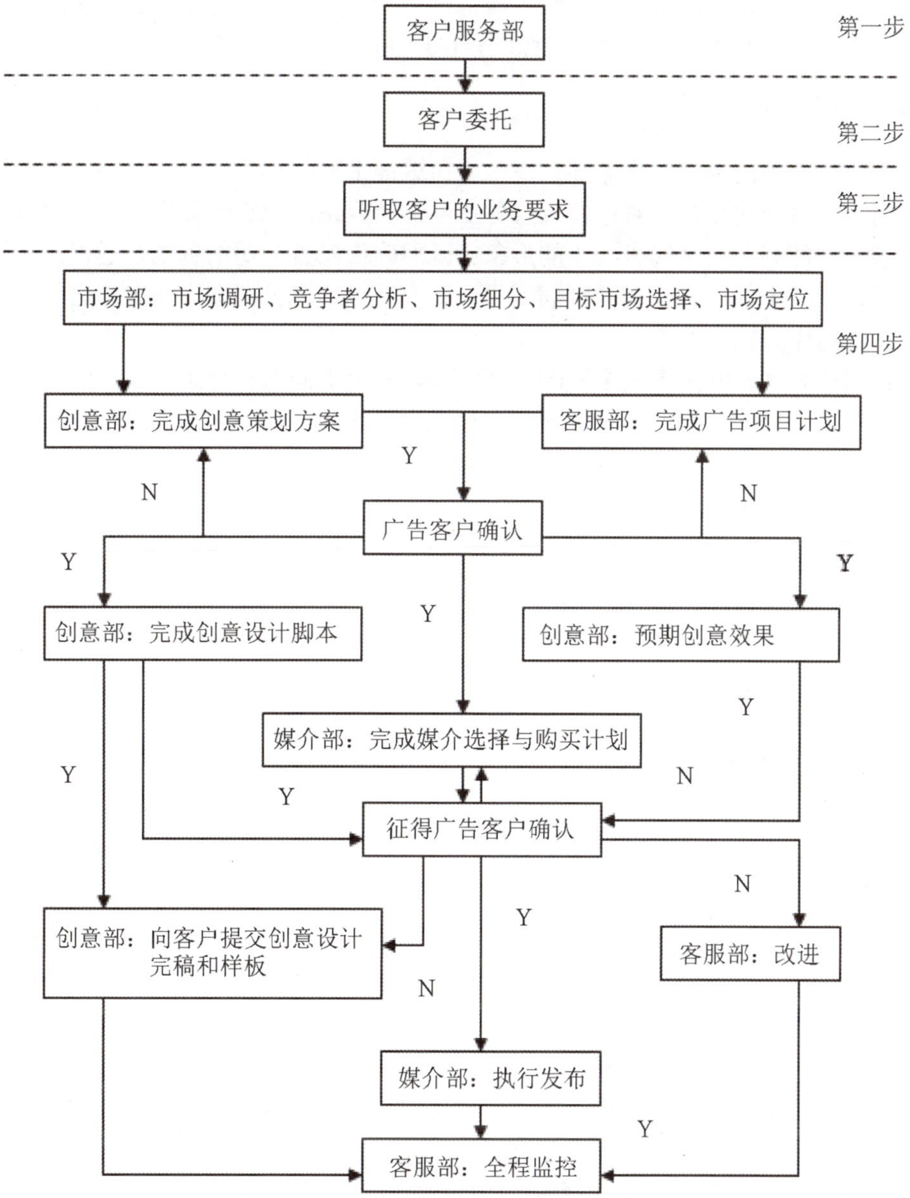

客户服务部
第一步
客户委托
第二步
听取客户的业务要求
第三步
市场部：市场调研、竞争者分析、市场细分、目标市场选择、市场定位
第四步
创意部：完成创意策划方案
客服部：完成广告项目计划
Y
N
N
广告客户确认
Y
Y
创意部：完成创意设计脚本
Y
创意部：预期创意效果
Y
媒介部：完成媒介选择与购买计划
Y
N
Y
征得广告客户确认
N
Y
创意部：向客户提交创意设计完稿和样板
客服部：改进
N
媒介部：执行发布
Y
客服部：全程监控

图7-1　广告公司的业务流程图（Y：Yes；N：No）

（二）专业广告代理公司

从20世纪90年代以来，广告公司一方面朝着规模化方向发展，形成了数个全球性的广告集团；另一方面朝着专业化方向发展，一些规模相对较小的专业广告公司往往只承担一部分广告运作环节中的任务，因此服务也更加的专精。比如：独立的创意工作室、专门的媒介购买公司、只负责网络广告业务的公司等。

（三）广告主自设广告代理公司

广告主自设的广告代理公司，又称专属广告公司，是由广告主自己经营、自己享用的广告公司，所有权属于该广告主。一般地广告主自设的广告公司主要是完成自己的广告制作和广告发布任务，若能力许可也会对外承揽广告代理业务。

三、客户服务制度

广告公司设立专门的客户服务部是广告公司里最重要的部门之一，对外负责与广告客户接触，了解广告客户的需求；对内负责与各业务部门联系，向它们传递客户的要求。客户服务部既代表客户的利益，又代表公司的形象；既要确保广告公司的资源合适地用于满足广告客户的需要，又要确保广告公司的利润增长。客户部是广告公司和广告客户之间的纽带，客户人员是广告运作的核心人物。

客户部对广告客户的服务是全面的。客户部首先负责向客户介绍公司，同时明确客户的需求，并初步衡量客户要求的实现难度和实现成本，代表公司与客户深入沟通，争取签订广告代理合同。然后，客户部根据客户的产品状况、市场状况、广告目标、广告预算等相关信息，同公司内各业务部门协商制定广告计划方案，交由广告主审定。最后，由各相关部门操作执行广告计划方案，并在执行的过程中随时向客户汇报情况，征求客户的意见，对广告的市场调查、创意、设计、制作、发布、效果调查的全过程实行监督。一切以广告主的需求至上，通过客户服务制度的建立，实现广告客户的完全满意。

四、代理收费制与财务管理

（一）代理收费制

广告公司的代理收费制度形式很多，常见的形式有以下六种。

1．媒介佣金制

广告公司作为代理商，其获取收入的来源：一个是广告主，一个是广告媒介。早期的代理商代表媒介向广告主兜售广告版面和广告时段，主要功能是为媒介完成版面销售或时段销售，他们不仅替媒介寻找广告客户，还负责广告设计制作等工作，所以媒介商会支付一定的佣金给代理商。广告公司的主要劳动收入来自于从媒介获取的佣金，大约占到四分之三。这是一种最早最传统的广告代理收费制度，佣金比例一般在8%～25%之间。1901年，美国著名的出版商克拉仁斯·科梯斯制定了向广告代理商支付15%佣金的制度。1917年美国广告公司协会成立后也将媒介佣金比例定在15%。20世纪50～60年代，美国、加拿大、日本、西欧等国家开始接受15%的佣金，并使15%的佣金成为国际惯例。

中国国家工商行政管理总局在1993年7月颁布的《关于进行广告代理制试点工作的若干

规定(试行)》中，对于我国广告代理制中的代理费的收费标准明确规定为广告费的15%。现在，大众传播媒介的佣金比率是广告刊播费的15%，户外媒介是16.7%，广告经营者承办国内广告业务的代理费为广告费的10%，承办外商来华广告的广告代理费为广告费的15%。

2. 服务费制

服务费制是大卫·奥格威率先实行的一种收费制度。1988年前后，福特、奔驰、耐克等著名企业纷纷改用服务费制。

服务费制即广告客户根据广告公司每月的实际成本和实际的业务花费向广告公司支付一定费用。所以，要求广告公司的一切成本和花费都能向广告客户提供财务凭证，包括市场调查费、广告制作费、媒介购买费、人员差旅费。另外，还有人员的工时费、广告作品返工成本、广告公司人员管理成本等。虽然从财务管理的角度来看，可以将服务费看成由三项构成即由与工作直接相关的人员费用构成的直接成本、由各服务部门的工作费用构成的间接成本、广告公司的税前利润，但是这种收费制度执行起来非常烦琐，而且付费双方有时在费用项目和价格上往往难以统一认识。建立合理的服务费制的费用项目测评和定价系统仍是国际广告业在研究的课题。

3. 销售额百分比收费制

这种收费制度实际上是将广告公司的收入与广告的效果挂钩，即广告公司与广告客户事先商定一个双方认可的百分比，广告公司的收入按广告客户销售额的特定百分比提取。那么，当广告客户的销售额上升时，广告公司就可以得到更多的酬劳；而当广告客户的销售额下降时，广告公司就只能得到较少的酬劳。广告效果的显现会有时滞，所以选择哪一时期的销售额作为百分比的基数显得尤为重要，但是在实际操作中很难选择准确。另外，销售额的变化是受到包括广告的若干因素的共同作用的结果，很难甚至不可能将广告对销售额的影响独立出来。所以，这种收费制度也有它的缺陷。

4. 固定期限收费制

广告公司按某固定期限向广告客户收取固定的费用。固定期限可以是月、季、年等。当广告客户对广告的投放要求比较稳定，广告客户的产品市场也比较稳定，广告客户与广告公司的关系也比较稳定时，宜选用这种收费制度。如果上述三个方面有一个方面不稳定就不宜采用这种收费制度。

5. 综合收费制

在实际操作中，将销售额百分比收费制和固定期限收费制这两种收费制度结合起来使用。一方面，能够保证广告公司的定期固定收入；另一方面，能够激励广告公司为广告客户服务的积极性。

6. 项目收费制

广告公司将自己所能完成的工作分解成详细的项目内容，制成项目明细表，提供给广告客户，供其选择。广告客户可以从中选择一项或多项，并按项目价目表逐项支付酬劳。这种收费制度给了广告客户更灵活的选择内容和支付方式。

（二）财务管理

广告公司的财务管理是指广告公司遵照价值规律，对广告活动涉及的各种资金活动进行的管理，包括资金的筹措、使用，以及资金预算、计划、核算等，还包括对财务风险的预测和控制管理。即广告公司的财务管理是对公司经营活动中资金形成、资金分配、资金使用，进行计划、组织、协调、控制、监督和核算。具体内容是：收取广告费、参与广告预算的制定、监督广告预算的执行、公司行政费用的管理、财产及物资出入账的管理、专项基金的管理、交纳税金等。

广告公司的财务管理与其他工商企业的财务管理所涵盖的内容一样，涉及经费开支、现金管理、成本控制、编制财务报表等项内容，只是各项财务细目的内容会因该行业的特点而有所不同。

本章小结

广告活动是一种社会活动，是一种在公开场合传播广告信息的活动，所以，要遵循公众规则。遵循规则的方式有三种：遵循严格的法律法规、接受广泛的社会监督、高度的自我管理。广告活动的参与者在向公众传播广告信息的同时，不能对公众造成任何形式的伤害，不能对整个社会及其持续发展造成任何形式的损害。广告法规是国家行政法规的一种，由国家制定、认可和强制执行，是市场经济和广告业发展到一定阶段的产物。行业自律是广告行业各种组织机构、经营者和广告主，自觉地依据国家的各项相关法律法规，结合行业特点，制定的约束规则，具有明显的行业特性，可以协助国家法规的执行，可以净化行业环境。社会监督虽然是一种软约束，但无处不在，可以更大范围地督促广告业的健康发展。

广告代理制度是一种先进的制度形式，可以促进广告业在合理化分工与协作的基础上高速发展。广告代理制度本身的形式是多种多样的，广告代理收费的方式也是多种多样的，选择哪种代理形式和选择哪种代理收费方式要根据广告代理公司的目标、广告客户的性质、广告的内容等来合理决策。

延伸阅读

1. 广告经营与管理_豆丁网http://www.docin.com/p-183277137.html
2. 广告经营与管理_百度文库
http://wenku.baidu.com/album/view/48c4060216fc700abb68fcfa.html
3. SMG广告经营中心网http://adv.smg.cn/
4. 广告经营_百度文库http://wenku.baidu.com/search?word=广告经营
5. 医疗广告管理办法网http://www.gov.cn/ziliao/flfg/2006-11/28/content_455183.htm
6. 烟草广告管理暂行办法网
http://www.ngsh.gov.cn/zcfg/xzgz/200805/20080501162746_11831.shtml

7. 广告经营许可证管理办法网
http://www.jincao.com/fa/09/law09.159.htm
8. 印刷品广告管理办法网http://www.jx315.gov.cn/showlaws.asp?id=69

【案例】

资料1：国际4A广告公司的运作流程

一、客户提出需求

如：新产品的全国推广。

二、约见会谈

客户经理接到客户请求后，向客户总监汇报，安排好具体会谈时间，由客户方负责人到会向广告公司详细介绍该产品的现状（包括产品特色、功能、定价等基本信息），并介绍客户方对推广该产品的营销战略和营销目标（如第一年销售预期多少万元、目标消费者是谁等）。

一般来讲，在开会之前，客户经理会和AE（Account Executive，客户执行），一起通过网络等途径了解一下新产品所在行业的基本情况，这样在会谈中会相对主动些。

三、客户总监审批

会谈结束后，由客户总监依据客户介绍的情况以及客户经理事先查询的客户行业资料，进行项目可行性论证，审查批准。

四、制订详细的工作计划

由客户经理联系各部门制定项目计划方案，编制进度表，详细规划完成广告客户所须开展的工作内容、负责人、时间等资源安排等。

五、客户确认，签订合同

由客户经理向客户通报项目计划方案，经客户方同意，签订合同。

六、执行

客户经理通知各相关部门总监，并介绍项目基本情况。包括策划部、媒介部、创意部。项目正式开始运作，但请注意，一般不是同时进行，而是按次序交叉进行。

大致顺序如下。

1. 客户部客户主任（比客户经理更低一级的客户服务人员）和客户经理开始搜集产品资料、竞争对手资料、行业资料等，同时，媒介部通过购买，搜集竞争对手的广告投放情况（近年来投放地区、金额、媒介种类），以及竞争对手的广告表现。（企业一般也会提供部分资料）

2. 有需要的话，还可能委托市场调查公司，进行定量和定性的市场调查。

07

3. 客户主任将所有资料整理，提交给客户经理、客户总监、策划总监、策划经理（注意，很多公司没有策划部，策划工作由客户部完成），大家消化资料。

4. 客户经理、客户总监、策划总监、策划经理会进行几次会议，讨论各自的一些看法和思路，正常时间为一周左右。当大家就某一策略思路达成共识后，再由客户经理和策划经理整理细化，并形成文字（策略思路）。

5. 客户经理和策划经理开始讨论策划方案的框架和细节，两人合作或者指定其中一人完成整个提案的撰写。同时，向媒介部讲明策略思路，由媒介部完成媒介方案，并填写创意简报，经客户总监和创意总监签字后，召开创意简报会议。参加者为客户总监、客户经理、客户主任，创意总监，文案，美指。会上，客户经理向创意部讲解创意简报，并就创意部的疑问进行解答。

6. 创意部开始工作。文案和美指开始发想创意概念（或叫点子），总监负责把关。创意部有了几套比较满意的方案后（注意，只是想法，并没有作出来，也可能画有草稿），会向客户部进行一次非正式的提案，一般这种提案会有几次，双方达成共识后，开始正式作创意表现。文案撰写标题和内文，以及影视脚本，美指开始做表现稿，创意总监把关。同时，完成的策略方案也会提交给客户总监和策略总监，给予修改意见。

7. 客户经理根据进度，制定内部提案时间，到时进行内部正式提案，不断完善提案，一般会进行一到两次。

8. 内部提案通过，与企业约定时间，进行正式提案（一般是总监提）。若通过，根据方案开始执行；若不通过，则一切重新来过或者被客户解约；若基本通过，作部分修改，再进行二次提案。

（资料来源：www.ad-ren.com）

资料2：关于发布2008年第2期违法药品医疗器械保健食品广告公告汇总的通知

国食药监稽[2009]64号
2009年2月13日

各省、自治区、直辖市食品药品监督管理局（药品监督管理局）：

为加强药品、医疗器械、保健食品的广告监督管理，整治违法发布广告行为，进一步规范广告发布秩序，根据《药品管理法》和《药品管理法实施条例》的有关规定，各省（区、市）食品药品监督管理部门加强对辖区内广告发布情况的监测，并及时发布了违法公告。

2008年6月至12月期间，各省（区、市）食品药品监督管理部门以发布公告等方式通报并移送同级工商行政管理部门查处的违法药品广告24 565次、违法医疗器械广告1532次、违法保健食品广告15 196次。吉林、陕西和青海等10个省（区）撤销了73个因严重篡改审批内容进行违法宣传的药品广告批准文号（见附件）。

国家局将其中违法情节严重、违法发布广告频次高的药品、医疗器械、保健食品广告进行了汇总，现予发布。

一、山东三九药业有限公司生产的药品“天母降压片”，产品功能主要为“平肝潜阳。用于高血压病肝阳上亢症，症见眩晕、头痛、心悸、心烦、失眠、脉弦等”。该药品为处方药，擅自在大众媒介发布广告。广告宣称可以“使高血压患者摆脱西药……吃了四天，西药停了，血压没有升上来，连多年的老便秘也改善了”。该广告含有不科学地表示功效的断言和保证，利用患者名义为产品功效作证明，严重欺骗和误导消费者。

二、陕西东泰制药有限公司生产的药品“银屑胶囊”，产品功能主要为“祛风解毒。用于银屑病”。该药品为处方药，擅自在大众媒介发布广告。广告宣称“痊愈患者复发不足1.6%；3年以下患者，1个疗程即可康复；10年左右患者3～4个疗程达到痊愈；20年以上的特重患者在6个疗程治疗中，确保痊愈不复发”等。该广告含有不科学地表示功效的断言和保证，利用患者名义为产品功效作证明，严重欺骗和误导消费者。

三、贵阳德昌祥药业生产的药品“清心明目上清丸”，产品功能主要为“清热散风，明目止痛”。广告宣称“7天消除眼内物障，3个月内白内障、青光眼恢复正常”等。该广告功能主治宣传超出食品药品监督管理部门批准的内容，广告含有不科学地表示功效的断言和保证，严重欺骗和误导消费者。

四、吉林本草堂制药有限公司生产的药品“心舒胶囊”，产品功能主要为“行气活血、通窍、解郁。用于冠心病引起的胸闷气短，心绞痛”。该药品为处方药，擅自在大众媒介发布广告，广告中宣称“主治心律失常、心肌炎、高血脂、高血压；中华心脏病康复工程指导中心重点推荐，228个国家级医院联合验证1盒有效缓解，3～5盒基本消除胸痛、房颤、早搏、冠心病、心绞痛、心肌梗塞”等。该广告功能主治宣传超出食品药品监督管理部门批准的内容，广告含有不科学地表示功效的断言和保证，并使用医疗机构的名义为产品的功效作证明，严重欺骗和误导消费者。

五、山西省吕梁中药厂生产的药品“固肾生发丸”，产品功能主要为“固肾养血，益气祛风。用于肝肾不足所致的脱发”。广告宣称根本治疗全秃、普秃、斑秃等。该广告含有不科学地表示功效的断言和保证，利用患者形象和名义为产品功效作证明，严重欺骗和误导消费者。

六、陕西奥通科技有限公司生产的医疗器械“近视回归镜（广告中标示名称为学生第E镜）”。该产品对假性近视有治疗作用，对伴有调节性成分的近视可以抑制其进一步发展，并可不同程度地提高远视力。广告宣称“十个近视，九个能好；用3个月300度变50度；被教育部专家誉为眼镜行业的一次‘革命性突破’”。该广告含有大量不科学地表示功效的断言和保证，并使用患者和专家的名义为产品功效作证明，严重欺骗和误导消费者。

七、广东省中山市维健生物技术有限公司生产的医疗器械“WK-2003型健儿贴”。该产品用于儿童多动症或多动倾向所引起的自控力差、注意力不集中的辅助治疗。广告宣称“广州儿童医院、南方医科大学珠江医院全军儿科中心和中山医科大学附属第三医院等对上万名适龄儿童跟踪证实：总有效率在84%～87.6%之间；裕华西路的雯雯使用‘健儿贴’不到一个疗程，能集中注意力学习，小动作明显减少，成绩平

07

均提高30分，病情无反复”。该广告含有大量不科学地表示功效的断言和保证，严重夸大产品功效，并使用专家、患者等名义为产品功效作证明，含有有效率等内容，严重欺骗和误导消费者。

八、保健食品“华纳牌磷脂胶囊”[卫食健进字（2002）第0047号，广告中标示名称为：清脂前列通]，其批准的保健功能为“调节血脂”。广告宣称“专门解决由各种原因引起的前列腺疾病，以及由此引发的阳萎、早泄、举而不坚、性欲减退；临床验证效果显著”等。该广告宣传超出批准的保健功能范围，含有不科学地表示产品功效的断言和保证，严重欺骗和误导消费者。

九、保健食品“柳映堂牌轻轻塑胶囊”[卫食健字(2002)第0649号，广告中标示名称为：茶酵母]，其批准的保健功能为“调节血脂、减肥”。广告宣称服用后“1个月减掉了8～15斤，2～3个月血脂恢复正常，6盒消除顽固便秘”等。该广告含有不科学地表示产品功效的断言和保证，严重欺骗和误导消费者。

问题：

1. 广告管理的必要性是什么？
2. 药品医疗器械保健食品违法广告的表现有哪些种？

思考练习

1. 常用的广告代理收费方式有哪几种？
2. 广告代理制度的含义是什么？
3. 广告管理的特点与方法有哪些？
4. 你对中国广告社会监督的管理方法有什么看法？
5. 中国的广告法规包含哪些基本内容？

第三编

广告实务与评测

第八章

广告调查

〖学习要点及要求〗

本章有广告调查、市场调查、传播调查、广告调查报告等重要术语。通过本章的学习，了解广告调查的定义、分类及其意义；理解广告调查的内容、调查工作的一般程序和方法；掌握广告调查报告的写作方法。

第一节　广告调查概述

一、广告调查的概念

要探究广告调查，首先需要了解什么是市场调查。市场调查(Marketing Research)就是指运用科学的方法，有目的地、有系统地搜集、记录、整理有关市场营销信息和资料，分析市场情况，了解市场的现状及其发展趋势，为市场预测和营销决策提供客观的、正确的资料。包括市场环境调查、市场状况调查、销售状况调查等，还可对消费者及消费需求、企业产品、产品价格、影响销售的社会和自然因素、销售渠道等开展调查。国内还有其他的方法，比如“市场研究”、“营销研究”、“市场调研”等。市场调查是一切广告活动的发轫、源头与根本。离开市场调研，广告策划只是无源之水、无本之木，整体广告活动就成了盲人摸象。因此，市场调查是广告从业人员的必修课。而广告调查就是利用有关市场调查的方式和方法，对影响广告活动有关因素的状况及其发展进行调查研究的活动。

广告调研的英文单词是“Adverting Research”，也叫广告调研，主要是指围绕广告活动所进行的一切调查活动，其目的是通过科学的方法获得信息，并对所获的信息进行分析和整理，对开展科学的广告活动提供依据，为制定和评估广告、广告战役以及媒体战役而系统地收集和分析信息的活动。

广告调查是广告活动中的重要环节，在广告运作的所有程序中都需要相应的广告调查为其服务。在广告计划与策划阶段，需要大量的市场调查作为支持，以了解市场状况、竞争对手、消费者情况等，这也是在广告流程中单独把市场调查作为程序之一的原因；在广告创意和广告设计制作阶段，需要作广告文案测试对广告效果进行事前评估；在广告执行与发布阶段，需要对媒体作大量定量和定性研究，相关的广告调查转化为媒体调查；而在广告效果测定和反馈阶段就更依赖于相关的广告调查活动。随着经济全球化的到来，政治、经济环境变得更加复杂，广告调查越来越受到广告主、广告公司、广告媒介的重视。广告调查的作用主要包括以下几点。

第一，广告调查是广告策划的依据和参考，是整个广告活动的开端。经广告调查得出的数据和分析，是后来广告活动的重要参考。

第二，广告调查是预测未来的基础。广告调查得到的事实和数据，是科学、准确地预测广告活动未来发展的基础。

第三，广告调查有助于准确测定广告效果，评估广告活动。广告效果是广告方案实施后

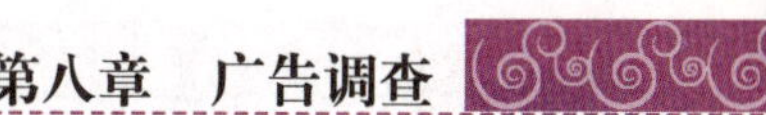

测评出的结果，广告效果如何对广告主广告投放决策具有重要影响。

二、广告调查的类型

（一）根据研究问题性质的不同，广告调查一般可以分为探测性、描述性、因果性、预测性等四类

1．探测性调查

当广告调查的问题不甚明确时，可采用探测性调查(亦称非正式调查)。探测性调查的资料来源有三个方面：第一，现有的资料；第二，请教相关专家和业内资深人士；第三，对以往的实例进行研究并作参考。第一种是最省时省力的一种方法，如行业协会公布的资料、企业年报等都可利用。第二种是请教具有相关经验的人员，如销售商、生产经理、销售经理等，通过与他们的交谈会受益良多。另外，详细了解过去的实例可以获得启发，对以后的工作会有很大的帮助。

2．描述性调查

描述性调查就是通过描述调查对象的特征，向广告主展示产品生产或销售过程中出现的变化，以引导调查作进一步分析。描述性调查是对不同因素、不同方面现状的调查研究，其资料数据的采集和记录，着重于客观事实的静态描述。多数的广告调查为描述性调查。例如，市场潜力和市场占有率、产品的消费群结构、竞争企业的状况描述等。描述性调查分纵向研究和横向研究两种类型。纵向研究是指提供在一个时间段内重复地测量某个事件的调查研究。横向研究是指描述在一个特定时间点上一个事件的不同子样的调查研究。

3．因果关系调查

对于一个事件来说，有结果发生，必然有一个对这个结果起决定作用的原因，两者形成因果关系。把描述性调查中的各方面资料汇集，找出之间的各种相关因素，总结出它们之间的关系。

4．预测性调查

“先机即商机”，对目标市场的预测非常重要，常常决定产品能否获得市场成功。当今的市场是供大于求的买方市场，对准受众的需求进行调查是广告活动的重点和难点。而对受众的预测性调查是分配销售预算的重要参考依据，是企业所有计划的出发点，对广告主产品的生产会有很大的指导意义。如果预测性调查做得不好，广告主日后所冒的风险就会很大，因此预测性调查意义重大。

（二）根据广告调查进行的时间和所要解决的具体问题的不同，广告调查可分为广告战略调查、广告创意概念调查、广告媒介调查和广告效果调查

1．广告战略调查

广告战略调查帮助广告公司明确广告活动针对的目标市场、目标市场中消费者的特征与偏好、市场竞争状况、品牌在消费者心目中的形象以及对该类产品而言重要的因素等。

广告战略调查决定广告“对谁说”、“说什么”的问题。

2．广告创意概念调查

一旦制定了广告战略，接下来的工作就是确定广告创意概念。在创意概念未产生之前，可通过试调查寻找关键信息。此时常用的方法是小组访谈，即邀请一组目标市场的消费者，请他们就与广告产品有关的问题，如使用体验、使用场景等问题，畅所欲言，广告创意人员从他们的互动与交谈中寻找诉求要点以及独特的表述方式。

广告创意概念调查决定广告“说什么”和“如何说”的问题。

3．广告媒介调查

广告媒介调查是广告调查的一个重要内容。企业支出的广告费大部分都花在媒介版面和媒介时间的购买上，因此媒介调查在广告调查中举足轻重。媒介调查包括目标受众的媒介接触习惯、媒介种类(如报纸、电视、网络、户外等)、具体的媒介载体(指具体的某个节目或者某个刊物)、媒介的版面和时间、媒介价格、媒介排期标准等。

广告媒介调查决定广告“在哪里说”的问题。

4．广告效果调查

广告效果调查分为事前测定、事中测定和事后测定。广告效果的事前测定，就是在广告计划实施之前，先对广告作品和广告媒介组合进行评价，预测广告活动实施以后会产生怎样的效果；广告效果的事中测定是在广告正式发布之后直到整个广告活动结束之前的广告效果的测定；广告效果的事后测定是在广告活动全部结束之后的总体评价。

广告效果调查决定广告“结果如何”的问题。

第二节　广告调查的内容

广告调查的目的，是要提供与广告有关的资讯，作为广告决策的依据。在整个广告活动中，无外乎为广告主解决对谁说、说什么、怎么说、通过什么说、说的效果如何等几个方面的问题，因此广告调查的内容涉及广告市场调研、广告传播调研两个方面，其中广告传播调研又包含广告主题调研、广告创意调研、广告媒介调研和广告效果调研。

一、广告市场调查

（一）宏观环境与市场分析

宏观环境，即对企业面临的政治(Political)、经济(Economic)、社会(Social)和技术(Technological)这四大类影响企业经营的主要外部环境因素进行分析。市场分析包括需求和供给两方面，需求分析是指市场需求总量即市场规模分析与市场趋势预测，供给则是分析行业所处的生命周期以及行业的整体水平和发展状态。

宏观环境是指所有的广告活动面临的政治、经济、社会、科技等环境。对企业而言，只能去适应，无法改变和控制。其分析常用的工具是PEST分析法，分析结构图如图8-1所示。

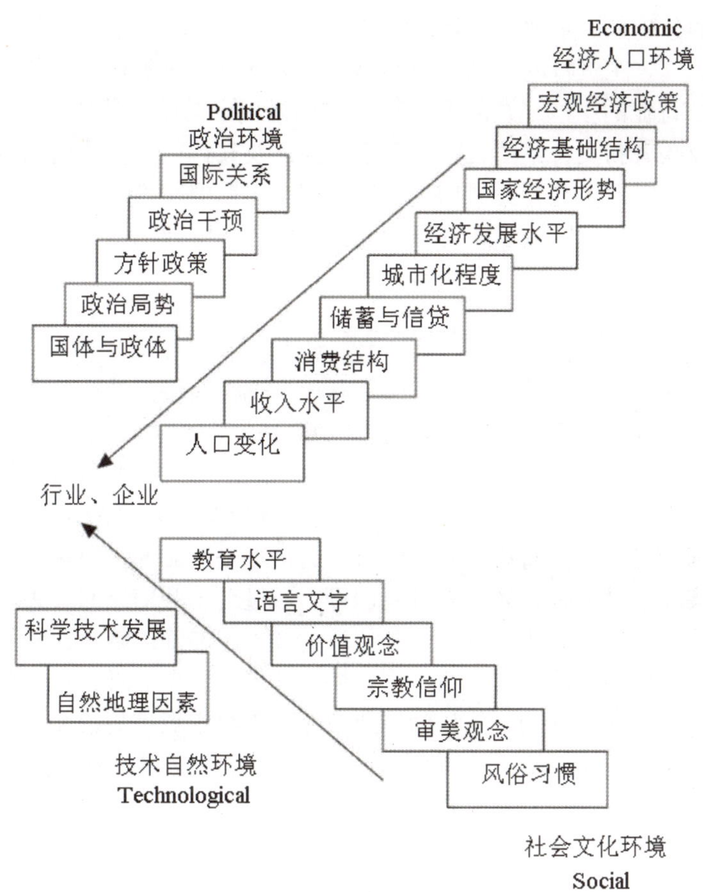

图8-1　PEST分析结构图

宏观环境调查的主要内容如下。

(1) 政治环境。政治环境主要包括国家的政治制度、方针政策、政治与社会是否稳定等。

(2) 法律环境。法律环境主要是指国家权力机关及其有关部门颁布的法令、法规、条例等。市场调查应重点了解和掌握经济合同法、商标法、专利法、广告法等相关的法律。

(3) 经济环境。经济环境主要是指一定时期社会生产的规模和消费的总体状况。包括当年的国民生产总值、整体经济运行情况、产业结构分布、货币流通情况等。

(4) 社会文化环境。社会文化环境主要包括社会各阶层分布情况、家庭组成情况、民族习俗、风土人情、时代价值观、受教育程度等方面的情况。

(5) 人口环境。人口环境主要包括一定时期的总人口、人口的各种构成、人口的地理分布等。

(6) 科技环境是指本企业产品、服务相关领域的科学技术的发展水平、发展趋势和发展速度，以及国家和地区的科技体制、科技政策等。

(7) 自然环境。自然环境主要是指与广告营销活动有关的自然地理、自然景观、气候条件等方面的情况。

(8) 国际环境。国际环境主要是指与广告主对外经济合作、对外投资、对外贸易有关的国家或地区的政治、法律、经济、文化、教育和道德观念等诸方面的情况。

除宏观环境的分析外，企业的广告战略还受控于产业环境、市场结构、行业周期、市场总需求等。因此为广告主进行的营销环境调查、市场分析还应包括上述种种。其中产业环境是指广告主所处的行业的生产经营状况。市场结构是规定构成市场的卖者(企业)相互之间、买者相互之间以及买者和卖者集团之间诸关系的因素及其特征。行业周期性是指行业发展与经济周期的关联度，一般可将行业周期分为增长型、周期型和稳定型。市场总需求是指一个产品在一定时期，一定地理区域内，在一定营销环境和一定营销方案下，特定顾客群体愿意购买的总数量。

(二) 竞争分析

在市场中，企业往往不是单独存在，而是有很多现实或潜在的竞争者，这些竞争者的存在对企业的生存发展都有着重大影响，有时影响甚至是致命性的，因此竞争分析非常重要。市场环境是随时变化的，竞争对手的策略和行为也在随之变化，竞争对手的识别和确认往往并不容易，因此首先要对竞争对手的信息，对其市场行为特别是战略性的行为进行实时监测，才能真正做到知己知彼。商场上的竞争对手通常都是敌对的，很多信息会被刻意隐藏起来，要了解和收集并不是那么容易，不过我们可以通过对公开信息的收集和整理来分析和推测竞争对手的策略和动机。对竞争对手公开信息的收集越准确、越全面越好，要把它作为营销部门非常重要的一项基础性、日常性工作，持续地进行。一般进行竞争分析使用的都是迈克尔·波特的五力模型(见图8-2)。他认为行业中存在着决定竞争规模和程度的五种力量，这五种力量综合起来影响着企业的发展。在该模型中涉及的五种力量包括：新的竞争对手入侵、替代品的威胁、买方议价能力、卖方议价能力以及现存竞争者之间的竞争。竞争分析就是通过这五种竞争力量，识别出企业的主要竞争对手，对其市场优势和营销要素进行了解和分析。

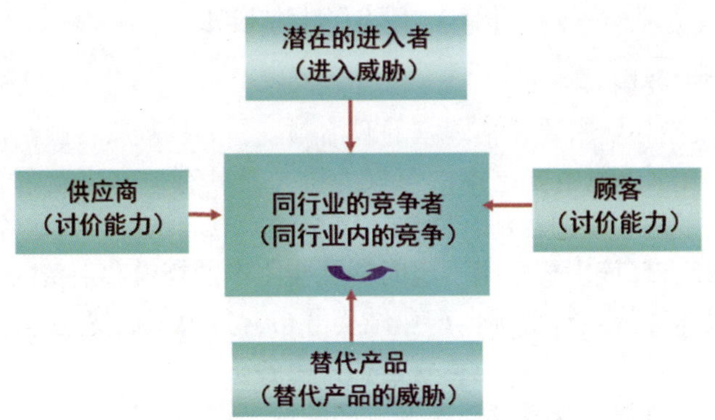

图8-2　波特的五种竞争力量分析(5 Forces)

从这个模型中我们可以看出，企业之间的竞争不能仅仅看作是现有竞争对手之间的较量，而是由五种力量共同作用的一个系统。除现有竞争对手外，企业的买方(客户)、供应商、潜在进入者和替代品生产商都影响着竞争态势。在广告调研过程中，竞争对手营销要素分析又是重中之重。竞争对手营销要素分析主要包括了解和分析竞争对手的产品与服务的组合及构成、产品与产品线、功能及价值、卖点及其优劣势、品质与信誉、更新换代周期、包装风格、品牌现状等；了解和分析竞争对手的产品与服务的生产成本，总体价格水平，零售价与结算价，各个细分产品的不同价格标准、价格定位，价格调整的频率与力度等；了解和分析竞争对手的销售团队(主管与人员构成)、经销商、覆盖区域、销售渠道与管理模式等；了解和分析竞争对手的市场推广策略，广告宣传的投入力度和覆盖广度，广告媒介的选择，广告、公关的配合，促销的频率和力度，促销的形式、内容和效果等。

(三) 消费者分析

如果把市场竞争比喻成没有硝烟的战争，竞争对手是我们进攻的对象，那消费者无疑就是双方争夺的阵地和目标。消费者是广告传播的受众和对象，是企业营销和广告活动围绕的核心。分析和研究消费者的购买心理和行为，才能知道如何让广告成功地影响和引导消费者，做到有的放矢。因此，消费者分析是广告活动特别是广告策划中非常关键的一步。

消费者分析包括目标消费群的社会特征、心理特征、行为特征等分析。消费者行为学中有一个著名的"刺激—反应模式"工具(见图8-3)，用以研究企业的市场营销刺激与其他刺激进入消费者的意识后，引起的消费者决策过程和购买行为的变化。"刺激—反应模式"是由行为心理学的创始人约翰·沃森(John Watson)提出的。沃森把人类的复杂行为分解为刺激和反应两部分。人的行为都是受到刺激后的反应，刺激来自身体内部和体外环境两方面，而反应总是随着刺激而呈现的。按照这一原理分析，从企业营销的角度出发，企业的市场营销活动都可以被视作对消费者行为的刺激，如产品、价格、广告、销售地点和场所、各种促销方式等，我们称之为"市场营销刺激"，是企业有意安排的、针对消费者的刺激。此外，消费者还会受到所处的外部环境的刺激，如经济的、技术的、政治的和文化的刺激等。这些刺激进入消费者的头脑后，产生了一定的反应，促使购买决策的形成，包括产品选择、品牌选择、购物商店选择、购买时间选择和购买数量选择。

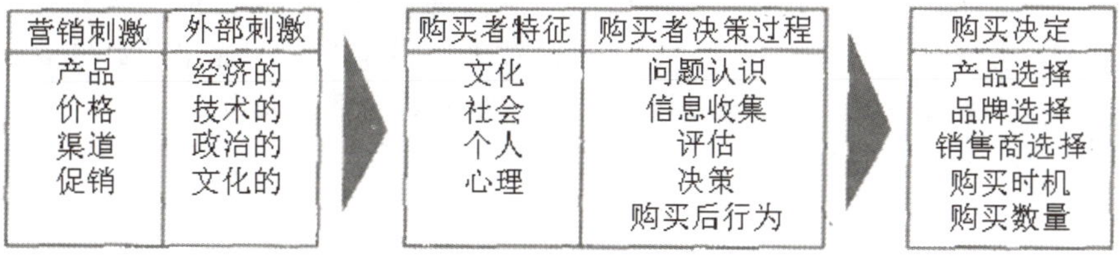

营销刺激	外部刺激
产品 价格 渠道 促销	经济的 技术的 政治的 文化的

→

购买者特征	购买者决策过程
文化 社会 个人 心理	问题认识 信息收集 评估 决策 购买后行为

→

购买决定
产品选择 品牌选择 销售商选择 购买时机 购买数量

图8-3 刺激—反应模式

研究和了解消费者的需要及其购买过程，是市场营销和广告传播成功的基础。广告人员通过了解购买者如何经历引起需要、寻找信息、评价行为、决定购买和购后行为的全过程，就可以获得许多有助于满足消费者需要的有用线索；通过了解购买过程的各种参与者及其对购买行为的影响，就可以为其目标市场设计有效的营销和传播计划。

(四) 广告主自身分析

《孙子·谋攻篇》中说：知己知彼，百战不殆；不知彼而知己，一胜一负；不知彼，不知己，每战必殆。分析了企业所处的外部环境、竞争对手和消费者之后，还要进行广告主自身的了解和分析，才能真正做到知己知彼。广告主自身分析，一般运用SWOT(见图8-4)分析工具综合分析企业面临的外部机会和威胁以及内部优势和劣势。分析企业内部优势和劣势要从企业内部环境和产品入手，分析企业所拥有的资源、能力和营销要素，分析产品的特性和生命周期，找出产品的差异。广告主自身分析就是明确企业的优势与劣势，结合外部的机会和威胁，确定企业的战略选择，为营销和广告策略提供指导。

图8-4 SWOT分析工具

其中企业内部环境分析的内容和方法多种多样，比如企业资源分析、比较分析、经营力分析、内部管理分析、能力分析、战略分析、文化分析、业绩分析、自我评价表、价格成本分析、竞争地位分析、核心竞争力分析、利益相关者分析、生命周期矩阵分析、价值链分析等。

企业自身分析除了企业内部环境外，还包括产品和品牌的分析。

产品是一件商品所代表的整体集合。除商品实体外，还有包装、价格、性能及售后服务等。产品的价值大体上分为三种：实际的价值、外形的价值和心理的价值。首先是产品的实际使用价值，主要指产品的性能、作用两方面的调查，如产品的原料来源、加工工艺、耐用程度等的调查；其次是对产品的外形价值的调查，如颜色、包装装潢等方面的调查；再次是指产品的心理价值的调查。随着市场进入供大于求的买方市场，产品的附加值有加大的趋势，名牌产品虽然价格较高但仍买者众多、不愁销售，主要是出于对它的心理需求。这方面的调查主要是商标的记忆度、好感度以及影响力等。通过对产品各方面情况的综合调查，进而分析出该产品是否为消费者所需要，是否是消费者心目中同类产品里的最佳商品，是否能够给消费者带来心理上的满足，以及能否为产品开发出新的用途和市场。

品牌分析主要从两个方面来进行：其一是品牌的强度，其二是品牌的价值。品牌强度测试是从消费者的角度评价产品品牌在消费者心目中的地位；品牌价值测试是从广告主的利润角度，赋予品牌的价值量。

二、广告传播调查

（一）广告主题调查

将来自消费者的资料和主题加以测试，根据传播环境、市场环境以及消费者接受程度进行调查，以达到获得适当的广告主题的目的。

1．传播环境

进入21世纪，我们已进入媒介化生存时代。传播技术的日新月异使新的媒体形式不断出现，从而导致信息过剩，也使广告效果明显下降。因此，广告作品的主题，应该遵循统一、不单调、表达明晰的原则，尽量在最短的时间里传达给受众所要了解、接受的内容，最有效地吸引受众的注意力。

2．市场环境

市场环境对广告主题的诉求点起决定作用。选择广告主题的时候要对照竞争对手的广告主题诉求、消费者的消费心理需求等市场环境因素。

3．消费者接受程度

按照需要设计问卷，调查消费者对广告内容的记忆度、理解度、说服力、喜好度等方面的内容。在这里也要注意到消费者年龄、职业、受教育程度等方面的不同。

（二）广告创意测试

一般地说，广告公司从提出概念、确定创意到广告推出，中间有很多控制风险的环节，编织了一个“安全网”，但最终的效果还需要市场检验。因为现在的广告创意为了追求出其不意的效果，已经越来越迫近消费者的接受底线，这往往会给广告主带来市场认同的风险。因此，广告创作首先就是要明确广告主想要传达的信息，然后讨论用何种方式表达。对于后者，就是要用广告创意测试的方式去调查和检验。

一个好的创意，必须要具备两个因素：一是与所要传达的目标有相关性，让消费者容易理解；二是要能表现出品牌的价值。

广告测试OAT(OFF AIR TEST)是广告创意测试的一种常用的方法，是在广告播出(ON AIR)前的一种测试。通过测试对广告的制作质量和可能产生的市场的影响力作出评价，从而对广告效应有所了解。具体操作方法如下：首先根据活动需要，按一定的标准圈定消费者人群，然后邀请符合条件的消费者在指定时间到指定地点看一系列的电视节目，征求他们对电视节目的意见，然后对收集回来的数据进行处理，最后为客户提供有效的数据资料。目的在于通过测量消费者对广告的反应和记忆，来评价新广告是否可以投放，以及在可以投放的前提下，研究该广告还有哪些方面有待改进。

广告测试的一般思路是：通过了解TPM(消费者购买潜力值)来了解广告是否可以播出；通过研究REACTION(消费者反应)和RECALL(消费者记忆度)来研究广告需要弥补的细节，最终通过分析得到一个最接近完美的广告方案。

计算公式：TPM(消费者购买潜力值)＝(第2次选择测试品牌的人数－第1次选择测试品牌的人数)/测试样本量×100%

（三）广告媒体调查

广告媒体调查是广告调查的重要内容之一，指对广告信息载体、技术手段的性能所作的调查。选择恰当的广告媒体，能使广告主更好地利用广告媒体及经费投入，进而更加合理、有效地分配广告费，使广告主和广告公司以最优化的运作取得最大的经济效益。媒体调查的主要内容包括以下几方面。

(1) 媒体接触率调查：通过对消费者媒体接触状况的调查和分析，拟订整体的广告计划。如对电波媒体(广播、电视)的传播区域、视听率、视听者层的调查；对网络媒体和新媒体的传播方式、受众等作的调查。

(2) 媒体广告量统计分析：了解广告主和竞争对手品牌的广告分配情形，以便针对性地拟订广告预算。

(3) 广告计划效果预测：了解一个广告计划的实际效率、到达率、频率、成本等情况。

(4) 广告监视：了解媒体广告的实际发布状况。

（四）广告效果调查

在整个广告活动中，广告主最关心的是广告效果。归根到底，广告的目的是促销，广告片再好看，如果不能引起消费者的有意注意，唤起购买兴趣，促使消费者采取切实的购买行动，都是无效的，没有达到实际目的。

第三节　广告调查的一般程序与方法

一、广告调查的一般程序

第一步：明确主要问题与确定调研目标。

广告调研的目的在于帮助企业制定正确的广告战略、广告策略及广告执行，从而保证广告活动达到预期的广告效果。在调研之前，首先要弄清企业所面临的市场现状和亟待解决的主要问题，如产品销量突然下降、广告促销效果不明显、竞争对手挑衅、品牌老化等。弄清企业目前的主要问题，才能确定调研的目标和范围。一次调研不能设立太多课题，应该锁定本次调研的最主要的课题，确立主要的调研目标。

第二步：设计调查方案。

调查方案就是根据调研目标制定出最经济、最有效的信息搜索计划。调查方案中具体要包括以下内容：首先，确定资料来源。确定收集一手资料还是二手资料，一般是一手资料和二手资料相结合。其次，选择调查方法。企业必须根据所需资料的性质选择合适的调查方法，是定性还是定量，是使用案头调查法、观察法、实验法等各种访问法中的一种还是某几种方法的组合。再次，选取调查对象。根据调查目标和所需要的资料选择有代表性的调查对象，消费者调查要确定选取样本的规模、范围和要求。最后，作出调查计划。不同的调查方法对应不同的调查对象，从不同的调查对象身上获得的信息也不同。调查计划要将所有的调查方法、调查对象、实施时间、人员、费用进行统一安排和计划，保证资料收集的有效进行。

第三步：收集现有信息。

调查实施首先是集中收集二手资料，把所有能收集到的与既定目标有关的信息统统搜集起来，包括企业内部资料和外部资料，然后进行分类、整理、分析。在尽可能充分挖掘现成资料和信息的基础上，再根据调研目标，采用直接调查方法，获取更直观的一手信息。

第四步：设计调查问卷。

实施直接调查前要设计调查问卷，调查问卷是调研的重要工具。无论是采取观察法、实验法还是访问法，一份设计合理的科学的调查问卷或访问提纲都有利于节省调研时间，使信息收集更加全面、准确。问卷设计是调研的核心环节。调查问卷的设计要遵循围绕目标、有的放矢、具体明确、通俗易懂、中性客观的原则。焦点座谈会、深度访谈由于时间较长，提纲和问卷的设计可以深入、详细一些，多一些开放性、描述性问题；定量调查的访问对象是随机选取的，访问时间不宜过长，问卷设计应该简短，以封闭性问题为主。

第五步：组织实施调查。

直接调查方法对调查人员的要求比较高，企业实施调查前必须对参与调查的人员进行适当的理论和技巧训练，广告人员最好亲自参与调查以获取一手信息。现在有很多市场调研执行公司，企业可以把广告调查的全部或部分外包给这些调研公司执行，特别是较大规模的调研最好委托专业的调研公司。如果外包一定要加强对整个调查过程的规划和监控，针对调查中出现的问题及时调整和补救，以确保调查结果的正确性。

第六步：统计分析信息。

对获得的信息进行分析非常关键，调查人员如何从各种数据中提炼出与调查目标相关的信息，将直接影响调查的结果，并最终影响到广告人员的决策和策略。在信息分析过程中，调查人员运用适当的统计方法、数据分析技术和模型对收集到的信息加以整理、统计、加工、编辑，最后用文字、图表、公式将资料中所显示或暗示的各种关系、变化趋势表达出来。

第七步：提出调查结论并撰写调研报告。

调研的最后阶段是对本次调研的结果，如统计数据、录像、录音、记录等通过比较、分析和预测，通常以调研报告的形式呈现出来。一般分为专题报告和全面报告，阐明调研所获结果，以及建立在这种结果基础上的决策方向和可供选择的策略方案。调研报告中，对调查描述与分析应该是客观的、真实的、“无我的”，不应有研究者个人的偏好与喜恶的成分。不过，调查的准确性与深度，却与研究者个人的阅历、知识水平与结构、分析能力等有很大关系。

二、广告调查的种类及常用方法

（一）从接触方式上，广告调研分为间接调查法和直接调查法

间接调查法又称为二手资料调查，或案头调查。对于宏观环境的研究一般是采取间接调查法。宏观环境中涉及的经济结构、国家的方针政策和法律法规、风俗习惯、科学发展动态、气候自然条件、市场购买力水平、市场规模与市场趋势、行业生命周期，以及竞争对手和消费者的信息等，都可以通过收集或者购买二手资料来进行分析。因此，间接调查法最核心的问题就是资料的搜集与分析能力。通常企业市场调研中所需要的外部资料可通过以下来源获得。

一类：政府机构及经济管理部门公布的各种方针政策、法律法规、全国和分省区的统计年鉴、各种专业年鉴以及各级政府发布的经济蓝皮书、社会蓝皮书等。

二类：行业协会发表和保存的相关行业信息和相关企业信息，以及行业发展趋势等资料。

三类：各种信息咨询机构，如国家经济信息中心、国家统计信息中心等公布的各类统计资料，以及一些营利性调研机构提供的行业研究报告、专项调研报告。

四类：各种大众传播媒介，如电视、广播、报纸、杂志特别是行业杂志、网络等，也可能有丰富的本行业经济信息和技术情况的报道。

五类：各种类型的图书馆是各种文献资料集中的地方，市场调查人员可以充分利用图书馆的优势，获得关于某个特定调查主题的信息资料。

六类：行业内人士的意见以及广告主和广告策划者自身的经验积累等。

间接调查的优点在于获取资料较为方便、快捷，其缺点是在资料的完整性、针对性上往往具有一定的局限性。现在一些比较大的广告公司都会购买大量调查公司出售的市场资料，建立自己的市场数据库。一般的竞争数据、消费者数据、行业数据都可以从二手资料中获得，但广告策划还需要很多针对性更强的、更深入的一手信息，这就需要进行直接调查。

直接调查一般有三种具体方法：观察法、实验法和访问法。

1．观察法

观察法是调查人员利用眼睛、耳朵等感官或各种科学仪器通过直接观察搜集资料的一种方法。观察的场所有街道、商场、订货会、展销会等消费者比较集中的场所，形式有外形观察、店铺观察、流量观察、亲身经历等多种。比如市场调查人员到销售场所去观察商品的品牌、包装及堆放情况就是店铺观察，为检验服务质量和服务流程是否规范而经常使用的“神秘顾客扮演”就是亲身经历法。

观察法的最大优点是它的直观性、可靠性。广告观察调查是在被观察者没有觉察到自己的行动正在被观察的情况下进行的，被观察者能够保持正常的活动规律。调查人员从而可以客观地搜集、记录观察现场实况，搜集第一手资料，观察法调查到的广告资料真实可靠、调查结果更接近实际。其次是它简单、易行、费用低廉。观察灵活性较强，只要选择好合适的时间和地点就可随时进行调查，而且不需特别的费用。

观察法的缺点主要在于：第一，观察法只能观察到对象的外貌和行动，内心波动无法确切认识到。有些时候需要投入大量的人员，只有经过长时间的观察，方可发现某些规律性。第二，限制性比较大。观察法在实施时，常受到时间、空间和经费的限制，只适用于小范围的微观市场调查。而且，一旦特定的时空条件发生变化，便无法控制。

2．实验法

实验法是在设定的特殊实验场所、特殊状态下，对调查对象进行实验，观察调查对象的反应的一种调查方法。实验法可用于广告认知的实验等，比如，在同日的同种报纸上，版面大小相同，分别刊登A、B两种广告，然后将其散发给读者，以测定其反应结果；也可用于消费者需求调查，比如，企业让消费者免费使用一种新产品，以得到消费者对新产品的看法；还可用于消费者喜好调查，比如，饮料公司让消费者对几种不同口味的产品进行盲测，以测试消费者更喜欢哪种口味的饮料。

3．访问法

访问法是调查人员与被调查者直接交谈沟通从而得到所需信息的一种调查方法。根据访问方式的不同可分为电话访问、入户访问、街头拦截访问、焦点座谈会、深度访谈等。

电话访问主要是利用固定电话或手机作为媒介，与被访者进行交流，收集所需信息。一般按照事先设计好的问卷或特定的主题进行访问，问题要明确，数量不宜过多，时间不宜过长。入户访问一般以个人或家庭为调查对象，双方按照设计好的问卷或提纲进行面对面交谈。街头拦截访问是访问员在事先选定的若干地点，一般是商场或其他人流量密集的地区，按一定要求选取访问对象，在现场进行简短的问卷调查。电话访问、入户访问、街头拦截访

问的调查对象应该是随机选取的，须征得对方同意后方能进行，因此拒访率较高，但由于这些方法效率高、时间短、成本低，都是定量调查中经常使用的方法。

焦点座谈会也称为集体访谈法，是将一组调查对象集中在一起，让他们对调查的主题发表意见，从而获取所需信息的方法。具体做法是调查人员通过严格的甄别程序选取少数受访者，在一个装有单向镜或录音录像设备的房间里，在主持人的组织下，受访者围绕特定的主题以一种非正式的、比较自由的方式进行讨论。通过这种小组讨论的方式，各个受访者之间可以相互影响、相互启发，从而得到较为广泛、深入的想法和意见。参加座谈会的人员一般为6～10人，通常是具有代表性的用户(重度用户、一般用户、潜在用户)、竞争对手的用户、有关专家等，时间在 2 小时左右。焦点座谈会的应用范围包括：消费者使用态度测试、产品测试、概念测试、媒体研究等。这是在市场调查中经常采用的一种定性研究方法。

一个焦点讨论的成功，取决于参与者在讨论过程中的表现以及他们对所讨论问题的理解，而这往往受组织者的影响。组织者对该次讨论目的的认识将影响到参与者，所以他必须深刻认识此次调查所需要的信息。组织者在提出讨论的问题时应按逻辑顺序提问，并注意控制问题的最大可能范围。整个讨论中，组织者的介绍发言必须很有影响力，所有随后的问题都应有明确的解释，指导参与者该如何回答。要获得参与者对问题真实的感受，组织者必须建立与参与者之间的融洽关系，保持良好的讨论气氛。

焦点访谈法的优点主要在于：第一，获得新的观点。焦点访谈往往会获得真实的、有创造性的观点。将一组人放在一起讨论，与单个人去询问得到的保密回答相比，它能够产生更有创造性的信息，而且由于参与者互不相识，所以能够大胆地表达自己的感受和想法，因此信息比较真实。第二，可以让顾客观看讨论过程。焦点访谈可以让委托人一起参与讨论，因此委托人对调查的结果和信息会有比较深刻和直观的感受。第三，灵活多样。在小组讨论的形式中可以讨论各种问题和事情，这是其他定性方法不能做到的，而且焦点访谈中还可以采用多种技术，如摄像机、网络访谈等多种形式。第四，与被访者更好地交流。对于一些难以单独访问到的对象，在单独访问时容易遭到拒绝，但是焦点访谈由于小组中有更多同类的人参与，因此他们比较容易接受。

焦点访谈法的缺点主要在于：第一，可能无法全面反映大众的观点。由于小组讨论人数的限制和愿意参加讨论的人一般都比较外向，容易接近，所以，并不能代表大众的观点。第二，解释的主观性。有选择性地使用焦点访谈收集来的数据往往会让事先对某种问题有看法的人找到一些支持其观点的说法，而忽略那些预期相反的观点，对于要调查的问题，调查人员不可避免地主观上会存在偏见，这些都会影响到调查问题的设置和对问题的解释。第三，人均成本过高。给参与者的报酬以及相应的硬件设施，会导致焦点访谈的人均参与成本过高。

深度访谈是与特定受访者进行直接的、一对一的、深入的访问以获得信息的调查方法。访问员要掌握较高的访谈技巧，运用大量的追问技巧，尽可能让受访者自由发挥，发掘出受访者的深层想法和感受。该方法常应用于对企业高层、专家、政府官员进行访问或对一些有代表性的客户进行行为动机研究，以揭示其潜在的动机、态度和情感。深度访谈也是一种应用广泛的定性研究方法。

深度访谈的走向依据受访者的回答而定。随着会谈的逐渐展开，面谈者彻底地探究每一个问题，并根据回答来决定下一个问题。

相对于焦点访谈法来说，深度访谈法具有以下优点：第一，消除了群体压力，每个受访者不必说容易被群体接受的话，因而提供更诚信的信息。第二，一对一的交流使得受访者感到自己是被注意的焦点，受访者的意识更容易被激活，偶然的思路和发散的思维，能够对主要问题提供重要的观察。第三，可以深入地探查受访者，揭示隐藏在表面陈述下的感受和动机。

与焦点访谈法相比，深度访谈法的缺点在于：第一，当受访人数很多时，深度访谈法通常比焦点访谈的成本高。第二，焦点小组访谈使调查人可以利用群体动力的杠杆作用来刺激组员的反应，这在一对一的会谈中无法实现。第三，任何一个深度访谈的成败很大程度上取决于面谈者。优秀的面谈者费用很高，而且很难找到，会谈无限制的特点和“临床性”分析特点，更增加了分析的复杂性，小样本和无限制的会谈使得难以进行相互比较，这些都影响了深度访谈法的普及。

值得注意的是，随着互联网的普及与发展，传统的调研开始有网络化的趋势。网上调查是传统调查方法在新的媒介上的应用，它是指在互联网上针对特定问题进行的调查设计、收集资料和分析等活动。传统的二手资料调查、观察法、实验法、访问法等方法都可以通过网络进行，常见的如网页问卷调查、电子邮件问卷调查、网上主题讨论、网上实验法、网上观察法、网上小组调查、网上一对一访谈等，形式更加多样。网上调查具有提问设计方便、灵活，反馈速度快，不受时空、地域的限制，成本低，周期短，结果统计方便等优点。但其调查对象仅限于网民，同时网上调查不容易判断答案的准确性，需要在分析调查结果阶段对得到的数据加以论证分析，去伪存真。

（二）从性质上，广告调查可分为定性和定量两种方法

所谓定性研究是与定量研究相对而言的，定性调研主要依靠调研者的观察分析能力，凭借知识、技术、经验和判断能力，运用归纳和演绎、分析与综合、抽象与概括等方法，来分析事物的特征、发展规律及其与他事物之间的联系，其调研过程及结论是用语言文字来描述的，没有经过量化的，一般用来回答“是什么”、“为什么”。常用的定性调研方法有深度访谈和焦点座谈会。在以消费者需求为导向的今天，消费者更加细分化和个性化，对消费者的心理和行为进行深入探求的定性调研在市场调研中的作用越来越重要，成为企业把握消费者消费心理、消费偏好、消费趋势的重要手段。

定量调研是基于对大量被访者进行访问的基础上，依据统计数据，建立数学模型，并用数学模型计算出分析对象的各项指标及其数值的一种方法，其调研结果是用数字、图表进行描述的，一般用来回答“多少”、“频率”等问题。常用的定量调研方法有电话访问、入户调查、定点访问、街上拦截访问、邮寄问卷、观察法等。定量调研可以广泛用于品牌研究。所以一般定性调查用来寻找调查的方向，而定量调查则将问题进一步细化。

其中定性调研常用的方法在上文已有介绍，此处对定量分析法常用的实验法和问卷调查法进行介绍。

1. *实验法*

实验法是将选择出的一两个因素(影响调查问题)置于实验室环境里进行小规模的实验，然后对实验结果作出分析的调查方法。采用实验法，研究者控制自变量(如价格、包装或广告)的

变化，然后观察这些变量对因变量(如销售量、品牌态度)的影响。实验法主要用于探讨现象之间的因果关系，如包装对产品销量的影响，广告对品牌态度的影响。

实验法的常见方法主要有以下三种。

(1) 分割实验。该方法的一个重要的前提是条件必须相同。例如，某一种商品的广告，在同一天，同一场所，同样的版面，以不同的形式在同一媒介上公布，可用两个文稿内容完全相同的广告，只是排版的形式或其中某些关键字的大小不同；或用三个文稿内容完全不同的广告，但排版不同，颜色不同，并配以不同的图片等，然后进一步调查不同形式的广告的吸引力。

(2) 消费者购买实验。这种实验有多种方法。例如，为了了解消费者的反应，在某一期间，分别出售不同样式、不同颜色或不同价格的商品。

(3) 消费者使用实验。例如，让实验组使用某种改进了的新型护肤品，让控制组使用外表看起来完全相同，但实际上是改进质量以前的产品。

实验法的优点主要有：第一，实验法的结果具有一定的客观性和实用性。取得的数据比较客观，与实际情况紧密相连，具有一定的可信度。第二，实验法具有一定的可控性和主动性。实施实验法过程中，调查者可以人为地引起、控制各种因素的变化，观察、分析各因素间的因果关系以及相互影响程度。第三，实验法可提高调查的精确度。在实验调查中，可以针对调查项目的需要，进行合适的实验设计，有效地控制实验环境，并反复进行研究，以提高调查的精确度。

实验法的缺点在于：第一，市场中的可变因素难以掌握，实验结果不易相互比较。由于市场中不可控因素和不确定的因素较多，完全相同的条件是不存在的。第二，有一定的限制性。实验法仅限于对现实市场经济变量之间关系的分析，而无法研究过去和未来的情况。第三，实验的成本高昂。例如在三个不同区域对三种广告活动进行测试的成本是很高的，需要购买三个地区的广告媒体，而且三个市场还需要协调分析，剔除各种无关变量，分析成本也高，而在其他调查方法中不需要耗费这么多人力、物力和财力。

2．问卷调查法

采用调查问卷调查是国际通行的一种作业方式，也是我国近年来最流行的一种调查手段。调查问卷是为了达到调查的目的和收集必要数据而设计出的一系列问题、备选答案及说明等组成的向被调查者收集资料的工具，它是收集来自于被访者信息的正式的一览表。

(1) 广告问卷调查的类型。

根据调查的不同目的，问卷可以采用多种不同的设计形式，大致可分为以下几类。

①结构型访问法。这种方法可分为两种形式：一种是由访问者来询问，被访问者回答，访问者将被访者的回答填到事先制好的表格中去；另一种是将问卷展示给被访问者，问卷上印有问题和可能的答案，由被访问者自由选择答案。

②半标准(半结构)型访问法。这种方法将要问的有关问题交给访问者，但无一定的问题顺序。

③非结构型访问法，又称非标准型访问法。这种方法是与被访者进行自由的交谈，适合于探索性研究。可细分为引导式、谈话式、非引导式三种访问法。

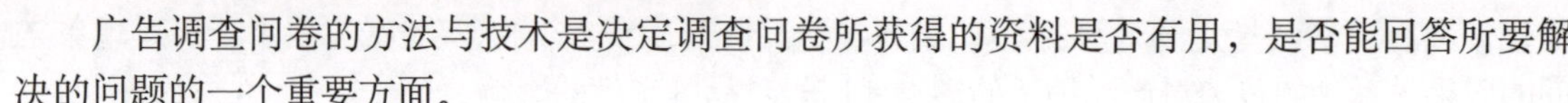

广告调查问卷的方法与技术是决定调查问卷所获得的资料是否有用，是否能回答所要解决的问题的一个重要方面。

(2) 调查问卷的结构。

一份完整的调查问卷通常包括标题、问卷说明、被访者的基本资料、调查的主题内容、编码和作业证明记载几部分构成。

①标题。问卷的标题是概况说明调查的研究主题，是被调查者对所要回答的什么方面的问题有大致了解。标题应简明扼要，易于引起回答者的兴趣。

②问卷说明。问卷说明常常以简短的信的形式出现，旨在向被调查者说明调查的目的、意义，以引起被调查者的重视和兴趣，争取他们的有效合作。问卷说明一般放在问卷开头，通过它可以使被调查者了解调查的目的，消除顾虑，并按一定的要求填写问卷。问卷说明一般比较简洁、诚恳、语气谦虚，一般包括称呼、访员介绍、简单叙述调查目的、说明回答问题的意义和重要性、说明回答问题对受访者没有负面作用、说明回答问题所需时间、说明回答方式、说明接受访问后的答谢、致谢、署名和日期。

③被访者的基本资料。被访者的基本情况，这里指被访者的一些主要特征，即背景资料，如消费者调查中性别、年龄、职业、收入、爱好等。

④调查的主体内容。调查的主题内容是研究者所要了解的基本内容，也是调查问卷中最重要的部分，它是以提问的形式提供给被访者，这部分内容的质量直接影响整个调查的价值。

08

⑤编码和作业证明记载。编码是将问卷中调查的项目变成代码数字的工作过程，大多数调查问卷需加以编码，以便分类整理，使其易于进行计算机处理和统计分析。作业证明的记载一般放在调查问卷的后面，以明确调查人员完成任务的性质，如有必要，还可以写上被访者的姓名、单位、家庭住址、电话等，以便审核和进一步追踪调查。

(3) 调查问卷的设计标准。

①问题全面，包含所有要调查的问题；②问题简明扼要，使调查者易于理解，保证能获得调查者的答复；③包含适当过滤性问题，以便验证被调查者的回答是否符合其身份；④对调查对象不愿直接回答的问题要巧妙加以转化，使其成为乐于回答的问题；⑤不涉及调查对象的个人隐私；⑥便于统计、分析。

问卷设计完成后，下一步的工作是选取调查对象。在调查对象数量较大、调查问题面比较广的情况下，一般采用抽样方法来选取调查对象。抽样的方法很多，常用的有单纯随机抽样、分层随机抽样、分群随机抽样、系统抽样、判断抽样、任意抽样和配额抽样等方法。在实际调查中，根据具体情况选用。问卷发放以后，要保证其回收率，回收率越高，得到的资料越全面。统计分析问卷前，还要注意剔除不合格的问卷。

第四节　广告调查报告的撰写

一、广告调查报告的基本要求

广告调查报告的撰写是整个调查活动的最后阶段。报告提交上来，就表明调查活动结束。调查报告的内容和质量的好坏直接影响调查活动的成败，拙劣的报告能把即使是最好的广告调查也弄得黯然失色，甚至影响到调查结果在有关决策中的作用。一份优秀的调查报告，要遵循以下四项要求。

(1) 语言简练，数据准确。报告的目的就是为了让阅读者能够在较短的时间里快速掌握调查的精要，获取所需要的信息，所以报告的语言要力求简练，让读者一目了然。另外，在措辞上要尽量避免使用模棱两可和过于主观情绪化的词语，语气要自信、肯定。报告中的数据要仔细核对，务必做到准确无误，以免影响读者的判断力。简练的语言和准确的数据是使调查报告具有说服力的关键。

(2) 用语平实，通俗易懂。报告的阅读者大部分是没有经过专门的市场调查知识学习的企业决策者，他们不可能像市场调查人员一样熟悉专业的市场调查术语，因此报告的语言应该尽量平实，不要故意为了显示专业而使用大量烦琐、晦涩的专业词汇。为了做到通俗易懂，要学会在报告中使用形象生动的各类图表配合说明，达到化繁为简的功效。

(3) 结构严谨，条理清晰。优秀的报告一定是逻辑分明的报告，在撰写报告的时候，各个部分的中心意思一定要突出，且各个部分之间的逻辑关系要强，尽量做到条分缕析地把要说的问题说清楚，避免简单地将调查到的大量资料堆积在报告中。

(4) 资料翔实，内容全面。在撰写调查报告时，要将调查过程中收集到的全部有关资料组织起来，既不能遗漏掉重要的资料，也不能将一些无关的资料统统写进报告里面。内容全面主要是指调查报告要将一项调查的来龙去脉都详细地加以介绍，让读者通过阅读报告对调查的全貌有一个清楚的认识，包括调查的结果和建议。

二、广告调查报告的基本结构及撰写要求

调查报告的格式不是固定不变的，其具体结构、格式、风格和体例都因调查目的、调查人员以及调查性质不同而有所区别，但是大多数正规调查报告的基本结构大致相同。一份规范的调查报告一般应包括序言、摘要、正文和附录四个组成部分。以下逐一介绍这几个部分的撰写内容及要求。

（一）序言

调查报告的序言主要用来介绍调查研究课题的基本情况，包括封面、目录和索引。

1. 封面

封面一般只有一张纸，其内容包括：

(1) 调查报告的题目或标题。题目一般只有一句话，有时候也可以加上一个副标题。文字可长可短，但应该将调查内容概括出来。

(2) 调查机构的名称。如果调查是由单一调查机构执行的，写上该机构的名称即可；如果是多个调查机构合作完成的，则应该将所有的机构名称都写上，也可以同时附上调查机构的联络方式。

(3) 调查项目负责人的姓名以及所属机构，即写清楚项目主要负责人的姓名及所在机构的名称。

(4) 调查日期，即报告的完稿日期。

2．目录

目录是关于调查报告中各项内容的完整一览表，但不必过于详细。调查报告的目录和书的目录一样，一般只列出各部分的标题以及页码。目录的篇幅以不超过一页为宜。

3．索引

如果报告中的图表特别多，为了方便阅读查询，可以专门再列一张图表索引，也可以分别列出图表的资料索引。索引的内容与目录相似，列出图表号、名称以及在报告中的页码。

（二）摘要

摘要是对市场调查获取的主要结果的概括性说明，是整个报告的精华。阅读调查报告的人往往对于调查过程中的复杂细节没有什么兴趣，他们只想最快速地知道调查所得的主要结果和主要结论，以及他们如何根据调查结果进行下一步的活动。因此，摘要可以说是调查报告中极其重要的一个环节，它也许是从调查结果得益的读者唯一阅读的部分。由于这一部分如此重要，所以应当用尽量清楚、简洁而概括的手法，扼要地说明调查的主要结论。关于论证性的详细资料只要在报告的正文中加以阐述即可。

摘要的篇幅一般较短，最多不超过报告内容的1/5。例如，它可以包括以下各方面非常简要的资料：本产品与竞争对手的当前市场状况；产品在消费者心目中的优缺点；竞争对手的销售策略和广告策略；本产品广告策略的成败及其原因；影响产品销售的因素是什么；根据调查结果应当采取的行动或措施；等等。

在阐述上述结论性资料时，必要的话还应加上简短的解释。调查结果摘要是调查报告中相当重要的一部分内容，任何忽视这一部分的做法都有损于整个调查报告的价值，应当引起调查人员的高度重视。

（三）正文

正文是一份调查报告的主干部分，调查报告的正文必须包括调查研究的全部事实，从调查方法的确定直到结论的形成及其论证等一系列步骤都应该包括在正文部分。调查报告的正文之所以要包含全部必要的资料，主要是为了让阅读报告的人能了解所得调查结果是否客观、科学，另外也可以让阅读报告的人能够从调查结果中得出他们自己的结论，而不受调查人员解释的影响。报告正文的具体构成虽然可能因调查项目不同而有所差异，但基本上包括阐述研究的背景、目的、方法、过程以及所得出的结论和建议。

1．研究的背景

在研究背景中，研究者要说明研究的由来或受委托者进行该项研究的原因。说明时，可能要引用有关背景资料作为依据，分析企业经营、产品销售、广告活动等方面存在的问题。背景资料一般包括：产品在一段时间内的销售变化情况；与竞争对手的市场占有情况相比较的资料；已有的广告、促销策略及其实施情况和价格、包装策略的运用情况、消费者对产品、企业、广告的反应资料；产品的分销渠道和分销方法。

2．研究的目的

研究目的通常是针对研究背景分析存在的问题，它一般是为了获得某些问题的资料或对

某些假设进行检验，不论研究结果如何，研究者必须将获得的结果罗列出来。例如：消费者的信息来源、消费者与媒体的接触情况、消费者对某品牌的忠诚度等。

3．研究方法

研究方法中需要体现一系列方面。如研究地区，说明研究活动在什么地区进行，选择这些地区的利益；研究对象，说明从什么样的对象中抽取样本进行研究，通常是指产品的销售推广对象或潜在的目标市场；访问完成情况，原来拟定研究多少人，实际上收回多少有效问卷，问卷无效的原因是什么，采取了什么措施补救；样本的结构，根据什么样的抽样方法来抽取样本，抽取的样本是否具有代表性，与计划是否一致；资料采集，是入户访问，还是电话访问，是观察法，还是实验法；访问员介绍，简要介绍访问员的资格、条件和训练情况；资料处理方法及工具，指出用的什么工具，用什么方法简化和统计分析资料。

4．研究结果

研究结果部分是指将研究所得资料报告出来，包括数据图表资料以及相关的文字说明。研究结果是找出数据资料中存在的趋势和关系，识别资料中隐含的意义并用适当的语言来描述。对研究结果的解释包括三个层次：说明、推论和讨论。

(1) 说明。说明是指根据研究所得统计结果来描述事物的状况、现象的情形，事物的发展趋势、变量之间的关系。说明不是对数据结果的简单叙述，而是利用已有的资料或逻辑关系来深入分析数据。

(2) 推论。大多数市场研究得出的数据结果都是关于部分研究对象的资料，而研究的目的往往是要了解总体的情形，因此研究者必须依靠研究数据来估计总体的情况，这就是推论。推论不是简单用样本的研究结果来代替总体，而是要考虑到样本的代表性，由样本结果直接估计总体结果的误差就小。当样本代表性不强时，就必须十分谨慎，否则推论就容易发生错误。

(3) 讨论。讨论只是分析研究结果产生的原因；讨论可以根据理论原理或事实材料解释结论，也可以引用其他研究资料作解释，还可以根据研究者的经验或主观设想作解释。

研究结果的内容通常比较多，篇幅比较大。为了便于阅读报告的人把握整个研究结果，研究结果报告一般要将所有的内容分成若干小部分，每一个小部分分别给出一个标题，它们分别与研究目的相对应，分别回答通过研究所要解决的问题。

5．结论与建议

研究人员要说明研究获得了什么样的结论，还应该采取什么措施。结论可用简洁明晰的语言明确回答研究前提出来的问题，同时简要地引用有关背景资料和研究结果来解释、论证，结论必须是从调查结果分析部分得出的，与整个调查要达到逻辑上的一致和内容上的统一。

结论有时可与研究结果合并在一起，但要视研究课题的大小而定。一般而言，如果研究课题小，结果简单，可以直接与研究结果合并成一部分来写；如果课题比较大、内容多，则应分开为宜。

建议是指针对结论提出的，可以采取的措施、方案或具体行动步骤。如媒体策略应该如何改变；广告主题应该如何设计；如何与竞争者抗衡；广告诉求应以什么为主；采用何种包装、何种促销战略更佳等。

（四）附录

附录部分主要是呈现与正文相关的各种资料，供读者参考。附录的资料可以来证明或进一步阐述已经包括在报告正文之内的资料。在附录中呈现的资料种类通常包括：研究问卷、抽样有关的细节的补充说明、原始资料的来源、研究获得的原始数据的图表及鸣谢等。

本章小结

广告调查是为了提高广告决策的科学性和有效性而进行的一项研究和调查活动，是广告活动中的重要一环。它是为广告策划、广告制作、广告效果测定等环节作准备，具有不可忽视的重要地位。广告调查一般有探测性调查、描述性调查、因果关系调查和预测性调查四种，根据广告调查进行的时间和所要解决的具体问题，可将广告调查概括为四种类型：广告战略调查、广告创意概念调查、广告媒介调查和广告效果调查。

广告调查大致来说分广告市场调查和广告传播调查两个方面的内容。

广告调查的一般程序是明确主要问题与确定调研目标，设计调查方案，收集现有信息，设计调查问卷，组织实施调查，统计分析信息，提出调查结论并撰写调研报告。广告调研从接触方式上分为间接调查法和直接调查法；从性质上分为定性调研和定量调研。常用的一些调研方法包括观察法、访谈法、实验法和问卷法等。一份规范的调查报告一般应包括序言、摘要、正文和附录四个组成部分。

延伸阅读

1. 广告调查http://baike.baidu.com/view/295848.htm?fr=aladdin

2. 广告调查报告http://blog.tianya.cn/blogger/post_show.asp?BlogID=2115546&PostID=17839798

3. 关于我国户外广告的提点及发展情况的调查报告

http://doc.mbalib.com/view/58e372ac9e45d6768ec01f9c0aed4b07.html

【案例】

关于电视广告的调查报告

目 录

（一）电视广告的定义
（二）电视广告的表现形式
（三）电视广告的分类
（四）电视广告的特点

六、调查结果

七、调查体会

八、参考资料

近几年来电视事业迅猛发展，对原有的社会文化格局产生了强烈冲击，电视文化愈来愈成为大众满足精神文化需求的主渠道。电视广告作为电视文化的内容之一，它用形象化的艺术语言概括企业产品的全貌，用简练的艺术造型揭示产品的内容。同时，它还具有审美和宣传的作用。所以说，电视广告是一门科学，又是一门艺术。随着电视媒体和广告业的发展，我国电视广告迅速发展，呈现出独特的魅力，受到消费者、广告主及电视媒体的喜爱。我们可以从电视上看到制作精美和创意无限的广告，但是另一方面一些内容相当幼稚无聊且与产品主题脱节的垃圾广告也频繁出现在大众的眼中。所谓的好的电视广告是怎样的，其界定标准是什么，电视广告应朝什么方向发展等的一系列问题需要得到回答。本文围绕电视广告的特点及其主要方面作了进一步的调查，具体情况如下。

一、调查目的

掌握电视广告的特点、发展方向和存在的问题，了解大众对电视广告的相关看法和建议。

二、调查对象

普通大众（随机抽取）。

三、调查方式

文献资料法、问卷调查法。

四、调查时间

2010年8月24日—2010年8月30日。

五、调查内容

1. 电视广告的定义

电视广告（Advertisement on TV）是一种在电视媒体上进行传播的广告形式，其信息高度集中、高度浓缩。电视广告兼有报纸、广播和电影的视听特色，以声、像、色兼备，听、视、读并举，生动活泼的特点成为最现代化也最引人注目的广告形式。电视广告发展速度极快，并具有惊人的发展潜力。

2．电视广告的表现形式

故事式、时间式、印证式、示范式、比喻式、幽默式、悬念式、解决问题式、名人推荐式、特殊效果式。

3．电视广告的分类

普通电视广告片、公益广告、栏目冠名广告、直销广告、贴片广告、字幕广告。

4．电视广告的特点

电视比起其他媒体有许多优点，包括创造力和冲击力、覆盖面的成本效益、“俘获”观众和引起关注、选择力和灵活性。电视广告的市场反应快，短期内的大量播出，可以在几天内就将企业的知名度提高到一定水平。同时它可以深入家庭。电视是以家庭为单位收看的，家庭成员在收看电视时可以互相交流，对于家庭消费品或需要家庭成员共同决策的产品，电视媒介是很有效的。但是另一方面电视广告也存在高总成本、缺乏可选择性、瞬间性、干扰、观众注意力有限、不信任和负面评价等缺点。一个企业的电视广告片往往一年甚至更长时间才更换一次，应变性较差。比如一般的电视广告只有5到30秒（直销广告和专题片除外），有些则更短，很难传达更多的产品信息，只适宜做形象广告。

六、调查结果

从问卷调查所得结果可知，人们平常接触广告的主要途径是电视和网络，其次是报纸、传单和杂志；当看电视遇到广告时，53.8%的人视广告质量决定关注广告与否。观众对故事形式的电视广告相对关注和喜爱，在调查中84.6%的人认为好的电视广告应该是有具体故事，情节感人或有趣的，其次才是贴近生活，详细说明商品特点、效用的，明星代言被排在最后，可见大部分观众将电视广告看作是休闲娱乐的工具。

凭借巨大的宣传效果和深远的影响力，电视成为现代社会的“第一媒介”。20世纪电视和广告的结盟则产生了电视广告这一强势广告媒体，正如美国历史学家大卫·波特所言：“无法想象电视广告为何有如此魔力，它产生的强大影响力完全可以同具有最悠久传统的教会和学校相匹敌，它似乎天生就是推销各种产品最有力的媒介。”由此可见，电视广告的出现为广告业注入了无尽的活力，并且通过锁定视听两大获知渠道而成为广告媒体家庭中最具感染力的成员。从整个世界范围来看，电视广告本身经过四五十年的发展，积累了丰富的经验，趋于成熟多样。如今电视广告这一特殊的社会传播形式已深入每一个电视消费者即受众的心理，而且也成为企业进行社会生产的重要支撑，更是电视市场中的重要运作手段。同时，随着科技的发展、工业社会向信息社会的转变、消费者心理需求层次的升级，电视广告所面临的环境正发生着巨变。时代正考验着广告，广告也在创造着时代。商品信息的发布已不再是电视广告的唯一功能，电视广告已成为一种集商业、文化、科技、娱乐等诸多功能于一身的综合体。目前，电视广告呈现出多种多样的趋势。

史上第一例电视广告是在1941年7月1日晚间2点29分播出的，由宝路华钟表公司

（Bulova Watch Company）以9美元（约人民币71元）的价格，向纽约市的全国广播公司（NBC）旗下的“WNBC”电视台购买棒球赛播出前的10秒钟时段。当时的电视广告内容十分简单，仅是一支宝路华的手表显示在一幅美国地图前面，并搭配了公司的口号旁白：“美国以宝路华的时间运行！”

我们生活在一个充满广告的世界，正如法国广告评论家罗贝尔·格兰的一句至理名言那样:“我们呼吸着的空气，是由氮气、氧气和广告组成的。”各种各样的广告，以其新颖的造型、色彩、动感、富有吸引力的语言或极为夸张的文字，向人们传播着各类信息，竭力影响着人们的心理，包括消费诉求心理。在审美立体化的今天，电视广告如何脱颖而出，实现其传播目标和营销目标呢?概括起来，只有两个字:创意。调查中也发现84.6%的人认为创意是制作电视广告必须注重的，真实度被排在次位。

在电视广告的设计中，创意是第一位的，没有巧妙的创意，就不会成就好的电视广告片。

好的电视广告创意应该是没有画外解说、对话或者画外解说、对话极少，用画面和音乐、音响讲故事的创意。西班牙贝茨广告公司1997年为精华护手霜所作的广告。广告一开始，一名女性骑着一辆车链没打油、嘎吱嘎吱响个不停的自行车，然后，她下车，打开一瓶精华护手霜，在车链上抹了一些，然后上车骑走了——但车链仍旧嘎吱个不停。这时出广告语：“精华保湿，不含油脂。”整个广告没有对白，没有画外解说，也没用音乐，但这个广告令人叫绝。

好的电视广告创意简单直接同时又令人信服。一些广告人往往把创意弄得很复杂，结果吃力不讨好，拍出的广告既不吸引人，效果也不理想。

好的广告创意富有幽默感。人们打开电视机的目的不是为了看广告，因此需要你的广告幽默一些，为他们带来欢笑，以补偿广告带给他们的烦扰。幽默广告既需要想象力，又需要合乎情理的适度夸张。国外某品牌巧克力的广告，为了突出它可以增加能量的特性，设置了这样一个场景：一位白人老兄在山间公路上跑步晨练结束后，用双手撑着路边的一辆保时捷跑车，活动腰身。一个黑人哥们儿一边吃着该品牌的巧克力，一边摇头晃脑听着摇滚歌曲开车经过。远远望过去，黑人哥们儿看到白人老兄在用力推那辆车，于是，车开到那位老兄旁边时，他二话没说下车走向前用力一推，就把保时捷推下了悬崖，然后一幅“帮忙”不用谢的神情开车离去，白人老兄对这突如其来发生的一切非常茫然……出标板：××巧克力使您力气倍增。

好的电视广告创意不需要拍长达几分钟的导演工作版，直接用30秒或者15秒就可以讲一个完整的好故事。不过近几年我们也可以在电视上看到一些时长几分钟的优秀广告。不仅内容真实深刻，画面清晰精美，音乐也是动听悦耳，让人过眼难忘。

彼得·科斯洛夫斯基所说的，“假若不是视觉媒介，则无法接近更直接地活跃在灵魂深处的内在情动”。电视广告可以用新颖、别致、刺激、趣味、富有美感、视觉冲击力强的视觉语言来引导视线，表达概念，树立形象，突出品牌。如“立邦漆”电视广告就是以颜色的视觉冲击来传递商品“处处放光彩”的信息的；电视广告也可以运用凝练的广告语、具象的声效语言以及音乐等听觉语言，或直接诉求商品信息，或揭示广告人物的内心世界，或表现隐喻、象征性含义，不断提供情感张力，拓宽时间

和空间。电视广告还可以运用声画蒙太奇，将视觉与听觉结合，共同传递蕴涵其中的信息与文化。

“感人心者，莫先乎情”。人们可以拒绝赤裸裸的商品叫卖，却拒绝不了温柔的初恋、无私的母爱、纯洁的友情……因此，电视广告的传播必须在挖掘民族接受心理的基础上，依托影像传递民族传统文化或流行时尚文化，对受众进行感情诱发，增加商品的附加价值。电视广告可以建构亲情、友情、爱情、人情的文化语境，也可以挖掘乡情、怀旧的文化话语，让受众在信息符号的刺激下，产生情感的震动，进而形成对商品或者服务的偏好。如“送礼要送脑白金”的礼仪文化；“雕牌”洗衣粉中的母女亲情；“孔府家酒”影像扬起的浓郁乡情；影视动画形态影视动画更容易表现出抽象的概念和复杂的影像变化，无论是模拟现实，还是超越现实，都提升了广告的趣味性、可视性、艺术感染力。如“百威啤酒(蚂蚁篇)”以超越真实的刺激、夸张的画面吸引了众多观众的注意力，进一步提升了品牌的知名度，促进了商品的销售。

只有创意度高的广告作品才能在浩瀚的信息海洋中脱颖而出，才能吸引电视广告受众日渐挑剔的注意力，才能给忙碌奔波的受众留下一点记忆，最终促成消费者的购买行为。

好的电视广告自然让人印象深刻，但有些“难忘”的广告却是让人哭笑不得，甚至是讨厌。调查中发现内容的单调重复在让人们产生反感的因素中占了84.6%，其次是虚假做作。说起这一点想必大家一定还记得“大名鼎鼎”的“恒源祥”广告。“恒源祥”指的是2008年除夕开始在全国电视台反复播出的“恒源祥十二生肖”电视广告——画面被定格在北京奥运会会徽与恒源祥商标构成的画面上，旁白是一个男声：“恒源祥，北京奥运会赞助商。”一个戏谑的童声紧随其后，从“鼠鼠鼠”开始，在一分钟内，将十二生肖以同样的模式数了个遍。

这则广告长度为一分钟，播出时，许多人误以为自家的电视机坏了。中国品牌战略专家李光斗随后对媒体表示，它是“在挑战人体的生理极限”。“恒源祥”迅速被命名为“脑残广告”，与当时正如火如荼的“艳照门”呼应，冠以“广告门”。当时新浪网做的一项在线调查显示，88.4%的网民对这则广告表示反感。分别有78.7%及74.1%的网民认为，它会损害企业品牌，表示自己不会购买恒源祥的产品。

北京智道行品牌管理顾问公司总经理刘广成从事广告业二十余年，他用“裸体骑在30楼的窗户上”来比喻这类广告造成的轰动效应，他认为做这类广告的广告人是“为虎作伥，光懂得帮客户赚钱，同时也帮客户丢了老脸”。而广告策划人叶茂中则认为恒源祥的广告值得敬佩：“一个企业就那么点钱，搞一个广告当然希望别人能记住它，最后只能铤而走险，恒源祥一年的广告投放量并不算很大，即便有人骂，总比没人知道、没人记住要强。”

总而言之，百姓对电视广告的态度相对来说还是比较中立的，既肯定中国电视广告的进步和发展，也提出其目前存在的不足，比如真实度较低、缺乏创意、存在道德偏差等。对于电视上泛滥的广告，有些是可信的，有些是令人厌烦的。人们希望未来中国能多拍些公益广告，能更加关注集体利益，传播社会文明，弘扬道德风尚。

七、调查体会

新世纪万物更新，五光十色的广告正在更充分、更普遍地装扮着我们的生活，预示着现代社会的内涵、现代方式的要义。特别是电视的崛起，使画面取代文字成为潮流。电视与广告的联姻在经济、文化的意义上拓展了一个全新的发展天地。我国的电视广告起步较晚，与世界先进国家的电视广告还存在一定的差距。我们应密切关注来自国际电视广告前沿的信息，把握行业的最新动态，努力使我国的电视广告成为集经济、文化、艺术三者为一体的更有效的广告。

八、参考资料

[1] 当前我国电视广告存在的问题及对策[J].《法制与社会》2008年(4)期；郭箐

[2] 中国电视广告现状分析与发展对策[J].《科技经济市场》2006年(12)期；易金超

[3] 浅谈当前我国电视广告的现状及出路[J]《中小企业管理与科技》2010年5月上旬；陈晓余 向婉芹

[4] 《电波广告实务》——郑智斌. 电波广告实务[M]. 北京：中国广播电视出版社，2003第八章

[5] “广告社会效果与公信力状况的调查”——华中科技大学科技与传播研究中心

[6] 电视广告创意刍议——蔡之国

(资料来源：出自金融学院社会调查报告)

思考练习

1. 简述广告调查的类型。
2. 广告调查的内容有哪些？
3. 广告调查的一般程序如何？
4. 广告调查中常用的调查方法有哪些？
5. 广告调查报告的写作分哪几个部分？

08

第九章

广告策划

〖学习要点及要求〗

本章有广告策划、广告策划流程、广告策划书等重要术语。通过本章的学习，了解广告策划的含义和原则；理解广告策划的主要内容与工作流程；掌握广告策划书的编制方法。

第一节　广告策划概述

“广告策划”作为一个概念的提出并用于实践的历史并不长，但“策划”的存在及其运用却有着悠久的历史。

在我国，“策划”一词最早见于《后汉书》，也称“策画”。《词源》把“策划”解释为筹划、计划；《辞海》将之解释为计划、打算。策同册，指古代书写的一种文字载体，用竹片或木片记事著书，成编的叫作策。以后又发展为应考者参加考试的一种文体。在古代，无论是中国还是外国，策划思想最早体现在军事活动中，知己知彼，百战不殆。后来，策划思想被广泛地运用到政治、经济、文化等领域。

在西方，“策划”这个词最早出现在1955年出版的爱德华·伯纳斯的著作《策划同意》中，但它的提出并不是在广告领域，而是在与广告平行发展的公共关系领域。紧接着伦敦BMB广告公司的创始人斯坦利·波利坦于20世纪60年代在广告领域率先使用了策划的概念。很快，策划的思想与工作方法迅速在西方发达国家的广告界与公共关系界流行起来。在现代社会中，“策划”已经成为一种方法论意义的思维方式和运作方式，演化为现代广告活动科学化和规范化的标志之一。

我国最早引入“广告策划”的概念，大约是在20世纪80年代中叶。随着改革开放的深入推进，广告业也得到了迅速发展。广告媒介资源日益丰富而且形式多样，消费者每天接触到的广告信息越来越多，广告信息之间的干扰度越来越高，虽然广告主的广告费用不断增加，而广告效果却逐渐减弱。广告主与广告公司开始意识到：广告是一个科学性很强的专业，不应该零散、无序地进行，东一榔头西一棒子起不到什么作用，仅仅是设计很漂亮、制作很精美的广告，其效果也难尽如人意。广告不仅是怎么说的问题，更重要的是说什么、朝什么方向说、说多久以及在什么地方说等问题，广告更需要系统性、战略性、主题性、方向性的思维和科学化、规范化的运作程序。现实的需要是最好的驱动力。于是就有学者提出，要把西方的现代广告策划理念引入中国的广告实践中，树立“以调查为先导，以策划为基础，以创意为灵魂”的现代广告运作观念。这一观念在我国广告界得到了广泛的响应。1989年4月，上海的唐仁承出版了新中国第一本广告策划专著——《广告策划》，其后，北京的杨荣刚也出版了《现代广告策划》。“广告策划”的概念逐渐在全国广告界流行起来并得到广泛应用。从此，国内广告公司开始从版面代理的中介时代及后来的广告设计、创意、制作的技术时代，迈向了为广告主提供整体广告策划的全面代理时代。它标志着国内广告业和广告公司开始走向成熟，可以为广告主提供包括品牌规划、市场调研、广告策划、广告创意、广告设计、广告制作、媒介策划、媒介发布等与品牌、广告、传播相关的所有工作。有些广告公司

甚至还开始介入市场营销策划与品牌策划，为广告主提供更多、更深入的整体传播的代理服务。

一、广告策划的含义

策划就是根据现有资源和条件，判断事物变化的趋势，确定可能实现的目标，再由此来优化资源配置与行动方式，进而形成决策计划的复杂思维过程。广告策划是策划学的一个分支和延伸，广告策划思想并不是与广告活动同时产生的，它是商品经济高速发展的必然，是现代广告活动规范化、科学化的重要标志。

关于“广告策划”的定义，有专家是这样界定的：策划是广告人通过周密的市场调查和系统的分析，利用已经掌握的知识(情报或资料)和手段，科学地、合理地、有效地布局广告活动的进程，并预先推知和判断市场态势、消费群体态势和未来的需求，以及未来状况的结果。还有专家认为：现代广告策划就是对广告的整体战略和策略的运筹规划。具体是指对提出广告决策、广告计划以及实施广告决策、检验广告决策的全过程作预先的考虑与设想。广告策划不是具体的广告业务，而是广告决策的形成过程。这些定义都没错，但都过于理论化了。对于这样一个被广泛应用的词组要下一个准确的定义是困难的，我们只能从实践中去体会它最本质的含义。在实践中，我们经常会提到“广告策划”这个词组，有时候它是一个名词，有时候它是一个动词；有时候它指一种业务，有时候它又指一个职位；有时候它指一个具体的思考行为，有时候它又指一系列的思考过程。

因此，我们认为，广告策划有狭义、朴素的理解和广义、现代的理解之分。狭义、朴素的理解是把广告策划看成是整个广告活动中的一个环节，在某种确定的条件下将广告活动方案进行排列组合和计划安排，以广告策划方案或策划书的编写为终结。广义、现代的观点，认为广告策划是从广告角度对企业市场营销管理进行系统整合和策划的全过程，从市场调查开始，根据消费者需要对企业产品设计进行指导，对生产过程进行协调，并通过广告促进销售，实现既定传播任务。现代意义的广告策划基本上以此广义为共识，把广告策划看作是以企业营销组合为基础，对企业广告活动进行的规划、决策、组织和协调。具体来说，就是根据广告主的营销策略，按照一定的程序对广告活动的总体战略进行前瞻性规划的活动。它以科学、客观的市场调查为基础，以富于创造性和效益性的定位策略、诉求策略、表现策略、媒介策略为核心内容，以具体可操作性的广告策划文本为直接结果，以广告活动的效果调查为终结，追求广告活动进程的合理化和广告效果的最大化。广告策划是广告公司内部业务运作的一个重要环节，是现代广告运作科学化、规范化的重要标志之一。

二、广告策划的特征

（一）严密的系统性

广告策划从市场调研开始，在市场宏观环境、微观环境、竞争对手分析、目标消费群体洞察以及广告主自身的特点等基础上确定具体的广告目标，然后针对性地制定广告策略，指导与规范包括电视广告、平面广告、广播广告、互联网广告、户外广告、售点广告(POP)等各种广告形式的创意、设计与制作，指导每一阶段广告的传播方式、传播时间、配合活动等，并对其达到的效果进行预测。这里面的各环节是一个密切配合、相互衔接的系统循环。

（二）明确的方向性

广告策划的核心是要解决在一段时间内甚至是一个相当长的时间内，广告要说什么的问题，即确定广告的核心概念、传播主题、诉求主张等，也就是确定广告传播的中心思想，对整个传播活动作出具体明确的指导性、纲领性与方向性要求。

（三）鲜明的创造性

广告策划需要科学地研究、分析、归纳和推理，但它也绝对不是一个单纯的逻辑推导与计算的过程，而是需要创造性的思维。真正优秀的广告策划是富有开创性和跳跃性的，甚至是颠覆性的。是否具有创造性是策划与计划的最大区别。

（四）学科的综合性

广告策划需要综合运用市场营销学、传播学、广告学、经济学、管理学、社会学、美学、文学、艺术、新闻学、心理学、市场调查、统计学等多学科的研究成果和方法。所以从事广告策划的人员应该有开阔的眼界、广泛的知识面，同时还要培养自己的综合性思维能力、深邃的洞察力与丰富的想象力等。

三、广告策划的原则

广告运作在长期的发展中总结出了自己的基本策划要求，这些要求是保证广告策划科学有效的基础。为此在对广告策划工作的总结中，提出了几项必须遵守的工作原则。

（一）目标性原则

这是对广告策划决策进行管理的基本要求。意味着广告策划决策是实现广告目标的一个选择过程，必须按照明确的目标进行；并且策划工作必须按照明确目标提出自己的工作进程和任务细分。失去了目标的策划工作，永远无法达到合理的规划和既定的效果。

（二）整体性原则

由于广告策划是一个系统工程，需要多种因素相互配合才能顺利完成。其每一项工作既有相对独立价值，又彼此环环相扣。如果丧失了对全局的把握，没有从整体上协调各个广告环节，致使各项因素无法和谐统一，广告也就很难发挥其效益。

（三）效益性原则

广告是企业的一种投资行为，它要求广告投入取得合理的收益回报。广告通过付费手段来实现对广告目标效果的追求，这是其本质所在。从投入产出角度来看，广告策划必须保证广告能够达到或者超出预期效果，否则就是对广告投入的浪费。

（四）集中性原则

这是针对广告活动范围和广告信息目标指向而言的。在广告策划决策中，一次策划尽量完成一个任务，不要因贪多而影响到决策的质量。集中性原则是广告策划对目的性和效果性的贯彻，集中优势各个击破。

（五）可操作性原则

实施计划是广告策划决策的最后落实阶段，这一阶段要求广告策划要有可操作性。可操作性原则要求它必须符合市场环境和现实条件，而且广告实施人员在具体执行时方便可行，这样才能保证广告运动的有效展开。

第二节　广告策划的主要内容与工作流程

一、广告策划的主要内容

广告策划要对整个广告活动进行全面的策划，其内容千头万绪，主要包括市场分析、广告目标、广告定位、广告创意表现、广告媒介、广告预算、广告实施计划以及广告效果评估与监控等内容的策划。这些内容彼此间密切联系，相互影响又相互制约。虽然在这里我们暂时分别论述，但在后面的程序中，要将它们像珍珠一样串起来，形成一条项链，使广告活动按策划的内容有条不紊地顺利实施。

整体广告策划的内容主要包括：市场调研与分析、确定广告目标、广告定位、制定广告策略、广告创意与表现、终端与活动策略、广告媒介策略、广告预算、广告实施计划、广告效果评估与监控等，最后把以上内容形成广告策划书文本。

09

（一）市场调研与分析

市场分析是广告策划和创意的基础，也是必不可少的第一步。广告市场分析基于市场调查，市场调研的目的是做到“知天知地”“知己知彼”。这里所谓的“知天知地”就是要了解目前所处的宏观环境，了解当前的政策形势、行业状况、市场趋势，以及市场的人口分布、社会风尚和文化习俗等。这里所谓的“知己知彼”是对竞争对手、目标消费者以及广告主自身进行深入研究和分析。竞争对手研究是了解主要竞争对手的营销要素、品牌形象、广告策略、广告投放情况，还有他们的市场占有率、销售情况、市场活动等。消费者研究主要是了解消费者的年龄、性别、收入、职业和家庭情况，研究消费者的需求动机和消费心理，以及生活方式、文化环境对其购买行为的影响，从而确定消费者的需求方向、心理偏好与消费行为等。广告主自身研究主要是了解企业资源尤其是营销资源、品牌现状、产品分析等，特别需要对广告主的营销团队、营销渠道、品牌核心价值、品牌调性、品牌知名度、品牌认知、品牌联想、产品生命周期、产品类别、产品线规划、产品价格、产品包装、产品外观、产品工艺、产品特点等进行深入了解和体验。通过一系列的定量和定性分析得出广告主和竞争对手及其产品在市场的地位，为后续的策划工作提供依据。市场调查主要是以产品营销活动为中心展开的，围绕着市场供求关系来进行。市场分析的主要内容包括营销环境分析、企业经营情况分析、产品分析、市场竞争性分析以及消费者分析，通过深入细致的调查分析，了解市场信息，把握市场动态，研究消费者的需求方向和心理嗜好，并且明确广告主及其产品在人们心目中的实际地位和形象。只有进行深入的市场调研和分析，广告策划工作的开展才是有理有据，而不是纸上谈兵。

（二）确定广告目标

广告目标是指企业广告活动所达到的目的，确定广告目标是广告策划中重要的起步性环节，是为整个广告策划定性的一个环节。企业都是以创造较高的经济效益和社会效益为自己所追求的目标。制定广告目标需要系统地分析各种与广告目标有关的因素。

特别值得注意的是，制定的广告目标必须是可以测量的，否则目标的制定就失去了意义。具体而言，它要回答这样的问题：①广告活动后，企业或产品的知名度及美誉度提高的百分比；②市场占有率提高的百分比及销售额或销售量提高的百分比；③消费者对企业或产品态度或评价转变的情况。但是，营销活动和其他活动有千丝万缕的关系，广告目标仅属于营销目标的一部分，有时销售额的增长很难说明是广告的作用，还涉及产品、通路等的问题。因而，广告目标的确立要有明确的衡量指标，既有实际性，又有可操作性。

（三）广告定位

里斯和特劳特创立了定位学说，揭开了广告乃至营销史上新的篇章。定位的核心理念就是寻找消费者心智中的阶梯，是站在消费者的角度，重新对产品定位，是将产品定位和确立消费者合而为一，而不是将它们彼此分离。在对消费群体进行细分的基础上确立目标消费者，然后在这群消费者的心智中寻求还未被占用的空间，再将产品的信息削尖了钻进这个未被其他品牌或产品使用的空间，牢牢地站稳消费者的心智。广告定位就是要在目标消费者心智中寻找产品的最有利于接收的信息。

广告定位的实质就是确定产品或服务应当建立何种优势的问题，即找准广告产品在同类产品中别具一格的优异之处，以适应特定用户的需求广告定位，即广告产品或服务定位，包括实体定位与观念定位两方面，这两方面是相互联系的。所以，在广告策划中，应该注意保护这两方面的内在协调性和一致性。

（四）制定广告策略

广告策略的制定是广告策划的中心环节。市场分析和广告定位为广告策略的制定提供科学依据，从而可以使广告传播做到有的放矢。只有传播目标很清晰，传播方向很准确，广告传播的价值与效用才能得以科学地体现。同时，现在是传播过度、信息爆炸的时代，一个广告要想引起消费者的注意和记忆，广告元素就要尽可能地简单，广告诉求要单一而聚焦。因此，寻找广告的主题、关键词和核心诉求点就显得非常重要，解决广告说什么(What to say)和不说什么，而决定说什么是广告策略的主要任务。广告策略的形成往往是在市场调研的基础上进行创造性思考和提炼得来的，是科学和艺术碰撞的结果。如作为全球第二大咖啡品牌的麦氏广告语“滴滴香浓，意犹未尽”，将诉求重点放在“意犹未尽”的感觉体验上堪称语言的经典。与雀巢相比，麦氏的感觉体验更胜一筹，虽然不如雀巢那么直白，但却符合品咖啡时的那种意境，同时又把麦氏咖啡的醇香与内心的感受紧紧结合起来，从而有效地激发消费者的购买欲望和行为。

（五）广告创意与表现

广告策略解决了“说什么”的问题，具体“怎么说”就要通过广告创意把一些抽象的概念形象、生动地表达、呈现给消费者。广告创意是广告工作中最具艺术色彩的部分，也是广告的灵魂与魅力所在。有些广告之所以能让许多年轻的从业者为之向往，让消费者眼前一亮、心头一动，就在于其艺术的创意。然而，广告创意中的“艺术”并不是天马行空，而是在广告策略的指引与规划下，通过创造新意和差异，吸引消费者的眼球与内心的共鸣。在广告活动中，广告创意有极为重要的地位和作用，它决定了广告作用的发挥程度，并且与广告策划密不可分。广告创意表现没有固定的模式，其基本的创作原则有：首先就是广告创意必须与产品相关，创意表现的内容要真实、准确，创意必须与目标消费者相关，同时广告创意与表现要合理合法。

（六）终端与活动策略

终端与活动的传播和落实是广告策划的必要构成。现在的整合营销传播已经大大超过了仅仅凭借线上媒介进行传播的范围了，线下的传播推广越来越重要，它在某种程度上决定了广告效果的大小与好坏。广告主题、概念、核心诉求以及核心创意表现，在终端与活动上是否得到呈现，以及得到多大的呈现，并且呈现的效果如何等，都是在广告策划中必须考虑到的。如果终端与活动(包括公关活动、节日营销、促销活动、事件营销活动等)没有与整体广告策划相一致，那么广告传播的效果一定不容乐观。在实际工作中，整合营销传播的线下传播的工作量已经大大超过线上传播的工作量。

（七）广告媒介策略

媒介策划是针对既定的广告目标，在一定的预算约束条件下利用各种媒体的选择、组合和发布策略，把广告信息有效地传达到市场目标受众而进行的策划和安排。广告活动最基本的功能即广告信息的传递，选择广告信息传递的媒介，是广告运作中最重要的环节之一，也是广告媒介策略需要解决的问题。广告活动是有价的传播活动，它需要付出费用，而广告预算是有限的。因此，要在有限的费用里得到比较理想的传播效益，如何运用好广告媒介，便是一个关键问题。广告媒介策略主要包括媒体的选择、广告发布日程和方式的确定等项内容。

广告媒体策略的成功，首先有赖于广告主根据自身产品的实际需要和广告策略，选择合适的广告媒体。广告创意再出色，但如果广告媒体选择不当，无法准确传达给受众，也会造成前功尽弃的后果。

不同媒体具有其独有的特征和优势。刊播在同一媒体上的不同时段和不同版位的广告，其效果也有所不同。比如，在电视广告的黄金时段，收视率相比其他时段要高得多，广告效果相对最好，而在报纸中，头版、二版刊登的是每期报纸最重要的内容，所以广告的效果也好于其他版面。因此，广告媒体既要选择广告发布的主要媒体，也要同时注意，选择理想的版面和时段同样重要，另外广告排期对广告的成败也有决定性影响。

（八）广告预算

广告是种付费活动，广告界盛传：“花的广告费一半浪费掉了，但却不知道是哪一半。”如果不对广告活动进行科学合理的预算，浪费的将不只是一半的广告费。广告预算就是广告公司对广告活动所需费用的计划和匡算，它规定在一定的广告时期内，从事广告活动所需的经费总额、使用范围和使用方法。准确地编制广告预算是广告策划的重要内容之一，是企业广告活动得以顺利展开的保证。广告预算的制定会受到各方面因素的制约，如产品生命周期、竞争对手、广告媒介和发布频率以及产品的可替代性等。

广告预算策划的两大类内容如下。

(1) 直接的广告费用，如市场调研费、广告设计和制作费、媒介租用费等。

(2) 间接的广告费用，如广告机构的办公费用、所雇员工的工资支出和广告活动的杂费等。

（九）广告实施计划

广告实施计划是指整个广告活动的行动文案，包括广告目标以及为实现广告目标而采取的方法和步骤，是侧重于规划与步骤的行动文案。它包括广告调查、广告任务、广告策略、广告预算和广告实施等方面的内容。广告实施计划按时间长短来分，可分长期、中期及短期广告计划；按广告媒体来分，可分为媒体组合计划和单一媒体计划。

（十）广告效果评估与监控

广告发布出去之后，有没有达到广告的目的或有没有产生对其他方面的影响，就要对广告效果进行全面的评估。为了增加广告的有效性，还会在广告活动中，甚至广告活动前，进行广告效果的监控和评估。通过广告效果的评估，可以了解到消费者对整个广告活动的反应，对广告主题是否突出、诉求是否准确有效以及媒体组合是否合理等作出科学判断，从而使有关当事人对广告效果做到心中有数。广告效果的评估和监控不能仅仅局限在销售效果上，而传播效果作为广告效果的核心应该受到重视。此外，广告还会对整个社会的文化、道德、伦理等方面造成影响。

（十一）撰写广告策划书

完成了市场调研、广告策略、广告创意表现、终端与活动呈现、媒介策略等工作，广告在策划阶段的工作基本上就完成了。这时候广告策划者需要将广告策划工作的内容和结果整理成正规的书面文件提供给广告主审核、修改和认可，这一文件我们通常称为广告策划书。广告主可以通过策划书了解和检查广告策划运作的结果，并根据广告策划书判定广告公司的广告策略和广告计划是否符合自己的要求。经过广告主认可的广告策划书是广告策略和广告计划的依据，为后期广告表现、广告制作、广告发布提供指导。狭义广告策划的内容相对简单得多，它是根据广告主的要求，针对广义广告策划的其中一部分或某几个部分进行策划，通常是根据客户既定的广告策略和广告目标进行广告创意和媒介策划，例如配合广告主在某一节日或时间节点的促销进行广告策划。

二、广告策划的工作流程

前面所述是对广告策划的各个内容的概述，实际上广告策划是一种运动的状态，遵照一定的步骤和程序进行运作的系统工程。

（一）整体规划阶段

整体规划就是在刚进入广告策划流程中时对总体工作的部署和安排。在一定信息上，需要对整个广告策划活动加以协调安排。它具有事前性、全局性的特点。整体规划阶段需要开展的两项工作如下。

(1) 成立广告策划项目组。广告策划工作需要集合各方面的人士进行集体决策。因此，首先要成立一个广告策划专组，具体负责广告策划工作。一般而言，策划专组应主要包括：客户人员、策划创意人员、设计制作人员、媒介公关人员以及市场调查人员等。这些人员通常由一个策划总监或主管之类的负责人统领。

(2) 规定任务和人员安排，设定各项时间进程。这是对策划前期工作的落实。

（二）调研分析阶段

调研分析阶段是指围绕广告活动所进行的一切调研活动，主要目的是通过科学的方法获得材料并进行研究和分析，为科学的开展广告活动提供依据。

(1) 市场调查、搜集信息和相关材料。立足于与消费者的良好沟通，有选择地吸取营销调查的相关成果。或者通过直接调查获得第一手资料，或者通过其他间接途径搜集有关信息，最大限度地占有相关材料。

(2) 研究和分析相关资料。对所得的材料进行整理、归类，剔除多余信息，将有用信息总结分析，制定出真实确凿的数据报告，为进一步制定策略提供依据。

（三）战略规划及策略形成

战略规划是关系到任何组织生存发展的重要活动，已越来越引起人们的广泛重视。做好战略规划是企业高层管理者和广告公司的共同职责，决定着广告活动的前途和命运。

(1) 制定广告战略目标。这是广告规划期内广告活动的核心，所有其他有关内容都是围绕这一中心展开的。不同的广告战略目标直接决定着后期广告开展的不同走向。

(2) 广告战略选择。根据广告战略目标，制定出广告战略，勾勒出广告活动的大致轮廓。处于不同生命周期的产品，其广告战略有明显的不同。例如脑白金的广告活动，市场导入期采取的是高曝光率，追求高知名度的广告战略；而发展期采取稳健、理性说服、多种媒体组合的广告战略。此外，位于不同市场地位的广告主，其广告战略选择也应该有明显的区别。

根据广告战略规划具体落实实施，形成策略。

(1) 集中并总结归纳前期调查分析的成果，对调查研究结果作出决定性选择。

(2) 以策划创意人员为中心，结合相关人员对广告战略目标加以分析，根据广告战略选择确定广告的定位策略、诉求策略，进而发展出广告的创意和表现策略，根据产品、市场及广告特征提出合理的媒介组合策略、其他传播策略等。

(3) 这个阶段还包括广告时机的把握、广告地域的选择、广告活动的预算安排、与其他整合传播活动的配合以及广告活动的评估标准等。

（四）编写广告策划书

把策略思想用具体系统的形式加以规范化，把此前属于策略性、思想性的各种意向，以一种详细的展露和限定形式加以确定，以确保策略的实施。包括将广告策划的内容以文本的形式表达出来，同时对策划结果进行整理和检核，然后由广告公司的客户总监、策划总监或其他资深人员对广告策划书进行审核及修改。

（五）广告策略提案与确定阶段

将广告策划书提交给客户审核，同时对重点问题进行必要的解释和说明，听取客户的意见，与客户就广告策略的内容和结果达成一致。广告策略为整体广告运动的核心，是广告表现和传播发布的基础，它只有经过客户与广告公司的一致认定，后期的工作才能顺利进行。

（六）广告表现阶段

广告公司根据策略和不同阶段的要求进行创意表现和发展。核心创意通常要召开多次创意会才能生成和确定，之后根据核心创意，设计、制作出包括电视、报纸、杂志、广播、POP等在内的一系列广告作品，经广告公司的客户总监、策划总监、创意总监等审核后，发布阶段性广告作品提案。

（七）广告计划实施与效果分析阶段

在广告实施的过程中，要及时地进行信息反馈，经常对广告效果进行必要的监控和分析，以使广告策略紧贴市场。广告效果分析，可在广告实施中，也可在广告实施后进行，既有阶段性，又有连续性。

(1)计划实施与监控。按照策划书的规划，组织人员进行创作设计、媒介发布以及一切需要在市场中实施的细节，并对整个过程进行监控和必要的调节。

(2) 效果分析。在广告活动实施中进行评估，并及时地对广告策划作出适度的调整。

（八）广告策划的总结

在广告运动(活动)全部实施完毕后，要对广告策划的工作进行总结，撰写总结报告，并归档保存。由以上流程可以看出，广告策划的程序是从市场调查分析开始，中间经过很多的环节和步骤，各步骤之间是环环相扣、紧密相连的，因此，广告策划是一个战略性、整体性、创造性、连续性的系统工作。

第三节　广告策划书的编制

广告策划书就是在广告活动的先期论证结束之后，根据广告实施计划而提供给广告主的一个书面广告策划活动，以指导策划实施过程的各项工作。

广告策划书依序需要进行一定的撰写，通常有两种形式：一种是表格式的。这种形式的广告策划书上列有广告主现在的销售量、销售金额、广告目标等栏目，相对比较简单，应用面较窄。另一种是以书面语言叙述的广告策划书，运用广泛。人们把这种把广告策划撰写成书的形式称为广告策划书。

一、广告策划书的撰写原则

撰写广告策划书一般要遵循以下三个原则。

（一）语言简洁

广告策划书一般要求语言简洁，避免冗长，简要明确，突出重点，抓住要解决的核心问题，深入分析，所提出的对策一定要可执行。

（二）逻辑性强

策划的目的是为了对提出的问题进行分析之后，能够提出可执行的对策方案，而广告策

划书是将这些过程进行文字化呈现的一种表现形式，所以应当以一种逻辑性思维的顺序进行撰写，通顺连贯，便于理解和记忆。

（三）主旨明确

广告策划活动是广告主的一个营销计划，所以要从整体战略目标出发，围绕着明确的主旨进行撰写。

二、广告策划书的格式及其内容

广告策划书的撰写没有固定的格式，广告策划书的目的是提交给广告主审阅、修改与接收，以及作为广告活动执行的依据。因此，在书写的过程和形式上可以根据广告客户的特点，融入一些便于广告主理解的技巧与事例等，在结构上可以根据项目的具体情况对某些部分进行删减、压缩或略写。标准格式的整体性广告策划书由封面、前言、目录、正文、附录、封底六部分组成。

（一）封面

版面精美的封面可以给阅读者良好的第一印象，策划书的封面一般包括策划名称、客户、策划机构或策划人名称、策划完成日期等要素。

（二）前言

在策划文本前言中简要说明完成本次策划的起始时间、所做的准备工作、数据来源、广告策划的目的、进行过程、使用的主要方法、策划书的主要内容、广告策划小组名单等，以使广告客户对广告策划有大致的了解，同时是向广告主显示广告策划运作的正规化程度，也表示出一种对策划结果负责任的态度。

（三）目录

在广告策划书的目录中，应该列举广告策划书各个部分的标题，必要时还可以画一个详细的整体结构图。以图表的形式说明各个部分之间的联系，一方面可以使策划文本显得正式、规范，另一方面也可以使阅读者能够根据目录方便地找到想要阅读的内容。

（四）正文

正文一般分为四大部分：市场分析、广告策略、广告创意与表现、广告媒介策划等，可以根据广告策划的实际情况灵活掌握运用。具体内容如下。

1. 市场分析

市场分析一般包括营销环境分析、竞争状况分析、消费者分析，以及企业自身的分析等四个方面。

1.1　营销环境分析

(1) 企业市场营销的宏观环境因素。

(2) 市场和行业的状况。

1.2　竞争状况分析

(1) 企业在竞争中的现状。

(2) 行业内的竞争对手。

(3) 其他竞争因素的威胁。

1.3消费者分析

(1) 消费者的总体消费态势。

(2) 现有消费者分析(特别是目标消费群分析)。

(3) 潜在消费者分析。

1.4 企业自身分析

(1) 企业内容环境和资源。

(2) 产品特征分析。

(3) 品牌形象分析。

(4) 渠道与终端分析。

(5) 产品定位分析。

1.5 市场分析总结

在营销环境分析、竞争对手分析、消费者分析以及企业自身的品牌、产品、渠道等分析的基础上，得出市场分析的结论与建议。

2．广告策略

2.1 广告的目标策略

(1) 企业提出的广告目标。

(2) 根据上述的市场分析可以达到的广告目标。

(3) 对广告目标的清晰表述。

(4) 对广告目标的阶段性规划。

2.2 目标市场策略

(1) 企业现有目标市场的分析与评价。

(2) 市场细分。

(3) 企业的目标市场策略。

2.3 广告的定位策略

(1) 对企业现有的定位策略的分析与评价。

(2) 新的定位策略。

(3) 对新定位的表述。

(4) 新定位的依据与优势。

2.4 广告的诉求策略

(1)广告主题与关键词。

(2)广告诉求策略。

3．广告创意与表现

3.1 广告表现策略

(1) 描述广告表现的原则。

(2) 各种媒介的广告表现的要求。

(3) 广告表现的品牌调性。

3.2　广告创意表现

(1) 核心创意的表述。

(2) 核心创意的解释。

(3) 平面广告设计稿(报纸广告、杂志广告、海报等)。

(4) 电视广告分镜头脚本。

(5) 广播广告文案稿。

(6)户外广告(家外广告)设计稿。

(7) 终端广告设计稿。

(8) 互联网广告创意设计稿。

(9) 其他类型的广告创意表现。

4. 广告媒介策划

4.1　媒介背景分析

(1) 本次媒介传播的时间与长度。

(2) 企业本身的产品特点、区域市场特点。

(3) 不同区域市场的媒体接触特点和偏好。

(4) 广告作品的特点。

(5) 广告预算等因素。

(6) 本次媒介传播目标的设定(通过媒介数据库以及媒介分析软件，设定本次媒介的标的以及预估媒介目标的达成度)。

4.2　竞争对手的媒介分析

(1) 竞品的媒介投放总量。

(2) 竞品的媒介时间性策略分析。

(3) 竞品的媒介区域性策略分析。

(4) 竞品的媒介选择与组合的策略。

(5) 竞品的媒介效果评估(有何优势和不足)。

4.3　目标消费者媒介分析

(1) 目标消费者媒介接触时间的分析。

(2) 目标消费者媒介接触空间的分析。

(3) 目标消费者媒介接触类型的分析。

(4) 目标消费者媒介接触态度的分析等。

4.4　媒介策略

(1) 对媒介策略的总体表述。

(2) 媒介的分析与评估。

(3) 媒介的选择与组合。

(4) 媒介的创新与创意。

(5) 媒介的行程方案。

4.5　媒介购买费用的分配

4.6　媒介效果的预估

第五部分：附录。在策划文本附录中，应该包括为广告策划而进行的市场调查的应用性文本、合作单位介绍和其他需要提供给广告主的资料等，如市场调查问卷、市场调查访谈提纲、市场调查报告、选用的媒介资料、选用的广告制作单位简介等。

第六部分：封底。在广告策划书最后附上一页封底。

本章小结

广告策划是在广告调查的基础上，制定出一个经济有效的广告方案，从而为广告主更好地服务的活动。作为广告活动中至关重要的一个环节，广告策划客观存在有目标的明确性、活动的层次性、决策的预先性、筹划的全局性及变动的调适性几个特点，并且要遵循目的性原则、整体性原则、效益性原则、集中性原则和操作性原则。广告策划包括广告环境分析、确定广告目标、广告定位、提炼广告主题等项内容，其工作流程则包括整体规划、市场调研等流程。

当广告活动的先期论证阶段结束，就进入广告策划书的书写阶段。一份完整的广告策划书一般包括如下内容：①封面；②前言；③目录；④正文；⑤附录；⑥封底。

延伸阅读

1. 广告策划 http://baike.baidu.com/subview/53999/12503019.htm?fr=aladdin
2. 获奖广告策划案http://www.doc88.com/p-499271851247.html
3. 比亚迪广告策划方案 http://www.doc88.com/p-9965448042017.html
4. 蓝光集团广告策划方案 http://www.doc88.com/p-0466891146173.html

【案例】

立顿广告文案策划

目录

09

第一章　绪　　论

奶茶发源于我国台湾省，如今已遍布全球，是休闲饮品的主流之一，深受消费者欢迎，在许多地区市场，远远超过众多世界著名品牌饮料。细心的消费者肯定会发现，现在琳琅满目的饮品货架上，奶茶类产品占据了很大一部分市场份额。既有茶的清香，又有牛奶的营养，奶茶以其香浓美味的口感，赢得了众多消费者，特别是年轻一代的好感。相比于传统的碳酸饮品、果汁类饮品，奶茶类饮品近年来发展势头迅猛，而香飘飘、优乐美、立顿又是奶茶军团里的佼佼者。

“立顿”是全球最大的茶叶品牌。1850年出生在苏格兰格拉斯哥一个贫穷家庭的汤姆斯·立顿是这一品牌的创始人。1992年，立顿进入了全球喝茶历史最悠久、饮茶人数最多的国家——中国。进入中国后，立顿的扩张步伐并没有停止，无论从产品的渠道、品类各方面都在慢慢地侵蚀着这个“东方茶国”。

牛奶与茶的融合，就产生了奶气茶香的奶茶。中国北方的蒙古族、哈萨克族、柯尔克孜族等均有制作奶茶的习惯。南方的港式奶茶又称为“丝袜奶茶”，以红茶混合浓鲜奶加糖制成，用乳量及糖分较多，冷热饮均可。

而立顿奶茶正是以南方的港式奶茶为根本而制成的。立顿奶茶何以在中国这个茶文化如此丰富的国家立足，成为我们研究的一个目的所在。为立顿奶茶制作广告，使我们能从根本上了解立顿，区别其与国内一些后起的“立顿式”奶茶企业的区别。

立顿，特别是它对中国茶文化的影响已经成为许多营销类的专家学者研究的对象。立顿是如何定位的，在广告中如何表现出来，我们又是如何理解立顿的定位并把它表现出来的呢？

第二章 分 析

2.1 环境分析

固体奶茶作为饮料的一个分支，在2004年以前的国内饮料市场几乎处于空白状态。但在2004年，香飘飘率先引进台湾珍珠奶茶的概念，填补了中国市场在奶茶领域的空白。由于奶茶类产品市场存在着产品线结构性缺陷，奶茶领域在国内的发展正处于新兴起步阶段，因此奶茶市场上尚未形成真正的巨无霸。

立顿，一方面推出杯装奶茶，以便与优乐美、香飘飘等国际品牌展开协作；另一方面推出其更为强势的袋装奶茶，这是立顿茶饮料系列的保守包装，进军包罗白领办公室及商务细分市场，一旦这一块最有钱的市场被立顿占领，仰仗优乐美和香飘飘的实力都无法再在这一市场分一杯羹。

2.1.1 政治、法律环境分析

中国自古崇尚自然、健康的饮食方式，加强公民健康消费是近年来我国媒体出现较多的关键词，也是我国政府比较关注的百姓健康安全问题。立顿奶茶以品质为首，大多数茶叶师都是技术出身，有多年接触茶叶的茶叶经验，是绝对顶尖的茶叶鉴赏师和制作、烹调师，取自最顶尖的茶叶，茶叶从茶园到茶厂，再到茶店、商超等销售终端的过程都是精心“包装”的，消费者的健康可以得到放心的保证。

2.1.2 社会文化环境分析

中国的喝茶历史最悠久、饮茶人数最多，需求的人群也多。中国人喝茶是源自一种传统的习俗，比如俗语“柴米油盐酱醋茶”中的“茶”就应该是每天必用的东西，是饭后、上班时间、休闲时间必备的东西，而不是到了周末聚会或者需要小资情调的时候才会想起它，因此立顿奶茶便携式的包装能够满足消费者随心而饮的需要。另外，中国白领人数日益增多，生活压力加大，传统的喝咖啡解压的方式有了新的转变，而且咖啡本身对胃有副作用，对睡眠也有一定的影响，立顿奶茶香醇润滑，健康自然，迎合了消费者放松压力、享受生活的需求。

2.2 消费者分析

2.2.1 消费者总体分析

中国消费奶茶的人群数量在逐渐增多，以目前中国主要饮用奶茶的群族来分类，大约可以分为白领阶级、大学生群体、中年成功人士等。

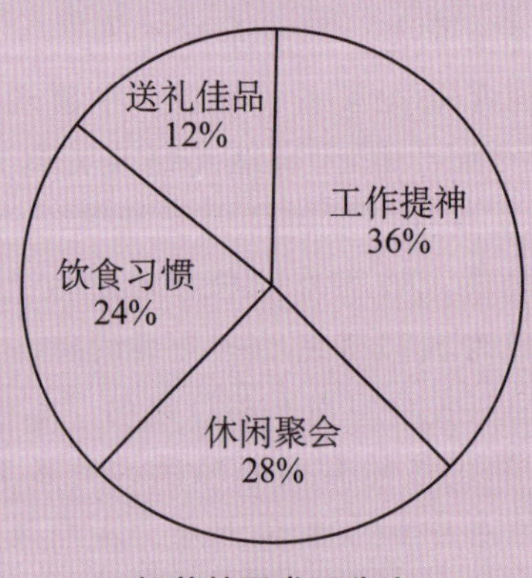

奶茶的需求百分比

这样的数据显示，奶茶因为其独特的功效及香浓的口感，四分之三的消费者看重的是立顿奶茶提神的功效，有营养的价值，明显以的年轻白领人士为主。

从性别比例来看：

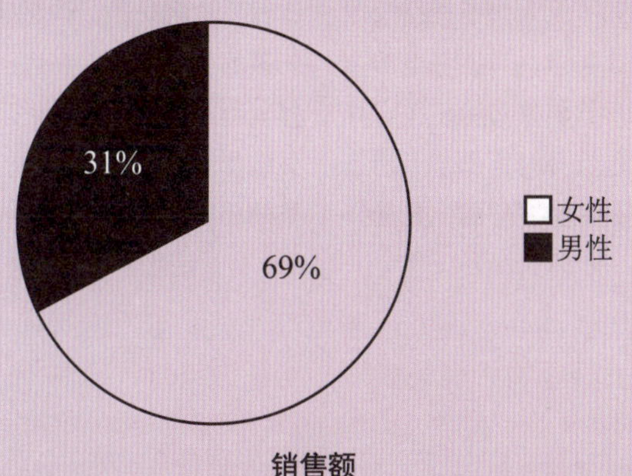

销售额

以上数据显示饮用立顿奶茶的白领人士中，女性是占半数以上的消费人群，奶茶的集中消费趋势是女性。

2.2.2　立顿奶茶的消费人群

年龄：16～28岁。

性别：女性居多。

职业：年轻白领(特别是女性白领)、大学生群体。

文化程度：高等文化水平为主，大专以上(含专科)，本科居多。

收入状况：3000～5000元/月。

产品主要用途：提神醒脑、舒缓工作压力、恢复活力。

2.2.3　消费人群分析

(1) 年轻女性白领：经济收入较高、社交广泛、应酬较多的这部分时尚人士组成。她们的共同点是经济独立自主，自信，具有较高的生活品位，能够较快接受新鲜事物，张扬而不乏内敛，活出女性生活的精彩。立顿奶茶明亮活力的形象带给她们时尚的感受，在美味的香醇体验中，体验身心双效“自然怡神一刻”。

(2) 大学生：这个阶段的人群，他们正经历着从依赖转向独立自主成长的过程，他们开始作决定，规划自己的生活道路，他们乐观开朗、自信健康，充满朝气与活力，对未来充满斗志与热情。与立顿奶茶的精神不谋而合，优质奶粉配以天然的营养有益成分，美味健康，补充身体能量的同时，倍添活力。

2.3　产品分析

作为联合立华的品牌，立顿在我国大中城市中占有相当大的市场份额。经过长期的品牌经营，现在，喝立顿茶已成为高级白领的象征。就产品系列而言，立顿分为立顿黄牌精选系列、立顿草木茶选系列和立顿世界风情系列。多元化的产品是为了更好地细分市场，为更多目标消费者提供合适的产品。就产品而言，立顿茶多为红茶、奶茶，以欧洲风格为主。

2.3.1　奶茶产品需求分析

	被动型	支持型	主动型
特点	基本上对奶茶产品没什么需求，只把它当作一种饮料来对待。在有其他选择时，奶茶可能不是此类客户的优先选择品种	比较喜欢喝奶茶，购买奶茶的频率较高，在选择饮料产品时可能会优先选择奶茶。并且对奶茶的品种、牌子、口味有追求	喜欢喝奶茶，购买奶茶的频率高，并在家中存放自冲奶茶。在选择饮料类型时会优先选择，甚至只选择奶茶。对口味、牌子有固定的追求。对奶茶产品也十分了解
客户占比	50%～65%	20%～30%	10%～15%
价值评级	★☆☆☆☆	★★★☆☆	★★★★★
选择立顿奶茶占比	5%～20%	50%～60%	15%～30%
需求低端奶茶产品	60%~70%	5%	0%～5%
需求中端奶茶产品	20%	80%～90%	50%
需求高端奶茶产品	10%～20%	5%～15%	45%～50%

从上表的需求分析中可以看出，购买立顿产品的人群中，支持型的比较多，这类客户多属于中端客户。而立顿奶茶的产品定位也在中端层次，非常符合该类人群。对于主动型客户，立顿的定位对此类客户的影响还不够深，因此选择立顿奶茶的占比不算太高，但因为此类客户选择中端奶茶产品的人比较多，属于潜在型客户，非常值得开发。立顿在往后的产品开发和定位上可以多关注此类客户。立顿奶茶产品对于支持型客户来说，能抓住此类人群的消费习惯，为这类客户开发了多种口味的奶茶产品，并充分在包装、品牌定位上符合该类人群的诉求。因此立顿奶茶在国内的市场份额较同等行业高。

2.3.2　立顿奶茶未来的发展趋势和目标

口渴了，喝奶茶是没得选择的选择，既然要选择，就选择立顿吧

突然间想喝奶茶，喝奶茶，我选择立顿，没有别的理由，好喝，想喝

开心，喝立顿奶茶；不开心，喝立顿奶茶，立顿成为我身边的朋友，我离不开它

立顿哑铃型的发展趋势

中端

中端产品大量覆盖到市场中，从品种、口味、价格上满足该层次人员的需求。形成个个都能喝得起立顿奶茶的大众化产品

高端

高端产品进入到咖啡店、奶茶店等品味比较高级的地方。从产品的定位上向享受奶茶的人员走。推广奶茶文化，提升喝奶茶的品味和精神享受

3.3.3　产品竞争力分析

(1) 以市场为导向，而非以产品为导向。

国内95%以上的奶茶都是“慢销”型的，问题就在于是按奶茶本身的分类和区域特点来销售，而不是以市场消费者的需求差异来营销的。

立顿，把各种奶茶的品种分割成不同的产品品类，不断创造出新的口味和用户体验，瞄准消费者方便快速地喝一杯奶茶的需求，吸引了大量年轻人和办公室白领。在官方网站上，立顿在动态的茶园中放上几段幽默的视频，向消费者告知喝奶茶可以达到的目的有：保持轻盈体态、再现青春、净化心灵、摆脱疲劳、工作提神、有营养的价值等。各种不同功能、不同口味的产品满足不同年龄、不同需求的消费者，这样就有了明确的市场目标，在营销上便可大做文章。

只有把奶茶产品做成不同细分功能的“方便面”产品，才能更好地树立品牌，而一味地向消费者宣传博大精深的茶文化对于企业做强做大一点用处都没有。

(2) 产品和品牌形象标准化。

实际上，在一个懂喝奶茶、懂品奶茶的人看来，立顿就是品质一般，其他都好，但是从品牌营销的角度来看，其他上百个奶茶品类就是品质都好，其他都一般。所以

上万的奶茶中所谓的品牌企业屈指可数，就是因为我们都沉迷于自身产品的品质，而不是产品和品牌的标准化。

茶产品由于制作手法等原因难以形成口味的标准化，这可以理解，但是产品功能、外观形象和品牌形象无法标准化则是行业的通病所在。如果有奶茶企业能够借助自身的生产工艺，以及根据产品的功能定位、品牌定位做一个“立顿式”的标准，然后进行设计、包装和推广，一定可以增强消费者的信任及市场的认可。

(3) 产品推广品种活动抗竞争。

立顿奶茶一开始是作为一种中档的茶饮料进入到中国市场的。当时在市面上奶茶店中的奶茶很多都属于低端产品，给人的感觉是奶茶都是些低档货，质量不可靠。而且大部分奶茶店的奶茶产品是珍珠奶茶、椰果等，品种比较单调，而且包装上也没有什么讲究，因此立顿黄色的包装在众多产品中就显得格外显眼。

特别要指出的是，立顿在初期占有一定的市场份额之后，联合利华就将向中国市场投放标准化工艺生产的“立顿”奶茶，以全力对抗中国的散装奶茶。立顿之所以向中国化的奶茶市场发起冲锋号角，倚仗的则是其中央厨房化的生产，保证了其技术水平和产品品质。

(4) 定位紧扣中国风格值得信赖。

由于销售地域、消费对象以及消费习惯的改变，立顿针对中国市场，对其产品风格重新进行定位。经典的立顿黄牌奶茶道地醇正，而其他口味的奶茶则以现代茶包的方式原汁原味地让中国消费者享受自己浓香的奶茶味。为现代都市人群设计的奶茶茶味甘醇，口感润滑。2010年新上市的明星系列立顿奶茶更是深谙现代女性养生精华成为精英白领们的新宠。

立顿绝不仅仅是茶专家，它同时还象征着一种国际的、时尚的、健康的、都市化的生活方式。事实上，立顿一贯追求的品牌宗旨就是光明、活力和自然美好的乐趣。作为时尚生活的引领者，立顿之所以深受现代人的青睐，茶本身所具备的健康本性才是最重要的。立顿的茶专家经常向消费者传递这样的信息：茶是健康的自然护卫者。立顿也自然成为更多热爱生活、追求健康的人们的最佳选择。

2.3.4 立顿奶茶的成功因素分析

(1) 大众化的价格扩展了大众化的茶叶消费。

在中国销售的立顿黄牌精选奶茶，每袋只需要0.4元，每克只需0.2元，价格非常大众化，一般的消费者都能接受。卓越拼配技术支持下的茶包工业化大生产降低了产品的成本，支持了大众化的价格。

不同于传统的创新产品和大众化价格激发了追求时尚健康的年轻人的消费，这些人可能以前根本就不怎么喝茶，是立顿把他们开发出来了。立顿进入了年轻人饮茶的蓝海，促进了立顿红茶的销售。

(2) 以现代渠道为主的分销体系便利了消费者的选购。

在中国，渠道问题是一般茶叶企业遇到的一个现实的第一位的问题，甚至比品牌问题还重要。没有品牌是多销售少销售的问题，或者是价格卖高卖低的问题，而渠道是决定有没有销售的问题。

由于茶叶本身的特点、茶叶消费的习惯和现代渠道进入的门槛，当前中国茶叶消费的主渠道仍然是茶叶市场和茶叶专卖店，这已成了阻碍品牌需要大规模零售渠道匹配的一大问题。但立顿茶包的产品创新从根本上解决了这个问题，就像普通的快速消费品一样，立顿可以在任何渠道销售，而对产品品质没有影响。

(3) 持久而独具特色的推广。

立顿作为包装茶的开创者和世界茶叶行业的领导者，一直以来就在宣传它的方便、快捷、时尚和活力、自然、品质。立顿在把包装茶带入一个新的市场的时候，同时还给消费者带来了一种全新的快捷、自然、健康的生活方式。

立顿产品包装上红底黄字的品牌标志以及整个产品的黄亮底色，让立顿品牌倍显国际品味和时尚感，同时在超市货架上非常醒目，为立顿品牌的推广添色不少。

2.3.5　立顿奶茶对行业的影响预测

(1) 方便、快捷化消费可能是未来世界茶叶消费的基本方向。

长远看，能够占据最大市场份额的一定是适应快节奏生活的小包装奶茶品牌。这里的关键可能是适应快的程度，以及这种小包装奶茶到底是一种什么具体的形态，它有什么与众不同的特点。

在全球经济和商务活动日益加快的今天，这一点仍然具有现实意义。快餐胜过慢餐、快饮胜过慢饮。

(2) 进行标准化和工业化大生产是世界性主流品牌的基本前提。

立顿开创了茶包这种产品形态，同时不断提升其产品技术，根本弱化了散装奶茶和其他奶茶品牌的原产地和品种概念；以此为基础，把奶茶从手工作坊提升到标准化和工业化大生产的水平，让奶茶进化到高度统一的标准化商品，这是立顿在品牌商业理念创新指导下的产品创新。

(3) 年轻一代的消费者可能是决定未来茶叶市场的主导力量。

关注年轻一代的消费者，他们可能是激发中国茶文化消费呈几何级数增长的关键力量。

立顿在中国的成功其实主要的是吸引了中国新一代的年轻消费者，特别是年轻的办公室女性朋友。

(4) 打造一个大众化的主流奶茶品牌一定要定一个大众化的价格。

这个价格不是说很低，而是要物有所值，同时要能承担分销到全国或全世界的营销费用。一般的大众尤其是年轻消费者普遍能够消费得起。

把奶茶提升到一个有品位的饮用产品，供广大普通百姓享用是立顿的经营理念。因此立顿也一直从包括产品创新、致力于大众化的价格，但又从包装、定位上区别于散装奶茶、方便消费者购买等方面作努力，这是立顿成功的一个重要因素，也是奶茶行业更加趋向的一个方向。

2.4　竞争者分析

2.4.1　香飘飘

(1) 香飘飘介绍。

香飘飘食品有限公司创办于2005年8月，是目前中国最大的杯装奶茶专业制造商之一。连续五年销售领先，香飘飘奶茶被称为中国奶茶业发展最快的企业之一，为了满足和适应当今人们快节奏的生活需要，公司一直致力于方便类食品的研发、生产和销售，先后开发出“香飘飘”、“磨坊农庄”等品牌二十余种系列的奶茶、速食年糕和休闲花生产品，销售范围覆盖全国所有省、市、自治区和直辖市。

(2) 香飘飘的成功因素。

一是香飘飘奶茶的杯子相对竞品的杯子要高大一些，显得量足、实惠；纸杯用纸考究，外观精美，有档次感。

二是用椰果包代替了其他竞品的珍珠，这有两大便利：香飘飘的椰果条，本身就是软的，无须沸水，温水一泡就可以饮用；有海南的风味，味道很特别，容易让人感觉有营养价值。

三是一般奶茶品牌都是将吸管随便一折就放入杯子里，而香飘飘则想得更周到，它特别定制了双节组合式的吸管，平时是短短的两节，用时只要插在一起就变长了，可以方便地放入杯中。

2.4.2 优乐美

(1) 优乐美介绍。

优乐美是喜之郎公司推出的一款奶茶产品，椰果的有原味、绿茶、麦香、咖啡、巧克力、草莓、香芋和红豆8种口味，是即泡即饮型奶茶。它继承了喜之郎的优良血统，选用纯正锡兰红茶粉和香浓牛奶精制成奶茶粉包，再搭配晶莹剔透的果冻状椰果粒。优乐美奶茶深受年轻大学生的喜爱。

(2) 优乐美的成功因素。

一是洞察到了目标消费者深层次的心理需求——对情感价值的认同。围绕“情无价”这一品牌特有的价值观，喜之郎坚持不断地塑造情感、温馨的品牌形象。

二是在中央一台、湖南卫视、星空卫视、华娱卫视等各大电视台的黄金时段播放着周杰伦喝着优乐美奶茶的温情场景，掀起的整合营销传播风暴。

三是与QQ强势联合后，打造优乐美奶茶品牌的网络空间为优乐美信息发布平台。利用网络的手段不断扩充自己的渠道地盘，并以病毒式迅速传播。

2.4.3 整体对比评价

	立顿	优乐美	香飘飘
核心消费群体	25～30岁女性	15～25岁大学生	15～30岁女性
在核心消费群体内的市场份额	40%	60%	30%～40%
品牌定位	唤醒身心、恢复活力的生活方式	浪漫、永恒的生活方式	彰显了女性“有主见”的自立动向

	立顿	优乐美	香飘飘
产品特征	立顿奶茶是完全天然健康，融合奶和茶的双面优势，比单纯的茶口感好，不刺激肠胃；长期饮用也不会有咖啡的弊处。优质奶粉、植脂末提供身体必需的营养和能量，精选即溶红茶粉温和提升精神	优乐美继承喜之郎优良血统，选用纯正锡兰红茶粉和香浓牛奶精制成奶茶粉包，再搭配晶莹剔透的果冻状椰果粒，热水一冲即可享用。香醇丝滑的奶茶加上弹力十足的椰果，越嚼越有感觉，越喝越有滋味，倍添生活乐趣	香飘飘定位第一种健康情趣奶茶，全部采用天然原料，独家含有低热量高纤维的椰肉，满足女性想喝奶茶却又怕喝多了影响身材形象的潜在需求
产品宽度	香浓原味 金装倍醇 清新怡神	原味奶茶 草莓味奶茶 麦香味奶茶 咖啡味奶茶 香芋味奶茶 巧克力味奶茶	原味、草莓、咖啡、香麦、香芋、绿茶、咖啡、巧克力
价格 袋装 杯装	0.4～1元 2～3元	0.5～1元 2.5～3元	0.5～1元 2～3元
品牌营销重点	立顿品质第一立于不败	优乐美创新营销笼络年轻人	香飘飘细节营销抢占市场
竞争优势	产品形态的创新，以经典对抗流行，以文化底蕴对抗速食文化，根据不同国家的市场特点，推出不同的新产品。 在口感上，有明显的茶味。相对而言，香飘飘和优乐美在茶味上不明显。 立顿的研发队伍十分注重对茶叶本身质量的提升，在成分上，含有进口的奶粉和植脂末，安全健康	偶像活动：聚焦人气从而完成了优乐美上市传播的第一步——目标消费者目光聚焦任务。 社区营销："盐模"式主动传播，成功引导消费群众并加以运用，受到了广大网迷的欢迎，置传播于娱乐之中，犹如盐之于水中一样，形成了独特的盐模式主动传播。 全面发力：整合"轰炸"成功从网络、电视上把自己的价值体现出来	配方创新，让消费者爱上她。 形象创新——让消费者产生梦幻的感觉。 香飘飘奶茶不仅仅是开发了一款便捷的奶茶形态，而是创造一种新的生活方式，可以随时随地、随心所欲地享受到"更美味、更时尚、更健康、更方便"现代休闲生活

09

第三章 广告策略

3.1 广告的目标

通过这一次的广告带给年轻的目标消费人群一个新的概念：心情随心而行。无论何时何地，都可以轻松地享受一杯暖暖的奶茶，舒缓心中的压力，找到释放情绪的方式。浓浓的奶茶，香烟袅袅，带着一种梦幻舒适般的感觉，走进属于自己的心灵空间，让自己可以全身心地放松。短短的十分钟，奶茶伴随着心灵逐步宁静地倾听心中的声音。

立顿奶茶的这一季广告主要推出奶茶和纸杯，通过一套的配合，喝奶茶就不会受到时间和地点的限制，可以随心而行根据心情调配每天所需要的不同颜色的杯子，并且还可以每一刻都享受属于自己的时光。

年轻的职业女性，情绪比较细腻和敏感，在事业刚刚起步的时候，往往受到工作的压力和困惑，但是又不知道如何适当地放松自己的情绪，可以让自己带着一份源源不断的激情继续工作下去。立顿奶茶就是因应我们目标消费顾客的需求而提出的一个新的理念。让时尚、年轻的职业女性可以得到及时的放松和舒缓。

通过这次广告的投放，不仅可以为企业带来可观的利润收入，并且可以把目标顾客变成忠实的消费人群，形成对产品的黏性和依赖，这就是这次广告的真正意义和目的所在。

3.2 广告诉求的对象

立顿奶茶的目标人群主要为年轻白领，尤其是女性。由于女性占奶茶消费群的68.7%，而白领阶层又是奶茶、咖啡、茶包等快速饮料的主要消费人群，所我们以年轻女性白领作为奶茶的重度消费群。而立顿以其明亮的黄色向世界传递它的宗旨——光明、活力和自然美好的乐趣，一方面体现了其年轻性，而另一方面又能表现出其能使消费者拥有愉悦的心情。

年轻女性白领：消费者的自我概念或自我形象一致是影响购买动机的重要因素，而自我形象与产品形象一致构成了女性消费者消费的第一动机。因此我们主要从这两方面去分析立顿奶茶的消费群体的心理动向，从而更恰当地宣传我们的产品，以达到相应的效果。

现代年轻女性消费心理新动向：

(1) 女性的变身动向。现代年轻女性希望生活多样化，希望尝试不同的生活方式，希望改变身份，希望经历各种体验。立顿杯装奶茶给女性带来了一种新的体验。

(2) 女性的挑战动向。现代年轻女性希望冒险，希望向某些事物挑战。一些标新立异的商品、服务正是顺应女性这种想突破被约束的现实而产生的。立顿奶茶的方便杯、高纤椰果正合女性喜欢标新立异的心理特点。

(3) 女性的自立动向。现代年轻女性希望在经济和精神方面都能自立。表现女性自立和强调自我意识的商品更能博得她们的欢心。

(4) 女性的即时动向。现代年轻女性希望节时、方便。例如，使用速食食品的情形增加了。既能照顾家人，又节省自己时间的有效办法，就是利用省时的商品。而立顿奶茶杯装奶茶的方便、省时恰好迎合了女性的这种需求。

3.3　广告诉求的重点

我们广告的诉求重点主要是通过女性白领阶层日常的生活作息中的细节去体现出立顿奶茶的作用，以及表现出它的魅力与不可缺。我们将从一群女性白领平常的自由活动时间中来表达立顿能“使人心情舒畅，随心而行”的理念。

而在广告中立顿奶茶能够体现以下几点思想。

(1) 心旷神怡。在高压的社会环境下，或者各种的私人原因所造成的情绪下，我们的白领人士顶着压力在工作，而立顿奶茶能够让他们迅速地心情愉悦，把烦恼与忧愁通通赶走，随即而来的是动力，从而使他们更加全身心地投入繁忙的工作中，快乐地过着每一天。立顿奶茶，是奶与茶的完美融合。香醇幼滑的口感和自然的芳香，让您回味悠长。

(2) 青春活力。面对年轻的消费群体，我们将把产品的形象塑造成拥有青春和活力，这样才能够更好地迎合消费者的口味，才能够使消费者认同我们的产品。而忙碌的白领阶层，尤其是女性群体，她们需要的是青春和一颗不老的心，因此立顿奶茶会根据不同的需求塑造出各种符合相应消费群体需求的产品形象。如从包装上进行改变，使用更多的色彩，使其变得更有活力，也让我们的消费者乐于接受。无论何时何地，立顿奶茶在温和提升您精神的同时给身体补充营养，让您充满活力。

(3) 阳光朝气。配合立顿的宗旨，让产品更具阳光性。既体现产品的年轻化，又从另一角度表示了喝立顿奶茶能够使你更阳光，或者喝立顿奶茶是阳光的表现。这个形式能使平常沉闷的办公室活跃起来，大家一起喝立顿奶茶，一起工作、闲聊，青春活力。

(4) 自然美好。立顿奶茶拥有自己的茶园，它是处于高海拔近赤道地区的，这里的气温、日照、雨量对生产高品质茶叶而言是理想的地方。这体现了立顿奶茶的自然健康，而这正是每天待在办公室，过着不变的生活节奏，缺少运动的年轻白领人士所需要的，符合他们对健康的追求和渴望，因此立顿奶茶是他们的最佳选择。

3.4　广告文本

七彩笑容篇

3.4.1　角色介绍

A：高傲、强势、目中无人的办公室女性。因为其工作经验丰富、工作能力强，因此在同类的销售人员中占有绝对的领导地位。但是此类女性的性格比较高傲，看不起别的同事。

B：弱小、心理素质较差，但不甘落后的办公室女性。因为其工作经验等各方面的因素，所以在业绩方面有所落后，但她看不过角色一的高傲，但又无力反抗，因此只能默默地自己承受这一切。受到角色三的安慰和启发后，终于在思想上得以改变。

C：阳光朝气、青春活力的办公室女性。角色三虽然在业绩上并不是领军者，但因其良好的心理素质，加上能利用身边的小事创造幸福感的能力，使平常沉闷的办公室活跃起来，并感染了其他同事。

09

3.4.2 广告文本

画面一：

A与B在公司的办公室，面对面坐着，A在磨指甲，而B(耸着肩)在敲打键盘。

A：(一边磨指甲一边说)哎呀，这个月的Top sales又是我啦。

B继续在敲着键盘(肩膀一直耸着，不吭声)。

画面二：

在办公室茶水间，B靠着茶水柜，手里拿着一包薯片，一边发呆一边吃。在这个时候，C拿着一杯立顿奶茶走进来(头顶有个太阳)，说C：哇，你头顶上有块云啊！

B抬头看了C一眼，叹气。

C放下杯子(杯子是有立顿logo的一面)，同时间B望着C的一排杯子，(此时头顶上出现很多问号，疑问为什么那么多这样的杯子)，C把杯旋转(露出有表情的一面)。

特写C笑的画面，然后接入C的回忆。

画面三：(C的回忆)

星期一，双手把文件合上(脸上一脸疲倦：打哈欠)，然后搅拌杯中的立顿奶茶(脸上带着笑容)。喝完奶茶后，拿起一支油性笔在杯子上画一个笑脸，然后去茶水间把杯子放下。

星期二，画面是直接在杯子上画表情，然后去茶水间把杯子放下。

星期三，去茶水间把杯子放下。

星期四至星期日都是去茶水间把杯子放下。

画面四：

在茶水间内7个不同表情的杯子整齐地放在了一起。

C趴在茶水柜上点着杯子，点到第8个位置(立顿奶茶)，(呈寻找状态)从抽屉里拿出一盒立顿奶茶放到第八个位置。C女生微笑。

画面五：

C女生从奶茶盒里拿出一包立顿奶茶包，递给B说：试下啦，心情会好点的。

结束：

7只杯与立顿奶茶盒的背景画面加广告语。(立顿奶茶，用笑容点缀你的生活)

3.4.3 广告表现内容

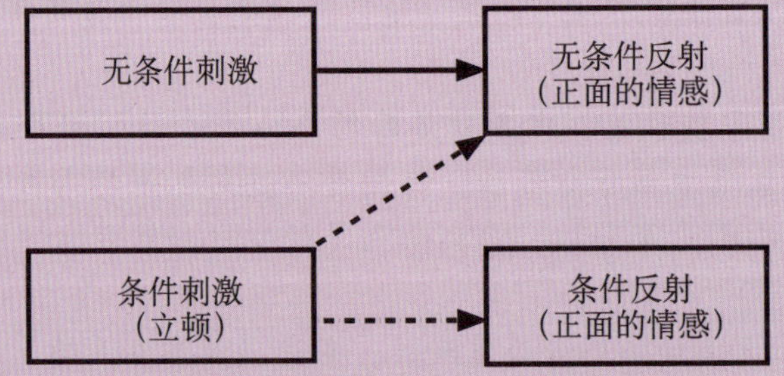

在广告中，我们运用的是经典条件反射理论。广告中角色二看事物态度的变化能够引发人们积极向上的正面情感(无条件反射)，立顿(条件刺激)与此故事的发展紧紧相

连，则该品牌也能有引发人们积极向上，并把自身融入广告的故事情节当中去。久而久之，自然形成条件反射，一见到立顿奶茶就可以产生如广告中反应的正面情感，用笑容点缀生活。

经典性条件反射经常在低参与状态下发生。在我们的广告中，立顿奶茶是低参与信息，多数消费者并不在意。但在多次看到该广告后，立顿奶茶与积极向上的生活态度的联系就形成了，也就能引发正面的情感。我们广告的目的并不是立顿的信息，而是一种情绪或情感的发生，我们希望这种情绪或情感反应能够进一步引起人们去了解立顿本身的信息或导致更多的人去使用该产品，就会出现上图反映的情况。

3.5　广告发布计划

3.5.1　广告发布的媒介

(1) 大众传播媒体

A. 电视：在黄金时段播出广告，吸引大家的注意力，达到我们广告倡导的奶茶是一种时尚和点缀生活的目的。

B. 印刷品广告

a. 报纸：在诸如《南方都市报》、《羊城晚报》这种大众性报纸上刊登连续性的广告，最好能以较大的篇幅、清新的色彩吸引人们的注意力。

b. 杂志：由于我们的目标市场是15～29岁的消费群体，其中主要是大中学生和白领阶层，因此我们应该在青少年杂志和白领阶层喜欢看的杂志如《读者》、《青年文摘》、《瑞丽》等时尚杂志上刊登彩页广告并配以抒情性较强的文字说明。

C. 互联网：现在网络已经是一个潮流。在一些点击率高的网站如优酷、新浪、QQ上播放广告或Flash，利用有趣的游戏链接也可以加大宣传力度。还可以利用病毒营销的模式在网络上宣传。

3.5.2　促销媒体

(1) 户外广告

在人流量大的高架路边、车站、电话亭做显眼的灯箱、广告招贴画、看板等形式进行宣传。

(2) POP广告

在销售点和购物场所特别是各大中心商务区超市和学校的超市等显眼的地方如从门口至室内连续设置醒目广告，有利于提醒消费者，营造气氛，提高认识度，促进消费。

(3) 交通媒体广告

广州市的公车很多，可以选择路经高校区和繁华路段的公车，在车内播放广告或在车体上做广告，加深消费者对产品的印象。还有地铁里面的广告，包括地铁车内广告以及地铁站通道和墙体广告。

(资料来源：本案例选自百度文库，http://wenku.baidu.com/view/20637d00de80d4d8d15a4f33.html)

思考练习

1．什么叫广告策划？

2．广告策划具有哪些特征？

3．简述广告策划的主要内容。

4．简述广告策划的工作流程。

5．选一案例，为其制作一份完整的广告策划书。

第十章

广告创意与表现

〖学习要点及要求〗

本章有创意、广告表现、文案等重要术语。通过本章的学习，理解广告创意的基本概念、原则和方法；运用广告表现的原则对广告作品进行分析；掌握广告表现的主要特征；理解掌握广告文案的构成要素和创作常识。

广告大师大卫·奥格威（David Ogilvy，1911—1999）曾经说过："要吸引消费者的注意力，同时让他们来购买你的产品，非要有好的点子不可！除非你的广告有很好的点子，否则它就像在黑夜里行驶的一只没有罗盘的轮船，很快就会被夜幕吞噬……"奥格威所说的点子，实际上就是广告中的创意。创意是广告的生命，是广告的灵魂，这一点已经得到业界的一致认同。那么什么是广告创意？它在广告活动中的地位与作用如何？如何表现广告创意？本章将逐一加以论述。

第一节　广告创意

一、创意与广告创意

（一）创意的含义

"创意"一词目前在很多领域使用非常广泛，多用来褒奖事情做得巧妙，想法独特、具有新意，甚至日常生活中偶然乃至恶作剧式的语出惊人，也会被赞叹为"太有创意了"！然而，何为"创意"，至今依然众说纷纭、莫衷一是。

按中文字面意思来解释，创意就是创造性的主意，意味着打破常规顺序的重新排列组合。"创意"一词并非中国传统既有词汇，实际上是由Idea或Create译介过来的外来词。

在英文里，Idea意指信念、意见、思想、观念、构想、概念、主意、打算、计划等，因通才杂学的广告大师、广告创意魔岛理论集大成者詹姆斯·韦伯·扬(James Webb Young，1886—1973)出版于1960年的三大名著之首《A Technique for Producing Idears》译介进入我国时被译为《产生创意的方法》(也有译本为《生产意念的技巧》)，詹姆斯·韦伯·杨在《产生创意的方法》一书中对于创意的解释在广告界得到比较普遍的认同，即"创意完全是各种要素的重新组合。广告中的创意，常是有着生活与事件'一般知识'的人士，对来自产品的'特定知识'加以新组合的结果"。自此，广告人对广告活动所进行的创造性思维活动，对广告主题、内容和表现形式所进行的观念性勾画，就都被统称为"创意"(Idea)了。

Create在英文中意为创造、创作、设计、创建、制造等，多用于艺术领域，具有赋予存在、无中生有以及原创等含义。但目前在许多场合下两者似乎可以等同，创作和创意都可以使用同一个词：Create。

我国目前在创意的使用上非常灵活，一方面是由于广告创意理论在引进过程中，几个观念在产生和运用中都曾经存在不同方面的指向或特定含义，译成中文后都笼统地解释为创意；作为活的语言，创意简而言之，就是指打破常规、反叛传统的具有新颖性、创造性和震

撼性的想法。当然，优秀的创意需要创意人具备深厚的文化底蕴和宽广的人文情怀作支撑，同时，离不开饱满情感的浸润、敏锐思维的导引、非凡智慧的提升，也许，一霎时幸运之神的眷顾所带来的灵感和顿悟同样不可或缺。

（二）广告创意

广告创意在英语中的表达：Idea和Creation。简单来说就是通过大胆新奇的手法来制造与众不同的视听效果，在广告中有创造力地表达出品牌的销售讯息，最大限度地吸引消费者，以迎合或引导消费者的心理，并促成其产生购买行为的思想。

不同历史时期基于不同的传播实践，“广告创意”的含义是不同的。

在广告还是“印在纸上的推销术”的年代，美国学者E.S.路易斯在1898年就提出了著名的AIDA法则，认为广告必须引起公众注意(Attention)、引导公众产生兴趣(Interest)、激发公众产生消费欲望(Desire)并最终促成公众产生相应的消费行为(Action)，只有符合此种法则的广告创意，才能产生预期的传播和促销效果。

大众化消费时代，广告科学派大师罗瑟·瑞夫斯在20世纪40年代提出了USP理论，并从20世纪50年代流行至今。他认为好的广告创意必须提出独特的商品销售主题(Unique Selling Proposition，USP)，并以实证手法突出商品特点和商品带给顾客的独特而具体的利益。

20世纪60年代“现代广告教皇”、奥美广告公司创始人大卫·奥格威的名言“除非广告源自一个大创意(the Big Creative Idea)，否则它将有如夜晚航行的船只无人知晓”，随之也成为奥美人深信不疑的准则。好的广告创意不仅仅是保证短期利润的产品促销，更应该是“对品牌形象的长期投资”，由此，西方国家开始出现了“大创意”的概念，广告运作也树立起牢固的品牌意识。

20世纪70年代，广告创意进入了定位(Positioning)时期。更准确地说，广告创意游戏规则的改变是从1969年开始的。这一年，艾·里斯(Al Ries)和杰·特劳特(Jack Trout)在美国营销杂志《广告时代》和《工业营销》上发表了一系列文章，首次提出定位概念。他们认为，广告创意的任务就是找出顾客心中所想的东西，并按照这种固有的观念去宣传商品，即在顾客心中寻找出固有的位置，并把商品放到这个位置上去，因此，能否“确定商品在市场上的位置”、“让商品在潜在顾客的心里占有合适的位置、留下特定的印象”成为广告创意的关键。

进入20世纪80年代后期，面对媒介高科技化和商业信息多样化的形势，将与企业进行市场营销相关的诸如广告、促销、公关、直销、CI、包装、新闻媒体等一切传播活动一元化的整合营销传播(Integrated Marketing Communication，IMC)理念逐渐形成。IMC就是以顾客为中心，以由外向内的战略观点为基础，通过传播手段的整合，达到关系利益者的整合及有效沟通，进而实现企业内外关系的整合，最终进入企业与社会协调、互动发展的境界。为实现这一追求，广告创意就必须首先找到最具竞争力的消费者利益是什么，明确消费者想要知道什么，然后借助一切可能的媒介以最有效的方式将之传达出来、传播开来。

借助汉语的谐音，我国学者提出了一个一目了然的广告创意公式：广告创意=创异+创艺+创益。也就是说，优秀的广告创意首先要与众不同、标新立异；其次，广告创意还要具有健康高雅的艺术品位，形象生动、情感真挚、符合常理；另外，还要时刻牢记广告创意始终是服务于企业活动和商品信息的，应以促销商品、塑造品牌、树立企业形象为直接目的，从

而实现广告预期的传播效果和经济效果，为企业赢得良好的社会效益和商业效益。

需要强调的是，所有这些对广告创意的理解都是广告业持续创新的成果，虽然产生和流行的年代有所不同，但并不意味着它们相互之间就存在着排斥性或替代性，恰恰相反，它们互为补充，共同启迪、指导着现代广告创意的生成和发展。

随着社会生活和广告业的不断发展，人们对广告创意的理解势必也处于流行变动当中，无论何时都很难给它一个明确、凝固的定义，所以，对广告创意的内涵，只能做一个开放性的大致界定，即广告创意是根据广告调查结果，结合产品特性，针对公众心理以及对应的广告策略，广告人选择的最佳信息传播方式，以达到说服购买、促进销售的广告效果，这一创造性的总体思维过程就是创意。其实，“创意”这一概念具有双重含义：静态的创意是指创造性的思想、点子、主意等具有创新性的思维成果；动态的创意是指创造性的思维活动。广告创意发生在广告决策、策划、表现、制作等一系列过程中，是一种创造性的突破和创新。因为公众需要刺激，反感陈旧。创意是一个广告的前提基础和核心要素，如果没有创意，广告注定会失败。

通常所说的广告创意是指广告作品从构思到表现的过程，人们通常形象地将广告创意比喻为广告作品的灵魂，也就是说，广告创意是潜伏在外显、可见(听)的广告作品背后的思想，这就是狭义的广告创意，也被称为“小创意”。它针对的只是一个具体的广告作品，完成的是在广告作品中到底要“说什么”和“怎么说”的任务。

广义的广告创意或称之为“大创意”，则是对广告运动整体具有颠覆性重大影响的创造性构思，它可以体现在广告活动的各个环节当中，比如媒体创意、促销创意、公关创意等，其创意思想往往渗透于整个广告活动，几乎等同于通常所说的广告策划。因此广告创意经常被形容为接力赛和长征路，它贯穿于广告运动始终的全程，从广告业务接洽之时起，广告人便已经踏上了创意的征程。

二、广告创意在广告活动中的地位与作用

现代广告业建立起“以策划为主体、以创意为中心”的广告策划管理体系，可见，广告创意在整个广告活动中是不可缺少的重要环节。

广告定位是广告创意的前提。广告定位先于广告创意，广告创意是广告定位的表现。

广告定位所要解决的是“What to say?”(说什么)，广告创意所要解决的是“How to say?”(怎么说)，只有弄明确说什么，才可能发挥好怎么说。一旦广告定位确定下来，怎样表现广告内容和广告风格才能够随后确定。由此可见，广告定位是广告创意的开始，是广告创意活动的前提。

广告创意是广告策略的表达，其目的是创作出有效的广告，促成购买。广告创意必须以前期的市场调研、分析及消费者心理为基础。广告活动是一个动态的过程，包括市场调查、产品研究——广告计划制订——广告创意——广告作品制作——广告媒体调查、媒体选择与组合——广告效果调查与测定等一系列相互关联的环节，这些环节共同构成了一个完整的广告活动系统。必须指出的是，广告创意和广告策划虽有关联，但绝非等同的概念，两者的区别简言之为：广告创意重在艺术创新，广告策划则重科学系统的规划。广告创意本身是广告策划整体构成的一部分，为广告策划彰显艺术魅力和提升广告策划的创新能力。

广告的本质是信息传播，广告创意的优劣会直接影响到广告效果。广告人置身于广告主

和消费者之间，广告创意就必须基于消费者的利益和心理需求，巧妙地展现出广告主的产品或服务所具备能打动人心的好处和优点。

广告创意是现代广告的核心，更是现代广告的命脉，其作用主要体现在确保广告信息的有效传播、彰显广告策划的艺术魅力和提高广告促销的经济效率三个方面。

三、广告创意的特性及原则

(一) 广告创意的特性

广告创作不仅是一种艺术创造，更是一种商业行为，带有很强的市场功利色彩，因此，广告创意相对于一般的创造性思维而言，有更多的约束和限制，也就是所谓的“戴着枷锁跳舞”。因此，广告创意具有以下几个特征。

1. 创造性

广告创意大师李奥·贝纳认为，广告创意是如何用有关的可信的、品格高的方式，与在之前无关的事物之间建立一种新的友谊关系的艺术，即“与生俱来的戏剧性”。他认为每个产品都有潜在的戏剧性，都可以启发一个大创意。可见，创造性是广告创意的一大基本特征。只有努力追求原创和新奇，才能引起受众注意。人类对新奇的事物和新异的刺激有着本能的好奇和探究之心，人们观察事物时，由于角度不同，对事物的看法也就不尽相同。因此，广告创意其实就是寻找到被受众忽略的观察角度，引领受众对事物进行重新审视，并最终形成新的理解和认识，接受并且喜爱广告创意所传播的新的观点。从这个意义上来讲，一切优秀的广告创意都能给人提供一个新观念、新理论和新设想。

2. 利益性

利益性是广告创意的经济特性。正如奥格威所说：没有销售的广告不是好广告。这也是广告的功能属性所决定的。作为有偿的传播手段，广告为广告主的产品或服务“叫卖”，要使这种叫卖获取实效，就要让消费者从中看到利益。广告创意就是要消费者从广告中认识到“有价值”，广告就是广大的受众以利益承诺，并在兑现过程中实现广告主的利益追求。

3. 关联性

关联性是广告创意的灵魂展现。要吸引消费者注意，则广告创意一定要与商品信息紧密关联，与目标对象的生活形态紧密关联，与企业期望的公众行为紧密关联。没有这种广泛的关联性，创意也就失去了意义。此外，广告信息的传递还需要与目标受众的媒介生活习惯紧密关联，在恰当的时间、地点选择恰当的媒介，传播符合受众当时心境的广告信息，以便使广告深入心灵，形成强大的冲击与震撼，从而打破公众漠视广告的现实，生成深在且持久的感染力。

4. 广泛性

广泛性是指广告创意普遍存在于广告整体活动的各个环节。广告创意不仅可以体现在主题的确定、文案的撰写、表现的设计等诸多方面，还可以体现在广告策略的制定、媒体的组合搭配、广告的执行方式等每一个与广告活动有关的要素上。

5. 通俗性

广告以目标消费者作为自己的传播对象，不管运用什么样的表现方法，都要符合目标消费者的审美趣味和欣赏水平，也就是必须做到针对传播对象的通俗易懂、雅俗共赏，否则就会曲高和寡。

6. 艺术性

广告创意确定后要借助广告表现来实现。广告表现是以媒体特征和受众心理作为出发点，调动各种艺术手段去把广告创意具象化的过程。缺乏艺术性的广告表现方式，只会使广告被淹没在信息的汪洋中，只有打破常规的艺术表现才可以给予受众强烈的视听刺激，从而产生明确的广告效果。

7. 复合性

人具有喜怒哀乐、怜悯同情、妒忌羡慕、自尊满足等各种高级的情感，而广告创意最大的特点就是具有复合性，即它不仅包括产品的功能内容，还蕴含丰富的情感和其他内容。而当作品的情感与受众的情感发生碰撞并产生共鸣的时候，信息就容易被受众接受，从而产生更好的沟通效果。

由此可见，广告创意是一项全面广泛、基于大众、源于艺术的复合性思维活动，关键在于要力争符合目标受众的心理，以达到有效传播的目的。

(二) 广告创意的原则

广告创意是整个广告活动的一个重要组成环节，在遵循广告本身的真实性、科学性、实效性、合法性等基本原则的同时，还要符合以下三个重要原则。

1. 广告创意的相关性原则

相关性是指广告产品与广告创意的内在联系，要求既在意料之外，又在情理之中，也就是广告创意必须与产品个性、企业形象、目标对象的生活形态紧密关联，广告传递的信息不能含糊不清或喧宾夺主。有些产品选用明星、名人代言，但却没能找到明星与产品之间的关联，创意缺乏相关性，受众看了广告之后只记得某明星做了一则广告，却把广告所应该表达的主要信息——产品信息遗忘了，这种创意无疑是失败的。譬如几年前，明星巩俐代言的大洋摩托车广告，由于产品特性和代言人之间几乎毫无关联性可言，所以导致广告信息本末倒置。

2. 广告创意的原创性原则

所谓原创性是指创意作为日常旧有元素的新组合，具有不可替代的独特性。广告创意必须突破常规，出人意料，与众不同。没有原创性，广告就缺乏吸引力与生命力。

如1996年6月在戛纳国际广告节上获得广告大奖的“VOLVO安全别针”(见图10-1)，每一个人看到之后都会过目不忘。

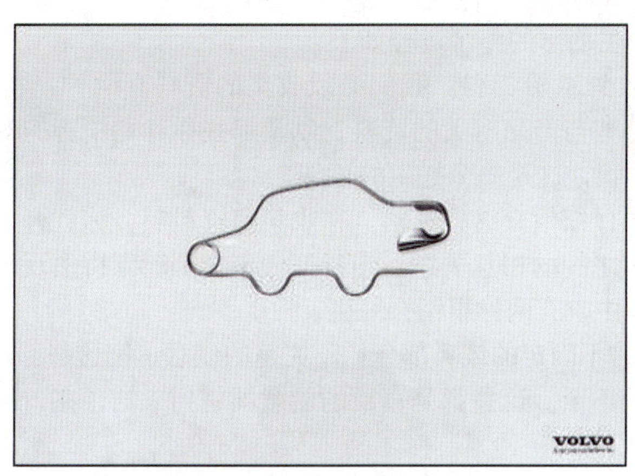

图10-1　VOLVO安全别针的广告

作品以“安全”的承诺作为创意概念，简洁有力的创意概念，催生了简洁有力的广告表现成果——“安全别针”。用小小的曲别针去代表汽车，这本身就是很出人意料的想法，它简化了很多细节，让人们看到广告的第一眼就集中于思索曲别针与沃尔沃汽车之间的联系。而在欧洲，这种别针又被叫作“安全别针”，消费者就会一下子将沃尔沃汽车与安全画上等号。正是这一视觉冲击力强、意味深长的视觉表现，品牌的灵魂和别针存在的价值(安全)融为一体，把广告创意变成了任何人都能理解、交口称赞的广告佳作，广告形象与主题密切相关，至今被奉为广告创意与表现的经典作品。

3. 广告创意的震撼性原则

广告创意一定要对目标受众产生强烈的冲击。一个社会人每天要接收大量的广告信息，要想受众对广告留下深刻印象，就必须震撼。震撼性即是广告产生的冲击、震撼消费者心灵的魅力，是与相关性、原创性相连的。因此，广告创意必须巧妙地把原创性、相关性和震撼性融为一体，也就是业界所谓的ROI原则(即关联性(Relevance)、原创性(Originality)、震撼力(Impact))，这样才能成为具有深刻感染力的广告佳作。而且刺激越强，造成的视听冲击越大，就越容易给受众留下印象。

重庆奥妮的“百年润发”，与一般的洗发水所走的功效定位路线不同，“百年润发”以怀旧的情调触动受众，并辅之情味悠长的京剧旋律，给人一种温馨回味。而周润发是国内备受喜爱的影视明星，高大而平易的形象加上极强的可塑性，在奥妮巧借大名度身定做的“百年润发”洗发水广告中，情感把握收放自如，十分到位。自我造型与品牌形象水乳交融，名人形象、产品特性十分贴近自然地关联在一起，强烈冲击、震撼着受众的心理。

广告作品使受众心理受到强烈的震撼后，对提升产品的知名度、美誉度，增加品牌的附加值起到了不可估量的作用。

四、广告创意过程

(一) 詹姆斯·韦伯·杨广告创意流程模式

1932年，智威汤逊广告公司最优秀的文案詹姆斯·韦伯·杨，在《产生创意的方法》(A Technique for Producing Ideas)一书中提出了完整的产生创意的方法和过程，他的思想在中国广告界颇为流行。产生创意的整个过程如下。

第一步：为心智收集原始资料。我们必须收集的资料有两种：特定的资料和一般的资料。特定的资料是指那些与产品有关的资料，以及那些你计划销售的对象的资料。一般的资料就是一般的生活的知识，这是一个终生的工作。

第二步：用心智去仔细检查这些资料。在收集完资料后，你就开始用心智的触角到处加以测试，寻求那些知识之间的相互关系，使每一件事物都能像拼图玩具那样，寻找到一个适切的组合。在这一过程中，有两件事情会发生。

(1) 你会得到小量的不确定的或者部分的不完整的创意，把这些都写在纸上，不管它们是如何荒诞不经或者残缺不全。这些都是真正的创意即将到来的预兆，把它们都记下来能促进这个过程的进展。

(2) 渐渐地，你会对拼图游戏感到厌倦，你不要过早地产生厌倦，至少要追求内心活力的第二波。

然而，不久之后，你将达到绝望的阶段，你的心中一片混乱，在任何地方都不能清楚地洞察。如果你确信已经坚持做好你的拼图，现在你就可以进入第三阶段了。

第三步：深思熟虑，消化和潜意识的创作。达到第三个阶段时，你就完全放弃问题，并转向任何能刺激你的想象力和情绪的事，比如听音乐，看电影或读小说等，这个阶段，是你对前两步所得到的结果进行消化的过程。

第四步：产生结果。经过了消化的步骤，创意很可能会突然出现。它会在你最意想不到，而且根本没有期望它会出现的时候出现，刮胡子的时候，洗澡的时候，或者清晨半梦半醒的时候，也许它会在夜半时分把你唤醒。

第五步：形成和发展创意，使它能够实际应用。在这一阶段，你一定要把你可爱的新生创意拿到现实世界中去，你会发现它可能并不像你初生它时那么奇妙，它还需要你做很多耐心的工作，以适应实际状况。不要犯把好的创意秘而不宣的错误，要把它交给深思远虑的批评者审阅。你会发现，好的创意好象具有自我扩大的本质，它会刺激那些看过它的人对它加以增补。

创意的产生，要经过足够的前期积累，这种积累越丰富，思维碰撞产生的火花越多，创意产生的机会就越大。这种积累要求：其一，对世界上所有的问题都应该保有兴趣；其二，广泛浏览各门学科中所有的信息。当我们一旦深入广泛地研究产品与其消费者之后，几乎都能发现在每种产品与某种消费者之间都存在着各有相关联的特性。这种相关联的特性就可能导致创意。

（二）英国心理学权威沃勒斯(G. Wallas)总结出至今仍在沿用的“创造四阶段说”

沃勒斯认为，不管哪个学科门类，不管创造性成就的大小，任何创造发明大体都经过以下四个时期。

1. 准备期

这一阶段主要从事发现问题、分析问题、归纳问题工作，包含：广泛调研、搜集资料、整理事实、补充积累知识、扩充技术储备、创设必需工具和条件等。

准备工作的范围要尽可能地大一些，特别是处于学科纵横交叉的今天，我们不仅要对自

己的主修学科有透彻的了解，而且要准备好其他相关学科的足够知识，汲取跨学科的经验、方法和技巧，准备工作的时间应该足够长。正如美国哲学家杜威所说："要真正做到多思，我们必须甘心忍受并延续那种疑惑的状态，这是对彻底探究的动力。"

2．孕育期

孕育期，又称酝酿期、孵化期。在创造过程中，一蹴而就成功的先例少之又少，大多会在初步尝试后无功而返。这时，最好的办法是把手头的问题暂时搁置起来。按Wallas的心理学理论，创造者的潜意识仍在围绕这一问题工作，就像母鸡在孵蛋一样，表面上母鸡静卧，所孵的蛋却正在孕育着新生命。

在孕育期，可以换一个创意理念做做(忌"单兵深入"，不妨同时有几个不同类型的创意理念或分支题目)；有时干脆让头脑彻底休息，或出门度假，或光顾娱乐场所。

孕育期的存在说明，创造是一种波澜起伏的有节奏的过程，创造的火苗有时就像在潜伏中的火山，它在酝酿喷发。心理学家告诫创造者：一味苦读、目不转睛、马不停蹄的疲劳战对创造有弊无利。创造需要冥思苦想，同时需要把握节奏。孕育期可长可短，有时非常漫长，创造者的"灵光"似乎在冬眠，等待着复苏。一旦内外条件成熟，"灵光"随之闪现！

3．豁朗期

豁朗期，又称明朗期，确切地说，豁朗期更像是"顿悟期"。一个百思不得其解的问题被创造者搁置一段时间之后，某个时刻，创造性的新观念可能突然喷薄而出，随之，进入"豁然开朗"的境地。心理学家将其称为灵感、直觉或顿悟。 10

彭加勒在他的名著《科学与方法》中对此有生动的长篇描述。当他在研究非欧几何的一种变换时，久久不得其解，他不想工作了，于是到乡间去旅行。"我的脚刚踏上车蹬，突然想到一种设想……我用来定义福克斯函数的变换方法同非欧几何的变换可以完全一样！"他还描述了在山岩上散步时的灵光一现。这就是顿悟——突然明白。

4．验证期

在豁朗期中产生的灵感是否即为问题的答案？是否就是科学的创造？这还有待于细细验证。新的观念要经过逻辑的推敲和完善，新的结论、新的产品要经过实践的检验。在验证阶段，对新设想、新观念不作任何修改的情况是罕见的，经验证而被否决则是司空见惯的。正如英国大科学家达尔文所说："我想不起哪一个最初形成的假说不是在一段时间过后就被放弃，或被大加修改的。"

验证期的长短也各不相同，有时费时超过前三个阶段的总和。G.沃勒斯的创造四阶段并非机械地划分的，它们经常是交叉的循环往复的。

(三）1986年罗杰·冯·奥克提出四步创意模式

(1) 探险家——寻找新的信息，关注异常模式。

(2) 艺术家——实验并实施各种方法，寻找独特创意并予以实施。

(3) 法官——评估实验结果，判断哪种方法最有效。

(4) 战士——克服一切干扰和障碍，直到实现创意概念。

（四）一般过程

尽管从不同的角度看有以上种种不同的创意模式，但它们存在着一些共同的因素：这就是我们常见的广告创意实施的一般过程：五阶段论。

1. 搜集资料

搜集资料阶段是广告创意非常关键的一个阶段，在这个环节广告创意工作者要做大量的基础性工作，为后期的创意来源积累资料。在创意的初期阶段需要收集的资料主要有四个方面：产品资料、竞争对手资料、市场资料、消费者资料，如表10-1所示。收集资料的方法在广告调查章节已经进行了讲解，这里不再重复。

表10-1　搜集资料内容一览表

资料类型	资料内容
产品资料	公司概况，产品的构成和规格，产品基本质量要求，影响产品质量的因素，产品质量的标准，产品的包装、养护方案等内容。在产品分析阶段要对广告产品进行全方位的分析，为广告创意积累基本的资料来源
竞争对手资料	竞争对手的市场占有率分析、竞争对手的财务状况分析、竞争对手的产能利用率分析、竞争对手的创新能力分析、对竞争对手的领导人进行分析
市场资料	市场竞争状况分析、市场特点、消费状况、主要产品零售价格调查等内容
消费者资料	年龄、性别、民族、生活习惯、区域、国家、家庭收入等方面进行分析；目标消费者、消费心理、消费者行为、消费者特征分析等

（资料来源：戴世强科学创造十日谈．http://blog.sciencenet.cn/home.php?mod=space&uid=330732&do=blog&id=353124 2010.8）

2. 表现概念

在对产品相关信息有了比较全面的了解的基础上，要对所有资料进行分析，在这个阶段主要是找出广告产品的特色以及和同类产品相比的优势，这就是广告商品概念。对广告商品的分析主要包括如表10-2所示的几个方面内容。

表10-2　产品分析内容一览表

产品概念	产品信息
产品特性	广告商品与同类商品之间的属性
	商品本身的设计思维和性能、特性
	与竞争对手的商品作比较，调查商品在性能上和特征上的优劣
	明确商品生命周期的过程
	向消费者阐明并列举商品性能、特性所能产生的效用

续表

产品概念	产品信息
和同类商品相比较	产品的特色是什么
	和竞争者的差异是什么
	和竞争商品的相同特点是什么
	和其他商品相比没有竞争力怎样去表现

3．酝酿阶段

酝酿阶段主要是发现产品的特性，找出产品的区别的过程。在这个阶段通常创意小组要经过多次讨论。这是创意的关键时期，思维活动处于非常活跃的时期。

在酝酿期需要解决如下几个问题。

(1) 发现产品特性。将产品的性能、特点对于消费者的重要性进行排列。选择适当的词语对产品的特性进行总结。找到产品与消费者之间的关系，这种关系必须和其他商品进行区别。

(2) 制造差异。制造差异就是在产品不同的时期确定不同的销售策略。在具体表现的过程中就是要在产品不同的时期制造不同的概念。

产品的生命周期分为：产品导入期、成长期或成熟期、衰退期。在产品不同的时期应该挖掘产品不同的特性，制造概念上的差异。

(3) 对资料进行碰撞性组合。思维围绕收集到的资料反复思考，采用不同的思维，对资料进行组合。在这期间创意可能是不完整的，要多记录，把不完整的创意进行反复推敲，就有可能产生出最终的创意。

4．产生创意

产生创意阶段就是灵感闪现阶段，在这个阶段是在以前长期的积淀基础上，眼前豁然开朗，创意就产生了。灵感有暂时性、瞬间性和稍纵即逝的特点。当灵感一出现时，就要及时捕捉住，记录下来。有时情绪高涨，灵感如泉水般不断涌现，不断产生新想法，不断对前面想法进行修正，逐渐发展成创意雏形。

如何才能有效捕捉住灵感，并不断发展完善它？这主要取决于创意者自身的素质。广告创意灵感是在广告创意过程中由于思想高度集中，情绪高涨，思虑成熟而突发的创造能力，是创作欲望、创作经验、创作技巧和诱发情景的综合产物。灵感不会降临到没有创作意识及创作准备的人身上，创作欲望强烈的人，他的捕捉灵感能力更敏锐，只有具备良好创意素质、丰富创意经验和娴熟创意技能的人，才能把那瞬间性的灵感火花点燃成燎原的创意之火。反之，缺乏以上基本条件的人就常常会对灵感视而不见，失之交臂，即使抓住了，也无法使偶然碰到的稍纵即逝的灵感演变成有价值的广告创意。

5．验证阶段

验证阶段就是检验论证、发展完善广告创意的阶段。前一阶段由创意灵感生成的创意雏形虽然隐隐约约闪露着智慧光芒，但也往往带有一些不尽合理的成分。这些创意雏形是否可行仍有待验证推敲和进一步发展完善。

验证阶段的主要工作就是对上述阶段得到的这些初具轮廓的、粗糙的创意新想法，运用理论知识、思维逻辑、理性客观的心态来检验论证其合理性和严密性，应用观察、实验等方法检查证明其实践上的可行性，并在验证基础上对创意加以修改、发展、完善。在检查验证、发展完善广告创意时，常常可采用将创意交给专家、同事、对象公众进行评价，征求修改意见。经集思广益，反复评估、推敲、修改，直至形成较成熟的创意构想。

（五）广告创意构想的注意事项

(1) 以广告主题为核心。广告主题是广告定位的重要构成部分，即“广告什么”。广告主题是广告策划活动的中心，每一阶段的广告工作都应紧密围绕广告主题而展开，不能随意偏离或转移广告主题。

(2) 以广告目标对象为基准。广告目标对象是指广告诉求对象，是广告活动所有的目标公众，这是广告定位中“向谁广告”的问题。广告创意除了以广告主题为核心之外，还必须以广告对象为基准。“射箭瞄靶子”、“弹琴看听众”，广告创意要针对广告对象，要以广告对象进行广告主题表现和策略准备，否则就难以收到良好的广告效果。

(3) 以新颖独特为生命。广告创意的新颖独特是指广告创意不要仿其他广告创意，人云亦云、步人后尘给人雷同与平庸之感。唯有在创意上新颖独特才会在众多的广告创意中一枝独秀、鹤立鸡群，从而产生感召力和影响力。

(4) 以情趣生动为手段。广告创意要想将消费者带入一个印象深刻、浮想联翩、妙趣横生、难以忘怀的境界中去，就要采用情趣生动等表现手段，立足现实、体现现实，以引发消费者共鸣。但是广告创意的艺术处理必须严格限制在不损害真实的范围之内。

(5) 以形象化为人性。广告创意要基于事实。集中凝练出主题思想与广告语，并且从表象、意念和联想中获取创造的素材，形象化的妙语、诗歌、音乐和富有感染力的图画、摄影融会贯通，构成一幅完善的广告作品。

总之，一个带有冲击性、包蕴深邃内容、能够感动人心、新奇而又简单的广告创意，首先需要想象和思考。只有运用创新思维方式，获得超常的创意来打破读者视觉上的“恒常性”，寓情于景，情景交融，才能体现广告作品的诗意，取得超乎寻常的传播效果。

五、广告创意方法

（一）“水平思考”创意方法

水平思考创意方法是剑桥大学思维基金会主席，被誉为“创新思维之父”的爱德华·德·波诺(Edward de Bono)的创新思维经典，水平思考法是与垂直思考法相比较而存在的。

垂直思考法指的是传统逻辑上的思考，其显著特点是思考的连续性和方向性。这种思维模式的最根本的特点是：按照一定的方向和路线，运用逻辑思维的方式，在一个固定的范围内，面向纵深即垂直方向进行的一种思考方法。其表现是：根据前提一步步地推导，既不能逾越，也不允许出现步骤上的错误。这种思考方法就是传统的深思熟虑，至今仍然是我们进行广告创意必要的思考方法。垂直思考法的重点是思考的深度而不是广度，它要求思考问题

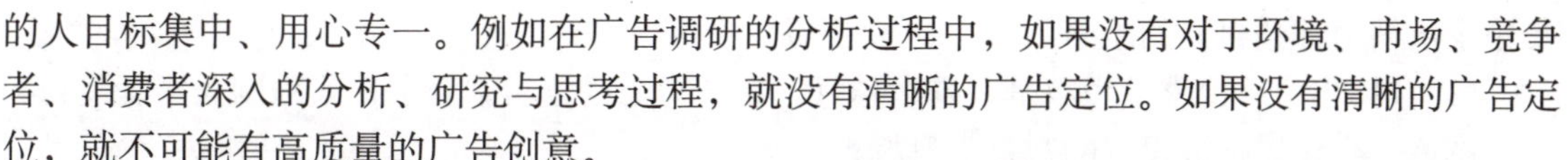

的人目标集中、用心专一。例如在广告调研的分析过程中，如果没有对于环境、市场、竞争者、消费者深入的分析、研究与思考过程，就没有清晰的广告定位。如果没有清晰的广告定位，就不可能有高质量的广告创意。

水平思考法主张围绕特定的主题，离开固定的方向，突破原有的框架，朝着若干方向努力。这种思考完全是自由的，既无一定的方向，也无一定的范围，允许对引起思考的问题标新立异，在方向上可以“海阔天空”，从已知的领域去探索未知的境界。这是一种开放性的思维。

水平思考法告诉我们：创造力不再是一种老式的头脑风暴，也不再是艺术家式的灵感突降，而是可以通过“水平思考”的系统方法获得，是每个普通人都能掌握的制胜工具、生存之本。特别是为实现一个新的设想而考虑时，很有必要摆脱一直被认为是正确的固有观念的束缚。举例来说，按照人们的固有观念，水总是往低处流，如果仅从这一观念出发，世界上就不会有能将水引向高处的虹吸管了。

水平思考是一种既非逻辑性又非因果性，而是属于超越性的思考方法。它可从答案出发来对问题进行思考。水平思考的关键是逆向思维。即使是一种非常成熟的设想，也需反复地进行逆向考虑。这种逆向思考法，已成为一种重要的思维技巧了。

(二) 头脑风暴法

1. 头脑风暴法的定义

头脑风暴法又称智力激励法、BS法、自由思考法，是由美国创造学家A.F.奥斯本于1939年首次提出、1953年正式发表的一种激发性思维的方法。此法经各国创造学研究者的实践和发展，至今已经形成了一个发明技法群，深受众多企业和组织的青睐。头脑风暴法出自“头脑风暴”一词。所谓头脑风暴(Brain-storming) 最早是精神病理学上的用语，指精神病患者的精神错乱状态而言的，现在转而为无限制的自由联想和讨论，其目的在于产生新观念或激发创新设想。

头脑风暴法又可分为直接头脑风暴法(通常简称为头脑风暴法)和质疑头脑风暴法(也称反头脑风暴法)。前者是在专家群体决策时尽可能激发创造性，产生尽可能多的设想方案；后者则是对前者提出的设想、方案逐一质疑，分析其现实可行性的方法。

采用头脑风暴法组织群体决策时，要集中有关专家召开专题会议，主持者以明确的方式向所有参与者阐明问题，说明会议的规则，尽力创造融洽轻松的会议气氛。主持者一般不发表意见，以免影响会议的自由气氛，由专家们“自由”提出尽可能多的方案。

2. 头脑风暴法的原则

为使与会者畅所欲言，互相启发和激励，达到较高效率，必须严格遵守下列原则。

(1) 禁止批评和评论，也不要自谦。对别人提出的任何想法都不能批判、不得阻拦。即使自己认为是幼稚的、错误的，甚至是荒诞离奇的设想，亦不得予以驳斥；同时也不允许自我批判，在心理上调动每一个与会者的积极性，彻底防止出现一些“扼杀性语句”和“自我扼杀语句”。诸如“这根本行不通”、“你这想法太陈旧了”、“这是不可能的”、“这不符合某某定律”以及“我提一个不成熟的看法”、“我有一个不一定行得通的想法”等语句，禁止在会议上出现。只有这样，与会者才可能在充分放松的心境下，在别人设想的激励下，集中全部精力开拓自己的思路。

(2) 目标集中，追求设想数量，越多越好。在智力激励法实施会上，只强制大家提设想，越多越好。会议以谋取设想的数量为目标。

(3) 鼓励巧妙地利用和改善他人的设想。这是激励的关键所在。每个与会者都要从他人的设想中激励自己，从中得到启示，或补充他人的设想，或将他人的若干设想综合起来提出新的设想等。

(4) 与会人员一律平等，各种设想全部记录下来。与会人员，不论是该方面的专家、员工，还是其他领域的学者，以及该领域的外行，一律平等；各种设想，不论大小，甚至是最荒诞的设想，记录人员也要认真地将其完整地记录下来。

(5) 主张独立思考，不允许私下交谈，以免干扰别人思维。

(6) 提倡自由发言，畅所欲言，任意思考。会议提倡自由奔放、随便思考、任意想象、尽量发挥，主意越新、越怪越好，因为它能启发人推导出好的观念。

(7) 不强调个人的成绩，应以小组的整体利益为重，注意和理解别人的贡献，人人创造民主环境，不以多数人的意见阻碍个人新的观点的产生，激发个人追求更多更好的主意。

当然，头脑风暴法的实施有一定的成本(时间、费用等)，另外，头脑风暴法要求参与者有较好的素质。这些因素会影响头脑风暴法的实施效果。

头脑风暴法的其他形式如下。

默写式头脑风暴法：荷立肯(西德)提出了一种以“默写”代替“发言”的头脑风暴法，规定每次会议有6人参加，以5分钟为时间单元，要求每个人每次提出3个构想，故又称“635法”。默写式头脑风暴法——先由主持人宣布议题——发给每人几张卡片——5分钟——针对议题填写3张设想——把卡片传给另一个人——下一个5分钟——在他人卡片上对其设想再提3个设想——以此类推传递6次——完成108个设想——再在此基础上形成创意。

卡片式头脑风暴法又称CBS法，由日本创造开发研究所所长高桥诚创立，其特点是对每个人提出的设想可以进行质询和评价。其具体操作方法是召开由3至8人参加的会议，会前宣布设想课题，会议时间为一小时。会上发给每人50张卡片，留200张卡片备用。在前10分钟内，与会者独自在每张卡片上填写一个设想。接下来30分钟，每位与会者按座次轮流宣读自己的设想，其他与会者可以将受启发所得的新设想填入备用卡片。最后20分钟，与会者相互交流探讨，以诱发新设想。

(三) 组合法

我们周围的事物是由两个或两个以上的因素组合在一起的。如带电子表的圆珠笔、录音机、电唱机等，这其中蕴含着一种组合的思想。运用这种思想搞创造发明的技法，我们称之为组合法。这是一个以若干不同事物的组合为主导的创意方法系列。其特点是把似乎不相关的事物有机地合为一体，并产生新奇。组合是想象的本质特征。

因为一个新想法往往是旧要素的新组合，所以要敢于去尝试各种各样的组合。当它们出现时，赶快记下来。从不同的开始点尝试。随意选择任何东西——一种颜色、一种动物、一个国家、一个行业，试着把它们与你的问题和答案联系起来。

尽可能广泛地阅读，特别是阅读那些远离你自己专业的、谈论未来和挑战的文章。一直要问：如果……会怎么样？“如果我把这和那连起来会怎样？如果我从这儿而不是那儿开始会怎样？”一直要问。

沃尔特·迪士尼把米老鼠与旅游结合起来，创立了迪士尼乐园。商店与停车场连在一起就产生了购物中心。通用汽车公司把分期付款和提供不同漆色的销售方式结合起来，结果建立起了世界最大的汽车公司。

(四) 检核表法

1. 定义

所谓的检核表法，是根据需要研究的对象之特点列出有关问题形成检核表，然后一个一个地来核对讨论，从而发掘出解决问题的大量设想。它引导人们根据检核项目的一条条思路来求解问题，以利求比较周密的思考。我们这里讲到的“检核表法”，通常是指乔治·奥斯本(George Osborn)检核表法。

奥斯本检核表法是一种产生创意的方法。在众多的创造技法中，这种方法是一种效果比较理想的技法。由于它突出的效果，被誉为创造之母。人们运用这种方法，产生了很多杰出的创意，以及大量的发明创造。

奥斯本检核表法的核心是改进，或者说，关键词是：“改进！！！通过变化来改进”。奥斯本检核表法的九个大问题：有无其他用途、能否借用、能否改变、能否扩大、能否缩小、能否代用、能否重新调整、能否颠倒、能否组合。

2. 如何实施

其基本做法是：首先选定一个要改进的产品或方案；其次，面对一个需要改进的产品或方案，或者面对一个问题，从下列角度提出一系列的问题，并由此产生大量的思路；第三，根据第二步提出的思路，进行筛选和进一步思考、完善。

(1) 可以引入吗？(是否能够从其他领域、产品、方案中引入新的元素、新的材料、新的造型、新的原理、新的工艺、新的思路，以改进现有的方案或产品)

(2) 可以替换吗？(是否能够用其他东西来替代现有的产品、方案或其一部分)

(3) 可以添加、增加、扩大吗？(是否能够增加一些元素，或者使现有的元素的数值增加，比如新的材料、色彩、加大)

(4) 可以减少、缩小吗？(是否能够通过缩小某一要素的数值，比如长度、体积、大小、容量，或者减少一部分成分，来实现改进)

(5) 可以引出吗？(可以将该产品或方案的原理、结构、材料、成分、思路等用于其他地方吗？)

(6) 可以改变吗？(可以改变该产品的名词、动词、形容词属性和特征，以实现改进吗？)

(7) 可以逆反吗？(能否在程序、结构、方向、方位、上下、左右等方面逆反，以实现更好的效果)

(8) 可以组合吗？(能否把现有的产品或方案，与其他产品或方案组合起来，以形成新的思路？)

(9) 可以用于其他领域吗？(本产品或方案，能否用于其他领域，扩大用途，或者稍作变化后用于其他领域或其他用途)

(10) 其他任何提问(可以扩展吗？可以改变功能吗？可以放弃或舍去吗？可以涂改吗？等等)

利用奥斯本检核表法，可以产生大量的原始思路和原始创意，它对人们的发散思维有很大的启发作用。当然，运用此方法时，还要注意几个问题。它还要和具体的知识经验相结合。奥斯本只是提示了思考的一般角度和思路，思路的发展还要依赖人们的具体思考。运用此方法，还要结合改进对象(方案或产品)来进行思考。运用此方法，还可以自行设计大量的问题来提问。提出的问题越新颖，得到的主意越有创意。

奥斯本的检核表法属于横向思维，以直观、直接的方式激发思维活动，操作十分方便，效果也相当好。

奥斯本检核表法的优点很突出，它使思考问题的角度具体化了。但它也有缺点，就是它是改进型的创意产生方法，你必须先选定一个有待改进的对象，然后在此基础上设法加以改进。它不是原创型的，但有时候，也能够产生原创型的创意。比如，把一个产品的原理引入另一个领域，就可能产生原创型的创意。

广告创意的方法还有很多，如笔记法、图示联想法、分类归纳法、逆向思维法等。

第二节 广 告 表 现

广告表现是广告创意的最终形态，它致力于将创意概念形象化、具体化，变成可认知、可感受的具体形式。广告表现是整个广告活动的一个转折点，这之前的工作多为科学的调查、分析、提出方案、创意、构思，而广告表现的工作是将这些在创作人员头脑中的创意转化成看得见、听得到，甚至是摸得着的、嗅得出的实实在在的广告作品，并将这个作品传达给目标市场的消费者。从广告表现的实践上来看，广告表现的水平，也就是广告创意的执行情况，直接关系到广告的传播效果和营销业绩。

一、广告表现概述

(一) 广告表现的概念

按照广告的整体策略为广告信息寻找有说服力的表达方式、为广告发布提供成型的广告作品的过程，即为广告表现。具体地讲，就是把有关商品、劳务和企业等方面的信息，运用各种符号及其组合，以形象的、创造性的、易于接受的形式表现出来，达到影响消费者购买行为的目的，就是广告表现。广告表现的最终形式是广告作品。

(二) 广告表现的类型

1. 根据传播媒介分类

(1) 印刷类广告。印刷类广告是指以印刷为手段来制作平面广告的形式，包括报纸、杂志、招贴、宣传册等广告形式。

(2) 实体广告。实体广告是指将广告的形式应用在各种大型设施或者商品上，应用范围较广。主要包括：路牌广告、立柱广告、楼顶广告、墙壁广告、交通广告和围栏广告等。

(3) 电子类广告。电子广告是随着电子技术的发展现在越来越多采用的一种新的广告表现方式。电子广告具有传播速度快、费用较低廉、信息量大、形式丰富以及很强的时效性等特点。

2．根据广告的表现形式分类

(1) 图片广告。图片式的广告表现形式是最为常用的一种形式，它的特点是更能有效地展现出产品的特点，使消费者毫不费力地了解到广告所传达的信息，同时这种广告表现形式的手法也很丰富，设计者的创意空间是无限的。

(2) 文字广告。文字广告是以文字形式向公众介绍商品、宣传服务、告知文体活动等的一种传播方式。文字广告可以是单独的，也可以是与音像广告、招牌广告、橱窗广告、模型广告等物像广告合并使用。

(3) 表演广告。表演性广告是指以表演的方式传达广告讯息的广告。电视广告中的绝大多数属于表演广告，广播广告中也有相当一部分是表演广告，还有就是采用一些互动的表演活动来宣传商品。这类广告形式直观，具有示范性，并且生动、活泼，能够引起人们浓厚的兴趣。

(4) 说词广告。说词广告是指将广告的主题通过一句话的形式诉说，并通过各种传播媒体和招贴形式向公众介绍商品、文化、娱乐服务等内容的一种宣传用语式的广告表现方式。

(5) 综合性广告。综合性广告就是综合图片、文字和各种表演等方法的一种广告表现手法来进行全方位的宣传。越来越多的广告采用综合性广告来使广告创意更具感染力和吸引力，一般在多种方法中以一种方法为主，其他方法配合使用，在不影响广告创意核心诉求的前提下使广告更耐人寻味或更具趣味性。

二、广告表现的原则

经济广告的基本功能是传达商品或服务信息，其最终目的是要树立产品或品牌形象，改变受众的认知、情感和态度，从而最终使消费者产生购买意向，达到促销。为此，广告表现必须遵循为广告目标服务、符合特定媒体的特性和准确体现广告创意的原则。

1．广告表现必须为广告目标服务

广告目标对于广告表现来说就是最初的起点和最终的落脚点，广告表现要服务于和落脚于广告目标。因为广告表现是广告创意的具象化过程，所以必须按照广告目标的要求，以最有效的艺术手段去诠释广告创意。

为此，必须把握受众的心理特点，在以下几个方面加以关注。

(1) 广告表现必须能引人注意。

(2) 广告表现内容必须容易理解。

(3) 广告表现的信息必须容易记忆。

(4) 广告表现最好能够唤起受众的情绪、情感。

(5) 广告表现不能冒犯消费者。

2．广告表现应符合特定媒体的特性

在现代广告中，媒体的选择余地越来越多。不同媒体具有不同的特性，广告表现过程所担负的首要任务，是为实现广告创意寻找最具有表现力和感染力的视觉和听觉语言(符号)，并由这些元素营造创意所要求的意境。不同广告媒介的传播特点决定了媒体表现的不同，决定了广告表现必须结合具体的媒体特征来展开思维，有效地实现创意的需求。

如今，许多广告都采用媒介组合策略，媒介组合可以将两种或两种以上的媒介交叉使用来产生整合营销效果。但是，当同一广告创意被同时执行在不同媒体上时，具体的广告表现形式和技巧应进行符合媒体特质的调整。因为只有顺应媒体特征来改变广告表现的视点和语汇，广告的整体性才能得到加强。

3. 广告表现应准确体现广告创意

准确理解和深刻把握广告创意是广告表现执行的前提。对广告的核心创意体会越深，在执行方式上就越会有丰富多彩的广告表现手段。广告创意诞生后，创作者就应苦心寻求最佳的表现方式。一个广告创意可以有多个广告表现形式，但是，每一个表现形式只能忠实于一个广告创意。广告表现这一过程，不是被动地图解创意而是围绕核心创意的再创造。在具体表现上所营造的艺术效果不仅需要具有吸引力，更需要使创意产生不可替代的表现说服力。

准确地体现广告创意，并且使核心创意具有更强的穿透力，是广告表现阶段的中心课题，超越这个范围的自由发挥常常不会产生理想的效果。

三、广告表现的方式方法

(一) 广告表现的方式

广告表现的诉求方式不外乎感性诉求和理性诉求两种。

感性诉求的表现类型，突出广告内容在意境、格调、心理感受方面的优势，将广告诉求重点放到与受众平等的地位上进行信息传播，即从情感上打动消费者。

感性诉求中最常见的是3B，即Baby(婴儿)、Beauty(美女)和Beast(野兽)，很多广告人将其视为指导广告创作的圭臬，或称之为黄金法则，认为这三者最容易抓住消费者的眼球，赢得受众喜爱。提出独特的销售主张(USP)理论的广告大师罗瑟·瑞夫斯也说过：多少次站在便道上和朋友谈兴正浓，我却忘了谈话的主题——都是因为当时有漂亮女郎在穿越马路。在柯达胶卷早期的一些电视广告中，也总少不了调皮的孩子、可爱的小狗——广告中的3B原则屡试不爽。

理性诉求的广告表现手段，常常是阐述消费者尚不清楚的事实或创建一种新的消费观念。对功能性很强或者技术含量较高的商品所进行的逻辑性推介，会产生比感性诉求更为直接的促销力。说服消费者认真考虑自己的切身利益，将消费产品的直接理由和产品给人的好处清楚表述出来，是理性诉求类广告表现形式的最大特点。

广告上的"科学派"鼻祖霍普金斯为Schlitz(喜立滋)啤酒提炼的广告语竟然是"Schlitz啤酒瓶是经过蒸汽消毒的！"其实所有品牌的啤酒瓶都要经过蒸汽消毒。事实是次要的，重要的是别人从来没这样说过。现在Schlitz抢先说出来了，效果不同凡响。弦外之音是，其他厂家的啤酒瓶没有经过蒸汽消毒！为此，Schlitz啤酒跃升为第一品牌。国内异曲同工的作品是来自盛世长城广告公司的乐百氏纯净水"27层净化"，亦为理性诉求的经典之作。

(二) 广告表现的方法

广告表现的方法多种多样，常见的几种广告表现方法如下。

1. 理性诉求的常见表现方法

(1) 信息展示，即把广告商品或服务的实质性信息进行归纳，选取最有说服力的真实内容

向受众传达。例如，麦斯韦尔(Maxwell)咖啡的广告语：“滴滴香浓，意犹未尽”(good to the last drop)。

(2) 实证演示，即通过现实的表演示范，向广告受众展现商品的功能和使用知识。例如，安利家居用品的示范演示，以及民间流传甚广的哑巴卖菜刀，都是此类典范。

(3) 比较，通过对自身优点的阐述来造成自己优于竞争对手的印象。例如，中国移动的广告：关键时刻，信赖“全球通”，锋芒直指其竞争对手掉线率较高的软肋。

(4) 推荐，就是借助知名人士推荐商品，即品牌代言人的广告诉求方式。例如，1988年《莫斯科新闻》报上刊载了派克钢笔的一则广告：笔比剑更强——名笔一挥，胜过万马千军！画面为1987年美苏领导人用派克笔签署销毁中程导弹条约的大幅照片。

2. 情感诉求的常见表现方法

(1) 故事，是基本循着感性路线以故事情节吸引观众的广告表现形式。故事化情节意味着要打破常规的叙事逻辑，不能平铺直叙，避免平淡无奇；要设置悬念，创造跌宕起伏的引人入胜效果；有的像文学创作那样，善于捕捉富有特征性的典型细节，深化受众对信息主体的感受，从而留下深刻的印象。

(2) 夸张，是超越现实而又极具说服力的诉求技巧。如丰田越野车的广告创意：丰田车驶过公路，连大地都情不自禁地抖动起来，公路旁的路基也发生了破裂，一系列夸张的破坏场面将越野车的强大动力表现得淋漓尽致。

(3)悬念，是吸引观众进一步关注广告信息的表现方式。例如，“30岁的人，60岁的心脏，60岁的人，30岁的心脏！”。电视画面上一侧是一位30多岁的年轻人慢腾腾地拍着篮球，另一侧是一位老人矫捷地拍着篮球，伴随篮球砰然落地的音效——叶茂中策划的海王银杏叶片广告吸引了很多观众的眼球！

(4) 幽默，其特点是追求最大化的戏剧效果，在取悦受众的同时传播广告诉求。例如，杀虫剂广告说：“真正的谋杀者”；牙膏广告：“每天两次，外加约会前一次”；电风扇广告：“我的名声是吹出来的”；牙刷广告：“一毛不拔”；打字机广告：“不打不相识”；餐饮店的广告：“请到这里用餐吧，否则你我都要挨饿了！”

(5) 音乐，广告音乐和背景歌曲不仅能强化情感氛围，也能建立品牌的感性识别特征。譬如，芝华士12年的电视广告：写意空灵的画面，三个朋友闲适、悠然地垂钓在阿拉斯加冰原——那种让无数人怦然心动的生活意境在清亮悠远的旋律、让人心醉的歌词“We could be together，Everyday together”中使观众产生无限遐想，同时也演绎了广告歌曲史上的一段传奇。

广告的表现方法是广告表现策略更为直观、具体的表现，它以物化的、直接观感的形式把广告策略、广告设计创意等要素呈现于广告作品。

我们身处在一个不断变化的时代，广告是社会的一面镜子，将商品世界中最保守、最前卫、最世俗、最人文、最功利化、最理想化的符号交织融合在一起，以最商业化的目的，将人的内心世界呈现在现实世界中。在这样的时代，只有真正体现时代变化、切合受众消费心理的广告才真正有效，所以我们信奉这样的广告表现观念：广告是改变生活的巨大推动力。好的广告，能够让消费者感受到使用该产品能改变自己的生活，消费者从接受广告到购买商品，是从心灵变革到适应外部世界的行动过程，这其中，广告表现功不可没。

第三节 广 告 文 案

广告文案伴随着广告的出现而出现，广告是一种信息传播活动，而传播必须依靠传播者与传播对象均能理解的符号完成，广告作品就是这些符号的最终载体，广告作品中的语言文字符号就是广告文案。

虽然广告文案伴随着广告而诞生，但广告文案概念的提出和界定，与广告文案产生的时间并不同步。美国广告史研究学者称1880年为美国广告专业撰稿人出现的年份，约翰·鲍尔斯是美国第一位专门的广告文案撰稿人，也是国际上最早的专业文案撰稿人，他从事撰写广告文案工作30多年，留下许多脍炙人口的文案案例。

中国第一批专业广告撰稿人何时出现，有赖于广告学家考证，但到20世纪30年代初，中国已有成熟的广告公司，《申报》经理张竹平办的“联合广告顾问社”(后改名联合广告公司)就是其一，据推测，当时已有专业的广告撰稿人。1991年，中国友谊出版公司出版的《现代广告学名著丛书》，译者统一采用了“广告文案”概念。

广告文案是以语词进行广告信息内容表现的形式，这里我们主要讨论狭义的广告文案。广告文案专指广告表现中的语言文字，包括广告标题、正文、口号、随文的撰写。在平面广告中指广告作品中的文字部分；在广播电视广告中指人物的有声语言或字幕。

这一概念包含以下几层含义：广告文案是依附于广告作品而存在的，而不是指与广告运作有关的所有文字方案；广告文案不等同于广告正文。广告正文只是广告文案的一部分；在平面广告和广播电视广告中，文案的体现形式是不同的。前者直接体现为文字；后者的文案主要是人物的话语和旁白，其次才是文字显示的字幕。

一、广告文案结构的构成要素

广告文案一般由广告标题、广告正文、广告口号和广告随文构成，它是广告内容的文字化表现。

（一）广告标题

广告标题是整个广告文案乃至整个广告作品的总题目，将广告中最重要的、最吸引人的信息进行富于创意性的表现，以吸引受众对广告的注意；它昭示广告中信息的类型和最佳利益点，使读者继续关注正文。

人们在进行无目的的阅读和收看时，对标题的关注率相当高，特别是在报纸、杂志等选择性、主动性强的媒介上。作为广告内容的诉求重点，标题多体现广告文案的主题。其作用在于引起人们对广告的注意兴趣，进而阅读正文。只有当受众对标题产生兴趣时，才会阅读正文。大卫·奥格威指出：标题是大多数平面广告最重要的部分，它是读者决定读不读正文的关键所在。他指出：“平均来说，读标题的人是读正文人数的5倍。可以说，标题一经写成，就等于1美元广告费中的80美分。”可想，标题如果不吸引人，80%的广告费就被浪费掉了。因此，在进行文案表现时，要将标题制作作为首要工作。

广告标题必须体现广告主题，表现消费者利益，诱发受众好奇，同时要具备简洁明快的表现形式。

标题的撰写方法很多，关键是让读者有兴趣开始正文的阅读。

成功的广告标题一般应做到：吸引消费者的兴趣、提供最新的信息(新闻)、引起消费者的好奇、暗示一条方便快捷之路、可信。

(二) 广告正文

广告正文是指广告文案中处于主体地位的语言文字部分。其主要功能是展开解释或说明广告主题，将在广告标题中引出的广告信息进行较详细的介绍。

广告正文的写作可以使受众了解到各种希望了解的信息，受众在正文的阅读中建立了对产品的了解和兴趣、信任，并产生购买欲望，促进购买行为的产生。

广告正文撰写要实事求是、通俗易懂。广告正文写作时应该注意：

(1) 如何让广告受众的阅读和接收兴趣从广告标题自然而然地转向广告正文。

(2) 广告正文如何吸引受众，又如何用它的诉求来对应受众的消费思想，让他们能自觉地阅读和接收广告正文。

(3) 广告正文如何运用它的诉求，将广告受众由目标受众变成产品的消费者、观念的接受者或服务的享用者。

正文作为广告作品中承接标题的主体部分，对广告信息进行展开说明、对诉求对象进行深入说服。出色的正文对于建立消费者的信任、令他们产生购买欲望起到关键性作用。

(三) 广告口号

对于广告口号(也称广告词、广告语)，我们都非常熟悉。它是广告中令人记忆深刻、具有特殊位置，并已逐渐成为生活的组成部分，在广告中起到画龙点睛或锦上添花的作用。

广告口号是一种较长时期内反复使用的特定商业用语。它以最简短的文字把企业或商品的特性及优点表达出来，给人浓缩的广告信息，成为推广商品不可或缺的要素。

许多优秀产品和著名品牌，就是在拥有一句优秀广告语的广告伴随下走进人们生活的，优秀的广告口号已经形成人类的一座文化宝库，经久流传，令人难忘。譬如：

钻石恒久远，一颗永流传(戴比尔斯钻戒)

不在乎天长地久，只在乎曾经拥有(铁达时表)

Just do it(Nike)

以上这些极其有限的案例，也让我们看到，作为广告文案，我们必须通过文字运用，为销售信息进行包装，从而带来戏剧性效果，增强广告的吸引力。

广告口号是在完善的广告策略指导下，和整个广告一同策划、一同创意产生。广告口号不是孤立存在的，更不是简单的文字游戏。

优秀的广告口号都是和它同样优秀的广告作品经过大规模的广告传播运动被消费者接受并喜爱的。比如说“让我们做得更好”(飞利浦广告语)，这句口号非常平实质朴，但真实谦逊，自然可信，这是因为飞利浦的产品始终如一的优良品质，已经在消费者心中形成了高度可信的关联，广告口号才会令人信服。倘若换作另外一家不知名的企业来说“让我们做得更好”，效果就大相径庭。

好的广告口号一定要在正确的广告策略指导下，与产品发展阶段、企业身份相辅相成。

广告口号常有的形式：联想式、比喻式、许诺式、推理式、赞扬式、命令式。

广告口号的撰写要注意简洁明了、语言明确、独创有趣、便于记忆、易读上口。譬如：

嘉士伯，可能是世界上最好的啤酒(嘉士伯啤酒)
人头马一开，好事自然来(人头马洋酒)
此时无形胜有形(博士伦隐形眼镜)
它就像孩子，你还没有就不会理解拥有的感觉(保时捷汽车)
多一些润滑，少一些摩擦(统一润滑油)
喝前摇一摇(农夫果园果汁)

(四）广告随文

广告随文也称广告附文，是广告正文后所附带的必要说明，包括企业名称、地址、电话，此外还包括一些特殊的解释或说明。如图10-2所示为一个广告随文示例。

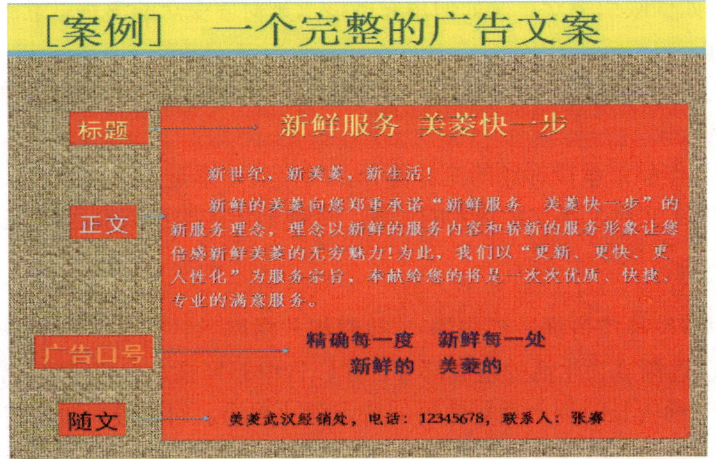

图10-2 广告随文

随着广告表现形式的创新，广告文案结构的构成要素在一个具体的广告作品中并非都是必需的。根据广告策略的不同要求，有的广告标题与广告口号合二而一，有的广告正文与标题难以分清。如图10-3所示为一个广告文案示例。

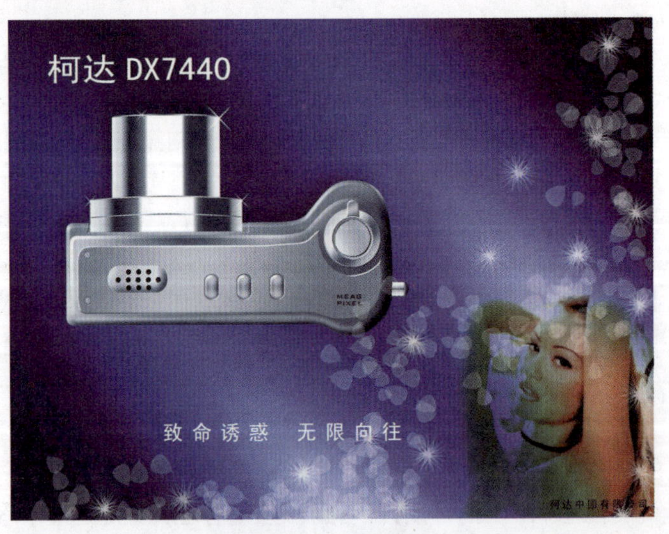

图10-3 广告文案

广告文案的主要作用体现在以下五个方面：①准确传达广告信息内容；②承载并表达广告创意；③限定画面内涵；④再塑商品、劳务及企事业形象；⑤在不同的广告媒介中起到画龙点睛式的阐明创意、突出诉求重点的功效。一个优秀的广告文案在传播中会达到以下效用：①引起注意；②唤起兴趣；③刺激欲望；④加强记忆；⑤促成购买；⑥心理满足。

二、不同广告媒体的广告文案

不同的媒体具有不同的特征和符号系统，媒体的特点制约着广告文案的创作。只有了解各个媒体的特征和表现力，针对媒体特点，进行媒体对应，才能使广告文案有效地发挥其传播功能。

习惯上，我们把报刊、广播和电视作为传统的三大媒体。但一些新媒体逐渐增强了影响力，如网络就被称为第四媒体，在人们的生活中起着不可忽视的作用。随着网络的普及，网络广告也逐渐被人们所重视，成为一种重要的广告形式。此外，数字户外广告也是近年来异军突起的一种重要广告形式，通过手机终端利用微信、微博以及社交等平台发布的广告也在不断发展，成为许多企业采用的重要广告形式。

（一）报纸广告文案

报纸广告的表现形式是多种多样的，诸如文字(即文案形式)、插图、漫画、摄影、装饰、抽象、构成、综合，等等。基于平面媒体的传播特点，其中文字(即文案)形式是最强有力的表现形式，采用也最多。因为语言的表现力是强有力的，它可以针对不同的产品、不同的诉求对象或论证，或抒情，或概括，或详陈。因此，选择了报纸这一大众性媒体做广告，也就等于选择了以文案写作为主的表现形式。报纸广告所占版面及文字的大小，直接关系到广告的传播效果。报纸广告的版面大致可分为以下几类：跨版、整版、半版、双通栏、单通栏、半通栏、报眼、报花等。如何使广告做得超凡脱俗、新颖独特，使之从众多广告中脱颖而出，跳入读者视线，是广告文案的写作应特别注意的。

报花广告是一种出现在报纸新闻当中的填充广告形式，这类广告版面很小，形式特殊。不具备广阔的创意空间，文案只能作重点式表现，突出品牌或企业名称、电话、地址及企业赞助之类的内容。不体现文案结构的全部，一般采用一种陈述性的表述。

半通栏广告一般分为大小两类：约65 mm × 120 mm和约100 mm × 170 mm。由于这类广告版面较小，而且众多广告排列在一起，互相干扰，广告效果容易互相削弱，因此制作醒目的广告标题、用短文案、文案的写作要注意与画面编排的有机结合就显得尤为重要。

单通栏广告也有两种类型，约100 mm × 350 mm，或者650 mm × 235 mm。这是广告中最常见的一种版面。单通栏是半通栏的2倍，这种变化也应相应地体现于广告文案的撰写中：文案写作可以作为广告的核心部分；广告标题的制作既可以运用短标题形式，也可以采用理性诉求的长标题形式；文案中可以进行较为细致的广告信息介绍和多方位的信息交代、信息表现；文案的结构可以有充分的运用自由度，可以体现文案最完整的结构类型。

双通栏广告一般有约200 mm × 350 mm和约130 mm × 235 mm两种类型。在版面面积上，它是单通栏广告的2倍。凡适于报纸广告的结构类型、表现形式和语言风格都可以在这里运用。

半版广告一般是约250 mm × 350 mm和约170 mm × 235 mm两种类型。半版与整版和跨版广告，均被称为大版面广告，是广告主雄厚的经济实力的体现。它给广告文案的写作提供了广阔的表现空间。

整版广告一般可分为500 mm × 350 mm和约340 mm × 235 mm两种类型。整版广告是单版广告中最大的版面，给人以视野开阔、气势恢宏的感觉。它为广告文案表现提供了充分的创意空间。广告文案写作的任务就是如何有效地利用整版广告的版面空间，创造最理想的广告效果。

跨版广告即一个广告作品，刊登在两个或两个以上的报纸版面上。一般有整版跨版、半版跨版、1/4版跨版等几种形式。跨版广告很能体现企业的大气魄、厚基础和经济实力，是大企业所乐于采用的。

实践证明，广告的版面越大，读者注意率越高，广告效果也就越好(当然不是绝对的)。一般来说，首次登广告，新闻式、告知式宜选用较大版面，以引起读者注意；后续广告，提醒式、日常式，可逐渐缩小版面，以强化消费者记忆。节日广告宜用大版面，平时广告可用较小版面。

报纸不同于影视媒体，它是以“读”为基本特征的平面媒体，因此文案是报纸广告的首要因素，要本着文案第一的思想表现广告创意。文案表现设计主要包含标题设计和正文设计两个部分。

(1) 标题。“读标题的人是读正文人数的5倍”，因此标题的表现从内容到形式都要使其具有“致命的诱惑”属性，以起到“哗众取宠”引起关注的效果。为此，标题首先要有明确的针对性(这个广告是写给谁看的)。如“战痘的青春”、“做女人挺好”。其次，标题要充满新意。如“把广州彻底拧干”胜风除湿机。第三，强调产品利益。这也是最能引起消费者关注并调动其兴趣、激发购买行为的有效手法。第四，标题字数不宜过长。统计显示：一般6个字(或3个单词)左右的广告标题，读者的记忆率为40%，而10个字以上的标题，读者的记忆率只有12%。

(2) 正文。标题具有诱导消费者阅读的作用，而真正要让消费者全面理解并接受广告信息还要进一步阅读广告正文。正文的表达要简练、准确、通俗、有卖点、有销售力。正文的构图编排上应注意与广告的图形、图像元素有机结合，并注意图文的关联性，使读者能够自然地通过标题和画面读到信息更加丰富的正文。

广告的内容不同、版面不同、注意值不同、情境不同，广告文案撰写的角度、方式和手段均应作出适当的调整对应。

大约40%的报纸广告是由纯文字编排构成的，文字是报纸广告主要的信息传递手段。因此，报纸广告首先应注意文字在版面空间中的对比关系，讲究对比协调。二是充分利用广告字体的装饰作用，提升画面的表现效果。不同字体有不同的艺术魅力，如大黑、综艺字体给人一种庄重、厚实的感觉，适合一些公告、声明等具有警示性的广告；而卡通体、舒体、行楷等字体则显得活泼富有动感，更能体现广告的特殊风格。三是利用线的特性突出文字鲜明的方向性，体现广告的调性。如给人以和平、安静、稳定感的水平排列；给人以生命、尊严、永恒感的垂直排列；给人以活泼、运动、跳跃感的倾斜排列等。四是在表现形式上，可把文字看作一个点、一个面，也可看成一条线(直线、曲线、虚线)，与图片有机地结合起来，营造一种画中有字，字中有画的效果，以活跃版面，增加设计情趣。

(二) 杂志广告文案

杂志，也称期刊，是指有固定名称、每期版式基本相同、定期或不定期的连续出版物。它的内容一般是围绕某一主题、某一学科或某一研究对象，由多位作者的多篇文章编辑而成，用卷、期或年、月顺序编号出版。杂志广告不仅可以直接进行信息传达，还可以从形态及编排形式上打动读者。

报纸以刊登时效性较强的新闻内容为主，而杂志则以刊登论文、小说、散文、诗歌、杂记、故事等时效性不强的作品为主，注重对事件的深度分析和报道。刊登内容和性质的不同决定了报纸和杂志在读者对象和覆盖范围等方面存在差异。

杂志媒体的专业化、娱乐性、知识性特征及目标受众群体的相对明确、稳定和较高的文化水平，决定了杂志广告语言的独特性，即对象化、个性化和专业化特点。

(1) 对象化。每种杂志都有自己的目标受众读者，他们就是杂志广告的诉求对象。广告文案要针对他们的文化水平、欣赏兴趣、美学爱好和语言习惯的不同而选择相应的语言风格。

(2) 个性化。杂志广告文案的语言要体现出广告信息的个性化特征，并与目标受众的个性心理相吻合，使人感到新鲜、独特、不落俗套，令受众耳目一新。如此，才能使杂志的目标受众乐于接受，并深受影响。

(3) 专业化。在专业性杂志上做专业商品广告，采用专业化的语言风格，易于为专业目标受众所理解，不仅可以节省很多文字，而且有利于有的放矢，增强广告效果。比如，在电影杂志上做影视广告，在体育杂志上作体育用品广告，在妇女杂志上做化妆品或服装广告，在医学杂志上做医疗器械和药品广告，等等，广告文案的语言均可选用相应的专业术语和专业化的语言风格，从而以短小的文案传达出大量的信息。

杂志广告有各种制式，这是指不同开本的杂志中，广告作品所占的各种版面和版位。制式类型大致有封面、封二、封三、封底、拉页、扉页以及内页等。与报纸广告一样，杂志广告的不同制式，直接关系到广告效果。因为制式不同，广告的注意值或阅读率也是不一样的。

(三) 广播广告文案

广播广告中的声音，包括人声、音乐和音响效果三种要素。其中，话语声，即有声语言是最主要的，也是三种构成要素中最重要的。

广播广告文案写作以声音作为文案写作的研究对象，声音是其唯一的传播载体。

有声语言是广播广告中用以塑造形象，传达广告信息的主要工具和手段，也是听众辨析、接受信息的唯一途径。因此，有声语言在广播广告中是举足轻重、决定成败的关键性要素。它必须具备如下特点。

(1) 具体形象。能够唤起受众的想象和联想，在听众脑海中形成画面或图像。

(2) 亲切真实。充分发挥广播媒体“固有的温暖特性和陪伴功能”，通过亲切的话语，与受众心心相通，使信息增强真实感。

(3) 轻松愉悦。让听众感到轻松愉快，激起人们的欣赏兴趣。

台湾地区PUMA(彪马)运动鞋广播广告文案：

我是个庸庸碌碌的上班族。不过在平淡的生活中，我有一件法宝——PUMA。

星期一，我喜欢走仁爱林荫道来公司，借以平和我的“星期一忧郁症”。

星期二，故意挑公司后的小巷道，多绕些路，只为了听听附近住家起床号的声音。

星期三，我会从小学旁经过，看看年轻的生命活力，顺便感怀一下我自己消逝的天真童年。

星期四，我索性来一段慢跑。

广告语：快乐的走路族——PUMA——彪马运动。

由于广告内容的丰富性和诉求对象的多样性，广告文案创意也千变万化。有声语言的博大精深和文学语言样式的多样化，令广播广告文案的表现形式色彩纷呈、不拘一格。诸如直陈式、对话式、故事式、小品式、戏曲式、说唱式、快板式、相声式、诗歌式、歌曲式、新闻采访式、讨论式等，都适用于广播广告文案写作。

广播媒体的特点决定了其广告文案是为“听”而创意，为“听”而写作的。因此，文案创作要注意：通俗易懂；避免歧义；句式灵活、口语化；充分利用“三要素”的有效配合创造情景，引发想象；适当重复，突出品牌。

（四）电视广告文案

电视广告文案是广告文案在电视广告中的特殊表现形式。它包括人物语言、旁白和字幕。

电视广告文案是电视广告创意的文字表达，是体现广告主题，塑造广告形象，传播广告信息内容的语言文字说明，是广告创意的具体体现。

电视广告语言由视觉语言[包括演员(动物)场景、道具、图形、字幕]和听觉语言(包括人声、音乐、音效)两部分构成。其语言的特点是：具象性、直观性；运动性、现实性；民族性、世界性。

电视言语即人物语言，包含画面内及画面外的各种人物语言，如人物独白、对话、旁白、解说词、广告语等。言语在电视广告中起着重要的叙事作用，它可以起到塑造人物形象、辅助画面表达、推动情节发展、加强矛盾冲突、强化广告主题等作用。它表意最直接、最明确，最容易达成理解与沟通，表现力极其丰富。言语在电视广告中有着不可替代的地位，特别是广告语，在整个广告作品中起着画龙点睛的作用。

字幕是指在画面上以文字形式出现的信息，字幕广告将广告信息以文字的形式叠在画面上，以或静止或流动的方式播出。字幕广告一般没有言语或音乐，占整个画面的比例也较少，对于节目欣赏的干扰性小，时效性较强。

字幕是电视广告画面构成元素之一，创意表现时对字体、字形、间距、字色的安排、文字的出现及停留、消失的时间、方式等都要求精心设计安排。

电视广告文案的写作要点如下。

(1) 电视广告是以图像语言为主的信息传达，因此充分利用图像语言，文字要“惜墨如金”。

(2) 以图像为主的电视广告，其图像往往传达着不够确定的含义，文案是用来弥补画面的不足，并将其明确化和深化。

(3) 电视广告收费是以秒为计时单位，镜头有限，因此，必须在有限的时间设计简洁明了的电视广告文案，传播出所要传达的内容。电视广告中非语言符号占的比重要大于语言因素，而且语言符号也往往以画外音或字幕的形式出现。如由德国大众、一汽大众和上海大众三家联手推出的大众汽车品牌形象广告《中国路 大众心》，围绕着大众汽车全新的品牌主张

“中国路大众心”展开，诠释大众汽车这一国际著名品牌，该片以一个“心”字贯穿始终。运用代表中国文化的汉字和书法，感性地传达了大众汽车对中国、中国消费者和中国汽车工业的拳拳爱心。

(4) 注意声话对位，文案与画面协调。切忌文案“自说自话”与画面脱节或失去内在的联系。

（五）网络广告文案

迅速崛起的互联网，被认为是一种适合于细分化市场营销趋势的新媒体。网络广告就是广告主利用互联网技术进行的有偿信息传播活动，这种广告使用的媒体是基于互联网技术产生的各种新媒体形式，这种传播活动的目的是为了在广告主与受众之间产生关于广告主的商品、观念、服务、品牌形象等信息内容的交际和沟通。

常见网络广告的主要形式有网幅广告、链接式广告、电子邮件广告、网上分类广告、自动弹出式网上广告、网站栏目广告、在线互动游戏广告、网页广告、其他网络广告形式以及微博、微信等平台上的分享、评价等隐性广告。

传统的广告文案，即主要包括标题、正文、随文(广告主的名称、标志、地址、联系方式等)、广告语四个方面，尤其是报刊等纸质媒体中这种结构显得特别突出。

网络广告的文案一般包括两个部分，即广告语和随文，这是网络广告与传统媒体广告文案格局最大的不同之处。例如：IBM在sohu网站页面上的广告文案，只有简单的一句话“追求无止境”和IBM的标志。前者是广告语，后者是随文。农夫山泉在新浪网页上的广告文案，由广告语——“有机会与冠军同游千岛湖”和随文——农夫山泉的标志构成。可伶可俐在中国人网站上的广告文案，由广告语——“伶俐快枪手”和随文——可伶可俐的名称共同构成。微软在其网页上的招聘广告文案，由广告语——“你喜欢自由自在，手拿可乐，边听音乐边工作的环境吗？”和随文——微软标志一起构成。网易在自己的网页上所做的广告文案，由广告语——“网聚人的力量”和随文——网易的CI设计共同构成。阳光书城在Yahoo网页上的广告文案，由广告语——“有阳光，就有力量；有文化，活得更精彩”和随文——阳光书店的标志、地址、电话等共同构成。

网络媒体中，广告文案一般把标题、正文和广告语融为一体，使得广告文案简洁、独特而又新颖。

网络的超文本结构使得带有链接的网络广告的文案更具立体化，受众可以根据自己的需要对有链接的产品信息的关键词作进一步了解。因此网络广告文案的表象是简洁的，但通过关键词的链接其围绕对产品的使用、评价、功能、价格、同类属性比较等的文案展开却是十分丰富的，也是传统媒体广告文案无法比拟的。

三、不同信息主体的广告文案

（一）以企业形象为信息主体的广告文案

这类广告文案一般是基于这样的目的：提高企业的知名度，提升企业的美誉度，塑造企业的形象，为企业的产品提供坚强的认知后盾，以形象力促销售力。

一般在企业创业期，发布企业认知广告；在企业发展期，发布企业知名度广告；而在企业兴盛期，发布企业形象广告。

1．企业认知广告文案的一般要求

(1) 理念表现和企业情况介绍相结合。
(2) 语言陈述和画面形式相结合。

2．企业形象广告文案的一般要求

(1) 体现企业形象的个性化、人性化。
(2) 诠释消费者认可的企业经营理念，增进与消费者之间的沟通。
(3) 以感性诉求形式为主要形式。
(4) 注意形象塑造和企业类别之间的相关性。

在如下中国移动广告文案中，作者采用拟人化手法，将企业形象地比作与消费者有着深厚友谊并能相互理解的老朋友。

文案：敬上一杯茶，还望多体谅。

承蒙大家信赖，中国移动通信客户逐日递增；在月初月末的交费高峰期，交费需要排队等待。这占用了您的宝贵时间，我们深感不安。为此，我们将不断扩大服务网点，提供更快捷的付款方式，满足您的需求。您的体谅是最好的支持。奉上这杯热茶，以表达我们最真诚的谢意，如图10-4所示。

图10-4　中国移动通信广告《茶杯篇》

文案：再注一杯茶，新感情，新前程。

中国移动通信历经八年风雨，从幼小的弱苗成长为今天的参天大树，一路走来，全凭您的无尽关爱。中间，有过无间的真挚理解，也有因种种原因引起的误会。但无论怎样，走到一起总归是机缘，请让我们典藏和珍爱。

新世纪初，我们将不断完善通信网络，增设服务项目，为您提供更便捷的服务。再注一杯新茶，传递无尽情谊，祈愿我们的天空更宽广，前程更远大，如图10-5所示。

图10-5　中国移动通信广告《茶杯篇》

文案：茶杯空了，心却暖了。

饮尽一杯热茶，一切都会变得释怀，俨然多年老友，彼此关怀，彼此理解。您事务繁忙，未能及时缴费，我们非常理解。对因故未能按时缴费的客户进行暂停服务，我们也实属无奈。是为保障您的合法权益，防止手机丢 失，被他人无限制盗打。种种原因，期望您能理解。往后，对于未缴费客户我们将以新的方式进行提醒，即使暂停服务也会分批、分区进行，缴费方式及网点也将更多样、更宽广。彼此理解方能相互扶助。互敬一杯茶，溶解心中的疙瘩；坦诚相见，方能共筑美好未来，如图10-6所示。

图10-6　中国移动通信广告《茶杯篇》

10

3．企业公关广告文案的一般要求

(1) 一般公共关系广告文案。其写作的最终目的，是为了建立企业的良好形象。在表现手法方面，公关广告文案与企业形象广告文案区别不大，但在主诉信息方面有一些不同。企业公关广告文案写作的主要信息内容包括：①表现企业的精神和理念；②表现企业对社会现象的看法；③表现企业对消者的关心。

(2) 危机公关广告。企业为了对不利于自己的政策、事件、舆论或新闻报道作出及时反应，阐明企业的观点和立场，力求让社会理解，以化解危机。

(3) 企业事务广告文案。主要用于传递招聘、迁址、更名等具体事务信息。

【案例】

麦肯·光明系列广告《妖、魔、鬼、怪篇》，如图10-7所示。

图 10-7　麦肯 · 光明系列广告《妖、魔、鬼、怪篇》

《妖篇》：麦肯不要人，专要人妖！

《魔篇》：麦肯不要人，专要色魔！

《鬼篇》：麦肯不要人，专要吝啬鬼！

《怪篇》：麦肯不要人，专要丑八怪！

该广告是麦肯广告公司的一则招聘员工的企业事务广告，获《现代广告》2001年“创意无限”大赛金奖。

《妖篇》是蓝色画面上，一个古灵精怪、动作神秘的泰国人妖；《魔篇》是绿色画面中，一个在时隐时现的形形色色的众生中凸现的另类；《鬼篇》是橙色画面中，一个戴着小帽的精于算计的账房先生；《怪篇》是红色画面里，一个不对称的丑八怪。这一组性格鲜明的反常形象，巧妙地反映了麦肯公司欲招聘的广告人员是具有专业水准和灵活头脑，能超负荷进行广告创作的“特殊人”。更让人拍案叫绝的是广告在传递招聘人才的同时，不失时机地塑造了一个鲜明、独特、有个性的企业形象。因此，以企业为信息主体的广告，是一种形象的建立与塑造，广告文案创作要注意广告表现的人性化、形象化、个性化。

（二）以企业服务为信息主体的广告文案

1．服务的类别及其特性

(1) 服务的类别。服务分为营利性服务和非营利性服务两种：营利性服务，如航空公司、保险公司、宾馆、餐饮业、银行业，交通运输、旅游业、律师事务所、各种咨询机构的咨询等；非营利性服务，如政府部门、法庭、警察、消防等部门及有关公益机构等。我们一般说的“服务”是指营利性服务。

(2) 服务的特性。服务具有如下重要特性。

其一，服务是一种无形的产品。

其二，服务具有生产和消费的共时性。

其三，服务具有不可重复性。

2．以服务为信息主体的广告文案的写作

服务的无形性、共时性、不可重复性这三大特征，决定了这类广告文案在写作上要具有：

(1) 形象性——化“无形”为“有形”。用语言文字对摸不着、看不见的服务进行详细“有形”的描绘，为无形的服务提供形象的说明。

(2) 具体性——化概括为具体。服务是无形的、不可触摸的。文案尽可能具体介绍服务信息，如服务场所的地理位置，服务的舒适环境，服务人员的素质、技能，服务项目以及服务价格等一一说明。

(3) 预演性——用富有感染力的语言描绘享受服务后的感受。

【案例】

可变成本和香喷喷的米饭

想想看，只需按下电饭锅的开关等上一刻钟，一锅香喷喷的米饭就摆在您面前了。这件事之所以这么简单，是因为您不必为了这锅米饭亲自种上两亩水稻，也不必去建造一个电厂以获得电力。如果跟蒸米饭相关的事情都由您亲自去做的话，那情形可就大不一样了。

许多公司都曾遇到过这样的情况：由于难以承受成本支出的巨大压力，一些极具前景的项目被迫搁浅。这就是随需应变的商务展示身手的时候了，它可以让不可行的业务变得可行。

因为一种新思维出现了。随需应变的商务始于随需应变的思维。只有真正具有洞察力并拥有资源的人，才具备随需应变的思考能力，作为您的合作伙伴、倾听者、问题解决者和方案的执行者，IBM全球服务部凭借与国内客户丰富的合作经验，以及对市场的深入洞察，根据您的现状和需求，全力推进思维模式、业务模式和企业文化的转型。它虽然不会在一夜之间完成，但一定会为您的企业带来真正的转变。随需应变的商务，需要随需应变的人帮您实现。欢迎拨打800-810-1818更详细地了解IBM提供的行业解决方案和成功案例。

看一看IBM咨询顾问如何帮助您成为随需应变的企业。

电子商务随需应变，让您的商务随需应变。

（三）以产品为信息主体的广告文案

产品分有形产品和无形产品(服务)。这里仅指有形产品(消费品、工业品)。

1．消费品广告文案的特点

(1) 强调诉求针对性。消费品范围广泛，品种繁多，但不同品种的消费品大多有一个特定的消费群，因此广告文案的诉求对象、诉求方式、诉求方法、诉求内容都要有针对性。

(2) 体现鲜明的个性。在买方市场的大环境下，许多消费品进入到了同质化阶段，因此广告文案突出产品独特的鲜明个性就显得极为重要。

(3) 融入生活的场景。这是利用消费心理理论打动消费者的常见手法。在图文并茂的广告中，文案要与画面语言营造的情境相容或提升画面的意境；在以纯语言为表现载体的广告中，语言要营造画面，通过广告受众的联想，创造出打动消费者心灵的生活场景。

房地产作为一种特殊商品，是由质量、设计、地段、环境等有形要素与升值潜力、地位象征、风格等无形要素共同构成的。因而，每一房地产都有着与众不同的特色，具有较强的个性与不可替代性。

不同的消费群有不同的需要，开发商往往有明确的针对性。但无论哪一个消费群，房地产都是一种价位高、风险大的投入。因而，决定购买往往经过相当慎重的考虑，丰富的信息、开发商的形象与信誉是相当重要的影响因素，对此广告是一条重要的传播渠道。

由于房地产个性化与高投入的特色，如能善加运用，较好地规划产品定位，分析住户层次，推出独特的付款方式，或是善于炒作气氛等，就会形成较好的广告营销机会。

譬如房地产广告的代表作——万科兰乔圣菲文案(陈绍团作品)，如图10-8所示。

文案：没有一定高度，不适合如此低调。[见图10.8(a)]

低坡屋顶下，那种平和淡泊的心境氛围，只有真正的名仕巨富才能心领神会、视为知己。由南加州RANCHO SANTA FE 建筑风格演绎而来的兰乔圣菲别墅，不像古典式豪宅那样富于张扬，没有任何刻意与炫耀的形式，唯有质朴纯粹、充满手工与时间痕迹的建筑语汇，仿佛在平静中述说一段悠长久远的历史、一个意味深长的传奇、一种阅尽辉煌的人生。

(a)

图10-8　万科兰乔圣菲广告

(b)

(c)

图10-8　万科兰乔圣菲广告(续)

文案：踩惯了红地毯，会梦见石板路。[见图10.8(b)]

还没进门，就是石板路，黄昏时刻，落日的余晖在林荫路上泛着金黄的光，再狂野的心也会随之安静下来。车子走在上面会有沙沙的声响，提醒你到家了。后庭的南面以手工打磨过的花岗石、板岩等天然石材拼就，供你闲暇之余赤脚与之厮磨。屋檐下搁着石臼与粗瓷坛，仿佛在静静等待着雨水滴落，追忆似水的年华。

文案：一生领导潮流，难得随波逐流。[见图10.8(c)]

风云间隙，何妨放下一切，让思想尽情随波逐流。这里珍藏着两条原生河道，它们经历着这块土地百年的风雨和阳光，沉淀着醇厚的人文意蕴，就连上方缥渺的空气都充满时间的味道。经过系统整治的河道，生态恢复良好，绝非人工的景观河可以相提并论。草坡堤岸自然延伸入水，有摇动的水草、浮游的小生物，大大小小的卵石，更不缺少流淌荡漾的情趣。

这套文案意境优美，行文非常有深度，从大都市的喧哗回归乡间小道的宁静，并没有降级楼盘的档次，反而得到进一步升华，这段文字的设计师很好地理解了这种宁静致远的感觉，表达十分到位！

2. 工业品广告文案的特点

(1) 目标对象上：针对的是企事业单位、分销商、组织机构，特别是以上单位有决策权的领导者。

(2) 信息内容上：文案往往涉及原材料、设备、部件、工业消耗品等。

(3) 诉求方式上：多采用理性诉求，客观说明产品的种类、品质、功能等，同时辅以价格策略。

以产品为信息主体的广告文案，因广告整体策划的不同而有不同的表现策略，如突出产品特点策略、扩大产品知名度策略、增加产品销售策略、塑造品牌形象策略、营造生活气氛策略，等等。

(四) 以公益事务为信息主体的广告文案

这类广告是不以营利为目的，为社会公共利益而创作发布的广告，是旨在增进一般公众对突出的社会问题的了解，影响他们对问题的看法和态度，改变他们的行为和做法，从而促进社会问题的解决和缓解的广告形式。其广告文案是为了引导大众对某些社会现象形成正确的认识、采取正确的行动。这类广告所包含的信息类别包括：环保绿化、社会公德、慈善救助、禁烟反毒等。

公益广告主要有传播和倡导、规范和劝导、服务、塑造等社会功能。公益广告文案具有目的的公益性、内容的观念性、对象的大众性等特点。

爱，是公益广告至高无上的语言。

情是公益广告诉求的旋律。

“俗”是公益广告的调性。

美是公益广告的魅力所在。

【案例】

南非保护儿童组织曾经发布的一则公益广告

上课铃声响起了，一个光头男孩向教室走来，一年前他患了白血病，现在他只能光头来上学，他在教室门口徘徊着，对即将到来的尴尬感到害怕。

而当他忐忑不安地走进教室的一刹那，经过他和同学的一阵默默对视之后，教室里所有的孩子都一一摘掉帽子，他们全都剃了光头，在他们身后的墙上是欢迎白血病男孩回来的标语。

常见的公益广告的主题类型有：①人的自我关怀(健身强体、心理健康、防火防盗、交通安全、自强自立)；②人与人之间的关爱(尊老爱幼，公民义务献血，关心弱势群体如下岗职工、残疾人，关爱艾滋病患者、发展慈善事业，救助贫困地区、关注希望工程，帮助失学儿童)；③人与社会的协调(尊师重教、反腐倡廉、维权意识、诚信原则、社会公德、家庭伦理、保护文化遗产)；④人与自然和谐(节约和保护水资源、保护动物、保护植物、人口问题)；⑤人、社会、自然三者之间的和谐共生(渴望和平、反对战争、人类所面对的共同的灾难，非典、禽流感、埃博拉病毒等)。

写作公益事务广告文案时应注意：公益广告要以情感人，以理服人；直接提出观念的广告文案，在语言上要表达严谨、逻辑严密，要有强烈的说服力；引导受众产生某种行为的广告文案，表现上要具有号召性；制止某种行为的警示型广告文案，要体现出思想的震撼力，起到振聋发聩的作用；具有艺术感召力，能对受众的思想产生强烈震撼。

四、系列广告文案

所谓系列广告是指经过统一策划、在同一媒体或不同的媒体上连续发布的主体风格相同，画面、文字、内容有所变化的系列广告。系列广告是基于同一主题或同一风格而发展的超过一种以上的创意表现，每篇广告的文案、画面都处在一个受众熟悉的基调下，重复中富于变化。它比单一广告在品牌传播中的效果更持久、更有效。信息的一致性和形象的一致性是系列广告文案的显著特征。

文案：必胜客泰式柠檬鸡腿，强烈泰式酸辣口味，吃完后请务必把手洗干净，如图10-9所示。

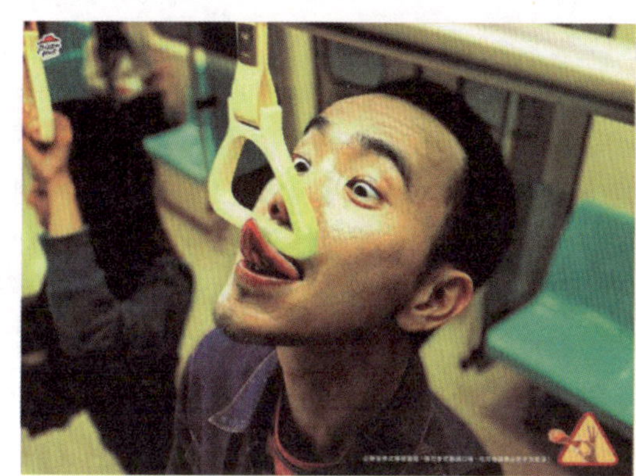

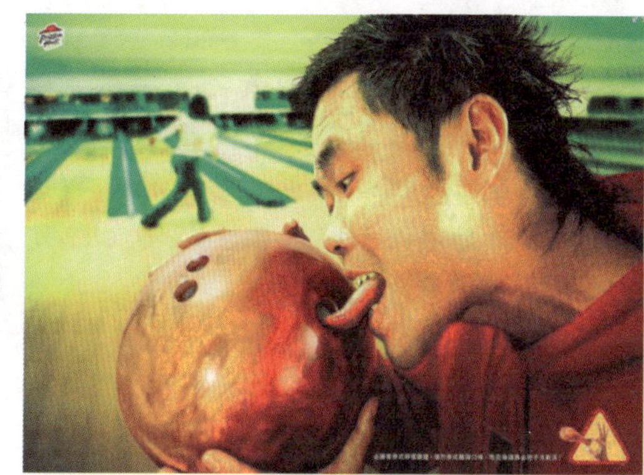

图10-9　必胜客泰式柠檬鸡腿广告文案

文案信息的一致性包括两个方面：一方面是将消费者利益以简单的概念或句子来表达，使消费者很容易地理解其含义；另一方面是指在所有的接触渠道（媒体）对目标消费者传递同一信息。

形象的一致性是指系列的完整性和刊播的连续性、内容的关联性和风格的统一性、结构的同一性和表现的变化性。

一般来讲，系列广告文案的写作要注意以下几点：有一个明确统一的广告主题；一个“系列化”的创意；每一单篇广告有完整的宣传重点；有整体的关联性和统一的风格；在统一中体现变异；选择适应广告对象的表现方式。

系列广告能通过统一的主题、相似的风格从不同角度，以不同的表现方法，通过不同媒体，传达给品牌所定位的不同广告人群，从而使品牌形象得到不断积累。

系列广告有利于品牌文化的塑造与传播，有利于提升品牌形象，增强品牌魅力。

系列广告文案的表现特色与其写作目的有密切关系。系列广告文案的写作目的是为了全方位、多角度、全过程的立体表现广告主体，从而形成较磅礴的广告影响力和广告气势，满足受众对广告信息深度了解的需求。为了实现这个目的，系列广告文案在表现上就比较注重刊播的连续性和信息的全面性。

本章小结

现代广告创意是根据广告调查结果，结合产品特性，针对公众心理以及对应的广告策略，广告人选择的最佳信息传播方式，以达到说服购买、促进销售的广告效果。创意是一个广告的前提基础和核心要素，它遵循相关性、原创性、震撼性的基本原则。常见的广告创意方法有：水平思考、头脑风暴。广告表现在整个广告活动中具有重要意义，作为广告活动的中心，它决定着广告作用的发挥程度。广告表现必须为广告目标服务，应准确体现广告创意，应符合特定媒体的特性，准确体现广告创意也是广告表现的原则之一。广告表现的诉求方式有感性诉求和理性诉求两种。狭义的广告文案，专指表现广告信息的已经定稿的广告作品的全部语言与文字构成，包括标题、正文、口号、随文的撰写。

延伸阅读

1. 品牌的终极——信仰！尚谋三略

2. 国外创意网站 http://www.egouz.com/creative/

3. 广告创意设计欣赏-纳金网　http://www.narkii.com/special/cygg/

4. 品牌中国网 http://ad.brandcn.com/
5. 中国广告网http://idea.cnad.com/
6. 全球品牌网http://www.globrand.com/adpr/originality/
7. 中国广告人网http://www.chinaadren.com/
8. 创意功夫网http://www.adkungfu.com/

9. 创意资源网http://www.ideadown.com/

【案例】

让创意超越广告的“10大APP”案例

最佳的APP营销要用“创意”超越“软广告”，好的APP创意可以自发地传播，除了提升品牌影响力外还能给公司带来丰厚的利润。随着企业大数据的产生与发展，会有越来越多的企业根据大数据的分析结果及客户的行为轨迹来创作更多适合自己的APP，未来2～3年将是企业、行业APP的兴起之年，创意将无处不在。

案例一：杜蕾斯手机APP：Durex Baby

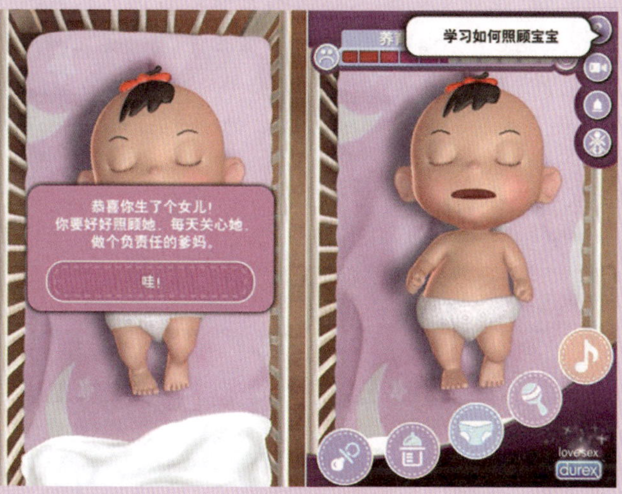

如何才能说服男人使用套套，并使用杜蕾斯套套？第一大理由一定是——“我怀孕了”。杜蕾斯出品的这款APP名叫“杜蕾斯宝宝”，让不负责的男人们提前感受养小孩的烦恼，还可以“搞大”朋友的手机。

杜蕾斯套套包装盒上有个二维码，可以连接到这款APP程序下载，想搞大别人的手机只需要把两个手机前后摩擦几下，对方手机里的“孩子”就诞生了，会像真小孩一样每天烦你，你需要喂奶、逗他玩、哄他睡觉，总之你必须想办法让孩子不哭闹，它还会更新你的Facebook状态“我当爹啦”，各种婴儿相关活动邀请也会随之而来……而每次关闭程序时显示的“用杜蕾斯”的提醒则是这款APP的终极目标。

案例二：星巴克手机APP“闹钟”

早上起床没有动力，总是赖床误事，星巴克推出一款别具匠心的闹钟形态的APP Early Bird(早起鸟)，用户在设定的起床时间闹铃响起后，只需按提示点击起床按钮，就可得到一颗星，如果能在一小时内走进任一星巴克店，就能买到一杯打折的咖啡。千万不要小看这款APP，他让你从睁开眼睛的那刻便与这个品牌联系在一起。此款APP创意或许是2012年最成功，也是影响力最大的创意APP之一。

案例三：可口可乐手机APP：CHOK

用户下载此款APP到手机后，在指定的“可口可乐”沙滩电视广告播出时开启APP。当广告画面中出现“可口可乐”瓶盖，且手机出现振动的同时，挥动手机去抓取电视画面中的瓶盖，每次最多可捕捉到3个。广告结束时，就可以在手机APP中揭晓奖品结果，奖品都是重量级的，如汽车之类的，吸引力很大。

此款APP品牌营销创意也成了可口可乐攻破传统电视广告与线下用户互动的难题。

案例四：宜家手机APP：定制自己的家

这是款可让用户自定义家具布局的APP，用户可以创建并分享自己中意的布局，同时可参与投票选出自己喜欢的布局。宜家还会对这些优秀创作者进行奖励，利用个性化定制营销来达成传播效果。

对线下实体店来说，APP往往不是最好的销售工具，但是往往是弥补线下体验短板的工具，通过APP打通会员营销、体验与服务体系。

案例五：法国航空手机APP：Music In The Sky

此曲只应天上有，人间得用Air France法国航空的APP：Music In The Sky。安装此APP后，在法国航空的航班上想听音乐，只要你用手机对着天空，搜寻空中随机散布的歌曲，捕到后可直接试听。不同国家空中散布的歌曲也不同，旅行吧。APP中还有互动游戏可以赢取优惠机票。

案例六：丰田ToyToyota亲子互动手机APP：Backseat Driver

坐在后座的孩子手持iPhone就可与前座的父母一起开车了。只要开启手机GPS功能，小朋友(5～12岁)即可跟着实际车速，感受道路的每一个转弯，每一趟旅途都会透过地图记录里程数，最后连上Twitter与朋友一起分享。

这是一个把品牌延续到下一代的APP，等小孩长大了仍然能回味起小时候和父母一起开车时的感受。

案例七：环球宝贝手机APP

这是一个号称中国第一本手机性感视觉杂志，主要栏目有环球美女、泳装秀、美腿秀、中国风等栏目。口号：邀您一起挑战她的性感视觉底线。特别之处就是上面都是来自全球性感的模特照片，其中有自己亲自拍摄或身边摄影师拍摄分享过来的，不断更新，并且你还可以与这些美女模特互动。

据说现在单期阅读量已经突破1600万次，2012年6月份发布以来，这个数字足够说明全球人都好色。

案例八：2012年最经典的一个手机APP：ibutterfly

该APP将各色优惠券变身为一只只翩翩飞舞在城市各个角度的蝴蝶(虚拟的)，通过下载ibutterfly APP利用手机摄像头进行捕捉，根据各个地区的特点，蝴蝶的种类也有所不同，帮助服务、餐饮行业进行有趣的宣传。

该项目正是将APP+AR+LBS有机地结合，使客户既得到实惠，又得到良好的游戏体验。国内做优惠券的朋友可以参考一下。

案例九：相当聪明的广告互动之手机APP

这是一个开放系的广告创意APP，这里的创意广告都是与顾客互动的，前半段开放，让顾客可以随意把自己的视频放入进来，后半段是你产品的利益点和诉求，音乐画面精心搭配，然后合成一个整体的广告片，给顾客一种感觉：如同他们成为广告片的主角一样，鼓励顾客把这种合成后的广告片发布在他们的社交平台上。这样，每个广告都是个性化的，有了顾客的参与，有了你的诉求，从此，形形色色的广告片出炉了，每个顾客都是导演，成了广告片前半段的主宰。顾客合成了广告片，自然愿意分享，体现了如今信息化时代和社交化媒体时代一个关键词：fun。从此，你很轻松地利用了顾客帮你传播，所谓事倍功半。

作为国内4A广告公司，这或许是移动互联互动广告的一个方向，帮助企业的传统媒体广告更有创意地融合到(移动)互联网，激发传统广告的二次传播力。此商业模式值得参考!

总结

任意一款较创意的APP都离不开这些元素：好奇、自负、偷窥、色欲、懒惰、嫉妒、善良、健康、分享、娱乐、贪婪、贪食、虚荣、愤怒等。针对每个需求点都可以创作很多的APP，创意的成败关键在于与产品的贴近程度，适合自己公司和产品、满足用户需求的才是最好的。当然别忘了你APP创意的目的是什么，商业模式固然重要。

“好玩+有用+互动+分享”将是未来企业APP商业模式的主要方向，如360度的产品展示、不同颜色和款式的产品介绍，带游戏感、互动性、功用价值的APP则会增强用户的兴趣，同时可以随时分享至社交媒体，发散性传播给企业带来更多客户的同时，提升了企业的品牌形象。

思考练习

1. 怎样理解广告创意的含义?
2. 通过一个广告案例来分析广告创意的基本原则有哪些?
3. 举例说明常见的广告表现方法。
4. 以“关心孩子成长就是关心美好未来”为创意表现主题，撰写一则公益广告文案。

第十一章

广告媒体

〖学习要点及要求〗

本章有广告媒体、大众传播媒介、非大众传播媒介、网络媒体、新媒体、广告媒体运用策略等重要术语。通过本章的学习，了解广告媒体的含义；明确各类广告媒体的特点和使用规律；掌握广告媒体选择与组合的策略及广告媒体计划与购买的方法。

第一节　广告媒体概述

从广义的范围讲，凡是能在广告主和广告对象之间承担中介作用的都可以视为广告媒介。这种向消费者传达广告主的有关经营(包括产品、劳务、观念等)信息的中介物质，即为广告媒体。广告活动的一个重要方面，就是要运用广告媒体策略，充分发挥各类广告媒体的传播优势，及时、准确、巧妙地将有关信息传递给目标消费者。

一、广告媒体的含义与分类

(一) 广告媒体的含义

“媒体”在英语中的对应词为“Media”，从传播学角度来看，媒体主要是指传播信息的载体。广告媒介就是传播广告信息的载体。媒介是动态的，并随时都处在变化中。在古代社会中，为经营某种商品或提供某种服务的牌子、幌子，店家招徕客人的招牌、楹联等都可以视为原始简单的广告媒介，在现今社会它们或发展进步或仍在继续发挥着作用。随着社会的发展，火柴、连环画、日历等都曾充当过广告媒介。近代以来，报纸和杂志的出现和普及，成为能够广泛流传并长久保存的广告媒介形式；而进入现代社会，广播、电视、网络等高新技术的发展更是大大丰富了广告媒介的内容和形式，也为广告活动提供了更为广阔的活动空间。随着科学技术的突飞猛进，充当媒体的媒介也越来越多，多年来一直占有主导地位的四大媒体——报纸、杂志、广播、电视也因新媒体的发展受到了不同程度的冲击。不同的广告媒介由于特性不同，在广告活动中发挥的作用和重要程度也存在着差异。

广告媒体能够及时地传递产品信息，刺激需求，指导消费；能够吸引消费者及时接受有关的媒体广告信息；能够使广告主自由选择应用各种媒体。所以，广告媒体在广告活动中处于十分重要的位置。

(二) 广告媒体的分类

按照不同的方法，广告媒体可以分成很多种类。根据受众规模的不同，把传统广告媒体分为大众传播媒体和非大众传播媒体两大类，对网络媒体单独进行阐释。近年来，随着计算机技术的进步，网络媒体崛起，成为传播广告信息的一支生力军。

二、各类广告媒体的特点分析

(一) 大众传播媒介

大众传播媒体主要是指报纸、杂志、广播、电视、电影等媒体。特别是前四种，是广告传播活动中最为经常使用的媒体，通常被称为四大广告媒体。

1. 报纸

在传统的四大广告媒体中，报纸是数量最多、普及性最广和影响力最大的媒体。报纸广告在报纸诞生后不久就产生了。随着报纸发展历史的进程，品种越来越多，内容越来越丰富，版式越来越灵活，印刷越来越精美，报纸成为人们了解时事、接受信息的主要媒体之一。

报纸作为广告媒体的优点如下。

(1) 传播速度快，传播信息及时。对于大多数综合性日报或晚报来说，出版周期短，信息传递及时方便。一些时效性强的产品广告(如新产品和有新闻性的产品)，就可以利用报纸，及时地将信息传递给消费者；或者旧的产品有时间性较强的促销活动，也可以在报纸上发布信息。

(2) 信息量大，可以很好地说明商品的特点。报纸作为综合性内容较强的媒介，以文字符号为主来传递信息，因此说明性很强，可以详尽地描述。对于一些需要强调用图像方式说清楚或科技含量较高的产品来说，利用报纸可详细告知消费者有关产品的特点。

(3) 易保存、可重复。由于报纸是纸质媒体，相对于广播、电视等媒体，具有较好的保存性，而且携带方便。对于消费者有用的相关信息，可以剪贴存放、重复阅读。

(4) 阅读主动性。报纸把许多信息同时呈现在读者眼前，增加了读者的认知主动性。读者可以自由地选择阅读或放弃哪些部分；哪些地方先读，哪些地方后读；阅读一遍，还是阅读多遍；采用浏览、快速阅读或详细阅读的方式。读者也可以决定自己的认知程度，如仅有一点印象即可，还是将信息记住、记牢；记住某些内容，还是记住全部内容。此外，读者还可以在必要时将所需要的内容记录下来。

(5) 鲜明的地方性特点，读者群明确而稳定。报纸比其他媒体更具有地区选择力，许多报纸现在为广告主提供可供选择的各种地理区域，广告主可以通过选择报纸或者报纸的组合形式实现广阔的覆盖面。此外，报纸的读者分布十分广泛，读者群相对稳定，读者群的层次比较高，消费能力也较强，因此广告信息比较容易推广。

报纸作为广告媒体的缺点如下。

(1) 广告的注意度不高。在一份报纸中会出现众多的广告，一个广告如果不是特别富有视觉冲击力，很难引起消费者的注意，而这种广告就近乎无效。

(2) 广告阅读率较低。报纸的文字性要求读者在阅读时集中精力，排除其他干扰。但读者把视野放在广告上时一般会挪开而不想花费过多的精力，除非广告信息与读者有密切的关系。消费者的这种惰性心理往往会降低阅读广告内容的可能性。也就是说对于报纸读者广告的阅读率相对较低。

(3) 印刷难以完美，表现形式单一。最近几年，随着印刷技术的日新月异，报纸的版式等不断美化，但报纸的印刷品质仍不如专业杂志、直邮广告、招贴海报等媒体。报纸仍需以文字为主要传达信息，相对于电视的立体、网络的斑斓丰富，报纸的表现形式相对要单调得多。

(4) 报纸寿命短，反复阅读性差。由于报纸出版频繁，售价低廉，使得每张报纸发挥的时效很短。一般情况下，许多读者在翻阅一遍之后即顺手弃置一边，反复阅读率比较低。

尽管报纸作为广告媒介存在着一定的局限，但由于报纸媒介自身具备明显的优势，因此它一直都是国内外企业、广告公司发布广告信息的重要媒介之一。

2. 杂志

杂志，也称期刊，是指有固定名称、每期版式基本相同、定期或不定期的连续出版物。它的内容一般是围绕某一主题、某一学科或某一研究对象，由多位作者的多篇文章编辑而成，用卷、期或年、月顺序编号出版。杂志广告不仅可以直接进行信息传达，还可以从形态及编排形式上打动读者。

与报纸广告相比，它缺乏时效性且覆盖面有限，但其印刷精美，内容较有深度而受特定受众群体的喜爱。由于印刷技术的发展和版式的不断改进，更多的平面设计形式出现，都市化杂志近几年的高速发展，体现着杂志广告的广阔前景。

杂志作为广告媒体的优点如下。

(1) 读者阶层和目标受众明确。杂志分类较细，专业性较强，每一类杂志都拥有其基本的读者群，可以针对不同的消费者选择不同的杂志。比如，摄影杂志的读者以摄影行业和业余摄影爱好者为主，故有关摄影器材的广告，如果登在摄影杂志上，广告对象可以与该杂志的读者接近，有效地争取这些读者成为购用该商品的顾客，有利于针对特定阶层的广告受众的选择。由于读者对相关杂志的熟悉程度较高，专业人士对专业杂志刊登的信息容易接受，这样就有利于广告发挥作用。订阅杂志的群体收入较高，生活方式较先进，有能力领略广告受众介绍的内容，所以新产品在开辟市场时，杂志媒体也是一个有效的广告媒体。

(2) 杂志印刷精美，传阅率及重复翻阅率较高，保存期长。杂志媒体的用纸精美，色彩鲜艳精致，引人注目。其中的广告可以逼真地再现商品形象，激发读者的购买欲望。杂志广告大都用全页或半页，版面较大，表现深刻，图文并茂，可以把广告主所要提供的信息完整地表达出来。相比广播、电视来说，杂志媒体的生命力较长。广播电视节目一播即逝，而杂志阅读时间长，经常被人保存下来反复阅读。因此，杂志广告能反复与读者接触，使读者有充分时间对广告内容作仔细研究，加深印象。

(3) 杂志媒体版面灵活，色彩表现富于视觉冲击力。在版面位置安排上可分为封面、封底、封二、封三、扉页、内页、插页；颜色可以是黑白，也可以是彩色；在版面大小上有全页、半页也有1/3、2/3、1/4、1/6页的区别，有时还可以做大幅广告，做连页广告、多页广告，效果十分强烈。

杂志作为广告媒体的缺点如下。

(1) 时效性差。杂志是定期刊物，发行周期较长，有周刊、半月刊、月刊、季刊、半年刊，甚至年刊，因而影响广告的传播速度。时效性强的广告，如企业开张广告、文娱广告、促销广告等，一般不宜选用杂志媒体，否则容易错过时机，收不到广告效果。

(2) 发行范围有限，市场覆盖率低。杂志的读者层面一般比较狭窄，接触对象不广泛，因此对受众的渗透率较低。由于多数杂志为月刊，最短为周刊，它建立持续印象的能力是非常微弱的。

(3) 制作成本较高。所谓千人成本，是指一种媒体或媒体排期表送达1000人或家庭的成本

计算单位。与其他媒体相比，杂志的千人成本太高，预算有限的广告主肯定会深思熟虑。例如，1996年，在美国《新闻周刊》杂志的全国版上做一则整页四色广告的费用是160 827美元。

3．广播

世界上最早向政府登记的广播电台是美国匹兹堡的KDKA广播电台，1920年11月2日开始正式播音。1923年1月23日，中国无线电公司经理奥斯邦(美国人)与《大陆报》合作在上海创办的中国第一座广播电台正式开播。其创办目的就是为推销无线电，可见在中国最早的广播竟是为了做广告而出现的。

广播主要以电波为载体，靠语言、音乐、音响等三种主要的听觉符号来传递信息，对听众的要求比较低。从诞生之日起，几十年来，广播一直是重要的广告媒介之一。

近年来，由于传播技术的发展，新媒体的不断出现，广播媒介面临着越来越多的挑战和冲击。然而广播仍然有它的优越性，只有了解和充分发挥广播的优越性，才能面对挑战而立于不败之地。

广播作为广告媒体的优点如下。

(1) 传播方式的即时性。即时性是指广播广告传播速度较快。广播可使广告内容在讯息所及的范围内，迅速传播到目标消费者耳中，如广告策略、战术的临时调整而需要紧急发布的广告讯息，例如，发布展销会、订货会、折价销售等时效性要求比较强的供求讯息等。广播广告可以在数小时内完成播出任务，有时还可以做到现场直播。广播广告这种即时性的优势是其他媒介所无法取代的。

(2) 传播范围的广泛性。由于广播靠电波传送，可以不受空间的限制，尤其不受地理环境、天气等的限制，顺利到达世界的每一个角落；此外广播的发射技术相对于电视简单得多，发射成本也相对低得多，这意味着在一个电台发布的广告有可能被很远地区的人接收到。近年来兴起的调幅广播，能穿越都市的高楼大厦，因噪声小、音质优美而受到听众的欢迎。

(3) 收听方式的随意性。由于科技的进步，使收音机向小型化、轻便化方向发展，有的甚至比火柴盒还小，收听广播变得更加简便、自由和随意。它不受时间、地点的限制。尤其是携带收音机的“MP3”、“手机”的出现，受到年轻受众的喜爱。而且随着“有车族”的增加，也使广播听众群加大。年轻人和有车“受众”的增加，使针对年轻人和时尚群体的商品广告大量投放在广播媒体上。

(4) 受众的层次多样性。广播媒体的受众富有层次性。对于老人和孩子来说是最便捷的媒体，对于年轻人和“有车族”来说也是不可缺少的媒体，他们的收入不同、消费能力也不同，要想针对他们发挥广告的告知与说服功能，广播是非常合适的广告媒体。

(5) 广播的制作简便，费用低廉。广播广告从写稿到播出制作比较简易，花费较少，在各种广告媒介中，广播广告收费最低，最为经济实惠。

(6) 易接受程度高。广播传播的信息并不具有强迫性，受众可以选择自己喜欢的电台和广播员，在地方范围内，广播的接受程度较高。此外，以微信、短信留言、电话等媒介为平台的适时互动，成为广播传播的新特点。

广播作为广告媒体的缺点如下。

(1) 缺乏视觉形象。广播广告有声无形，只能用声音诉诸听众，缺少视觉形象，看不到商品的外观，印象比较浅薄。复杂、新奇、外观吸引人的商品不宜发布广播广告。

(2) 听众注意力的缺乏。听众接触广告的态度是被动的，听众接收信息时的注意力不能保证。广播媒体的顺序性使受众不能自由选择内容而只能被动收听。

(3) 听觉信息无法保存。由于广播的声音稍纵即逝，其播放的广告也同样会转瞬即逝，广告很可能被漏掉或忘记，不易给受众留下深刻印象。

(4) 易被忽略。广告的遗忘度大，广播广告的时间短暂，保留性较差，难以吸引听众，留下深刻印象。

(5) 收听效果难以准确把握和测定。由于广播媒体中存在着很多的干扰因素，所以对于广告主来说，广播媒体的收听效果是很难用具体的数据来测定的。

4．电视

电视是人类传播史上的一项重大突破。它融视觉、听觉、空间于一体，它的出现，使得人们足不出户就可以把世界各地的信息尽收眼底，正因为有了电视，世界的距离开始大大缩短。在现代诸多的广告媒体中，它是一种最具表现力、受众最广的媒体。

电视诞生于1926年1月27日，苏格兰发明家约翰·贝尔德向伦敦皇家学院的院士们展示了一种新型的、能够通过无线电传递活动图像的机器，贝尔德称他的发明为“电视”。1936年11月2日，英国在伦敦市郊的亚历山大宫创办了世界上第一座正规的电视台，这是世界电视史上的一座重要里程碑，从此，人类进入了电视的使用阶段。历经百年，电视已经向高清化、超薄化方向发展。

电视作为广告媒体的优点如下。

(1) 视听兼备、普及率高。人们通过视觉获得的信息占人类获得信息总量的83%，来自听觉的占11%。视听兼用，可以让人们更真实、更立体地感受事物的特征。电视具有声音和图像两种传播信号，同时启动受众的视觉和听觉两种感官，同时还可以引起触觉、味觉等多器官的联合反应。多种感官的开发，容易使受众对于电视节目内容印象深刻，有较强的视觉冲击力和感染力。电视是能够进行动态演示的感性媒体，电视画面使受众感觉特别真实，因此电视广告对受众的视觉冲击力、感染力都特别强。这一点是其他任何媒体的广告都难以达到的。电视媒体对受众的文化知识水准没有严格的要求，即便不识字、不懂语言，也基本上可以看懂或理解广告中所传达的内容。

(2) 更直接、更具有强制性。电视媒介对其受众具有强制性，一般来说，电视受众都是在被动的状态下接受广告的。除了手中的遥控器以外，电视广告何时出现、有多长时间、是什么内容、接下来是否会重播等，都是由电视台和广告主共同决定的，受众毫无选择的余地。另外，电视广告的重复性强，同一信息可以在短时间内重复播放，播出频率较高，能够较好地强化信息。如果在一个收视率较高的电视节目中安排密集式的广告播出，通常能够迅速得到效果。电视媒体强迫注意的特点是一把双刃剑，如果运用不当，常常会引起受众极大的反感。很多粗制滥造的广告，或者是在黄金时段播放过量的广告，会引起受众的强烈不满，从而对其所宣传的产品或广告信息也间接产生抵触情绪。

(3) 受周围环境影响大，传播效果不易把握。电视机是家电用品，所以看电视时一般都是全家人一起收看，家庭环境对电视收看效果至关重要。人们收看电视一般也是伴随性的，大多同时在做家务。而在这个环境内，电视的摆放位置、受众距离电视机荧屏的远近、观看的角度

及电视屏幕的大小、音量的高低、接收信号功能的好坏，都直接影响着电视广告的收视效果。

(4) 较高的注意率。电视广告能够把语言、文字、舞蹈、戏剧、绘画、音乐等多种艺术形式融合在一起，再加入蒙太奇技巧或电脑特技，集声、色、光于一体，容易给人以身临其境的真实感受。通过丰富有趣的画面和形象逼真的声音，电视受众不仅可以看到人物逼真的神态和动作，更可以直接看到广告商品的外观面貌、使用方法及最终效果等，这种形象的直观性和立体性，大大吸引了受众的注意力。

电视作为广告媒体的缺点如下。

(1) 费用昂贵。电视广告的制作成本高、周期长，且播放费用高。电视广告片比普通电影、电视剧节目的成本更高，而且为广告片专门作曲、演奏、配音、剪辑、合成，都需要花费大量的金钱。电视台的收费标准相对其他媒体来说较高，如果在黄金时段或特别节目中插播广告，费用就更加昂贵了。

(2) 不利于深入传达广告信息。电视广告时间短，长度一般在5～45秒之间，而15秒的广告最为常见。广告画面停留的时间短、解说词少，影响人们对广告商品的深入理解。因此，电视广告不宜播放理性诉求的商品，特别是高科技产品，如电脑设备等。一些高档耐用消费品在电视上播放广告时，还要运用其他补充广告的形式作详细介绍。

(3) 容易产生抗拒情绪。由于电视广告效果显著，广告主都倾向于选择电视作为广告的主打形式。一旦受众正专注观看的电视节目或电视剧被广告打断，容易引发他们的不满而调换频道，这样就使广告中断以至于不能及时到达受众，更有甚者会将不满迁怒于相关的广告信息，从而使广告效果大打折扣。

(4) 干扰较多。电视广告的干扰多来自收视环境和社会因素。首先，在日常生活中，对于电视媒体播放的节目采取以伴随性状态收听的人群比比皆是。电视广告的播放要受到电视机设备、电视信号质量、收视人群周围环境等因素的影响，如果条件不具备，电视信息的传播就会受到阻碍。其次，社会因素的制约也有一定的干扰性，如国家广电总局等有关部门对于广告播放时间和时段的规定等，都会给正常的电视广告信息传播带来影响。

5. 电影

电影是应用光学、声学和机械学等技术进行声像信息传播的媒体，虽然属于大众传播媒体之一，但相对于四大广告媒体来说，其影响力要小很多，但在传递广告信息方面具有一定的优势。电影银幕面积大，声音效果好，真实感强，不受时间限制，诉诸观众的信息密集，诉求重点明确。电影广告一般在正片之前放映，观众接受广告信息时环境较舒适，心情较轻松，注意力较高，对广告的排斥心理较小，因而能收到比较好的广告效果。

电影广告受放映时间和场地的限制，传播范围有限，且传统的电影广告片拍摄费用也比较高，因而受重视的程度逐渐降低。随着电影拍摄和播放技术的提高，影城中可以同时容纳多个放映室，播放形式的数字化降低了成本。此外，电影观众一般都是消费力比较强盛的群体，电影广告越来越成为广告主不可忽视的一种媒体形式，特别是在进行媒体组合时，是可以考虑的一种理想媒体。随着我国广告业的发展，电影广告逐渐受到重视，已被不断开发和利用。

（二）非大众传播媒介

相对于大众传播媒介，有一些传播范围小、受众群体少的媒介，称为小众传播媒介，就是非大众传播媒介。这些媒介所起的广告效果也不容忽视，它既能够弥补和配合大众传播媒

介的传播活动，又可以通过促销直接影响消费者的购买行为，满足消费者的整体需要。非大众传播媒介有时也可统称为促销媒体。

1. 户外广告

户外广告，英文翻译是“Out Door”，所以也称OD广告。户外广告是指设置在室外的广告，如霓虹灯、路牌、灯箱等，一般在露天或公共场合向消费者进行诉求。户外广告可以分为平面和立体两大类，它们都有各自不同的特点。

总体上看，户外广告的优点有：传播方式直接简单。一般传播主旨比较鲜明，形象突出，主题集中，引人注目；长期展露于固定地点，反复接触受众，累积印象深刻；能够不受时间限制，随时随地发挥作用，对过往行人进行反复诉求，容易达到印象积累的效果；从平面到立体可以作出不同的创意类型，从而吸引过往观众。户外广告的欣赏价值较高，在夜间具有亮化和美化的作用。在同一场所长时间刊登同一广告信息，反复诉求，就能强化受众的印象。

户外广告的缺点是：受空间和地点的限制比较明显，传递的信息具有地域的局限性；广告的信息量有限，只能传播极为简单的广告讯息，产品说明性不高；消费者接触时间短，注目率有时也受到限制；广告效果难以测定。

2. 售点广告

售点广告是Point of Purchase Advertising的缩写，也就是我们常说的POP广告，意为销售点广告或购物场所广告。售点广告媒介是在各种售点的出入口、通道、墙壁、内部等位置设置的广告媒介。主要类型有招贴吊旗、手绘海报、灯箱、装饰、广告物等。其种类一般包括：柜台POP、悬挂POP、壁饰POP、落地POP、电动POP、灯箱POP、不干胶粘贴POP、橱柜展台POP等。

POP广告指所有能在商店、建筑物内外，促进销售的广告物，或其他提供有关商品信息、服务、指示、引导的标志。其优点是：易刺激引导消费和活跃卖场气氛，通过丰富的广告创意手段，传递产品信息，诠释品牌内涵，引起消费者注意，引发冲动性购买行为；直接接触购买意图较高的消费者；可确保产品坐拥店内较醒目位置，近距离与消费者互动。

POP广告注重陈列设计。设计富有视觉冲击力的同时，商品的摆放陈列方式也要讲究条理、美观，从而增强消费者对该产品的信心。广告物更要经常擦拭，保持新颖光亮，经常换新，会增强传播效果，增加消费者对所展示商品的购买欲望。

3. 直邮广告

直邮广告，英文为Direct Mail Advertising，简称DM，也称邮政广告和函件广告。美国广告函件协会对DM下的定义是：“对广告主所选择之对象，将印就的印刷品，用邮寄方法，传递广告主所要传达的信息的一种手段。”

直邮广告的优点如下。

(1) 对象明确，针对性强。直邮广告可以针对性地选择目标对象，做到有的放矢、减少浪费。直邮广告是对事先选定的对象直接实施广告推广，一对一地直接发送，可以减少信息传递过程中的客观挥发，从而使广告的客户效果达到最大化。

(2) 不受地点、时间限制。直邮广告可以自主选择广告时间和广告投放地点，灵活性较大，更加适应善变的市场。

(3) 形式鲜明，保存时间长、传阅率高。直邮广告的内容较其他传统广告媒体来说比较自由，形式不拘，有利于第一时间抓住消费者的眼球，而且直邮广告的保存时间较长，受众之间相互传阅的可能性也较大。

(4) 可以建立科学、全面的整合投递与效果评估体系，运用客户名址库进行个性化投递服务。广告主可以根据市场的变化随行就市，对广告活动进行调控和掌握。

(5) 制作简单，成本低廉。直邮广告可以通过客户信息表了解客户的需求，对广告介绍的产品没有需求的客户即可排除，这样就大大降低了广告的成本。广告主可以通过直邮广告把产品信息发送到感兴趣的潜在客户群手中，用最小的花费得到最有效的信息。

直邮广告的缺点有：选定发送对象名单较困难；因由广告主发送，消费者信赖程度低；广告效果难以测定。因而直邮广告多为广告宣传的补充手段。

邮寄广告要发挥作用，关键是能制作出新颖、独特的邮件来吸引消费者。还可发放问卷，调查目标消费者对商品的期望和建议，保持销售信息交流的畅通。

另外，经常被使用的还有一些直接广告的形式，如电话广告；在街头或商店门前发广告传单或带有广告的物品；把广告夹在报纸中，随报纸送递的折叠广告(也叫夹报广告)等。

4. 交通广告

交通广告就是利用公交车、地铁、航空、船舶等交通工具及其周围场所等媒体所做的广告。交通广告因其价格低廉，并且有较好的传播效果，对广告主有很大的吸引力。

常见的交通广告媒介有：交通工具外部媒介，如公共汽车的车身、出租车顶灯；交通工具内部媒介，如火车车厢内的电子显示牌、地铁车厢、线路示意图、安全提示板等；交通工具站点媒介，如公共汽车站的灯箱、火车站内外的电视墙、座椅、灯箱、机场内外的广告牌、灯箱等；交通工具车票媒介，如火车票、地铁车票、飞机票等；交通路线媒介，如高速公路旁的大型路牌、铁路沿线的墙壁等。交通广告媒介费用低廉，但是难以做完善的发布计划，因此适合做其他广告媒介的补充。

交通广告的优点如下。

(1) 广告的到达率和暴露率较高。交通广告的主要优势在于广告可有较长的展露时间，交通广告可接触到的受众数目是确定的，所以该广告形式的展露人数也就可以确定。每年都有数以亿计的人使用大众交通工具，从而为交通广告提供了大量的潜在受众。

(2) 乘客利用等车时的空闲时间来观看广告，印象会非常深刻。广告的导购效果也会刺激消费者的购买欲，促进产品销售。

(3) 车内广告具有较大的强制性，广告信息所营造的氛围使消费者很容易被感染。

(4) 车体广告的地理选择性使广告主可以根据自己产品的性能和消费者的类型，选择消费者经常乘坐的某一线路的公交车辆和场所对广告进行投放。

(5) 成本低、内容富有持久性，广告信息展示时间长，累积的效果会较好。交通广告的成本相对较低，在公共汽车车厢两侧进行广告宣传的千人成本是非常合理的。

(6) 既可运用喷绘、招贴等表现手段，又可采用影片、音响等艺术形式；能灵活运用色彩；广告内容的变化弹性大。

交通广告的缺点有：因交通工具和线路等的限制，广告对象不广泛，广告接触面具有一定的局限性；而且广告篇幅有限，广告场地不能自由选择；再者公共交通工具的乘(旅)客流动性大，成分复杂，较难进行市场细分；广告接触者心情不稳定，对广告内容只能是“概而知之”，广告效果难以测定；只能传播极为简单的广告讯息，产品说明性不高。

(三) 网络媒体

在20世纪90年代，互联网络诞生，这种新型媒体以其优越的传播特点，得到整个广告业的青睐。因特网在2000年后得到爆炸性的发展，特别是因特网上基于超文本技术，能同时处理文字、图形、声音和影像的WWW(World Wide Web，环球网站)的发展速度更是惊人。现如今，无论是国际知名的跨国公司，还是刚刚崛起的新兴企业，纷纷上网设置主页(Home Page)和网站(Web Site)，将自己的资料搬上网络，在刊登信息、服务网络浏览者的同时，也在网络媒体上经营广告。互联网络作为传递广告信息的新型媒体，正在日益受到人们的重视。根据ZenithOptimedia发布的2007～2008年全球范围内各类型广告的支出额发现，各类型广告支出的金额多呈现下降趋势，唯网络广告的支出金额呈现上升趋势。其中2008年全球网络广告支出近500亿美元。普华永道和市场研究公司Wilkofsky Gruen Associates的数据显示，全球网络广告支出将由2004年的180亿美元增长至2013年的870亿美元，在全球广告市场上的份额将由4%提高到19%。互联网将成为第三大广告载体。

中国网络广告起源于1998年，当时还是四通利方的新浪在广告方面收入达到了18万元人民币，这在当时是个不小的数字。5年后，2003年财政年度，新浪的广告收入达到4410万元，2008年更是高达2.585亿美元。2008年中国互联网的广告收入达到68.7亿元。易观数据显示，2013年中国互联网广告市场规模达到1000.1亿元，较2012年增长了36.8%。网络广告商机无限，因特网成为继电视、广播、报纸和杂志之后的第五大媒体，且有赶超四大广告媒体之势。

网络媒体具有以下特点。

(1) 交互性。交互性是指传播者与受传者之间的双向互动。这种交互性淡化了传播者与受众之间的身份界限，使每个参与者都拥有了某种程度的选择自由。它深刻改变了传统媒介结构，动摇了信息操控者的地位，打破了传统文本向受众单向流动的垄断式交流方式。具体地说，网络文本的交互性包含两重含义：一方面是指控制内容的“交互性”，受众在网上浏览信息时拥有更多的自主权，可以自己控制并有选择地获得信息；另一方面是指作为反馈的“交互性”，即受众可以随时就自己接收到的信息作出评价和反馈，随时可以把自己由受众变成传播者，由读者变成作者。这种反馈信息不是原信息的附属物，而是和原信息一起构成一个双向互动、多次反复的交互性文本。交互性文本是即时性沟通交流的产物，这种即时性随着传播技术的进步正在越来越突破时间和空间的限制。交互性改变了传统媒体广告的传播方式，使广告信息的传播不再仅仅是单一的发出信息和单向的接收信息，接收者同时又是传播者。特别是随着手机媒体的更新发展、微信等交际软件的使用，信息分享和营销本身就已极具广告的本质属性。

(2) 时效性。时效性强调网络文本在时间流程上的及时性。网络文本在时效方面显示出传统文本难以比拟的优势。与传统文本不同，网络文本上传即可发表，省去了中间环节，能最快地发挥效果。网络广告可以及时地将商品信息发布到网络平台，随时滚动以提供商品销售情况或消费者对商品的评价，而不必像传统新闻媒介那样，要等到审批，或者固定时间才能发布。

(3) 超文本结构。网络文本实际上已经远远超出“文本”的概念，成为多种媒介交织在一起的立体结构。超文本结构带来了文本空间上的立体化，不再是传统文本的线性的或平面的结构，而是网状的多维立体结构。这种结构的体现就是超文本链接。这种链接利用网络技术在众多信息间达成某种关系，在一个数据文件中又包含有其他数据文件的链接，用户点击文本中加标注的一些特殊关键词或图像，就能打开另一个文本。信息的传播由线性变成发散性。这种超文本结构大大增加了广告信息的综合性、选择的多样性和自主性。超文本结构通过文本的骨架传达出最基本的商品或服务信息，在此基础上，通过一些分类的链接以不同角度展示商品不同方面的详细信息，使信息的传播得以丰富深化。

随着移动网络和新媒体的快速发展，其网络用户(也称网络受众)也在迅猛增长，而且他们的受教育程度高，购买力强。他们在诸如讨论组、论坛、娱乐网站、微信、微博、QQ群、陌陌等构成的虚拟社区中的活跃度增加并使得同类网民的卷入度不断提升。手机已成为移动互联网的核心终端，改变着我们的生活。与PC(Personal Computer，即个人电脑)互联网相比，网络受众的工作生活已由局部数字化向全面数字化转变：一改PC时代的时空限制，移动网络随时随地存在于我们的行、走、坐、卧的时空之中，数字化信息也从图文视频向地理位置、温度湿度、环境监测等一切信息蔓延；网络通道也由门户、搜索转向社交网络以及分工更细的APP(Application的缩写，即应用)，移动网络用户的行为变得更加随机和不可预测，彼此纵横交错的通道，编织成多维度的复杂网络，信息通道看上去显得有些无序和失控；移动网络的信息也从相对单一到多元立体。移动互联网适应了大众对信息更加接近真实和全面性的要求，满足了对信息全面、多维、即时的要求。如电脑互联网阶段，我们检索一个餐馆，其提供的仅仅是地址这样的死信息；而在移动网络下，提供给用户的是地址+导航+最新评价+前往的交通状况等信息。

网络广告的吸引力一方面在于其惊人的增长速度和较低的千人成本；另一方面在于较强的交互性，特别是移动网络触摸式的交互方式，适时的语音视频沟通使得现实生活和虚拟世界的界限趋向于无；第三方面是高购买力的受众以及更准确的到达率。

1．网络广告的传播特点

网络广告作为一种全新的广告，之所以受到众多广告主的重视和喜欢，是因为它与传统四大媒体的广告相比，具有众多优势，主要表现在以下几个方面。

(1) 非强迫性。我们知道，电视、广播及一些交通媒体广告等都具有强迫性，它们要想方设法打断受众的思路、转移受众的视觉和听觉，将有关的商品信息塞进受众的脑子。而网络广告却具有非强迫性，受众接触它，具有相对的主动性，想看或不想看，既可以粗略浏览，也可以详细查看，一切由自己来控制。这样就使受众大大节省了时间，并避免受众注意力集中的无效性和被动性。

(2) 交互性。与传统广告媒体的一对多、单向的传播模式不同，网络广告采用的是一对一(One to One)模式，即广告信息一次只针对一个广告对象。广告受众可以根据自身的需要和兴趣，主动地选择和访问相关的站点，这就是网络传播所具有的独特交互性。网络广告主要通过“Pull(拉)”的方法吸引受众注意，受众可自由查询，避免了传统“Push(推)”式广告中受众注意力集中的无效性和被动性。由于传播模式的变化，消费者能够和广告进行深入的交流，如在广告网页上表达自己的爱好和兴趣，网上则可相应作出反应，逐步推出需要的相关信息，还可以通过受众正在浏览的WWW页面用电子邮件(E-mail)向公司发出咨询甚至订单，在虚拟空间里得到“真实”的感受，可以“体验”产品、服务和品牌，这是传统媒体无法做到的。

(3) 实时性。在传统广告媒体上，广告发布后很难改变。而在互联网上做广告则能按照需要及时变更广告内容。例如，一则手机促销广告的销售价格变动了，就可马上更改，更改成本可以忽略不计，这样就可以做到广告决策变化与广告发布的时间尽量的少。

(4) 广泛性。网络广告传播是可以通过互联网络把广告信息全天候、24小时不间断地传播到世界各地，这可以说是风雨无阻的传播。网民可以在任何地方的互联网上随时随意浏览广告信息，这些效果是传统媒体无法达到的。网络广告可以做得十分详尽，以满足想进一步详细了解有关情况的用户的需要。网络广告包括动态影像、文字、声音、图像、表格、动画、三维空间、虚拟现实等多种表现形式，它们可以根据广告创意的需要进行任意组合，从而制作出形式多样、生动活泼、能够激发消费者购买欲望的广告；网络广告也没有时间和地域的限制，受众可以在任何地点的互联网络上，在他们方便的任意时间随意浏览广告。

(5) 易统计性。大多数网络设置了访问记录软件，广告主通过这些软件可以随时获得详细的访问记录，并且可以随时监测广告投入的有效程度，如快速得到闪现(Impresstion)、点击(Hit)、点通(Click)(点击广告图像进入相关链接的统计)、页面访问数(Page View)、页面下载数(Page Download)等数字资料，使广告公司和广告客户及时地了解掌握广告发布后的接触情况，有助于广告主和广告商测定和把握广告的传播效果。

(6) 具备先进的多媒体技术，拥有灵活多样的投放形式；通过超文本链接可提供更完整的产品讯息，兼具信息的深度与强度。

(7) 经济性。相对于传统媒体，网络媒体的广告售卖价格比较便宜。一般来说，网络广告可按每千人成本(CPM)、每千人点击成本(CPC)、点击次数等模式收费，如在新浪网上做广告，以每千人成本(CPM)250元为报价，广告客户1万元的预算，就可以得到4万次的广告暴露次数。由于网络传播的特点，网络广告的接触基本上都是有效接触。为数不多的广告投入，就能得到较好的广告效果。

就目前来说，网络广告也存在着一些缺陷。比如，重复率不足、到达群体有限；广告效果主要是通过点击数来测评，但点击数的真实性亦难以保证；网络管理还没有完全跟上去，收费标准还不够合理、统一；上网费用过高在一定程度上限制了网上浏览的用户和浏览时间等。这些问题都有待进一步改进和规范。

2. 网络广告的种类

目前在Internet上播发的网络广告有以下几种形式。

(1) 旗帜广告。

旗帜广告(Banner)是最常见的广告形式。网络媒体在自己网站的页面中分割出一定大小的一个画面发布广告，因其像一面旗帜，故称为旗帜广告。旗帜广告最常用的广告尺寸是486×60像素，以GIF、JPG等格式的图像文件定位在网页中。旗帜广告允许客户用极其简练的语言、图片介绍企业产品或宣传企业形象。旗帜广告通常利用多种多样的艺术形式进行处

理，如做成动画跳动效果或霓虹灯的闪烁效果等。旗帜广告可细分为动态传送广告、扩张式广告和互动式广告三种类型。

(2) 按钮广告。

按钮广告(Button)是一种常见的网络广告形式，它是网络广告中最早出现的。通常是一个链接着公司的主页或站点的公司标志(Logo)，并注明“Click me”字样，希望网络浏览者主动来点选。按钮广告的不足在于其信息量较小，表现手法比较简单。它要求浏览者主动点选，才能了解到有关企业或产品的更为详尽的信息。

(3) 赞助广告。

赞助式广告(Sponsorship)分为三种形式：内容赞助、节目赞助和节日赞助。内容赞助如大型电影制作公司赞助开展影片评论的网页。网站节目或节日赞助，有时效性的约束，如澳门回归网站赞助、世界杯网站赞助、奥运会网站赞助等。节目(或活动)停止，赞助即结束。它类似于传统媒体的赞助广告，由广告主根据自身所感兴趣的网站内容或网站节目进行赞助。

(4)插页广告。

插页广告(Interstitial ads)又名弹跳广告。广告主选择在自己喜欢的网站或栏目被打开之前，插入一个新窗口显示广告。用户在上网查看各网站主页时这个小窗口会弹跳出来，吸引人们去点击。这种类型的广告还指在页面过渡时插入的几秒广告，可以全屏显示。类似于电视广告，插页广告打断正常节目的进行，强迫人们去观看。

(5) 首页广告和内页广告。

首页广告也称为主页广告。打开某个网站，首先展示的就是主页。在主页上做广告，会得到较高的注目率，给予上网者较深刻的印象。内页广告亦可称为链接页广告。进入某站点后，选择点击某些内容即可进入新的网页，在这些网页上做的广告，就是内页广告。相对于首页来说，内页广告的注目率会低一些。广告选择首页还是内页，要根据广告主的传播目标、显示次数、受众广度和每千人成本等因素来综合考虑。

(6) 邮件广告。

邮件广告有两种形式：一种是邮件列表广告，也称为直邮广告(Direct Mail)，利用网站电子刊物服务中的电子邮件列表，把广告加在每天读者所订阅的刊物中发放给相应的邮箱所属人，可运用横幅、插页等多种形式；另一种是电子邮件广告(E-mail)，广告利用拥有免费电子邮件服务的网站，直接向个人邮箱里寄送广告。广告以横幅广告的形式为主，问题在于要能得到个人电子邮件地址的资料。

此外，还有墙纸广告(Wallpaper)、竞赛和促销广告(Contests & Promotions)、互动游戏广告(Interactive Games)等形式。随着网络技术的开发和应用、网络广告策划和创造力的增强，互联网络还会用更多、更新颖的方式方法来表现广告信息。

(四) 新媒体

所谓新媒体，是相对于传统媒体而出现的媒体。20世纪60年代以来相继出现的有线电视、卫星电视等，都曾被称为新媒体。随着现代科学技术的发展和进步，新媒体的种类也在不断出现，各种新媒体不断登场。近年来出现的作为信息载体的新媒体主要是依托数字技术、计算机网络技术、移动通信技术等新技术而产生的新的媒体形态。新媒体所具有的超媒体、超时空、交互性等特性，使之一出现便成为广告媒体的新成员，受到广告主的青睐。新

媒体在传播广告信息、促进与消费者的沟通方面发挥着非常重要的作用。

1．新媒体与新媒体广告的概念

目前，不论是学界还是业界对于新媒体并没有一个准确的概念界定，新媒体的概念是一个动态的发展过程，不会停留在任何一个现有的平台上，新媒体的“新”是相对于“旧”来说的。

互联网实验室对于新媒体的定义是：新媒体是基于计算机技术、通信技术、数字广播等技术，通过互联网、无线通信网、数字广播电视网和卫星等渠道，以计算机、电视、PAD、MP4等设备为终端的媒体，能够实现个性化、互动化、细分化的传播方式，部分新媒体在传播属性上能够实现精准投放、点对点的传播，如新媒体博客、电子杂志等。美国《连线》杂志对新媒体的定义：“所有人对所有人的传播。” 这个概念是从传播者的角度对新媒体进行界定的。

新媒体是相对传统媒体的一个概念，是指新技术支撑体系下出现的媒体形态，如数字杂志、数字报纸、数字广播、手机短信、移动电视、网络、桌面视窗、数字电视、数字电影、触摸媒体等。相对于四大传统意义上的媒体，新媒体被形象地称为“第五媒体”。新媒体就是能对大众同时提供个性化内容的媒体，是传播者和接受者融会成对等的交流者，而无数的交流者相互间又可以同时进行个性化交流的媒体。

所谓新媒体广告，是指体现在以数字传输为基础、可实现信息即时互动、终端显现为网络连接的多媒体视频上，有利于广告主与目标受众进行信息沟通的品牌传播行为与形态。

2．新媒体广告的特点

新媒体广告具有全球性媒体的特征，它打破了地方性与全国性媒体广告的限制。此外，新媒体广告也突破了传统媒体在时间和空间上的限制，以及受众群体的限制。新媒体广告具有受众导向的交互性、信息服务的链接性、信息管理的即时性、信息传播的跨时空性、信息刺激的强烈感官性的特点。

(1) 受众导向的交互性。互动性是新媒体广告最大的特点，与其他媒体信息的单向传播不同，新媒体广告使得信息的传播具有了双向互动的特点。当受众获取到自己满意的产品和服务的信息之后，厂商也会相应获取受众信息的反馈。也就是说，在新媒体的环境之下，原来只能被动接受的受众反而成为广告信息需求的主动发布者；而原来是主导方的广告主、广告公司和广告媒体，现在主动让位于作为潜在消费者的受众。受众可以即时对广告信息进行反馈，这充分体现了鲜明的受众导向的互动性。

(2) 信息服务的链接性。新媒体广告是由受众有目的的、有意识地进行搜索所得，从而导致新媒体广告中品牌信息、商品信息的提供和服务的发生。具体消费者出于自身对广告信息的需要，通过新媒体广告终端来进行信息的检索，进而可以获得某品牌广告主的网页文章、网上商店、电视购物栏目的产品信息，以及进一步链接的各种深度信息。很显然，对于消费者的信息需求，新媒体广告所具有的信息链接服务能很好地给予满足。

(3) 信息管理的即时性。如果在传统媒体上投放广告，广告效果难以测定，能接触到广告信息的受众难以统计。但是如果把广告投放在新媒体上，广告主可以借助于权威的访客流量统计系统，精确统计出广告的受众数量，以及这些受众上网查阅的时间和地理位置。目标客

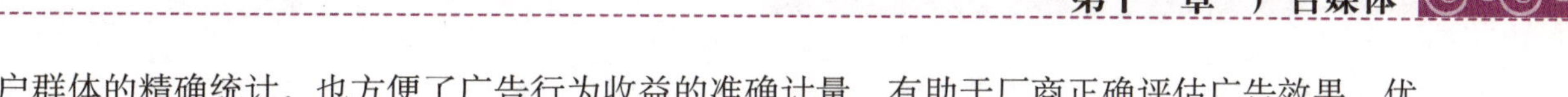

户群体的精确统计，也方便了广告行为收益的准确计量，有助于厂商正确评估广告效果，优化广告方案，制定合理的广告投放策略，提高广告的宣传效果。

(4) 信息传播的跨时空性。传统媒介具有很强的限制，比如报纸、杂志的地域限制，这会对广告信息的传播造成很大的影响。而新媒体广告不受时间和空间的限制，传播范围非常广泛。

(5) 信息刺激的强感官性。新媒体广告可以融合图形、文字、声音、视频等多种形式，可以给消费者全新的体验，让消费者对产品和服务有更深刻的印象和认识，让消费者能身临其境地进行感受。

3. 新媒体广告的形态

以新媒体广告信息作用于消费者为依据，可以把新媒体广告的形态分为以下五种类型：整合类新媒体广告、推荐类新媒体广告、发布类新媒体广告、体验类新媒体广告和暗示类新媒体广告。

(1) 整合类新媒体广告。指的是广告主自身建立的、可以向受众提供比较完整的品牌信息的媒体平台。其最主要的表现形式就是企业的品牌网站。现在大中小企业几乎都有自己的网站，作为企业自己建立的媒体，企业网站是企业对外宣传自己的产品和服务、树立品牌形象的一个非常重要的窗口。企业网站的主要功能有产品展示、信息发布和互动服务。企业网站作为整合类新媒体的广告形态，具有很好的传播效果。

(2) 推荐类新媒体广告。借助于新媒体可以建立相互链接的优势，新媒体广告开展有重点、有层次信息推荐服务，将有关信息传送给所需要的消费者的媒体平台就是推荐类新媒体方法。它一般包括三个环节：第一个环节是推荐的信源优化，也就是说消费者在进行信息的检索时，网站推荐给消费者的是他们知晓度比较高的品牌或者服务；第二个环节是推荐的中介渠道，即搜索引擎，受众所需要获得的产品或服务通过新媒体广告的广告主推荐的中介渠道就可以很好地满足；第三个环节是推荐的目标受众，建立客户数据库，点对点地进行相对应的产品信息推荐，这样可以完成对目标受众的精准推荐。

(3) 发布类新媒体广告。发布类广告是指在受众所关注的特定时间和空间内，通过数字化技术进行产品或服务广告信息的发布，以引起他们的关注和好感。它的主要呈现方式有户外视频广告、楼宇视频广告、车载视频广告等。

(4) 体验类新媒体广告。它是利用新媒体广告来营造虚拟、逼真立体的体验式场景，使得消费者能够获得更多的真实体验，带给消费者更多的情感和心里体验，最终产生巨大的终端吸引力和消费力。

(5) 暗示类新媒体广告。此类广告指的是充分利用受众对新媒体的关注，在不妨碍受众进行信息接收的前提下，巧妙地将品牌信息或者产品信息植入到新媒体广告中去，对目标受众进行无意识的熏陶和影响，从而达到品牌传播的效果。暗示类新媒体广告有三种较为明显的表现方式，即植入式广告、公关新闻和博客、微信等传播。

4. 新媒体广告的效果评估

新媒体广告的形态是多种多样的，对于新媒体广告的效果评估，就不能按照传统广告媒体的测量标准来进行，尤其是对于品牌网站、网上商店等广告效果的测量，传统的测量方式就全部失灵了。新媒体广告效果测量的标准有以下四个：浏览时间、点击次数、互动记录和销售记录。

(1) 浏览时间。所谓浏览时间是指新媒体广告接受者用于浏览新媒体广告的网站网页、广告所指向的相关页面、搜索引擎工具、电视购物栏目等所花费时间的统计。

(2) 点击次数。点击次数指的是新媒体广告接受者对于新媒体广告信息的点击数量和频率。新媒体广告的广告主完全可以利用消费者主动点击的统计分析来进行广告效果的评估。

(3) 互动记录。在新媒体环境下，由于受众可以利用新媒体互动的优势与品牌进行自主的交流，如果受众可以主动与品牌进行互动沟通，显然广告效果就是很好的。所以受众与品牌之间的互动交流，应该形成一定的数据记录下来，以方便对新媒体广告的传播效果进行研究。

(4) 销售记录。在特定的新媒体广告中，可以通过网上商店的成交、数字电视购物栏目中的互动成交等形成销售记录，而这些记录的数据显然是非常能验证新媒体广告效果的依据。

5．手机媒体

随着手机硬件、软件的迅速发展，尤其是3G、4G技术的广泛应用，作为移动通信、娱乐、信息终端的手机已经成为继报纸、杂志、广播、电视、网络之后的又一新兴媒体。与以上五种媒体相比，手机媒体具有独特的媒体性质和传播优势，主要表现在以下四个方面。

(1) 无线移动。手机媒体首先打破了时间和空间的限制，还打破了计算机终端设备的限制，真正实现了用户与信息的同步进行。可移动性是手机固有的优势，手机的移动特性与以3G为代表的数字通信技术很好地结合在一起，使得手机真正成为无线移动媒体，从而实现“一机在手，天下无忧”。

(2) 媒体生产和媒体消费的双重性。在手机媒体的生产和消费过程中，信息的传播者和信息的接受者之间不再有严格的限制，手机媒体的用户既可以充当媒体信息的生产者，又可以充当媒体信息的接受者，具有极强的参与性和互动性，这种个性化的参与方式使得手机成为一种强有力的市场营销手段。

(3) 平台集成性。手机媒体作为信息的交流平台，可以提供语音、数据、娱乐、多媒体、广告、咨询等多种信息，可以作为业务平台、信息平台、广告平台和整合营销的平台。这些平台能够为不同需要的手机媒体用户提供个性化服务，满足他们不同的需求。

(4) 个性化服务。手机媒体用户可以根据自己独特的需要订阅各种资讯，点播喜爱的视频等，手机内容的服务商也可以为受众提供个性化的服务，满足手机用户的个性化需求。手机媒体进行的是点对点的传播，信息具有高度的集中化。

手机媒体因为其个性化和移动性等优势越来越受到广告主的青睐，尤其是在3G、4G时代，新业务的兴起把传统媒体广告的诸多优势集中在小小的手机屏幕上，形成了极具整合性和融合性的手机广告。

手机广告主要有短信广告、语音广告、内置广告和WAP广告四大类型。此外视频广告、游戏广告等新兴的广告形式也应运而生。

(1) 短信广告。短信广告指的是以短信服务、增强型短信服务或彩信的方式，定时定向地向消费者发送有关产品或服务等信息的广告形式。短信广告因其制作成本低廉、发布信息精确、广告效果好而受到很多手机广告主的喜爱，他们与移动运营商共同搭建手机互动营销平台，向手机用户发送广告。

(2) 语音广告。手机用户可以用电话进入服务中心，根据语音提示收听各种产品或服务的促销信息，也可以收听广告主传递的音乐、铃声等语音形式的产品或服务信息。彩铃是语音方法中的一种重要形式，从营销的角度看，企业可以通过产品彩铃、促销彩铃、品牌彩铃来为企业的营销策划服务。

(3) 内置广告。内置广告主要包括三种模式：第一种是捆绑模式，即将广告和有价值的免费信息进行捆绑，使受众在接收免费信息的过程中同时看到广告宣传，并且用户无须为阅读广告信息支付任何费用；第二种是终端嵌入模式，它是把广告元素直接嵌入手机终端，然后投放给手机用户，这一模式的优点在于只要消费者选择了此类手机就无法避免手机中的嵌入广告，从而形成长期、潜移默化的效果；第三种是手机广告提供商与非运营商手机定制商合作置入产品广告，目前受众对被动接受手机广告传播模式仍然有一定的排斥心理。

(4) WAP广告。此类广告是以WAP网站为载体，广告主根据传播需求选择特定频道的广告位，向目标手机用户精准展示广告的一种无线手机形式。旗帜广告、QQ广告、电子邮件广告等一切互联网适用的广告类型都可以为无线互联网所用。

手机游戏广告是在手机游戏中出现、内嵌在游戏程序中的商业广告，它将广告内容和手机游戏有机结合，通过固定的条件，在游戏中出现的手机广告；手机视频广告是指在手机视频点击播放、移动视频聊天等网站上置入的广告类型。

第二节　广告媒体运用策略

一、广告媒介的选择和组合

广告媒介的选择非常重要，能决定广告的传播效果和消费者对广告主及其产品的印象。

(一) 广告媒介选择应考虑的因素

1. 媒介的性质

广告媒体本身的性质和特点对广告效果的影响是决定性的。因为媒体传播范围大小、发行数额多寡会影响视听人数；媒体的社会文化地位、是否与广告的受众层相适应会影响广告的效果；媒体的社会威望对广告的公信力有重要影响。例如，户外广告的影响力就不如党报的威望。因此，在选择媒体时，事先对媒体要有所了解，尽量选择影响力大和公信度高的媒体，这样广告效果会大大增强。

2. 广告商品的特性

具有不同特性的商品，消费对象不同，对媒体的选择要求也不同。例如，老年人用品广告，可选用电视广告，因为电视广告深入到各个家庭，老年人的收视率高；时装广告，则可使用报纸、杂志、招贴等媒体，因为这些媒体为热爱时尚的年轻人所喜爱，时效性也较强。

3．广告目标要求和文本的特点

选择广告媒体，必须先考虑广告目标的因素，看其是否能与企业的经营活动紧密地结合。例如，为了配合推销员上门推销商品，广告目标应选用宣传单页和小册子等印刷广告，使推销对象对产品事先有所了解，为随后的上门推销打好基础。

广告媒体要能够体现广告作品文本的创作特色，有利于表现广告主题，有利于与目标受众沟通。如广告作品的创作应先于媒体计划的制订，或同时进行，选择媒体时就要想到如何能使广告作品充分发挥作用。当然，在创作广告作品时，头脑中也需有在何种媒体上实施的构想。

4．市场竞争的状况

为了配合市场竞争，要慎重选择广告媒体。2008年中国承办奥运会，各广告主意识到这是一个至关重要的商机，纷纷开打“奥运牌”：世界服装名牌耐克赞助了中国28支队伍中的21支；体育用品巨头阿迪达斯成为奥运会主赞助商；“李宁牌”虽然痛失奥运会赞助商的机会，但后来事情却有了转机，当李宁在开幕式上“飞天”点燃神圣的奥运会主火炬时，李宁公司就迎来了它真正的春天。奥运开幕式后的第一个股票交易日，公司的股票就迅速飙升，而北京大街小巷的李宁专卖店更是人头攒动，李宁公司的业绩也是全线飘红。随后的一项调查显示，在运动服饰行业中，高达37.4%的被调查者认为李宁是北京奥运会的赞助商，而真正的奥运赞助商阿迪达斯的认知率却只有22.8%。

5．广告费用的支出

广告费用包括媒体价格和广告作品设计制作费。同一类型的广告媒体，也因广告时间和位置不同，有不同的收费标准。企业发布广告需依据自身的财力来合理地选择广告媒体。在选择广告媒体时，不仅要考虑广告价格的绝对金额，也要考虑广告价格的相对金额，即广告实际接触效果所消耗的平均费用。此外，还要考虑广告媒介费用与效果之间的性价比。

6．国家法令的规定

大多数国家对广告的发布都有相关的条文来进行管理约束，也有很多国家的广告法规对广告媒体发布某些商品的广告有限制。如我国《广告法》规定，“禁止利用广播、电影、电视、报纸、期刊发布烟草广告”，“烟草广告中必须标明‘吸烟危害健康’”。《广告法》第七条第二则明确规定，不得使用国家机关和国家机关工作人员的名义做广告。广电总局有规定说卫生巾和治疗脚气药膏等广告不能在吃饭的时间播放，这些规定都应严格遵守。

(二）广告媒体的组合策略与意义

所谓媒体组合，就是根据广告计划和策略的要求，对各类媒体进行分析评估，选择多种媒体进行有机组合，在一个时间段内，发布内容基本一致的广告。其好处是能增加消费者接触广告的机会，在多种媒体上看到同一个内容，会加深印象，造成很大声势，引起人们的关注。

媒体组合策略可以有多种方式。

(1) 广告主自身要做到内外广告媒体的组合。广告主在其他广告媒体做了广告，企业自己拥有的广告媒体也要紧密配合。比如，某厂家在电视、杂志、报纸上做了某种产品的广告，那么，该厂家就要配合展出该产品，在厂门口挂该产品的宣传画，在自营店大量摆放该产品等。

(2) 所选择的广告媒体要擅长组合。不同品质的商品或劳务广告，有不同的媒体组合方式。比如，生产资料广告，可以组合运用报纸、广播、展销会、操作表演、小册子、路牌等媒体。广告媒体的组合运用，应有主有次，有先有后。

运用媒体组合策略，具体来说主要有以下意义。

(1) 可以弥补单一媒体传播频率低的不足。各媒体传播寿命的不同会影响到受众对媒体广告的接触程度。有些媒体因广告的费用太高而难以重复使用，如果只用某一种媒体，这些不足就难以避免。而选择多种媒体，进行组合运用，就使受众在不同媒体上接触到同一种广告信息内容，增加了重复数量，从而保证广告即使在费用不多的条件下，仍能获得较好的宣传效果。

(2) 累积总效果和增大到达率。单个媒体对目标市场的到达率是有限的，即使是覆盖范围较大的媒体，也不可能将有关广告信息送达目标市场内的大多数人甚至每一个人，而媒体组合则能够弥补这一缺憾。运用两个或两个以上的不同媒体，就使不同媒体所拥有的受众组合起来，从而使广告到达更多的目标受众，扩大广告的影响。

(3) 整合不同媒体的传播优势，形成合力，增大传播效果。各种媒体都有各自不同的媒介属性，如广播具有灵活性和较高性价比，电视具有形象性和直观性，报纸具有时效性和说服性，杂志具有专业性和选择性等。但同时它们也有各自的不足和缺陷，如费用高、时效慢、选择性差等。通过组合，使媒体所具有的特性有机地结合起来，既使某些媒体的特长得到发挥，又可使其缺陷被其他媒体所弥合。如电视和报纸组合，电视收视率一般比较高，影响较大，能够获得较理想的认知效果；而报纸可以比较详细地介绍有关商品或服务的信息，帮助目标消费者加深理解。这样，就使认知促进和理解促进有机结合在一起，增加广告的重复和累积效果，推进广告目标的实现。

(4) 能够相对减少成本，增加广告效益。媒体组合就是将有关媒体有机整合，发挥各自特长，起到两者甚至几者“相乘”的效果。众多广告主利用媒体组合的整体优势，在资金有限的情况下，组合多种费用低、效果相对一般的媒体就可实现预期的广告目标。电视虽然有较强的传播效果，但广告成本、播出费都很昂贵，一般企业不能承受，这时就可改用多种类型的小广告，再配合一系列的促销活动，就会取得很好的宣传效果。

二、广告媒体计划与购买

（一）广告媒体计划的含义和内容

根据广告目标的要求，在一定的费用内，把广告信息最有效地传达给目标消费者，而为此所做的一系列决策，就是广告媒体计划。媒体计划是广告整体策划中的一个重要组成部分，媒体计划指导着广告媒体的选择。确定媒体目标是广告媒体计划的核心。媒体目标是广告信息经媒体传播后对现实的和潜在的消费者影响的程度。媒体目标要和广告整体目标联系起来考虑，通过一些具体的指标，如暴露度、到达率、收视率、影响效果等来体现和衡量。如何选择传播媒体，怎样进行组合，如何推出广告等，都是围绕媒体目标来展开的。

由于媒体计划是广告投放前的考虑，因此，要从广告主企业的整体营销规划、广告目标、广告战略的要求出发，深入地对各类媒体进行研究分析，同时也要考虑广告文本的创作、广告费用的预算等因素的影响，从而准确地选择合适的媒体。

媒体计划需要围绕以下四个方面展开。

(1) 首先是传播对象。在广告策划部分制定具体广告表现战略时，广告的目标对象首先要予以充分考虑，这是广告的根本。如果传播对象不明，广告也就失去了意义。

(2) 其次是沟通中的通道和方法。即根据广告目标的总体要求，选择合适的媒体，使广告信息尽可能地接触目标消费者。制订媒体计划，要依据媒体的情况来进行，使目标对象尽可能地接收到广告信息，保持畅通的信息接触渠道。

(3) 第三要考虑的是广告的具体时间。那段时间是否有节假日、有无特殊意义等都需考虑。

(4)最后是怎样实施计划，要根据广告预算的要求来考虑如何推出。媒体计划要作出具体的安排，做好广告排期表。

(二）影响媒体计划的因素

1. 产品本身的特点

产品的特性、所处的生命周期、品牌认同程度等都要考虑，如果是名牌产品，就要考虑选择能够扩大认知、权威性较强的主流媒体；如果是技术复杂的科技产品，则要选择有利于受众理解的媒体。

2. 目标市场的特点

主要是根据目标市场的收入水平、消费方式等，对目标消费者进行分类，来确定广告的推出方式。

3. 传播效益

在做媒体选择时，应重点考虑广告所能产生的效益，争取将传播效果达到最好。这实际上也是对媒体的发行量、收视(听)率、到达率、每千人成本等各项指标的综合评估。另外，媒体传播效果的有效率也至关重要。

4. 媒体传播的可行性

媒体都有各自不同的传播特点，优势与不足同在。如电视广告有很好的表现力，但不利于深度表达；广播广告传递信息快，适于向消费者告知商品的销售地点等简单信息，但转瞬即逝，需要多加重复；报刊广告能加深理解，能提供较为详细的信息内容，但形象性不够，对于阅读人群有选择性。

5. 媒体的寿命

媒体的寿命是指媒体广告对受众持续影响的时间。不同类型的传播媒体，其寿命长短不一。电子类媒体的寿命最短，如广播、电视播出的信息瞬间即逝；印刷类媒体的寿命有长有短，报纸可能达2～3天，杂志有可能达1～2个月，而像年历上的广告，其寿命可能长达一

年。对各类媒体的作用都能做到深入了解，就能使媒体广告的影响效果持续最长。

广告媒体的购买：媒体购买是媒体计划中重要的一环。购买人员首先要根据已掌握的信息帮助媒体计划人员制订出翔实可行的媒体计划书，运用良好的专业技能与丰富的经验进行谈判与购买。进行媒体购买时必须了解各个媒体的广告单位以及付费成本。不同媒体的广告单位是不同的，例如，电子媒体的广告是以时间为单位来计算的，有5秒、10秒、15秒、30秒等规格；而平面广告是以空间为单位来计算的，如报纸有1/4版、半版、整版等规格。单位媒体的价格与广告单位的大小有关，同时因广告投放的时段、版面不同而有所差别。电视广告在晚间黄金时段的价位要远远高出日间时段，而报纸头版的价格也要高于其他版面。媒体购买人员要熟知各种媒体的成本计算方法，这样才能在购买的过程中用合理的价格买到理想的时段或版面。

另外，媒体购买人员还需要有丰富的谈判经验，成功的谈判可以帮助广告主以较低的价格获得理想的媒体资源。购买谈判一般围绕着所购买媒体时间或空间的价格和服务来展开。媒体价格一般都是固定的，但是通过深入沟通，有些媒体甚至权威媒体都会打折扣，新创刊的媒体和上升期的媒体，出于生存需要会给出更多的折扣，了解了这些信息就能在价格谈判中占有优势。

三、影响广告媒介选择的因素

1．媒介投放的性价比成为大部分广告主选择媒介的首要考虑因素

广告主选择媒介做广告，要针对企业当前的发展计划来进行。在确定了选哪种媒介这个大方向后，要对同一类型的所有媒体进行评估，要对媒介发行量、目标受众、媒介本身的地域特征等因素进行充分考虑。对各类媒体的投放费用与可能产生的广告效果作对比，性价比高的媒体会优先考虑。

2．产品本身的生命周期会影响广告主的媒介选择

产品本身的生命周期不同，产品的媒体选择也应该不同。产品刚诞生的时候，可用广播、POP广告等价格低廉的广告媒体进行宣传；当产品进入成长阶段后就应考虑选择电视、报纸等大众媒介进行宣传；而当产品进入衰退期时，应将重点从以往对产品的宣传转向宣传企业的形象和品牌。

3．广告主的媒介选择与企业产品市场的覆盖情况紧密相连

企业产品市场与媒介选择紧密相关。例如，一些电脑、数码机床等高科技产品广告，多用理性诉求的方式来传达信息，就不适合在广播和电视里投放，因为广播和电视的广告信息短、专业性术语也不易阐释清楚，而相关专业性的杂志和报纸应是首选；化妆品广告则不同，由于电视、杂志能很好地传达其使用后的效果，所以会首先考虑在电视和杂志上投放广告。

4．企业领导人是影响媒介选择的主要因素

企业领导人作为企业各方面重大策略的决策人，他的个性、喜好和生活经历都会影响到广告投放的决策，也会影响到产品对广告媒体的选择。一个对电视有偏好的领导人，在各种媒体性价比差不多的时候会首选电视；而一个文化水平高、喜欢文字表达的领导人则会倾向

于报纸和杂志。

第三节　广告媒介的评价

对广告媒体进行评价，能透彻了解不同媒体的实用性，调整好广告目标与广告媒体之间的关系。在实际工作中，首先需要找出若干适合的媒体，然后再进行媒体比较。

一、媒体质与量的比较

所谓媒体的质，指实际影响媒体投资效果的因素。主要包括接触关注度、干扰度、编辑环境、广告环境、相关性等。而媒体的量指媒体传播中那些可以用统计数字量化的效果。包括电视开机率、杂志传阅率、暴露频次等。两者的不同是：媒体的“质”指的是广告的影响及效果，而媒体的“量”指的是广告的广度及成本效率。如在中国，中央电视台、《人民日报》等媒体的质就高；媒体广度及成本效率越高，媒体的覆盖面越广泛，信息传播所触及的人数越多，则其量的价值越大。

另外，在一些特殊情况下，还应辩证地对待媒体的质与量的关系。即“量大”并不一定“质高”。例如，近两年电视民生新闻的崛起使各地电视台声称制造了一个新的黄金收视时段，下午五点半前后的新闻档，各电视台声称这段时间的收视率达到一个高峰，吸引广告主投放广告，但仔细考察一下会发现，这段时间看电视的多是老人和孩子，广告主青睐的精英人群并未下班或在回家的路上，即使到家也在做家务，根本无暇观看电视。其结果会出现数量大而质量不高的情况。因此，对媒体作综合评估时，还应注意量中之质的问题。

二、媒体特点比较

不同的媒体在长期的发展过程中形成了相互区别的不同特点。对不同媒体的使用特点尽可能地熟悉、了解，是运用广告媒体的前提。各媒体的特点见表11-1。

表11-1　各媒体特点比较

媒　体	优　点	缺　点
报纸	时效性强，地域性，可信度高	寿命短，印刷一般，保存性差
杂志	专业性强，有权威性，印刷精美，可长期保存，传阅率高	广告准备时间长、广告效果无法衡量
广播	覆盖面广，人口选择性强，成本低	收费不标准，声音稍纵即逝，注意力低
电视	视听兼备，感染力强，收视率高	绝对成本高，干扰多，播放时间短
户外	重复暴露多，成本低	选择性差
邮寄	形式灵活，受众选择性好，个性化	相对成本高，阅看率低
网络	受众广，成本低，形式灵活，方便修改，个性化，精确统计点击率，受众选择性好	广告相对被动

三、不同媒体上发布不同商品广告的效果比较

商品发布广告时应尽量选择与自身特点相契合的广告媒体，力求扬长避短，相得益彰。比如一般奢侈品喜欢投放在高端时尚杂志，而不会选择大众化的媒体；户外媒体又分城市户外和道路户外，城市户外比较贴近生活，适合发布日常用品，而道路户外则适合专业性比较强的品牌；电视媒体则适合企业形象宣传和与生活密切相关的产品。现就几类产品如何选择媒体更适合举例说明，见表11-2(得分越高表示效果越好)。

表11-2　不同产品在不同广告媒体发布效果比较

项　目	广　播	电　视	报　纸	杂　志
电　影	2	3	1	4
生活日用品	2	4	1	3
书籍	2	1	3	4
药　品	1	2	3	4
化妆品	1	3	2	4
食　品	1	4	2	3
时　装	1	3	2	4
家　电	1	3	2	4

本章小结

任何广告都需要载体，载体不同，广告的费用和效果也不同。本章将广告媒体分为大众传播媒体、非大众传播媒体和网络媒体三种类型，大众媒体包括报纸、杂志、广播、电视；非大众传播媒体包括户外广告、销售点广告（POP）、直邮广告、交通广告等；网络媒体是最近几年突飞猛进发展起来并对传播媒体形成强大冲击力的一种新媒体类型，在广告上有后来者居上的趋势。

广告媒体的运用策略同样重要，广告媒体的选择与组合要充分考虑各方面因素，媒体计划与购买要遵循一定的规律来进行。通过对媒体的综合评价和正确评估，按媒体选择程序来科学地发布广告。

延伸阅读

1. 中国广告媒体网 http://www.ad163.com/

2. 易观：2013年中国互联网广告市场规模超1000亿元移动搜索、移动视频的商业化进程加速http://news.eguan.cn/yishijiao_186073.html

3. 易观网 http://data.eguan.cn/search.php

4. IAB：2013年美国互联网广告营收428亿美元 超电视广告收入

http://mp.weixin.qq.com/s?__biz=MjM5MzcxNjMyNA==&mid=201435993&idx=3&sn=a9a8d7e72fb5510fe8a2deb7468a51e3&3rd=MzA3MDU4NTYzMw==&scene=

【案例】

央视市场研究公司发布户外广告趋势分析报告称 户外视频媒体或成广告主重要选择

日前，央视市场研究公司（简称CTR）在发布今年第一季度户外广告趋势分析报告中称，根据CTR媒介智讯最新研究数据，2014年第一季度我国传统广告市场同比下降0.4%。其中，整体广告市场中的户外广告无论是广告花费，还是广告资源方面都出现了与去年相比不同的变化。户外视频媒体广告由于具有声光影的优势，有可能成为广告主进行户外广告选择的重要内容。

在该分析报告中CTR指出，目前我国媒体类传统户外广告已经出现分化。这是因为，户外媒体作为环境媒体，一直受到城市建设的影响。从现状看，各种环境政策的影响推动了传统户外广告的双轨化发展。一方面，传统户外（不含地铁）广告资源始终保持一定的调整幅度，其在2013年第一季度广告资源量出现下降之后，2014年第一季度再次出现了6.5%的降幅。受多地城市建设时的“拆牌”等政策影响，传统户外广告的最重要形式——看板广告2014年第一季度的广告面积同比减少了9.7%。与之相对应的是，近四年来每年第一季度的广告刊例花费增幅都在低位徘徊的传统户外（不含地铁）广告也出现变化，其在2014年第一季度甚至微降了0.4%。但在另一方面，地铁传统广告跟随地铁交通的发展扩张了广告容量。2014年第一季度，地铁传统广告面积12.1%的增幅亦为四年来同期最高。

CTR就此认为，地铁广告的广告刊例花费经过多年发展之后，面临价格涨幅空间有限的状况，在2011年至2013年地铁广告刊例花费高速增长后，2014年第一季度的地铁广告刊例花费开始放缓，与地铁广告面积的增长速度正在逐渐接近。

针对传统户外广告市场表现以及视频广告市场的快速发展，CTR在该报告中指出，传统的户外广告形式在户外的精彩环境中传播效果有限，而利用数字等技术发展起来的户外视频媒体广告则具有声光影的优势，可以对受众的视觉、听觉产生多重影响，更利于品牌的信息传达。CTR媒介智讯的广告监测显示，2014年第一季度六大户外视频媒体广告花费增幅均高于传统户外广告，说明户外视频媒体未来有可能成为广告主户外媒体选择的重要内容。

对于当今户外视频广告的表现，CTR认为，户外视频广告的增长除了源自广告技术快速变革产生的吸引力之外，广告载体发展所带动的受众规模上升也为其提供了增长的“土壤”。CTR媒介智讯数据表明，目前我国的出租车视频广告正在以81.2%的高增长领衔，与其对应的是，今年第一季度打车软件的快速普及提升了出租车的载客率，进而扩大了出租车视频广告的传播范围，成为影响广告主传播载体选择的重要元素。同时，视频广告的另一个类别——影院视频广告也表现出非常活跃的态势，其近4

11

成的广告花费增幅亦与电影市场的活跃度紧密相关。有数据表明，2014年第一季度，我国内地票房同比增长27.6%，观影人次增长30.5%。

根据视频类广告所处场所不同，CTR在该分析报告中将6个户外视频媒体归为两类，即交通工具类户外视频媒体（出租车视频、地铁视频、公交移动电视）和定点类户外视频媒体（机场视频、楼宇视频、影院视频）。CTR认为，这二者正在逐渐形成各自的广告投放特色。具体表现，一是重点行业不同。交通工具类户外视频媒体位居前五行业中，邮电通信行业的广告花费有较高的占比，其中主要是电商网站的广告投放。在定点类户外视频媒体的重点行业中，交通类视频广告投放位居前三位。二是行业集中度不同。交通工具类户外视频媒体的广告投放主要依赖前两个行业，出租车视频、地铁视频、公交移动电视的前两个行业的广告投放占比分别高达64.9%、56.8%和40.6%，定点类户外视频媒体的行业广告投放则相对分散，楼宇视频前两个行业的广告投放占比为35.7%。

CTR据此认为，上述两个广告投放行业的分布差异在一定程度上反映了广告主对户外视频媒体特性的认同态度。这是因为，电商网站的广告宣传多以促销活动为主，所以在交通类等以大众为受众的户外视频媒体上投放的广告更多，邮电通信行业2014年第一季度在出租车视频广告中的广告投放同比增长25倍，在地铁视频广告的投放同比也有成倍增长。交通行业的广告宣传是以品牌形象为主，所以更青睐在机场和影院的传播，在这两个地点的户外视频媒体广告投放均有1倍左右的同比增幅。

在该报告中，CTR特别强调，户外广告的变化需要全面的市场监测。因为随着城市建设、经济发展以及生活方式的改善，人们的户外活动时间增多。CTR的相关研究数据显示，居民每周至少出入一次商业区的比例达到41%，居民每周用于外出休闲娱乐的时间有8个小时，商务人士乘坐飞机出行的比例为71%，一线城市上班族的单程上班时间为40分钟。在户外，在路上，已经成为居民生活的常态化模式。就户外媒体而言，传统户外广告、户外视频广告已经从点到面对受众形成了立体化的传播和影响。在制定合理的户外广告投放策略过程中，更需要全面的监测数据作为依据。

（资料来源：亚洲户外，2014-06-26）

思考练习

1. 广告媒体的三种类型及其各自的特点分别是什么？
2. 广告媒体的组合策略有什么意义？
3. 影响广告媒体选择的因素有哪些？

第十二章

广告效果测定

〖学习要点及要求〗

本章有广告经济效果、广告传播效果、广告心理效果、广告社会效果、事前测定、事中测定和事后测定等重要术语。通过本章的学习，理解广告效果测定的含义和类型；理解并掌握广告效果测定的基本内容与常用技术；了解广告效果测定的实施过程。广告客户需要知晓其投放的广告是否致效，广告公司也需要了解其创意策略取得了怎样的成绩。因此，广告效果测定成为广告活动中不可或缺的一环，它在全面总结的基础上为今后的广告活动提供了宝贵资料和经验。

“我知道我的广告费浪费了一半，问题是我不知道哪一半被浪费了”，这是19世纪美国零售业巨头、被誉为“美国百货店之父”的约翰·华纳梅克发出的著名悲叹，在全球广告界和企业界，历经百余年口耳相传，它逐渐演变成“华纳梅克浪费率”，成为至今仍然死死困扰众多企业决策者的一个悬而未决，却又逼迫他们必须时时面对、常常反思的战略难题：“如果我知道我的广告有效果，我就会投放更多的广告费”，但“我做了这么多广告，却不知道应该如何确切评判这些广告的效果，更不知道什么时候、什么样的广告会起作用”，还有“我现在虽然知道一半的广告费浪费在哪里，但却丝毫无能为力”，进而，“现在不是浪费一半的问题，更可怕的是我发现我的广告费全部都被浪费掉了”……如此广泛而又频繁的牢骚抱怨，足以证明广告效果评估的困难。

的确，广告能否达到预期效果，并不仅仅取决于广告创意本身是否新异震撼，也不完全依赖技巧的高妙、制作的精良，而是随时随地受制于诸如社会政治经济环境、产品和市场生命周期、企业形象、产品质量、媒介地位、地域文化、消费者生活消费方式等如此众多的外部因素的深层影响，而这一切又都是变动不居、难以精准把握的。因此，从某种意义上来讲，要求精确测定广告效果无异于痴人说梦。

但是，广告计划制订必须依托于前瞻性预测；广告计划执行和调整也需要实时的过程性评测；广告计划阶段性完成后，更需要相关人员进行及时全面评估，以不断发现问题、总结经验，切实转化成今后自身可资积累、他人能够借鉴的资料，予以保存，并确保广告公司执行力的不断提升。

既然存在许多不确定因素，广告效果测定又是如此重要，那么，究竟应该如何开展方可尽量保证其规范和科学，才能切实指导并运用于广告实践呢？接下来，本章将进行详细讲解。

第一节　广告效果概述

一、广告效果的含义

所谓广告效果，简言之，是广告信息通过广告媒体传播并被广告受众接触、感知之后，对其产生的各种各样直接或间接的影响，以及由此所带来的受众心理或行为的相应变化的总和。比如，新产品上市，企业为进入市场，借助广告的力量使消费者了解到产品用途和优点，从而改变其原有的消费习惯；企业发展过程中为牢固占据、持续拓展市场，通过企业形象广告，在公众心目中深深植入良好印象，从而促使消费者对本企业及其产品产生亲近感、认同感、信赖乃至依赖感，最终带动产品销售的增长等。总之，因为接触到广告而产生的一切消费者态度的改变、购买行为的发生，都可以视为广告效果的实现。因此，广告活动对消费者产生的影响以及消费者心理和行为的变化，成为衡量广告活动效果最有效的指标之一。

如果着眼于广告活动的过程，在进行广告策划时，策划人员往往会将广告的总体目标分解成按部就班、循序渐进的若干阶段，并为每一阶段制定出相应需要完成的阶段性广告任务。而这一切又体现为一系列可评估的广告目标，因此，所谓广告效果，是指这一系列分解的可评估的广告目标的具体执行和实际完成情况的反映。广告主理所应当需要获知自己的广告投放到底有何效果，广告公司也有责任对广告计划执行和广告效果予以评定，并向广告主出示相应证明。所以，从最直接的意义上讲，广告效果测定就是对广告主与广告公司共同商讨制定的各个广告活动目标及其执行情况的测评，是系统、全面的广告策划所不可或缺的一个重要构成环节。

另外，广告效果测定既可以针对单一广告作品的效果进行测评，也可以对一个较长时间段内、一系列相辅相成的广告活动(也可称之为“广告战役”，既包括广告作品，也涵盖促销公关等手段)的效果进行评估，这样一来，前者往往是后者效果评估的一个组成部分。就目前的发展趋势而言，单一广告形式的效果越来越有限，而整合多种资源手段进行立体化广告推广宣传成为主流。

二、广告效果的类别

在广告活动中，人们对广告效果的理解并不完全一致，于是，按照不同标准，通常将广告所产生的影响和变化效果分成不同的类型。

(一) 按效果内容和影响范围划分

一般认为，广告效果有广义和狭义之分。狭义的广告效果是指广告所产生的经济效益，即广告传播促进产品销售的增加程度，也就是广告带来的销售效果。广义的广告效果则是指广告活动目的的综合实现程度，是广告信息在传播过程中所引起的所有直接或间接的变化总和，包括经济效益、心理效益和社会效益等。在这个意义上，可以把广告效果划分为经济效果、传播效果、心理效果和社会效果，这也是最常见的划分方法。

1．经济效果

广告的经济效果也被人称为销售效果，是指广告对社会经济生活(包括生产、流通、分配、消费等)产生的影响，特别是由于广告活动而给企业带来的产品、劳务销售量和利润等经济收益的增加程度，同时，还包括由此而引发的同类产品销售和竞争格局变化、行业及宏观经济形势波动状况等。广告主之所以一掷千金做广告，根本目的就在于借此刺激消费欲望、激发购买行为，以实现企业产品或劳务销量增长、利润增加，这是广告主开展广告活动的内在动力。因此，经济效果是广告活动最基本、最重要的效果，也是测定广告效果最主要的指标。

2．传播效果

广告的传播效果也被人称为广告作品本身的效果，是指社会公众接受广告的方式、层次和深度等。它是广告媒体到达的效果，反映消费者接触和接受广告作品的一般情况。通常来说，广告主题是否突出、集中，广告创意是否新颖、震撼，广告表现是否形象、生动，广告媒体选用是否得当、高效等，会带来不同的传播效果。因此，传播效果体现着广告策划、创意和制作水平，是衡量广告公司专业化程度和执行能力以及由此产生的广告效果的一项重要评测指标。

3．心理效果

基于良好的传播效果，有可能实现理想的广告心理效果。广告的心理效果是指广告刊播后受众产生的各种心理效应(如知觉、记忆、理解、情感、欲求、行为等)，以及由此产生的认知、态度和行为等方面的变化。它集中反映着广告活动对消费者内心世界的影响，消费者对广告的注意度、记忆度、兴趣以及购买习惯的建立等均为其直接显现。成功的广告活动能够迅速激发消费者的心理需要和消费动机，培养消费者对品牌的信任和好感，树立良好形象，起到潜移默化的作用。因为心理效果是一种内在的并且能够产生长远影响的效果，所以一向被视为广告效果测定的核心指标。

4．社会效果

广告能够传播商品信息、灌输消费知识，因此能够引领时代，影响人们的消费观念，并可以形成一种文化获得推广和流行，从而对整个社会造成全面且深远的影响。所谓广告的社会效果，是指除经济效果之外，广告构思、语言以及表现形式等在传播过程中所折射出来的有关社会道德、文化价值、艺术审美等多方面的价值内涵，以及由此在政治、经济、文化、教育、环境等多个领域对社会精神文化生活产生的全方位、综合性影响。这是广告效果高层次的显现，反映着一个社会和时代的文明程度，因此，在测定广告效果时，这是一项必须予以重视并且不断加以规范和引导的重要内容。

(二) 按效果产生时间划分

一项广告活动展开后，有的立竿见影，有的则需要慢慢积累才能产生预期效应；有的影响转瞬即逝，有的则长期潜藏在人们意识中，伺机而动。因此，根据广告效果产生时间的先后、快慢、长短等，可将广告效果分成以下三种情况。

1．即时效果

广告的即时效果是指广告活动在广告传播地区所引发的直接的、即时性的反应，主要是针对短时间内的促销效果。例如商场里的POP广告、现场促销活动的张贴广告等，都会立刻激发消费者的现场购买行动。广告即时效果的产生还需要诸如导购、买赠、抽奖等多种促销手段的配合使用，因此，衡量其效果需要考虑到这些合力因素。

2．近期效果

广告发布后，在1个月、1个季度最多1年之内，广告商品或劳务的销量增长，品牌知名度、美誉度的提升等，均为广告的近期效果。近期效果是衡量一则广告活动是否成功的重要

指标。大部分广告活动都追求这种近期效果。

通常来说，广告主尤为看重的就是广告的近期效果，由此形成了一种极富代表性的观点：认为应该把广告效果和销售结果直接挂钩。这种观点的认知基础是认为广告的最终目标既然是为了促进销售，那么它的效果评估一定要建立在对销售的测定基础之上，如果做了广告，而销售量或劳务的营业额并没有增长，那么广告就是无效的。应该说，这种观点的存在是可以理解的。但是，在实际执行中，还是需要避免让这一观点走向极端，因为销售结果受到很多因素的影响，销售好不一定全部都是广告的功劳，而销售不利也不一定就全都因为广告不好。所以从现实意义上说，把广告效果分成传播层面和销售层面，进行多层次、多角度的评估，显然是极为重要的。

3．长期效果

一般情况下，消费者接收到特定的广告信息后并不是立即采取购买行为，而是将相关的商品信息自觉或无意识地存储在脑海中，形成消费选择列表，一旦消费需求产生，广告影响长期、潜在、逐步积累起来的效应随即发生，帮助消费者在记忆的选择列表中进行选取，并最终做出购买决策。正是基于这一事实，大卫·奥格威反复强调，广告不应只关注短期效应，更是一种长期投资。因此，所谓长期效果，是指广告在消费者心目中产生的深远影响，对受众观念形成的长期稳定的冲击和改变，如消费者对产品特性的了解、对品牌的记忆和偏爱、对企业形象和企业文化的感知和认同等。

需要指出的是，在广告活动中，目前大多数广告主依然过分关注和追逐广告即时效果和近期效果，这种急功近利的做法虽然无可厚非，但对企业运营和广告业发展都未见得是一件好事：对于企业而言，往往会因此陷入短期爆发但后继乏力的怪圈，像孔府宴酒、秦池酒、爱多VCD等昔日的“广告标王”，都没能真正成为“市场标王”，短暂的辉煌换来的则是长期的困窘甚至是最终的绝路；对于广告业本身，短期轰动效应的追求则会将其引向歧途，比如，大手笔投入的恒源祥十二生肖广告的噱头，的确起到了迅速提升知名度的效果(事实上，1927年在上海创立、目前全球最大的绒线制造商“恒源祥”，早在1991—1996年五年时间内就曾持续推出一个内容极其简单的“羊羊羊”广告，且因五秒连播三遍的方式被业界称为“恒源祥现象”，伴随其每年6000万元左右的媒体购买和活动促销费用的巨额投入，它早已成为妇孺皆知的品牌)，但这种低俗、粗制滥造的广告，不仅对广告业发展毫无助益，而且从长远来看，这种广告无疑是自己为企业品牌建设、形象树立设置了一个巨大陷阱。因此，广告应该而且必须重视其长期效果，特别是在市场竞争加剧、需要运用整合营销传播的现代企业发展战略中，广告的长期效果显得愈发重要。

除上述两种主要分类方式外，广告效果测定中还有一些基本、常用的分类方法(见表12-1)，在实际测定时，可根据具体的测定要求和情况，灵活运用这些分类方法。

表12-1　广告效果分类汇总表

分类标准	分　类
按广告效果的内容和影响范围划分	经济效果、传播效果、心理效果、社会效果
按效果产生时间划分	即时效果、近期效果、长期效果

续表

分类标准	分　类
按对消费者影响程度和表现划分	到达效果、认知效果、心理变化效果、促进购买效果
按产品市场生命周期划分	导入期效果、成长期效果、成熟期效果、衰退期效果
按每次广告活动的总体流程划分	事前测定、事中测定、事后测定
按广告计划要求划分	目标效果、表现效果、媒体效果

三、广告效果的特性

如前所述，广告效果的核心内涵是广告的心理效果，而消费者心理及其变化又是最为复杂和难以把握的，同时，广告效果的实现还受制于多种因素的综合影响，因此广告效果具有一些其他活动所不具备的特性，而对这些特性的了解，将有助于实现对广告活动更有效的监控和更精细的测定。

（一）效果迟豫性

广告已经成为现代社会构成不可或缺的重要组成部分，生活在商业社会中的每一个人，不管是否愿意，每天都要从不同渠道接收到成百上千的广告信息，并接受其对自身产生的或直接或间接、或明显或潜在的冲击与塑造。虽然大多数广告在消费者面前转瞬即逝，但就在这一霎时的闪现中，消费者可能已产生了各种各样的反应。对广告主而言，最理想的反应当然是消费者一接收广告信息立即产生相应的购买行为；但事实是，大部分广告无法做到立竿见影，其效果往往需要经过一段较长时间才有可能产生；还有一种情况是，消费者接触广告后没有马上购买，而当需要购买相关商品时，该产品的广告可能早已被忘诸脑后，永远不会再发挥效力了。比如，消费者看到某品牌汽车广告，也产生了购买欲望，但考虑到自己的经济实力尚不足以立即购买，购置计划遂遭搁浅。直到该消费者具备了购买能力，如果幸运，他恰好仍记得该品牌并最终完成购买，但更为可能的是：他早已忘记该品牌，于是选择了其他品牌，或者他还记得该品牌，但此时其他品牌的广告强力干扰了他的印象，最终影响了他的购买选择。可见，从消费者接触广告信息到最终购买行为发生，广告效果的实现大体需要经过注意—接收—理解—记忆—淡忘—产生需求—记忆唤醒—实施购买等复杂的过程，而其间每一环节都有可能因为时间、地点甚至政治、经济、文化等多种因素的影响而发生改变。所以，从总的趋势看，随着时间推移，一则广告的效果会逐渐衰减，这就是广告效果的迟豫性或迟效性。了解到这一点，也就看清了广告效果多数情况下是即时产生随即消泯的，要想保持其效果则需要长期累积，而且还要重视其呈现方式和不断重复的技巧处理。同样，在进行广告效果测定时，也不应该仅仅从短期效果去判断，因为，成功的广告往往会延伸为人们的长期记忆，甚至演化为一代人对一个时代、一种生活方式的集体记忆。

（二）效果累积性

广告活动是一个连续、动态的过程，消费者接收信息也是一个连续、动态的过程。因此，广告效果实际上是依靠不断积累才得以实现的：一方面需要一个时间段内通过持续不断

的重复刺激，才有可能产生影响，这是接触时间和频次的累加；另一方面还需要借助多种媒体组合对同一信息反复宣传，才能加深印象，这是媒体接触范围和频率的累加。了解到这一点，制定广告战略、进行广告策划时，就应该首先确立长期战略目标，努力将眼前利益和长远利益结合起来，切忌急功近利、急于求成的心态和做法，切实着眼未来，通过有效的媒体组合、恰当的媒体预算、科学的广告排期等，争取广告在达成短期效果的同时，又可兼顾长期效果。同样，在进行广告效果测定时，也应注意到不同阶段广告效果的考量基础和标准，从而科学地评估阶段性效果及对整体广告目标实现的贡献。

（三）效果间接性

广告不仅可以促成现实购买，更重要的是还能够在信息传播和购买消费中树立起产品、品牌乃至企业良好的“口碑”，消费者往往会在感觉满意时主动向身边或亲近的人群进行推荐，从而进一步激发起他人的兴趣、欲望和购买行为，这就是由广告引起的连锁反应，产生了连续购买的效果。因为广告效果具有这种间接性，所以要求在广告策划时应该注意诉求对象在购买行为中所扮演的不同角色(具体来说就是广告人物、广告受众、商品购买者与商品使用者四者关系统一或分离的问题)，尤其是那些“意见领袖”在广告传播过程中可能起到的作用和发挥的价值，由此有针对性地发展广告主题、运用有效的表现方式、借助高效的广告载体来传播广告信息，以扩大广告间接效果。同样，在进行广告效果测定时，对广告的传播效果和心理效果的测定应该做到尽量全面和精细。

（四）效果复合性

由于广告效果受到各种因素的共同制约和综合影响(美国市场营销专家曾细说影响产品销售的因素竟达37项之多)，因此很难断定广告活动的最终效果就是广告活动本身的效果。广告效果往往不是单一的，不是用简单的方式就能够轻松加以区分的，它是一种复合多种因素、极为复杂的传播活动的结果，呈现出明显的复合性特点，所以，这就要求必须对广告效果的方方面面做出综合理解和系统测定。比如，对广告的经济效果、传播效果、心理效果、社会效果等既要分别考量，更要综合评测，从而帮助策划人员选择最佳方案予以执行，在执行过程中进行有效调整和强化，在阶段性完成后做出全面系统的总结。另外，企业经营者和广告人都应该清楚地认识到“一条广告救活一个企业”的神话在当前已经不可能再重演了，即便“只要投入足够资金做广告企业就有钱赚”的好日子也早已一去不返。目前，只有经由整合营销传播的创意和执行，企业才有可能赢得市场。而广告作为一种传播手段，其能量实在十分有限，需要展会、现场促销、公关等其他传播方式以及买赠、降价、售后服务等多种经营手段的相互配合，才能充分显现其价值。所以，不管是广告策划还是效果测定，都应该将广告与公关活动等其他营销手段联系起来综合运用并且做出全面评价。

（五）效果竞争性

广告是市场竞争的产物，也是市场竞争最重要的手段，因为，企业能够通过广告使自己的产品深入人心、树立良好形象，进而使产品销量、利润增长，扩大市场份额，提升企业竞争地位。因此，广告是企业壮大自身、打压对手最直接的竞争手段，特别是西方流行的对比广告(最为人所熟知的是百事可乐与可口可乐、麦当劳和肯德基的对比广告)，更是充分证明了广告强烈的竞争性特点。与此同时，市场竞争也必然会引发广告激战，导致企业广告预算大幅超支而广告效果却相互抵消，再加上成功的广告会迅速引来模仿甚至是抄袭，使得同类产品广告诉求千篇一律，竞品特点难以凸显，消费者认知遭到极大混淆(最典型的是脑白金借助“送礼”的广告定位和上亿元的广告投放砸出十几亿的销量后，众多企业开始在广告中疯打“送礼”牌。此外，海飞丝去屑、高露洁固齿等许多成功的广告定位也都迅速遭到克隆)。由此，广告效果的竞争性又表现为有可能引发市场和广告业的混战。基于这一特征，广告策划就必须强化竞争意识，根据产品和企业特点制定有效的广告定位，形成鲜明的广告诉求。同样，在进行效果测定时，广告是否有利于形成有效的产品区隔、强化企业独具的竞争优势，自然也就成为效果测定的一项重要内容。

综上可见，了解广告效果的这些特性，将有利于更加准确地制定广告战略和策略，以达成良好的广告效果；同时，也能使广告效果测定更加系统全面、科学合理，从而保障广告活动持续有效地开展。

四、广告效果测定的意义

前面讲过，广告效果实际上很难做出精确测定，那么为什么还要进行广告效果测定呢？简单说来，原因有以下三个。

(一）有利于加强广告目标管理

企业投放广告的信心和动力来自具有吸引力的广告目标，要实现既定的广告目标，需要借助广告效果测定来进行科学有效的管理。首先，企业经营者和广告人经过事前测定，可以了解广告目标的必要性、可能性和可行性；广告计划执行中，通过与分解目标比照，对广告活动每个环节、阶段所产生的效果进行跟进测定，从而衡量其实现程度，全面而准确地掌握广告活动现状，及时发现问题、总结经验，控制和调整广告活动发展方向，确保广告活动按照预期目标规划运行；广告活动阶段性完成后，通过对广告效果全面及时的测定，可以检视为广告活动所制定的全部目标是否完成以及完成得如何。尽管这些测定不可能完全精确地反映出广告的贡献，但却可以知道广告活动是否是按照既定计划进行了，这样就有利于对广告进行科学化的管理。

(二）有利于广告策略创新

广告效果测定，是对广告活动的全面总结和系统评价，通过检验广告策划与企业长期发展战略、短期营销目标以及营销组合是否配合，广告目标制定、广告创意与表现、广告媒体选用是否得当等广告各要素的效果，可以知道在某种前提下哪个环节的强化、哪种技术的运用、哪些传播内容与艺术表现形式的结合，可能会对最终的结果产生影响、做出贡献，从而为未来的广告活动提供参考。其实，对未来运作的指南作用和参考价值是广告效果测定最重要的意义显现。

(三）有利于增强企业广告意识

广告效果测定能通过科学方式掌握广告成本，寻找出广告活动投资与回报的相关性以及广告运作的规律性，为广告主提供证据以证明广告的价值和意义；通过一系列具体数据资料，使企业经营者切实感受到广告所带来的收益，从而增强企业广告投放的信心。另外，广告公司规范化的广告运作还能够帮助企业自身的广告活动也日趋规范化、严密化、精细化和科学化，推动企业与广告业的共同发展和整体进步。

第二节　广告效果的类型测定

广告效果测定包括经济效果、传播效果、心理效果和社会效果四项指标测定，其中，经济效果是根本，心理效果是基础，传播效果是保障，同时还要兼顾社会效果。

一、广告经济效果测定

广告最基本的功能之一便是扩大销量、增加企业利润，与之对应，实现广告这一基本功能的是广告的经济效果(或称销售效果)，虽然其实现要以广告的传播效果为根基，但它才是广告活动最直接的目的，也是广告效果最终的体现。企业投放广告就是为了获得直接的经济回报。因此，广告发布前后企业商品销量和利润的增加幅度，成为企业最为关注的衡量广告效果的重要指标。

事实上，4P(或4C)理论早已向世人揭示，导致企业营销成败的因素有很多，产品、价格、渠道、促销任何一个环节的疏忽都有可能导致满盘皆输。广告仅仅是促销的一种常规手段，其效果显现需要整合各方资源，只有在产品策略、价格策略、流通策略以及各项展会、公关活动、事件营销等有效支持、联动运转的前提下，方能实现广告预期效果。因此，简单用销售效果来衡量广告效果，显然有失客观、准确。但通过销售和利润的指标变化来测定广告效果却又最为简易和直观，因此，这仍是目前最常用的测定方式。

既然一则广告成功与否，在很大程度上就是看它的经济效果，那么这方面的衡量指标都有哪些呢？首先，广告是否培养了新的公众需求市场，在多大程度上发挥了市场扩容功能；其次，广告是否激发了公众的需求欲望，有效引导了公众购买行为的产生；再次，广告是否增强了商品的营销力，扩大了企业的销售量，从而提高了企业的市场占有率；最后，广告是否突出了本企业商品在公众心目中的地位，提高了指名购买率等，都是衡量广告经济效果的重要参照。

具体说来，广告经济效果的测定方法和指标如下。

(一) 店头调查法

1. 店头调查法的含义

店头调查法是指以零售商店为对象，对特定期间的广告商品的销售量、商品陈列状况、价格、POP广告(销售点广告)以及推销的实际情况进行调查。

2. 店头调查法的做法

店头调查法主要依靠实地观察，因此对调查人员的专业性要求较高，具体操作方式也比较灵活。比如，利用推销员或导购员在商店里或走街串巷开展商品宣传活动，散发商品说明书，免费赠送小包装样品等，这些方式往往会直接导致商品销售量的变化，而商品销量的变化程度，也就反映出广告的质量高低；还有，在店内将同类商品的包装和商标除掉，在每一种商品中放置一则广告和宣传卡片，观察每种商品的销售情况，哪种商品销量明显增加，则说明这则广告有较好的传播效果和经济效果；另外，把录制好的广告片通过电视在典型的购物环境中播放，观察其所产生的销量变化，也能衡量广告的传播效果和经济效果。

这种测定方式简单易行且成本较低，而且还可能会有意外收获。例如，通过观察进而分析消费者购买行为，或者通过随机访谈掌握更多有效消息，从而深入了解和把握消费者相关情况和消费心理等。但是，这种测定方式的缺陷在于，难以大范围、成规模地开展，不能为系统的定性研究提供数据资料支持。因此，在实行店头调查法的同时，往往伴随进行“销售地域测定法”，从而更准确地把握广告效果。

（二）销售地域测定法

1. 销售地域测定法的含义

销售地域测定法是指选择两个类似条件的地区来测定广告效果。一个地区进行有关的广告活动，称为“测验区”；另一个则不进行广告活动，称为“比较区”。测验结束后，将两个地区的销售变化情况进行比较，从中检验出广告的销售效果。

2. 销售地域测定法的做法

12 首先选择情况大体相同的两个地区(规模、人口因素、商品分配情况、竞争关系、广告媒体等不能有太大差异)，作为销售测验区和比较区，在新的广告活动发动的一个月或一个半月前，在测验区进行广告推广，而在比较区则对经济波动、重大事件影响等因素实施有效控制，以保持与测验区大体相同的环境条件，且不发布新的广告。最后将测验区与比较区两者在广告活动前后的销售量加以统计比较，便可测定新的广告运动或新的广告的相对效果。

这种测定方式还可以用来比较不同的广告所引起的消费者心理、行为的变化情况。比如，在情况大体相同的三个地区投放A、B、C三种类型的广告，通过对三个地区广告效果的测定，可以了解不同类型的广告或广告活动的效果差异。此外，这种方法也可应用于对选样家庭的比较分析。

（三）比率计算法

广告主之所以做广告主要是希望通过广告使商品销售额和利润额获得增长，因此，运用有关统计原理和运算方法，推算出广告费投入与商品销售额变化以及利润额增长三者之间的比率关系，以便更为直观、有效地考察广告费投入与所产生的经济效果的关联度。这种方法是目前我国最为通用的测定方式。其余用心指标主要有以下几种。

1. 广告费用指标

该指标表明广告费与销售额或利润额之间的对比关系，主要包括销售费用率、利润费用率以及单位费用销售率、单位费用利润率。

1) 广告销售(利润)费用比率

广告销售(利润)费用比率测定主要是用来测定计划期内广告费用对产品销售(利润)额的影响。因为在广告经济效果的各项指标中，销售(利润)额效果最为直观，因此广告费用与广告后销售(利润)总额变化之间的比率，也就理所当然成为最基本的测定指标。

$$广告销售(利润)费用比率=\frac{广告费用}{广告后销售(利润)总额}\times 100\%$$

广告销售费用比率、利润费用比率主要反映获得单位销售额或单位利润额所要支出的广告费用。销售费用率或利润费用率越低，说明广告销售效果越好；反之，则广告销售效果越差。

2) 广告销售(利润)效果比率

广告销售(利润)效果比率测定又称为“单位费用销售(利润)率”测定，主要是用来测定计划期内广告费用增减对广告商品销售(利润)额的影响，也就是推算商品销售额(利润额)增长与广告费增长之间比率关系的测定指标。

$$广告销售(利润)效果比率=\frac{销售(利润)额增加率}{广告费增加率}\times 100\%$$

单位费用销售率、单位费用利润率分别是销售费用率、利润费用率的倒数，表明每支付单位价值的广告费用所能获得的销售额或利润额的数量。单位费用销售率或单位费用利润率越高，说明广告销售效果就越好；反之，则越差。

2．广告效益指标

广告效益指标是指广告计划期内每1元广告费用所产生的效益有多少，即广告费用与广告后销售增加额或利润增加额的对比关系，包括广告销售效益(单位费用销售增加额)和广告利润效益(单位费用利润增加额)。其计算公式为

$$R=(S_2-S_1)/P$$

式中：R——每1元广告效益；

S_2——本期广告后的平均销售(利润)额；

S_1——本期广告前的平均销售(利润)额；

P——广告费用。

该指标表明本期每支付单位价值的广告费用能够使销售额或利润额增加的数量。每1元广告效益指标越大，说明广告效果越好；反之，则效果越差。

不难发现，上述三个公式都是通过广告费与销售(利润)额的比率关系来反映广告效果的，简单明了、易于掌握。但是，需要指出的是，在实际营销活动中，销售(利润)额的变化往往受制于多种因素的综合影响，广告效果只是其中一种。所以，想要更为客观、准确地测定广告销售效果，还要尽量排除其他影响因素。为此，广告效果指数测定法便应运而生了。

3．广告效果指数

要排除广告以外的影响因素，单纯测定广告销售效果，较为严谨的方法是采用广告效果指数(Advertising Effectiveness Index，AEI)测定法，即把同性质的被检测者分为两组，其中一组看过广告，另一组未看广告，然后比较两组的购买效果，最后将检测的数字结果利用频数分配技术进行计算，从而得出广告效果指数，并由此反映出真正因为广告宣传而产生的购买人数与调查对象总人数之间的比值。

调查结果可用表12-2显示。

12

表12-2　广告效果指数调查对象统计表

		广告认知		合计人数
		看过广告的人数	没看过广告的人数	
广告商品购买情况	购买	a	b	$a+c$
	未购买	c	d	$b+d$
合计人数		$a+c$	$b+d$	N

根据表12-2的统计数据，广告效果指数的计算公式如下：

$$\text{AEI}=\frac{1}{N}\left\{a-(a+c)\times\frac{b}{b+d}\right\}\times 100\%$$

式中：AEI——广告效果指数；

a——看过广告并购买了商品的人数；

b——没看广告但购买了商品的人数；

c——看过广告但未购买商品的人数；

d——没看广告也未购买商品的人数；

N——样本总人数。

12

广告效果指数实际上反映的是因为广告而产生购买行为的人数占总人数的百分比，也就是通过广告而增加的购买百分数。因此，广告效果指数越大，表明该种或该期的广告效果越好；反之，则越差。应该说明的是，这一指标只适用于同一地区、同一媒体的不同广告或不同期的广告效果的比较，其他情况不能简单搬用。

另外，借助上面的调查统计数据，还有一些基本的广告效果指数也可以计算，其计算公式见表12-3。

表12-3　广告效果指数计算公式表

指数名称	指数含义	计算公式
UP（Usage Pull）	广告吸引力指数	$\text{UP}=\frac{a}{a+c}-\frac{b}{b+d}$
PFA（Plus for Ad）	广告附加效果	$\text{PFA}=\frac{d-b}{b+d}$
NAPP（Net Ad Produced Purchases）	广告净销售效果	$\text{NAPP}=\frac{a-(a+c)\frac{b}{b+d}}{a+b}$

4．广告相关系数指标

使用广告效果指数调查统计数据还可以测定广告相关系数指标。所谓广告相关系数，是指两个或者两个以上的经济变量之间相互关系的程度。两个经济变量之间的相互关系有正相关、负相关和不相关。正相关是指两个经济变量同时按相同方向变动，即它们同时增加或者同时减少；负相关是指两个经济变量同时按相反方向变动，即其中一个变量增加，另一个变量减少，反之亦然；不相关(也称0相关)是指两个经济变量彼此没有联系，一个变量变动对另一个变量不产生任何影响。

$$广告相关系数=\frac{ad-bc}{(a+b)(c+d)(a+c)(b+d)}\times 100\%$$

广告效果相关系数值在+1与–1之间。此系数若为正值，则为正相关，表示广告成功；此系数若为负值，则为负相关，表示广告失败；此系数若为0，则为不相关，表示广告效果等于0。在正相关情况下，若相关系数为0～0.2，称为低效果；在0.2～0.4之间，称为中等效果；在0.4～0.7之间，称为较高效果；若在0.7～1之间，则为高效果，如图12-1所示。

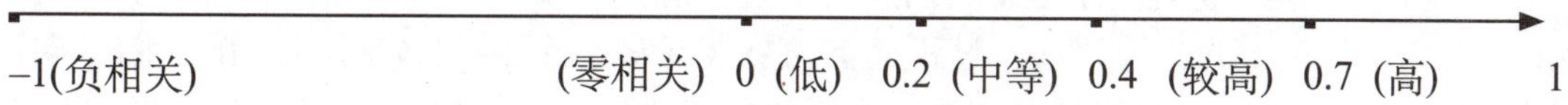

–1(负相关)　(零相关) 0 (低) 0.2 (中等) 0.4 (较高) 0.7 (高) 1

图12-1　广告相关系数

除上述常用指标外，还有一些测定方式也可帮助广告主确认广告的经济效果。

比如，市场占有率(竞争力)指标就是其中一个较为常用的测定指标。市场占有率是指在一定时期内企业某种产品销售量所占市场同类产品销售总量的比率。企业市场占有率提高，意味着产品销售量增加和企业竞争能力增强，因此可以用市场占有率的提高率来评价广告的经济效果。该指标一般通过广告前市场占有率和广告后市场占有率的变化，来反映单位广告费用增加的销售额与行业同类产品销售总额的比率关系，其计算公式为

$$市场占有率指标=\frac{本期广告后销售额增加量/本期投入的广告费用}{本期行业同类产品销售总量}\times 100\%$$

$$=\frac{广告效益指标}{本期行业同类产品销售总量}\times 100\%$$

市场占有率指标是一个相对评价指标，它表示广告投放带动的市场占有率的提高比率，其指数越大，说明广告市场拓展能力越强；反之，则越弱。

此外，还有诸如广告长期经济效果测定，品牌(企业)知名度、美誉度提高率测定等，也逐渐为人们所接受和使用，从而更加全面、深入地了解广告可能产生的经济效果。

二、广告传播效果测定

所谓广告传播效果测定，是指对广告自身到达目标消费者后所引起的变化和产生的影响以及这些变化、影响的程度(大小、强弱、快慢等)进行考察评估。

广告传播效果测定能够科学、直接、客观地反映广告作品和广告媒体的传播效力，因而是测定广告目标实现程度的重要指标之一。

广告传播效果测定主要包括广告表现效果测定和媒体接触效果测定两个方面。

（一）广告表现效果测定

一则广告作品是否能够被消费者关注，进而激发起消费欲望，并最终引导消费者心理和行为朝着既定的广告目标转变，首先取决于广告作品本身所能够产生的传播效果，即广告的“表现效果”或“认知效果”。广告作品由众多元素共同构成，因此对广告主题、广告创意、广告文案以及广告表现手法等要素的测定，成为广告表现效果测定的重点。而根据测定结果所显示的消费者意见，不仅可以帮助创意制作人员选择、修改、完善广告作品，同时，还能激活创意思路，形成更好、更有效的创意构想和表现手段。

1．测定内容

一则广告作品要想取得良好的传播效果，关键在于解决好向消费者“说什么”和“怎么说”的问题。

1) 广告主题(“说什么”)

广告创意策划的过程往往也就是创意人员苦苦思索、反复寻找究竟应该在广告活动中向消费者“说什么”的过程。这一过程，首先要求创意人员必须明确目标人群是谁(“向谁说”)，然后寻找到产品(劳务)能为目标人群提供的最为重要，同时也是足以激发他们兴趣和欲望的利益(功能性或情感性的)满足点；接下来，还需要用最简练、明白的一句话把产品(劳务)能为消费者所提供的利益清楚地表述出来；最后，这一关键的诉求点还必须贯穿始终，从而使之深深植入目标人群记忆里，并尽力在其心目中占据独一无二的位置。正是出于这般近乎“苛刻”的要求，所以在测定广告主题时，应当全面衡量广告主题是否鲜明、突出、诉求有力、针对性强，进而不断追问这一诉求点是否与目标消费者的关注点一致、能否引起注意、会不会获得认可、多大程度上能与竞品形成有效区隔等。

2) 广告表现(“怎么说”)

广告标题、文案、构图、画面，甚至色彩、音响运用等各种各样的技术手段和表现形式是不是很好地凸显着广告主题，与广告媒体的契合度怎样，对目标人群是否具有强烈的冲击力、感染力，能否在千篇一律的广告表现中脱颖而出，显现出与众不同的艺术品位和美感，从而引起消费者的关注，增加他们的记忆度、好感度等，是广告表现测定时必须衡量的方面。

2．测定方式

对广告作品各项内容进行测定，实际上就是对广告作品创意与制作的各个环节做出细致评判。若要达到预期目的，关键在于测试对象的合理选择。参加测试的人数并不一定很多，但却一定要有典型性和代表性，本次广告活动的目标对象、能够代表消费者意见态度的相关领域的专家学者等，最好都能够参与其中。

广告表现效果测定的方式有很多，经常采用的主要有以下几种。

1) 实验室测定法

在进行实验室测定时，首先要选择与目标相符的测定方法，并且做好以下几项工作：首先，选择、召集具有代表性的被测对象，人员一般不少于30人。其次，选择好广告展示方法，也就是尽量模拟设计一个符合测试要求的广告接触场所。如模拟一个接近于日常居家看电视的环境。最后，测定项目实施与结果汇总，也就是按照广告效果测定要求收集被测对象

的反应和意见。

实验室测定法主要有以下两种类型。

(1) 雪林测试法。这是以开发这种调查法的雪林调查公司命名的(Schwerin Research Corporation)测试方法。这种方法是邀请有代表性的观众持票入场，挑选自己喜欢的商品观看广告，在广告播放后重新挑选商品，对比两次挑选的结果和变化，判断哪一个广告效果较好。还可以对观众进行提问，测试观众对广告作品的记忆程度。

雪林测试法有两种形式。

第一种是节目测验。比如，召集约300名代表到场，在主持人说明测验方法后，请观众对被测节目按个人意见评分，评分标准分为有趣、普通、无趣三种程度。接着请观众具体说明喜欢或者厌恶某一节目或节目的哪一部分以及原因，节目的评判要素主要有五项，即亲切、接近、气氛、强调、方向，通过进一步询问可以征得对节目进行改进的具体意见和建议。最后对测试结果进行统计分析，作为今后改进节目内容或形式的重要参考和依据。

第二种是广告测验。与节目测验大致相类似，同样召集有代表性的视听众到戏院或摄影棚，让他们欣赏包括所要测验的广告在内的各种广告影片。与节目测验不同的是，入场者需要持票进场，根据票号选择自己喜欢的商品广告观看。所供观看的商品广告中，既有被测的广告商品品牌，也有其他一些竞争商品的广告。测试结束后，受测人可以重新选择自己喜欢的商品带走，以此表示酬谢。同时，对比受测前后两次挑选的结果和变化，就能够判断出广告效果的好坏。如果测试后重新选择时，所测商品的被选择度增高了，称之为“变换选择”，这当然应该归功于广告效果；反之，则说明广告尚有需要改进之处。看完广告后，还可以提问，比如，要求参加者尽量说(写)出广告上出现的商品名称，或者他们都记住了广告的哪些细节，这称之为“记忆资料”，由此所获得的资料，就显现了广告的记忆程度。

(2) 仪器测试法。主要在实验室场景内，在目标对象观看广告的过程中，根据不同目的使用不同仪器设备测定广告作品的表现效果。所使用的仪器主要有：程序分析仪器(测定广告表现唤起消费者兴趣的效果)、瞬间显示器(测定广告作品中各构成要素受关注的程度和容易记忆的要素)、反应测定仪(测定一般广告意见)、眼睛照相机(测定对象注意了哪些广告要素)、皮肤反射测定仪(测定广告唤起兴趣的效果)等。

借助仪器设备可以更加精确地测定广告认知效果和心理变化效果。比如，日本电通公司为评判电视广告，加强广告创作管理，研究开发了基本电视广告测验法。这项测验是为调查广告作品将会对受众产生哪些影响、受众对广告作品有哪些反应而设计的。主要包括兴趣反应、信息再现记忆、对传达内容的理解、作品诊断、效果评定、购买欲望和好感度等项目内容。具体做法是：邀请120名男女测验对象，集中在实验室内观看电视广告片。每个测试对象拥有一台测试反应机，与计算机联网。试验者在观看广告片时的心理活动变化过程能随时被记录下来，并经过计算机处理，能够随即了解测验结果。通过这样的试验，广告公司可以把握电视广告片可能产生的认知效果和心理变化效果，也可据此对样片做相应的调整和修改。

2) 意见评定法

意见评定法主要有两种类型。

一种是对广告作品的各个创作阶段进行测评，在不同阶段严格选择合适的测评人员，对广告作品创作进行测评；另一种是对同一商品制作出多种不同的广告原稿，请广告诉求目标

对象对不同表现的广告原稿进行评价鉴定。此时又有两种操作方式：一是让消费者进行比较或评判，看哪一种广告作品的效果最引人注意，给人印象最深；二是采用要点采分法，即预先根据测评目的和要求，列出对广告作品的评价项目(比如，吸引力、对销售重点的认知性、广告内容的易读性、广告的说服力等)，制成表格，请广告诉求目标对象根据项目要求对各个广告原稿分别打分，以此测定广告作品的实际效果，确定优劣。因为这种方法可以将意见评定进行量化处理，所以更加客观和直观。

3) 实地访问调查法

实地访问调查是指由调查员访问样本户，获取对象对所观看广告的反应态度。这种方法的目的是尽量不加上人为操作因素，任其自然反应。

需要指出的是，上述方法也可部分应用于广告消费心理效果的测定。

(二) 媒介接触效果测定

广告作品必须借助特定的传播媒介才能与消费者实现接触和沟通，因此，广告传播效果的最终实现，还有赖于媒介自身的传播效力以及消费者对媒介的有效接触。所以，媒介接触效果成为衡量广告传播效果所必须考核的要素。

1. 测定内容

广告媒介接触效果测定就是调查消费者对各种媒体的接触情形。

广告活动要想取得良好的传播效果，往往不能只依赖于一种媒介，而是需要进行不同类型的媒体组合。因此，媒体选择是否得当、媒体组合是否合理，即选定的媒体及其组合是否针对目标市场进行了有效劝说，是评估媒体策划成功与否的两个重要指标。对广告媒体传播效力的测定标准主要有三个：一是媒体分布或覆盖范围；二是媒体的受众群，包括数量及群体构成；三是广告的受众群，即媒体受众群与广告目标受众群之间的重叠度。对广告媒体的测量主要目的是找出媒体受众群与广告受众群之间的关系，以便制订精确的媒体计划。

对广告媒体组合测评的内容包括：广告媒体选择是否正确，能否形成合力，增加总体效果，是否能被所有的目标消费者接触到；不同媒体的传播优势是否得到互补，重点媒体与辅助媒体的搭配是否合理；媒体覆盖影响力的集中点是否与广告的重点诉求对象相一致；媒体的一些主要指标如阅读率、视听率近期有无变化；媒体组合的整体传播效果如何，是否降低了相对成本；所选择的媒体是否符合目标消费者的使用接触习惯以及产生的影响力有多大；是否考虑了竞争对手的媒体组合情况，本媒体组合是否有竞争力等。

2. 测定方式

不同类型的媒体有各自不同的测评要素，根据媒体的不同特质测定方法主要分为两大类——印刷媒体和电子媒体，下面分别予以介绍。

1) 印刷媒体

印刷媒体主要是指报纸、杂志以及户外招贴广告。对印刷媒体的测定主要包括三个方面。

(1) 发行范围与发行量。发行范围是指该媒体能够覆盖、影响的区域；发行量是指该媒体能够接触、影响的人群数量，两者共同体现了印刷媒体的“到达效果”。

到达效果最直接地反映着媒体传播效力和广告传播效果。广告主、传媒人和广告人都非

常关心受众数量、接触媒体频次、受众群构成等指标，因为，广告创意只有与媒体有机结合才能产生良好的效果，而媒体的最佳运用体现为用最少的投入获得最多的受众，所以，广告效果首先取决于广告是否到达受众以及到达受众的数量。

目前，国际上对报刊发行量的调查普遍使用的是报刊发行量核查制度(Audit Bureaus of Circulations，ABC)，以确保其公正。我国一直没有建立类似ABC这样的组织，大都由报刊社自行宣布发行情况，还有一些报刊社通过公证处证实其发行量的可靠性。但为适应经济发展、与国际接轨的要求，2005年4月25日，一个独立于政府部门、出版商之外，监管核实出版物发行量及相关数据的调查统计和认证机构——国新出版物发行数据调查中心挂牌成立。这标志着具有中国特色的发行稽核制度蹒跚起步。在这方面我国的建设管理亟待规范。

(2) 读者对象。每种报刊都有特定的读者群体，考察读者对象，主要是看广告的目标消费者与媒体读者群体关系的紧密程度，这同样是出于用最少的广告投入赢得最大多数有效受众的目的。

(3) 阅读状况。测量读者群和阅读状况有利于了解广告的认知效果。早在1931年，美国就由盖洛普主持开始了这方面的研究。1932年，美国成立了第一家“广告阅读资料公司”达尼爱尔·斯塔奇公司。至今这项业务已发展到许多国家，比如，日本的各大报社均对各自的报纸广告进行有关阅读率方面的调查；朝日新闻社更是通过电话调查法针对前一天报纸的每一个广告进行电话询问，以测定阅读情况。

阅读状况主要通过三项指标进行测定。

第一，注目率。注目率是指接触过广告的读者人数占读者总数的百分比。这部分读者曾经看见过被测试的广告，但对广告的具体内容并不了解。测定公式为

$$注目率=\frac{接触过广告的读者人数}{阅读过报刊的读者总人数}\times 100\%$$

第二，阅读率。通过向接触过广告的人提问广告的主要内容，如主题、商标、插图等元素，测定能记得这些元素的人数所占的比率即为阅读率。

第三，精读率。阅读程度不同，能够记住的广告信息量也就不同。当被调查者能够记住广告中一半以上的内容时，就可称之为达到精读程度。因此，认真看了广告并能记住广告中一半以上内容的读者人数所占的比率即为精读率。

阅读率和精读率的计算方法与注目率大致相同。由此，又可以进一步求得广告的阅读效率，其计算公式为

$$广告阅读效率=\frac{报刊阅读人数\times 每类读者的百分比}{所付出的广告费用}\times 100\%$$

2)电子媒体

电子媒体主要指广播和电视媒体。对电子媒体接触效果的测定，主要包括视听率和认知率等内容。

(1) 视听率。视听率是拥有电视机、收音机的个人或家庭在某一个时间段或者对某一个节目收视收听所占的比率。电子媒体的到达效果主要体现为视听率。

目前测定电子媒体视听率较为通用的调查方法主要包括以下几种。

第一，日记式调查法。

经过抽样，选择适当数量的调查对象，由他们将每天所收视(听)的节目，填入设计好的调查问卷中。一般以家庭为单位，把所有家庭成员每天收视(听)节目的情况，按照年龄、性别等类别，全部记录下来。调查期间，由调查员逐日到被调查家庭访问，督促如实记录。7天或10天为一个调查周期。调查期满，调查员负责收回问卷(见表12-4)，进行统计分析，算出视听比率。该方式主要采用人工作业，费时耗力，且由于种种原因可能导致无法及时记录；同时，还有强化被测者视听意识的问题，难以保证精确。

表12-4　个人视听率调查问卷表

年　月　日（星期）

时　间	电视台/电台	节目	4～12岁	13～19岁		20～34岁		35岁以上		全体
				男	女	男	女	男	女	
19：00~20：00	A									
	B									
	C									

第二，记忆式调查法。

在节目播出后当天，如果是下午或晚上的节目就在次日上午，调查人员立即进行访问调查，请被调查者回忆所看到的节目。从调查视听率角度而言，调查访问的时间离节目播出时间不能太久，以免有遗忘产生。从调查目标对象对节目或电视台的态度而言，这是个可行的办法。问卷设计可在日记调查法的问卷基础上稍作修改。

第三，电话调查法。

顾名思义，就是通过向被测对象打电话询问的方式，了解视听情况。具体做法是：先从电话簿中随机抽样，找出所要调查的家庭，确定好某一时间段，由调查员通过电话询问被调查对象是否在家看电视，如果在看的话，收看的是哪个台的哪个节目，然后把调查的内容登记在调查记录表中。相比较而言，电话调查比较经济，实施起来也很方便，能较为快捷地获取结果。但抽取调查对象不能保证其代表性，难以得到完整的资料。电话调查单设计要简洁明快，防止调查过程拖沓，含义不清。电话调查也可用于印刷媒体的阅读率调查。

第四，机械调查法。

在调查对象的家中安置自动记录装置，装置用电话线与专业调查机构的计算机相连，按预定设计的时间自动记录电视节目的收视情况，由计算机汇总统计，并向有关客户提供统计数据。这是现在调查电视节目收视率最常用的方法。调查对象按社区家庭的比例抽取，样本数根据需要确定。采用机械装置进行收视率调查的公司较早的有美国尼尔森调查公司和日本电通广告公司。

不难发现，单纯依靠视听率其实尚不足以充分测定媒体接触效果，因为视听受众并不完全等同于广告受众。比如，受众收看(听)了某一节目，但并不一定接触到这一时段的广告。另外，视听率大小并不能显现视听受众与广告目标受众之间的关联度，比如某一节目的视听受众虽多，但其中广告主希望到达的有效广告目标受众的比例却有可能很低。由此看来，视

听率指标对于测定媒体接触效果并不完善，所以，必须引入一个新的指标——认知率。

(2) 认知率。认知率是个人或家庭收看收听在某一时段或某一节目中插播的广告的比率。但是，这一指标虽然对媒体接触效果测定更为精确，然而调查难度较大，要求也更为严格、精细，因此，目前尚处于继续探索阶段。

三、广告心理效果测定

广告信息被目标消费者接触后，大多数并不能够立即直接导致购买行为的产生，但却能够使消费者心理发生某些变化，这些心理变化同样是广告效果的体现。因此，了解这些变化，是测定广告效果的又一重要指标。

（一）广告心理效果测定指标

广告的作用在于引起消费者注意，并引发其心理变化，进而激发购买欲望，直至采取购买行动。但有的时候，一则广告的目的并不一定就是为了直接获得销售效果，而是仅仅希望能够引发消费者的某些心理变化。比如，或者是为了增加消费者对品牌的认知度，或者是为了改变消费者对品牌的原有态度，或者是为了保持消费者对品牌的好感度，或者是为了建立和巩固品牌的忠诚度，从而保证购买行为的持续发生……从有关各种心理变化效果的指标(见表12-5)中可以发现，消费者都要经历一个从未知、知晓、理解、确信最终产生购买行为的心理变化发展过程。也就是说，心理变化是从认识到行动的中间环节，接触广告后，最常产生的效果是引起心理变化，而心理变化的结果，又将导致购买行为的发生。

12

表12-5　心理变化效果指标

美国全国产业协议会	R.J.拉比基	R.H.格利	AIDM公式
	关于商品(未知)		
			A 注意广告
1. 认识商品	1. 知名	1. 知名	I 关心・广告
2. 酿成接受商品的心理	2.理解	2. 理解	D 对商品产生需求
3. 产生选择商品的愿望	3. 确信	3. 确信	M 对商品有所记忆
4. 唤起购买商品的意图	↓	↓	↓
	购买行动	购买行动	购买行动

正是出于上述原因，广告效果测定一向非常重视对处于心理变化不同阶段的消费者数量的统计分析，同样道理，对心理变化的各项要素指标以及这些指标的变化趋势，也就格外予以关注。

大致来说，心理效果测定指标主要包括：知名度(再现知名度／再认知名度)、理解度、好感度、忠诚度、购买欲望强度等。

（二）广告心理效果测定的两种模式

1．达格玛理论

1961年，美国学者罗赛尔・H.格利(Russell H. Golley)在他发表的《根据广告目标测定广告效果》(*Defining Adverting Goals for Measured Advertising Results*)一文中，指出所谓的广告效果，是在信息传播过程中发生的，应以信息传播影响消费者心理变化的传播为视点，来考察分析广告效果的发生过程，这种"为测定广告效果而需明确的广告目标"的目标管理理论，简称为DAGMAR理论。这一理论是结合经营过程中的目标管理和广告心理效果的阶段理论而形成的。该理论把广告目标限定在传播的范围内，设定广告传播目标为认知、理解、确信、行动四个阶段，见表12-6。

表12-6　达格玛理论描述的信息沟通过程

认知（Awareness）	消费者知晓品牌名称
理解Comprehension）	了解获悉该产品的功能、特色，予以理解
确信（Conviction）	建立选择这一品牌的信念
行动（Action）	产生希望得到产品说明书等有关资料、愿意参观本产品的展览会、到商品经销店考察等行动

在如何测定广告效果的问题上，传统观点看重的是结果，把广告效果等同于销售效果，由销售额大小来判断广告效果的高低。达格玛理论则重视广告传播的过程，从信息传播效果中的心理变化过程来测评广告效果，这就将广告效果与营销目标区分开来。也就是说，广告效果不能只看销售额的高低，关键要看广告的诉求内容给传播对象带来了怎样和多大的影响。广告活动是通过认知—理解—确信—行动四个阶段来实现最终的营销目的的。考察广告效果，首先应该确定阶段目标，再以广告能否达到预定的阶段目标来测定广告效果。比如，在认知阶段，广告目标可定为"通过本期广告活动，在3个月内使某品牌的知名度由8%增加到16%"；在理解阶段，广告目标可定为"通过本期广告活动，在两个月内使某品牌的理解度提高到4%"等。需要注意的是，在测定这些传播效果的过程中，要注意排除其他因素如人际介绍、促销活动、公关活动等的影响。

达格玛理论实际上体现了一种管理理念，是一种广告管理技术，而非新的调查技术。在广告效果的四个阶段中，除"行动"一项比较直观外，其余三个阶段都属于消费者的心理意识层面，看不见摸不着，只能采用问卷调查或实验室调查方法来进行测定。

2．ARF理论

在达格玛理论基础之上，广告研究基金会又发展出了ARF(Advertising Research Foundation)理论，提出了"媒体普及—媒体接触—广告接触—广告认知—广告的信息交流—销售效果"的模式。

这两种模式成为测定广告效果的基本模式。

（三）广告心理效果测定方法

在对消费者态度变化也就是心理变化进行测定时，主要采用以下两种调查方法。

1．态度量表法

通过制定心理量表，可以了解消费者对广告的态度；还可以把广告可能产生的效果划分

成若干等级和类别，用分数表示。采用问卷形式让消费者填写，评定处在哪个等级，再经过心理统计分析结果，可得到广告效果的量化指标。

较为常用的是瑟斯顿量表、李克特量表和语义差异量表。

1) 瑟斯顿量表

瑟斯顿量表(见表12-7)是瑟斯顿于1929年制定的一种等距量表，其建立步骤为：首先拟定若干条关于态度对象的调查语句，通常在50条左右，如“××牌汽车外观时尚”“××牌汽车动力强劲”“××牌汽车低油耗”等；然后选取一个足够大的代表性样本(经常多达上百人)作为评定者，请他们按11点量表(即对每一道题目从最反对到最赞同之间划出11个等级，得分分别为1～11分)去客观独立地评价每一题，从而确定每题得分(综合所有评定者此题得分，求得平均值即为此题分值)；再删除评定者认为意义模糊和评定者评分高度分散的题目，最后保留25题左右，构成瑟斯顿量表；最后用编制好的量表广泛实施测试。

此时的计分即直接用评定者所确定的分数，如“××牌汽车外观时尚”一题，如果评定者评定的平均分为8分，这便是此题的得分值。此时这一题目的答案分为“是”或“否”，答“是”得8分，答“否”记0分。最后的得分即把所有赞同语句的得分加以平均，比如，应答者赞同的语句为3句，每句得分分别为8.5、9、8，则得分为每句得分之和再除以3，即为8.5分。说明此被测的态度即在“较好”与“好”这两个等级之间。

表12-7 瑟斯顿的11点量表

最好	很好	好	较好	还可以	一般	不怎么样	不太好	不好	很不好	最差
11	10	9	8	7	6	5	4	3	2	1
…	…	…	…	…	…	…	…	…	…	…

瑟斯顿量表的优点是每题都有明确的态度强度分值，符合统计学原理，易于被试回答，便于统计计分；然而其缺点也十分明显，编制过程复杂，11点量表也较难使评定人区分。因此，现在许多态度量表都已改为5点量表了。

2) 李克特量表

李克特量表(见表12-8)由李克特于1932年提出，因其避免了编制过程的烦琐复杂，现被广泛运用。其具体步骤为先通过广泛调查，拟定一系列题目，再抽取调查对象中的代表性样本试施测，按5点量表评分。之后按照与总得分的相关度来筛选题目，相关评分高的题目保留下来，构成量表。通常正式量表的题目有20个左右。

表12-8 李克特的5点量表

非常赞同	赞同	无所谓	不赞同	非常不赞同
5	4	3	2	1
…	…	…	…	…

3) 语义差异量表

语义差异量表(见表12-9)又叫语义分化量表，在广告活动中此量表更为常用，它是由心理学家奥斯古德等人在1957年发展起来的。这是了解消费者对产品包装、广告宣传的看法和对产品的实际感受等方面的主要方法。语义差异法是依据人的联觉和联想建立起来的。其步骤是用成对的两极性的形容词评价研究对象(如某产品名称)，通常确定3个评价维度，即性质(好坏、重要不重要)、力量(强弱、硬软、浓淡)和活动(快慢)；再选择具体评价的子项目与数量，其比例可视所评价的事物或概念而定，每个维度通常在3个以上。依据被测对象在每题的平均分画出图，从中可找出消费者对此产品的感受和看法。

表12-9　语义差异量表

	7	6	5	4	3	2	1	
低油耗								高油耗
亲近								厌恶
便宜								昂贵
漂亮								丑陋
动力强								动力弱
…								…

语义差异法的优点是适用于有一定文化和经验的人群，实施与计分均便捷，可在较短的时间内对众多被试者施测，省时、省力、省钱，结果也可做统计处理，进行深入的数据分析，较客观地反映被试者的主观态度；其局限在于设计时要求设计者要全面考虑，否则容易造成一定偏差，另外，此量表要求每一道题目的两端形容词在意义上相互对立，因而在选词时会有一定难度。

2．投射法

态度量表法针对某一事物，用5个或7个量度测量人们的态度，然而，常常会遇到这样的难题——消费者态度并不明朗，或者没有条理，其感受和看法在很短的时间内难以用准确的语言表达出来。针对这种情况，在广告心理效果测定中，就可以使用“投射法”，即在被试者不经意的情况下，用间接的方法了解其态度。

投射法是心理学中一种内心研究方法，用来探讨消费者潜在的动机和情感。其心理学基础是，人们接受一个可以用多种方式加以解释的模糊刺激，在其反应时通常会本能地产生出把自己隐藏起来的需要、期望以及担忧情绪等，而这些情绪将投射到对这些客观刺激的解释上。投射法就是要求调查者通过对被测的这些反应的间接推测，洞察其内心的深层想法。

具体方法主要有以下几个。

1) 语言联想法

语言联想法(Word Association Test，WAT)是指根据调查需要，向调查对象提示几个词语(或词组)，请被测者按顺序回答他们所能联想到的情形。例如，调查者提示“可口可乐”(名称)____、____、___；“一切皆有可能”(广告语)____、____、____。在广告活动中，产品种类、品牌以及广告所用演员等往往会引发丰富的联想，调查者通过分析人们经词组刺激所产生的联想，可推测其态度。所以，这种方法多用于商品、企业名称、广告语等的态度调查。这种方法可以不限制消费者，让其自由联想；也可给出一定的范围，在这个范围内进行选择。

2) 语句完成法

语句完成法(Sentence Completion Test，SCT)是指根据调查主题设计一段未完成的文章或若干不完整的语句，请被调查者把答案填充完成。比如：

“感冒时，_____是必需的”；

“我通常在_____喝酒”，“常喝的酒是_____牌的”，“在一起喝酒的其他朋友认为喝酒可以使人_____”；

“很多人认为_____电视节目是_____的节目”；

……

从这些填空补充当中可以了解到消费者的动机和态度。在具体操作中，句子主语可以是第一人称，也可以是第二或第三人称，根据投射原理，调查对象往往用第三人称表达自己的态度，因此，应该尽量避免使用第一、二人称，以免被调查者担忧和产生自我防卫，从而导致回答失实。

3) 绘画测定法

绘画测定法(Picture Frustration Method，PFM)是指根据调查需要预先画好某种情景中的若干人物，让其中一个人物的会话部分空着，让调查对象来填充；或者依据此画编一个故事，以此推知其动机。用这种方法，往往能反映出一些仅用语言难以表达的内容。

4) 主题统觉测定法

主题统觉测定法(Thematic Apperception Test，TAT)是指向被调查者展示一幅消费者正在进行某种消费活动的图片，请他们将画中的情境以及购买人的想法说出来。被测的故事叙述至少应该包含三个基本维度：图片描述了一个怎样的情境；图片中的情境是怎样发生的；结局会怎样。由于画面上没有任何提示信息，因此，被测说出的情形实际上就是自己本人的想法。日本舆论科学协会曾用这个方法做过钢笔、钟表、照相机等购买动机的调查，收到了很好的效果。

四、广告社会效果测定

作为一种特殊的传播行为，广告在具有不同意识形态、文化背景、法律规范的社会中，其效果不尽相同；同时，广告对特定社会经济的协调发展、社会道德、价值观念以及生活方式的养成也具有重要的影响力。正是由于这种双向动力的存在，所以，测定广告效果除了要衡量其经济效果、传播效果和心理效果外，还需要考察广告的社会效果。

（一）广告社会效果测定的主要内容

1. 真实可信标准

不管在怎样的社会环境中，广告向受众传递的有关企业和产品(劳务)的信息、企业经营状况、产品(劳务)功效性能等，都要符合实际、真实可信，不得虚假夸大甚至是有意误导，这是测定广告社会效果的首要方面。虚假广告不仅对消费者权益构成侵害，更会对社会伦理道德和文化建设形成非常恶劣的影响；即便对广告主而言，虚假广告也许能够使其谋得短期收益，但对企业长远发展无异于自掘坟墓。因此，真实可信的广告，既是经济发展、社会进步的体现和保障，也是良好的社会风尚和高尚的道德情操形成的土壤和滋养。所以，检测广

告的真实可信性，是考察广告社会效果最为重要的依据。

2．法律法规标准

广告活动必须符合国家、地方政府以及行业自律性的各项法规政策的规定和要求，依法依规来加强对广告活动的管理，确保广告活动在正常有序的轨道上运行，这也是世界各国通行的做法。法规管理、制约具有权威性、规范性、概括性和强制性特点，一般来说，各个国家都有适用于本国的广告法规，广告活动若想正常进行就必须了解并遵从相应的法规政策。

3．伦理道德标准

在特定社会环境中，人类生活总会受到相应的伦理道德的规范和约束，广告传递的信息内容以及所采用的表现形式，当然也要符合伦理道德标准。一则广告即使真实可信、合法依规，但若不符合伦理道德规范要求，同样会给企业、消费者乃至整个社会带来巨大的负面影响。比如，在广告中鼓吹追求物质享乐、误导儿童攀比摆阔等，就极易引发消费者的反感与排斥，同时，也极有可能给社会精神文明建设与发展造成不良影响。

4．文化艺术标准

广告作品凝聚着人类文化和民族艺术的经验与智慧，不同国家、地区、民族拥有不同的文化形态、风俗习惯、风土人情、价值观念，因而对广告的文化内涵与艺术价值的理解也有着不同的判断标准。广告活动一方面要遵从人类共同的一些艺术标准，同时，还要充分尊重地区、民族特殊的文化艺术；否则，就有可能使自身陷入困境(见图12-1)。在任何国家，广告都应该有意识地继承和弘扬民族文化、体现民族特色、尊重民族习惯，同时科学、合理地吸收、借鉴其他国家和民族先进的创作方法和表现形式，从而对社会文化建设与发展产生积极的促进作用，推动艺术的不断创新。

立邦漆“龙篇”

丰田霸道汽车“致敬篇”

图12-1　广告作品

(二) 广告社会效果测定方法

广告社会效果测定主要有以下两种方式。

1．广告短期社会效果测定

可采用事前/事后测量法，即通过接触广告前后消费者在认知、记忆、理解以及态度反应

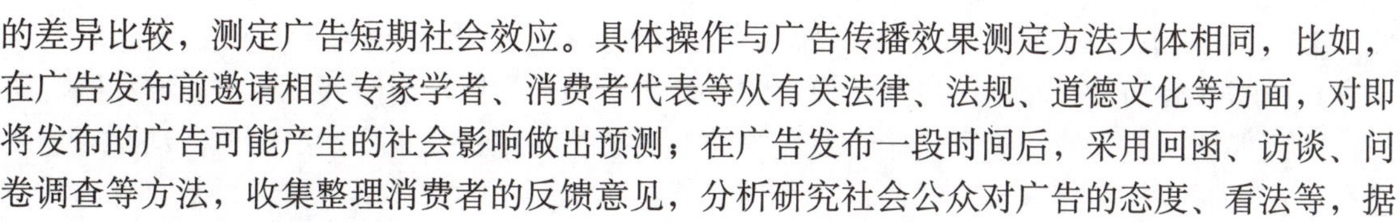
的差异比较，测定广告短期社会效应。具体操作与广告传播效果测定方法大体相同，比如，在广告发布前邀请相关专家学者、消费者代表等从有关法律、法规、道德文化等方面，对即将发布的广告可能产生的社会影响做出预测；在广告发布一段时间后，采用回函、访谈、问卷调查等方法，收集整理消费者的反馈意见，分析研究社会公众对广告的态度、看法等，据此了解广告社会影响程度。

2．广告长期社会效果测定

长期社会效果测定包含对短期效果的研究，但远不止于此，还需要运用更为宏观、综合、长期的跟踪调查方法来深入进行，同时要考虑到广告复杂多变的社会环境中所产生的社会效果。因此，这方面的研究更多属于人文科学的范畴，无法充分实现量化。

(三）广告社会效果测定的注意事项

广告对伦理道德、文化教育等社会环境的影响具有复合性、累积性特征。有的广告可能立即产生较为轰动的社会效应，但更多的则是以潜移默化的方式逐渐向社会渗透，并缓慢释放其对各种道德或行为规范的影响。因此，在测定广告社会效果时，一般要注意以下三个方面的问题。

1．树立正确的道德规范

广告信息的劝诱性非常容易激发消费者的注意、学习，甚至是模仿，因此，测定广告社会效果一定要看它是否与社会伦理、道德、文化观念等社会价值体系规范相悖，如果广告可能诱发违反社会道德规范的不良效果，应立即禁止。

2．培养正确的消费观念

广告活动的经济属性决定了其最终目的就是激发购买行为，但在实现这一目的的过程中，如果歪曲、误导了消费观念或者鼓吹、传播不健康的消费理念，则对消费者、社会、国家都将造成巨大损害，因此，不利于培养正确消费观念的广告也应禁止。

3．有利于形成良性竞争机制

广告竞争有时极为惨烈(同类产品的价格混战往往连锁引发广告大战)，但不管如何竞争，广告都要有利于维护市场的良性竞争，那些依靠发布虚假广告打压竞争对手或不顾行业规范恶性竞争的广告行为，都将产生恶劣影响，同样应立即禁止。

第三节　广告效果的过程测定

从广告活动过程的角度来进行广告效果测定，会在不同广告作业程序阶段有不同的广告效果测定方法。根据广告作业程序所做的广告效果测定一般包括：事前测定(创意形成阶段的测定)、事中测定(广告定稿阶段的测定)和事后测定(广告投放后的效果测定)。

还必须强调的是，前面讲过，广告整体目标的实现需要经历一个过程。在一次广告活动中，广告活动本身可以分解成不同阶段，每一阶段都能够制定相应的阶段性广告目标。因

此，在广活动的不同阶段，针对一系列循序渐进的阶段性目标，也应当开展不同阶段的事前、事中和事后的效果测定。也就是说，随着广告活动的开展，同时开展即时研究和跟踪研究，从而保证对广告活动进程实施有效监管和及时调整。更进一步，本次广告活动结束后所进行的事后测定，势必成为下一次广告活动开展前事前测定的重要参考依据，就是在这样的不断循环、反复总结中，一次次短期广告效果最终累积出长期的广告效果。

一、广告效果的事前测定

在广告活动前期，进行广告策划时必须开展广告效果测定，目的在于：首先，了解消费者对产品(品牌或企业)的知晓、理解、接受程度，从而制定有针对性的广告目标；其次，了解目标消费者对广告(或广告活动)的看法、态度和反应，从而形成有效的广告创意，或对多种不同的广告方案进行评估，从中选择最佳方案。

在这一阶段，目标群体、市场趋势、市场环境、竞争状况、媒体选择、产品(广告)定位、广告主题、文案、标题、图案等都可以作为评估内容。不过因为此时仅是创意形成阶段，所以，评估内容既可以非常具体，比如，广告色彩搭配、字体样式、包装设计等，也可以相对抽象，又如，广告概念、表现手段、媒体策略等。

事前测定经常采用的测试方法主要有以下几种。

1．小组讨论测试法

从目标人群中邀请8～12人做特定主题的讨论。为全面反映讨论情况，可用现场录音的方法，通过对录音整理，得到受测者对广告的看法，分析广告表达的意图是否与受测者的理解相一致。

2．问卷测试法

根据所要了解的问题，设计出各种问卷，由受测者根据自己所看到或听到的广告进行答卷。问卷内容、题型可视具体需要而定，如选择、填空、判断、问答等各种形式均可。通过整理受测者的答案，从中发现问题，确定最佳的广告方案。

3．比较测试法

把要测定的广告混放在两个或两个以上的广告中，让受测者将所有广告排列出顺序，或让受测者指出自己最喜欢的广告，或让受测者先看完几个广告，再让其说明记住了哪些广告内容等。通过多个作品的互相比较，从中选出效果最佳的广告作品。

4．补充测试法

有目的地给受测者一个不完整的广告，或少图，或少文字，让受测者在几个可供选择的文字或图案中，按自己的意愿从中进行挑选，填充到广告中，选择机会最多的部分理应是比较优秀的。注意：在测试中应该弄清楚受测者选择的原因。

5．邮递测试法

将几种广告文案分别印制于明信片或信函中寄出，比较各种文案反馈的数量和评价。这种方式适用于有特定消费对象的信函广告，其不足之处是延续时间较长。

二、广告效果的事中测定

（一）广告定稿阶段的事中测定

在广告定稿阶段往往要开展事中测定，原因有两个。

首先，有助于提高广告作品的质量。在浩瀚的信息海洋中，只有那些有创意且制作精良的广告作品才能够脱颖而出，吸引受众日渐挑剔的目光和耳朵，给忙忙碌碌的受众留下一点点印象，才能最终促成购买行为的发生。因此，“说什么”和“怎么说”是广告能否吸引受众注意力、增加记忆度、激发购买动机的决定性因素。在定稿阶段，通过测试研究消费者对广告作品的记忆点以及理解程度，可以发现广告传播效果是否与广告预期效果相贴近，从而不断修改、完善、提高广告作品的质量，最大限度地提升广告传播效果。

其次，有助于选择传播媒介并对其进行有效组合。在信息传播产业异常发达的当今社会，不同受众群体接触媒介的情况是有很大差异的，因此通过研究目标消费群体媒介接触偏好和习惯，有针对性地选择有效媒介进行广告投放，解决好“何时何地向谁说”的问题，就能大大提高广告的有效性。在定稿阶段，通过测试研究，可以进一步明确采用怎样的媒介以及运用何种传播方式(包括广告发布量、空间或时间安排、广告发布时机以及不同类别的媒介组合等测试)，才能真正有效地创造良好的广告效果，进而创造最大的广告效益。

此时广告效果测定经常采用仪器测试法、评分法等(详见本章第二节广告心理效果测定部分)。

（二）广告活动开展后的事中测定

在广告已经开始刊播后也应该即时进行事中测定。

事中测定可以直接了解媒体受众在日常生活中对广告的反应，得出的结论也更加准确可靠。这时测试的内容主要包括广告知名度、回忆度、理解度、接受度、美誉度，品牌知名度、美誉度、忠诚度的改变状况，产品销售(利润)额和市场占有率的变化情况以及广告目标人群的心理、行为特征等，并由此对广告执行效果进行调控。此时经常采用的测定方法主要有店头调查法、销售地域测定法、比率计算法(详见本章第二节广告经济效果测定部分)等。

三、广告效果的事后测定

对于已经完成的广告活动，广告效果事后测定虽然不能再做任何直接修改或补充，但却可以全面、准确地对已实施的广告活动效果进行全面、综合的评估。因此，事后测定的结论一方面可以用来衡量本次广告活动取得的成绩；另一方面也可以帮助总结教训、积累经验，从而指导下一阶段的广告策划与执行。广告效果事后测定根据测定对象和时间间隔的不同，又有两种类型：一种是在一则广告刊播结束后立刻对该广告作品的效果进行测定；另一种是在广告活动全面结束后过一段时间，再对其效果进行测定。

广告效果事后测定的内容包括前面介绍过的广告经济效果、传播效果、心理效果和社会效果，测试方法也不再赘述。

最后，还需要特别强调的是，不管是事前、事中还是事后测定，每一次广告效果测定都是一个科学化的有序过程，一般来说，一项具体的广告效果测定应遵循以下程序。

(1) 前期准备阶段。这一阶段的主要任务是确定效果测定目标，也就是选定具体需要测定的问题，同时，拟订测定计划和执行方案。

测定人员通过调查分析，把广告活动中最关键和最迫切需要了解的问题作为测定重点提出来。需要注意的是，一次测定的目标问题切忌太多。不可否认，有时一次测定可能实现众多目标，但这种情况大多是因为碰巧，更为可能的是盲目追求众多目标，结果导致任何一个目标都没有很好地达成。另外，切忌目标问题模糊不清。确定的目标应该是可以量化表述的(比如，具体到数字或者日期等)，像测定“企业美誉度提升情况”这样的问题表述就是不够确切的。要使这样的问题变得清晰可辨，尚需回答一系列相关联的问题：企业想要影响或改变哪些人的看法和观点？目标人群现在对企业的看法和观点是怎么样的？企业希望目标人群今后对自己持怎样的看法和观点？广告发布后，目标人群的看法和观点有怎样的改变？这种改变和企业的期望是否一致？这种改变是广告发布多久后发生的？其改变程度如何？……如果没有对上面这些基本问题的解决，所谓的目标测定也就很难具有较大的意义。

提出问题之后，就需要拟订测定计划和执行方案。测定计划和执行方案实际上就是对某种类型测定本身的设计，它包括目的要求、样本对象及抽样方式、制定表格、资料收集整理等。

(2) 测定实施阶段。准备阶段结束后，即进入下一阶段：测定计划实施阶段。这一阶段的主要任务包括组建测定研究组、培训测定人员、选择测定对象、收集相关资料等。

在确定广告效果测定课题并签订测定合同之后，测定研究部门应根据委托方所提要求和测定调查研究人员的构成情况，综合考虑，组建测定研究小组，进而选择好测定对象，实施效果测定。需要注意的是：测定对象不需要选择太多，但一定要有典型性、代表性。比如，能够代表消费者意见态度的消费专家；本次广告活动的目标沟通对象，当然，如果需要还可以对目标沟通对象进行年龄、性别、阶层等进一步的细分选择，从而保证测定结果的客观性和可信度。

(3) 测定结果统计分析阶段。测定方案实施完毕，就进入到最后整理和分析资料、撰写测定报告的阶段。整理和分析资料就是对通过测试和其他方法收集的大量信息资料进行分类整理、综合分析和专题分析；在资料整理和分析的基础上，撰写出此次测定报告。

本章小结

广告效果有狭义和广义之分。狭义的广告效果是指广告所取得的经济效果，即广告传播促进产品销售的增加程度，也就是广告带来的销售结果。广义的广告效果则是指广告活动目的的实现程度，是广告信息在传播过程中所引起的直接或间接变化的总和，包括广告的心理效果、经济效果和社会效果等。

广告经济效果测定，主要测定广告发布前后企业商品销量和利润的增加幅度。为了更直观、更有效地考察所投入广告费与所产生的经济效果的关系，在销售额和利润额两个基本指标的基础上，要结合广告费用指标、广告效益指标、广告效果指数等进行测定。测定的方法主要有店头调查法、销售地域测定法和比率计算法。

广告传播效果测定是指对广告自身到达目标消费者后所引起的变化和产生的影响以及这些变化、影响的程度进行考察评估。主要是对广告表现效果和媒介接触效果两个方面进行测定。前者主要采用实验室测定、意见评定和实地调查等方法，了解广告作品在受众接触时可能产生的感知影响；后者则针对消费者接触媒介的情况进行测定，除了掌握媒介的基本指标

外，还可以通过日记式调查、记忆式调查、电话调查等方式进一步精确了解目标受众群的媒介接触情况。

广告心理效果测定，主要测定广告经特定媒介传播后对消费者心理活动产生的影响及其程度。量表法和投射法是最常采用的测定方式。

广告社会效果主要表现在广告对消费者产生的社会影响上。广告社会效果测定，要从法律规范、伦理道德、文化艺术等方面进行综合考评。

广告效果测定应在事前、事中、事后分别进行，也就是说，随着广告活动的开展，同时开展即时研究和跟踪研究，从而保证对广告活动进程实施有效监控和及时调整。

延伸阅读

1. 网络广告效果评估指标——中国广告网
http://search.cnad.com/html/Article/2006/1226/20061226164822692.shtml
2. 广告效果评估方案 中国策划资源网（http://www.ruse.com.cn）
3. 中国策划 http://www.zhongguocehua.com/
4. 广告效果测评案例
http://wenku.baidu.com/view/cffd683467ec102de2bd89a7.html
5. 央视市场研究 http://www.ctrchina.cn/

【案例】

AEI指数评价微博纯广告效果

一、确定实验人群、产品

首先确定实验人群，通过淘宝网上支付宝的购买记录，还有商家店铺等购买记录对平时经常购买MANUKA蜂蜜的人群进行统计，再者通过网络访问相关养生论坛来搜集人群，还有就是养生QQ群，最后建一个50人的试验微博群，以腾讯微博作为平台来实验。我们把群里的人主要分为以下几种。

（一）经常购买MANUKA蜂蜜的人，可以通过淘宝、易趣等购物网站中开设销售MANUKA蜂蜜的店铺中的销售记录，和购买该类型产品的用户的支付宝支付记录中搜集，收集10人左右。

（二）经常购买别的品牌蜂蜜的人，可以通过淘宝、易趣等购物网站中开设销售别的品牌的蜂蜜的店铺或购买过上述产品的用户的支付宝记录，譬如海南岛千蜂蜜、庄原生态巢蜜、老农蜂蜜、野花蜜、龙眼蜜等店铺中的销售记录。把上述在淘宝、易趣中购买这些非MANUKA 蜂蜜的人也收集10～20人。

（三）在养生论坛中收集注意养生的人群中，针对喜欢并购买蜂王浆、蜂王花粉、姜汁茶核桃粉、珍珠粉、脑白金等相关养生替代品的选取15人左右。

（四）在对养生感兴趣，但还没有养成定期并习惯性购买过一些保健养生品的人群中选取10人左右。

通过以上取样组成50人的腾讯QQ群后，并建立QQ群和微博群组，同时在微博群组中定期发放MANUKA蜂蜜广告。在腾讯微博上发布MANUKA的这个蜂蜜广告应该有图片、文字、视频，同时和淘宝、易趣MANUKA蜂蜜销售店铺的网址链接。广告可以突出介绍MANUKA蜂蜜新西兰原装进口，已购买的人谈及喝过MANUKA蜂蜜的感受进行广告。图片策划时图片的色彩可以做得丰富些，这样可以更好地达到吸引客户眼球的效果。可以采用MANUKA蜂蜜的主要原料茶树作为背景图，突出MANUKA蜂蜜的纯天然性，接着主要介绍MANUKA蜂蜜的主要成分及特殊功效，突出此款进口蜂蜜的优势。

二、对实验人群、产品的调查结果进行统计，分析

（一）首先通过3个月广告投放实验期，我们统计了所有购买过MANUKA蜂蜜的人有9人。

（二）在上述统计的人群中，将相关人电脑的上网历史记录调出分析，通过回访、面谈进行核实是否在微博中看过MANUKA广告，3个月内有登录过MANUKA广告网址记录的可以记录在案。如果登录了微博链接的MANUKA淘宝店铺地址并在点击不久后即购买，电脑中广告网址登录时间和其支付宝支付时间前后相差无几，则几乎可以认定是属于看了广告而购买。另外虽然不是马上就购买，但过几天有支付记录，在回访中也承认受广告影响的，也可以确定上述人数属于看了广告而购买的人数A。

（三）未看过此次微博广告而购买的人数B，是在总的购买人数下去掉看了广告而购买的人数，有以下四种情况。

(1) 支付宝上有支付记录，无电脑登录本次微博广告相关网址记录，回访后是以前定期购买人群。

(2) 支付宝上有支付记录，无电脑登录本次微博广告相关网址记录，回访后是听别人介绍购买的人群。

(3) 支付宝上有支付记录，无电脑登录本次微博广告相关网址记录，回访后是看了别的网站的MANUKA广告而购买的人群，应该属于看了广告而买的人，属A类人。

(4) 支付宝上有支付记录，无电脑登录本次微博广告相关网址记录，回访后是自己随机上网购买的MANUKA蜂蜜。

上述(1)、(2)、(4)类人累计后算B类人。

（四）如何确定未购买的人数是否看过了微博广告。

将3个月实验期中所有未购买过MANUKA蜂蜜的人群做统计，将未购买的人数分为以下两种：一种是C为看了广告未购买的人数，另一种是D为未看广告亦未购买的人数。

(1) 电脑记录中有登录本次微博广告相关网址记录，支付宝上没有支付记录，回访后是确实没有购买这一品牌的人群。

(2) 电脑记录中有登录本次微博广告相关网址记录，支付宝上没有支付记录，回访后是听别人介绍而了解MANUKA蜂蜜的人群。

(3) 电脑记录中有登录本次微博广告相关网址记录，支付宝上没有支付记录，回访后是随机点开链接，从不购买的人群。

(4) 没有电脑登录本次微博广告相关网址记录，支付宝上没有支付记录，回访后是看了别的网站的MANUKA广告，这类人群应算在看了广告而未购买的人数中。

(5) 没有电脑登录本次微博广告相关网址记录，支付宝上没有支付记录，回访后是从未看过MANUKA广告的人群。

我们将上述(1)、(2)、(3)、(4)种情况统计的总和即为看了广告而未购买的人数C，将未购买的人数总数去掉看了广告未购买的人数，即为未看广告也没有购买的人数D。

根据上述的统计方法，在这3个月中，有9人购买了MANUKA蜂蜜，其中有4人是看了MANUKA广告而购买的，其余5人未看过MANUKA广告而购买；有41人未购买，其中16人看了广告未购买，其余的25人为未看广告也未购买的人数。统计结果见表12-10（MANUKA蜂蜜调查表）。

表12-10　MANUKA蜂蜜调查表

		微博广告认知MANUKA蜂蜜		合计人数
		有	无	
购买MANUKA蜂蜜的人数	有	4	5	9
	无	16	25	41
合计人数		20	30	50

通过养生保健的QQ群对MANUKA蜂蜜第一季度进行调研的结果进行分析，5÷30＝16.7%表示未看过MANUKA蜂蜜微博广告而购买的人数占所有未看过MANUKA蜂蜜微博广告的人数的百分比；20×5÷30＝3.3表示这些看过MANUKA蜂蜜微博广告的人如果没有看到MANUKA蜂蜜微博广告会有多少人购买MANUKA蜂蜜；4－20×5÷30＝0.7表示因为MANUKA蜂蜜微博广告而购买的人数；［4－20×5÷30］÷50＝1.4% 表示因为MANUKA蜂蜜微博广告而购买的人数占总人数的百分比；因此，AEI表示因为MANUKA蜂蜜微博广告而购买的人数占总人数的百分比，即通过MANUKA蜂蜜微博广告增加的购买百分数。

将调查的结果进行整理，带入AEI公式，得到：

$$AEI=(4-20\times 5\div 30)\div 50=1.4\%$$

所以微博广告的投入使MANUKA蜂蜜的购买增加了1.4%，带来了一定的经济效益。也体现出微博广告的影响及效益。

（五）通过调研结果对微博纯广告销售效果进行分析。

此次腾讯微博MANUKA品牌蜂蜜广告的调查结果显示，4人看了MANUKA蜂蜜微博广告以后购买的，5人未看MANUKA蜂蜜微博广告而购买的，16人看了MANUKA蜂蜜微博广告未购买，25人未看MANUKA蜂蜜微博广告亦未购买。有20÷50＝40%的人阅读过MANUKA品牌蜂蜜微博广告；在阅读过MANUKA品牌蜂蜜微博广告的人中有4÷20＝20%的人购买该广告的商品；没有阅读广告的人有5÷50＝10%购买此商品。由此我们可以计算出此次MANUKA品牌蜂蜜的微博纯广告销售效果如下。

阅读广告中购买的比例＝40%×20%＝8%
没有阅读广告的购买的比例＝60%×10%＝6%
购买的人的比例＝8%＋6%＝14%
阅读广告中非广告因素而购买的比例＝40%×10%＝4%
受广告因素影响而购买的比例＝8%－4%＝4%
纯广告销售效果比率＝4%÷14%＝28.6%
MANUKA品牌蜂蜜微博广告的纯广告销售效果比率为28.6%。

（资料来源：节选自华中师范大学学报（人文社会科学版），2013(2)：124-127）

思考练习

1．什么是广告效果？
2．如何测定广告经济效果？
3．如何测定广告传播效果？
4．如何测定广告心理效果？
5．广告社会效果测定的内容和依据是什么？
6．广告效果测定的一般程序是怎样的？

第四编

网络传播下的广告创新

第十三章

广告观念创新——数字网络环境下广告观念的变革

〖学习要点及要求〗

本章有故事营销、危机公关、自媒体营销、RTB等重要术语。通过本章的学习，了解大众传播媒介，掌握网络时代消费者行为特征的变革；掌握广告主营销观念的转变；掌握广告企业所面临的挑战与应对。

21世纪是信息的时代、网络的社会，数字网络技术的发展对整个人类社会产生了巨大而又深远的影响。这种影响体现在人类生产、生活的方方面面，而在此基础上所进行的广告行为也因此而发生了巨大改变。本章将从广告受众、广告主、广告媒介等角度来梳理数字网络环境下不同广告参与主体特征的变革。人类的许多心理特征和行为因此而发生。

第一节　网络传播环境下广告受众观念的变革

数字网络时代，信息呈现一种“爆炸”的态势，人们无时无刻不暴露在各种信息面前，就广告信息而言有人做过一项统计，一个美国人一天中所要接触的广告多达270个。在如此众多的广告信息面前，广告受众如何接触信息？从什么渠道接触信息？如何选择信息？如何理解信息？网络时代，广告受众发生了哪些显著的变化？这些问题都是本节所要讨论的。

一、网络时代消费者心理行为特征的变化

广告受众不仅是信息的受众，而且是商品的消费者。所以我们首先要考虑，在网络时代消费者的消费心理和行为特征发生的变化。

（一）个性化

网络时代的消费行为，已经不再是简单的物质需求，而成为人们的存在方式，成为人们心理安全的保护机制。根据马斯洛需求理论，人类的消费需求自下而上分为生理上的需求、安全上的需求、情感和归属的需求、尊重的需求、自我实现的需求。有关调查表明，网络时代的消费者以年轻化、知识化的群体为主，他们在购物消费的同时也在追求较高层次的心理需求满足，更加重视商品的象征意义，更加注重通过消费来获取精神的愉悦、舒适及优越感。这种消费趋势的出现，标志着感性与理性结合的新消费主义的到来。数字时代下的新消费主义者所注重的不仅是消费的数量和质量，而且更注重消费与自身形象和个性关系的密切程度，购买的往往是经由理性判断和心理认同的个性化商品，乃至要求完全个性化的定制服务。因此，人们把消费本身看作实现自我精神需求的手段，借助消费，他(她)们表达对自由选择的渴望，流露对个人幻想的追求，展现对品质境界的向往。从T恤衫上印制的个性话语(见图13-1和图13-2)，到偏爱物品的DIY改装，从网上订购家具到购买小众物品，消费者的消费更多作为树立个人形象、反映精神世界、发布个性宣言的方式。

图13-1　个性T恤一　　　　图13-2　个性T恤二

这种个性化的消费特征如此强大，从根本上颠覆了以标准化为标志的大规模工业生产模式。当代消费者已经越来越不满足于“被安排”的命运，他们希望得到真正的尊重与信任，他们希望自己的声音得到认真的聆听，他们希望自己的心理得到深度的支持与庇护。网络时代的消费者，尤其是年轻消费者，更希望商品和品牌不再是“冷冰冰”的物，而应该是有思想、有性格的朋友。数字时代，所谓的商品获了多少奖、知名度多高，已经不再是消费者关心的重点，消费者购买的是能实现心理需求的东西，可以创造自己、了解自己、成为自己的东西。一些品牌敏锐地意识到消费者对于新的个性化消费品牌的渴望，在新型网络技术的辅助下，主动与消费者建立起个性化的联系。可口可乐推出了一种“昵称定制瓶”(见图13-3)，消费者通过网络社交工具将喜欢的昵称告诉可口可乐公司，该公司便会将印有昵称的可口可乐寄给消费者，而不收取任何额外费用。可口可乐通过将互联网上的热门词汇作为新包装的元素，在年轻人心目中树立形象，将接近年轻人的文化体现在瓶身上。

图13-3　可口可乐定制瓶

（二）情感化

与消费者个性化密切相关的是，消费者对情感体验的注重。消费者注重的不仅是消费品所提供的物质生理满足，同时他们还追求一种精神上的心理满足。这种体验体现出来是一种“我喜欢”“我愿意”的话语。这种心理的满足要求产品要有个性，要有情感。褚时健种植的橙子之所以能受到消费者的追捧，关键在于橙子背后有着非常复杂的情感。褚时健曾任一家小厂的厂长，卧薪尝胆，披荆斩棘，用18年光阴的拼搏，以非凡的胆识和能力使这家小厂成长为每年利税数百亿元的大型集团。然而在人生的高峰期，突然间自己身陷囹圄，女儿在狱中自杀身亡，这对于一个七十多岁的老人来说，可谓是一生中摔得最痛跌得最惨的一跤。许多人既为他惋惜，也认为他这辈子完了。但是，出人意料的是，这位老人并没有垮掉，承包了2000亩的荒山，种果树，生产橙子。就像万科集团的老总转述的一句话“巴顿将军语：衡量一个人的成功标志，不是看他登到顶峰的高度，而是看他跌到低谷的反弹力”。橙子被灌入了跌倒又爬起的精神，是不折不扣的“励志橙”。消费者在购买“励志橙”的时候，考虑的并非橙子甜不甜等物理性质，而是褚时健的精神和他身上所发生的故事，购买的是一种精神和体验，是对一位80岁老人的敬佩与仰慕。

汽车厂商英菲尼迪也希望借助情感营销与消费者进行沟通，通过赞助《爸爸去哪儿》这档亲子节目打造自己的成功品牌。英菲尼迪这种创新性的营销方式称作情感与体验营销。它的起点是受众，源头是我们的目标消费群体——年轻心态高端消费者。《爸爸去哪儿》的方案传播给大家一种观念，就是要给自己、给家人分享更多的时间和空间，这是他们赞助这档节目的重要因素之一，它能够与我们每个人形成共鸣，跟英菲尼迪的情感营销方向非常一致。

（三）权力化

网络时代，消费者可以利用的传播媒介越来越多，他们可以利用这些传播工具发出自己的声音，维护自己的权益，同时不断的维权成功也使得消费者开始有意识地利用自己手中的权力，因而消费者的力量正积聚得更大，消费者的权力越来越大。具体而言，博客、微博、微信等新媒体具有极强的传播和再传播能力，消费者会将自己关于一件商品的认识和评价发布到自己的新媒体上，这条信息首先会在消费者的朋友圈、亲属圈、同事圈等熟人关系网络中传播扩散；如果这一信息反映的是大家遇到的共性问题，则会得到评论式的回应和转发的二次传播；如果信息在网络上迅速发酵，成为一个事件，网络上具有众多粉丝的意见领袖们会关注网络热点事件，一旦事件为他们所关注传播，则消费者所提到的信息以及由此所引发的事件将会形成一种舆论，矛头指向所涉及的商品。由此我们可以看出，以往互相间缺乏联系的消费者在网络时代变成了整体的力量，消费者有能力形成很大的传播声势，对品牌形成言论压力。2005 年，网络评论家贾维斯(Jeff Jarvis)在购买戴尔(Dell Computer)笔记本电脑时，不幸买到瑕疵品。在不断地被踢皮球后，无助、沮丧又气愤的他在个人博客上写了一篇《戴尔烂毙了！》的文章，发泄不满。奇妙的事情发生了。上千个有类似经验的网友，在他的博客上留言，短时间聚集了“反戴尔俱乐部”的讨论串。“戴尔烂毙了！”很快出现在搜寻引擎第一页，接着又在维基百科“戴尔计算机”的条目内出现。一进入网络，谁都能看到贾维斯和更多其他消费者的不愉快经验。没多久，戴尔营收开始下滑，股价跟着重挫，创办人迈克·戴尔也被迫中断退休计划，重返戴尔公司解决蔓延的危机。不久后，除了提升产品质量，戴尔组成了一个“博客抱怨文”搜寻小组。任何人在博客上抱怨戴尔，不到一周，就会有戴尔员工主动联系，协助解决问题。这样，没花多长时间，戴尔又从评价最烂，翻身为网友最推荐品牌。消费者权力的加强也发生在几年后的中国，2011年9月，一位网络名人在微博上抱怨家中某国际品牌的冰箱有关门不严的问题，立刻让该国际品牌陷入社会化媒体危机，微博上充满对其的诸多嘲讽，其品牌形象一落千丈。由此可以看出，消费者生成海量、自发、不受限、非结构化的评论与信息，通过这种行为与方式，消费者不再是单独的个体，他们现在相互联系，拥有群体的力量与权力。

二、受众接收信息的模式发生改变

网络时代，消费者越来越被各种信息所围绕，他们接收信息的方式也发生了十分重大的变化。一方面消费者的主要信息来源从传统媒体转向了新媒体；另一方面消费者从被动的受众变成了主动的接受者。

（一）消费者日益通过新媒体接触信息

中国互联网络信息中心(CNNIC)的数据显示，互联网和手机的媒体消费时长增长势头强劲。2011—2012年，互联网从每周10.4小时增长到了10.8小时，手机从每周1.4小时增长到了1.8小时。《中国传媒产业发展报告(2014)》称，2013年移动互联网成为占据人们闲暇时间的最主要媒介，不仅在使用时间上超越广播电视、报刊图书，而且抢夺了传统互联网的“风光”。移动互联网用户在全体网民中的比例从2007年的24%上升至2013年的81%，而根据艾瑞咨询的报告，中国的移动流量在2013年年底比年初增长了52%。

智能手机在中国市场的渗透率预计会成倍增长，从2013年的34.3%增长至2016年的72.6%。艾瑞咨询根据AppsFire的数据整理发现，新型手机应用在用户手机使用总时间中的占比最大，达到47%。数据显示，手机用户32%的时间花费在电话/短信/Skype，12%的时间分配在网页/网页应用上，9%的时间在邮件应用上，而地图、游戏、社交、浏览和其他新型应用占去用户手机使用总时间的47%，平均每一个用户在手机上已经有超过20款的应用程序。

（二）消费者对待广告信息的态度发生重大改变

网络时代，广告已经不再是一种纯粹的劝服宣传，广告的内涵和外延开始发生变化。广告的这一变化也导致了人们对其态度的转变。

传统意义上，消费者会排斥广告，认为广告中充满了各种不实的言语，误导消费者的购物；受众会排斥广告，因为广告打断了他们对一般信息的接收。这种情况下，消费者大多对广告采取躲避的方式，而广告发布者则想尽一切办法将广告信息传递给消费者。而互联网与移动应用改变了人们的生活、工作、娱乐、学习的方式。在消费者的生活时钟里，除了看电视、看报纸、行车、逛街、差旅等传统行为，收邮件、搜索信息、上论坛、写Blog、收发短信、在线交易等借由互联网与手机创造的生活方式，也已成为消费者的生活常态。吃穿住用行，消费者越来越依靠各种广告信息来决定自己的生活。与广告的接触从“被动”转化到“主动”。在购买前，消费者会有目的、有意识地进行检索，从而导致新媒体广告中品牌信息、商品信息的提供和发生。国际著名的4A广告公司电通提出全新消费者行为分析模型——AISAS(Attention——注意，Interest——兴趣，Search——搜索，Action——行动，Share——分享)理论。在传统的消费者行为分析模型——AIDMA模式(Attention——注意，Interest——兴趣，Desire ——欲望，Memory——记忆，Action——行动)中，消费者由注意商品，产生兴趣，产生购买愿望，留下记忆，做出购买行动，整个过程都可以由传统营销手段所左右。由于互联网为消费者主动获取信息提供了极大便利，消费者在购买决策过程中，可以在互联网上搜索、收集商品/服务的信息作为依据，再决定其购买行为，因此消费者获取信息的过程和消费过程都发生了重大改变。基于网络时代市场特征而重构的AISAS 模式，则更加注重消费者在注意商品并产生兴趣之后的信息搜集(Search)，以及产生购买行动之后的信息分享(Share)。

三、新的广告“生产者”

互联网既是一场技术革命，也是一场人与人沟通方式的变革。在以互联网为代表的新媒体出现后，尤其是诸如QQ群、博客、SNS等网络社区的出现，为我们架构了一个完全平等的、开放的、去中心化的平台，每个人都可以成为“传播者”，而不再是一个被动地“接收者”。网络时代下，广告不再是广告主、广告制作单位的专利，广告的受众也变成了广告的生产者。越来越多的消费者加入到自己所钟爱的品牌的架构和维护中，他们所追求的不是经济利益，而是一种情感价值。

（一）“消费者”变成了“生产者”

如果说传统媒体时代，人们只是商品的消费者、信息的消费者，只是在被动地接收信息。那么Web2.0时代带来了传统媒体无可取代的全新传播理念——以消费者为主体的传播——消费者不仅可以通过网络主动获取信息，还可以作为发布信息的主体，与更多的消费者分享信息。

基于这种趋势，电通提出了CGM(Consumer Generated Media)消费者发布型媒体概念：以Blog、Wiki、BBS、SNS等为主要形式的个人媒体，不仅停留在个人信息发布和群体信息共享，还涉及了将新闻和企业信息(包括广告)进行比较讨论等各种各样的传播形式；信息发布由从前的B2C——由商家向消费者发布的模式，转化为“B2C2C”——由商家向消费者发布之后，消费者向消费者发布与共享的模式。

（二）品牌的建构者与维护者——粉丝

1. 粉丝及其价值

“粉丝”是英语Fans(狂热、热爱之意，后引申为影迷、追星等意思)的音译。粉丝是对某一种事物的疯狂喜好者，比如明星、漫画、动画、运动、产品等。

一个粉丝的价值到底有多大？社区媒体监测机构Syncapse调查了全球第一社交网站Facebook上前20大品牌的4000名粉丝，日前发布研究报告，称Facebook每个粉丝的价值在136.38美元左右。Syncapse根据对Facebook上的调查结果显示，平均而言，某品牌的粉丝愿意为自己喜欢的品牌多掏71.84美元，不是该品牌粉丝者则不会。在中国，根据“路边社”推送的微博广告报价单，在拥有742万粉丝的姚晨微博发送一条广告，需要8万元。(另据新浪科技讯2012年5月8日下午消息，知名女星姚晨(微博)在开通新浪微博32个月之后，粉丝量突破2000万大关。)某知名媒体报道了一家创业公司，这家公司拥有各个行业的100多个知名微博账号，这些账号拥有超过200万真实粉丝，这些微博账号与粉丝被风险投资人估值为500

万～800万元之间。

2．粉丝与品牌建构维护

一家成立不到三年、产品卖了只有一年多的创业公司竟然跻身百亿元俱乐部，这样的成绩在全球创业公司中也较为罕见。这家公司叫“小米科技”。在不到三年的时间里，小米手机成就了一个神话。先是2012年夏天，一场估值达40亿美元的融资，创下了当年全年中国企业的融资之最；接着，小米科技对外宣布，2012财年出货量为719万台，销售额(含税)达126亿元。比700多万台手机销售成绩更为传奇的，是500多万忠诚的小米粉丝——“米粉”。米粉的狂热，从以下可见一斑：小米成立两周年，上千米粉从各地赶到北京疯狂在一起；现场公开发售，10万台小米手机，仅用了6分5秒就全部被抢空；每一家小米之家成立时都会有人送花、送礼、合影，满一个月的时候还有人来庆祝“满月”，甚至还有人专门为小米手机作词作曲写歌。这些米粉，成为购买小米的主力军(见图13-4)。正是这样一批粉丝，成为小米手机的起点。而后，“高性价比”的口碑和宣传让小米手机滚雪球般迅速“碉堡”起来。对雷军身上光环的迷恋，造就了头一批“米粉”，一群技术和创业爱好者。

图13-4　“米粉”正在排队购买小米手机

我们可以看到，小米手机的“粉丝”不仅是小米手机的消费者，更是小米品牌的义务宣传员、乐于忍受极低薪酬的半义务雇员。企业的品牌不仅仅由企业建构维护，而且也由品牌的资深使用者——粉丝建构维护。粉丝与品牌间存在密切的情感联系，品牌不是无感情的物，而是粉丝的情感寄托，如同呵护自己的亲人一般，粉丝不允许自己所喜爱的品牌遭到破坏。正如著名互联网品牌“雕爷牛腩”的创始人孟醒所言，“互联网最有意思的是粉丝文化，往往某个产品做得不错时就会形成‘死忠’，一个产品越有人骂，‘死忠’就越坚强”。小米手机从诞生第一天开始就不停有人骂，而米粉们总是奋起反击。一旦有了一定量的粉丝，那些提出批评的人就容易与粉丝形成骂战，骂战的结果就是流量大涨，产品大卖。苹果、小米手机的成功已经证明了这一点。

粉丝对于品牌的建构与维护不仅体现在品牌形象受到外在威胁时，粉丝还会主动进行宣传策划，帮助企业建构品牌形象。影视明星韩庚所主演电影《大武生》上映时，上海媒体收到了一份特别的礼物，一把印有韩庚头像的扇子，一份详细的剧情简介和主题曲歌词，一封呼吁各位“以开放的胸怀接纳这个一心想要奔向电影世界的青年”的信，一盒酸酸乳、两块

饼干、两块巧克力和一片湿纸巾以及两张《大武生》的电影票，夏季日常观影所需的一切，应有尽有。为了扩大电影的影响力与知名度，韩庚的粉丝们足足准备了800张电影票做赠送，以每张电影票70元计算，仅电影票的花费就约6万元。粉丝在建构品牌形象上所做出的努力，使得某位影评人高呼“地球已经无法阻止韩庚的粉丝了！”

第二节　网络传播环境下广告主观念的变革

商品生产者关注消费者，广告主关注广告受众，网络时代消费者心理行为特征、信息接收模式等方面的改变，也必然要求广告主的观念和行为因之变化。

一、广告主重视新媒体的力量

用户接触信息的方式已经改变，以用户为核心的营销方式势必要随之而变。然而开始时，广告商受传统观念束缚，习惯守旧、延迟迁移等因素的影响并没有意识到消费者媒介使用习惯的改变。正如AC尼尔森在线CEO李昕所言“广告主并不像消费者那样重视互联网”。从全国来看，消费者目前在电视上花费的时间占比是50%、互联网21%、广播20%、报纸6%、杂志3%。但是，广告主在各个媒介平台投放的比例依次为：电视68%、杂志14%、报纸7%、互联网6%、广播3%。近年来，品牌广告主已经认识到这一现实，逐渐减少了传统媒体广告的投放，加大了互联网平台的广告投放力度。根据《中国传媒产业发展报告(2014)》，广播和期刊市场增长率衰退加剧。2013年传统媒体广告市场整体增长仅为6.4%，低于同期GDP增速。其中报纸广告同比下降8.1%，6家报业上市公司中，有3家的广告收入降幅超过两位数。与此同时，新媒体对传统媒体的替代作用愈发明显。根据美国互动广告局(Interactive Advertising Bureau)的数据：2013年美国数字广告支出达到428亿美元，有史以来第一次超过传统电视广告。该机构针对5000个营销高管的一份调研发现，75%的受访者都表示2013年已经把对电视广告的预算转移到了数字视频广告上，2014年这个趋势预计会继续加剧。宝洁在2013年年初的财报电话会议上就宣布，它们已经转变了媒介组合，大约有35%的营销预算会被分配到社交媒体上。在中国范围内看，2010年中国手机广告市场规模约为17.4亿元，与2009年相比，增长率为93.3%。2011年，中国互联网广告营业总额突破500亿元大关，首次超过报纸媒体，成为继电视广告之后的第二大广告细分市场。与互联网广告特别是移动互联网广告的日益壮大相比，传统媒体广告则面临前所未有的困难。

新旧媒体广告巨大差异的背后反映了消费者注意力的变化。WPP集团某高管曾说，广告行业的本质就在于消费者的注意力和使用习惯去了哪里，钱就会流向哪里。

值得注意的是，广告主并不能因为新媒体的强势而完全忽视传统媒体的作用。一份调查数据显示，在商品认知阶段，消费者的信息来源以电视、报纸、杂志、户外、互联网等媒体广告为主；在理解商品及比较探讨和决定购买的阶段，除了亲临店头之外，互联网及口碑相传是其主要信息来源与决策依据。所以对于产品的宣传和销售需要考虑不同媒体的作用，使得不同媒体为同一商品或品牌的成功而服务。

二、广告主注重与消费者的互动

作为营销沟通的延伸，广告实际上本质是追求互动性。如果说早期广告所偏重的是推销功能，其本质还是单向性的商业宣传，那么今天我们所认识的广告传播，它所追求的双向互动性，却是一个渐进的过程。今天大多数消费者越来越多地喜欢与那些有共同兴趣或话题的人建立联系，倾听他们的经验与建议，并积极分享自己的看法与感受。这也意味着企业、品牌不得不改变与消费者沟通、对话的方式，找出与这些“极富经验”的消费者进行有效互动的新方式。无论是营销者还是市场研究者都要力图利用他们的知识，而不是试图漠视或回避，要吸引消费者，与他们进行长期、开放的对话与协作，充分利用消费者分享交流的兴趣以及参与的积极性。在移动互联网时代，每个人都是一个自媒体。充分利用社会化网络构造的特点，同时站在用户角度，以用户乐于接受的方式和用户进行沟通，才能让用户乐于分享、传播。

（一）在互动过程中发布广告

业界人士认为，在数字营销当中最重要的是根据消费者反馈不断调整行动，而不是将广告放在各个媒体平台上就高枕无忧了。营销是帮助企业建立真正的战略优势，而品牌就是在消费者的大脑中去建立一个深刻的印象，让消费者愿意为产品掏钱，这正是因为品牌抓住了消费者的需求。企业应该有一套完整的监听系统，听消费者的反馈，每天都汇总。比如在飞利浦，企业甚至连自己都不知道接下来会做什么，其所有的下一步行动都会根据消费者的反馈进行调整。他们对消费者的回答没有任何限制，而是鼓励消费者畅所欲言，并从中寻找创新的可能性，一旦发现有价值的创新点，会立刻让技术和设计人员将产品设计出来，直接跟消费者进行沟通，确定是否能帮助消费者解决问题。

消费者的所有需求非企业凭空臆想，而是来自对用户需求的聆听。获取渠道既可以是线上社交媒体——微博、微信、网络BBS，也可源于线下地面活动，与用户深入的沟通交流。深入了解用户的“痛点”所在，才能直击用户内心需求。

小米手机技术员每天在社交媒体跟用户进行深入沟通，了解用户对产品的评价、期望，才能快速做出有效的反应。作为企业管理者，雷军和他的崇拜者——乔布斯一样相当关心用户体验。“和米粉，做朋友”，是小米的口号。为此，小米成立了由400名自有员工组成的呼叫中心，专门负责在小米社区、微博以及对于米粉来电进行的互动和反馈，并以此和米粉建立直接联系，加深米粉对于小米的体验。网络是培育米粉的平台，微博是小米聚合米粉的利器。小米几乎把微博玩到了极致：因为新浪微博的Alexa流量周二到周四最大，所以转发有奖的活动设置在工作日；晚上10点结束抽奖是因为10点是每天流量的最后一个高峰；2小时发布一次奖品是因为微博传播转发的半衰期约为3小时。截至目前，新浪微博上“小米公司”粉丝已达153万，“小米手机”粉丝也有152万。对拥有394万粉丝的雷军而言，在微博平台上，他既是小米手机的掌门，又是一个随时防止小米品牌受破坏的看守，更是一个为“米粉”排忧解难的客服人员。而在微博上，米粉对于小米的反馈也是热烈的，这无疑最大限度地强化了小米的宣传效应，减少了营销成本。小米手机发布青春版时，几个合伙人花了一下午的时间拍了一组与青春有关的照片，在微博上短短两天的时间取得了转发200多万次、评论90多万条的成绩。在小米手机论坛上，每周都可以看到两三千篇用户反馈的帖子，其中不乏一些深度体验报告。在一些重要功能的确定上，小米工程师通过在论坛上发起投票等方式收集用户反馈，最终确定产品功

能形态。同时，小米在各种媒体论坛上都保持零距离贴近用户。包括雷军在内的小米合伙人每天都在做一系列客服工作，亲自解答用户的一些提问。

（二）广告信息从“灌输”变成“沟通”

由于企业能够通过新媒体与消费者建立直接的联系，广告主所传达的信息将不再是生硬的“灌输”，双方的联系更多地建立在情感化的“沟通”上。传统营销手段往往是灌输式的说教，生硬地将品牌的信息传递给消费者，但用户很难深刻地理解和参与到品牌内涵的联想中去，更不会产生强大的归属感和情感共鸣。

首先需要注意你的目标是什么样的群体，另外他们消费什么媒体，跟这样的人群说什么话，针对不同的人要说不同的话。在移动互联网全面爆发的今天，移动应用改变了休闲方式、阅读方式，改变了生活习惯乃至创业模式，移动互联网正改变着我们生活的方方面面。时间、兴趣、终端、记忆、行为，都呈现出“碎片化”的状态，“碎片化”已经成为最显著的触媒特征。这决定了营销不再是仅靠向消费者进行单向理念灌输就能轻易达成交易的时代，因为单向灌输缺乏互动、不被信任、不被接受。而与这一趋势相匹配，在移动互联网时代，各类营销信息能够通过丰富多彩的形式同消费者互动起来，通过精准的匹配找到“主动需求”的适宜人群，能够被信任并被轻而易举地广泛推荐。基于“情感”“信任”的双向、多向互动，才是当前营销模式的核心主题。

戴尔先后在Twitter上开了34个账号，把销售、亚太销售、新闻公关、英语系博客与国际博客的部门人员，全面完整地部署在Twitter 里。每一个账号都有一个负责管理的员工，消费者可以依照自己的需求，随时随地向管理员发问，通常在一个小时内，就会得到清楚回答。消费者在Twitter 上备受宠爱，他们很快就把回馈反映在销售上。2010年6月中，戴尔宣布在Twitter上创造了300万美元的营收。

在阿芙精油的创业中，孟醒就在重视用户反馈中尝到了甜头。作为公司的一把手，孟醒每天都会亲自做“客服”处理差评，对用户评价的重视使得用户反馈成为整个公司员工的“天条”。结果，阿芙在天猫的动态评分比同行高出50%。孟醒认为，在移动互联网时代，管理根本不需要上传下达，亲自示范就够了。“我天天自己做客服，天天看好评、差评，差评我就骂人，好评我就奖励，最基层的员工都知道我要什么。”在二次创业创办“雕爷牛腩”的过程中，孟醒每天花大量时间盯着大众点评、微博、微信，用户只要有对菜品和服务不满的声音，都会立刻得到回馈。比如，粉丝认为哪道菜不好吃，这道菜就可能会被新菜取代，粉丝在就餐过程中哪里不满，则可以凭官微回复获得赠菜或者免单等。

在未来的展示广告模式中，消费者将对广告产生更多影响，甚至消费者可以自己选择广告体验方式，这将大大提高展示广告到达的精准性。现在，广告主已经可以充分利用新的数据源和消费者行为与偏好方面的趋势等资源。亚马逊首席执行官杰夫·贝索斯说：“将客户视为一场派对的受邀嘉宾，而我们则是主人。”宝洁公司首席营销官毕瑞哲先生也有同样宏大的愿景，即：实时与世界上的每个人建立一对一的关系！

（三）在互动中建构品牌

数字时代，品牌是一种对话，品牌还是一种情绪，因此品牌要同消费者展开实时的交流和沟通，进而创造品牌营销机会。互联网则提供了一个没有围墙的广告环境，从发现用户需

求、兴趣点，吸引注意力，到产生好感，再到深入植入品牌信息，建立强大的双向关系，这是一个自然过渡的循环，为品牌营销创造了巨大想象力。现在广告主要的投放平台越来越多地偏向互动性较高的互联网平台。对广告主来说，现在消费者考虑购买一款产品的时长与过去相比更长了，这就需要广告主投入更多的时间、金钱去说服他们。互动是一个很有效的说服方式，而仅依靠传统媒体很难做到与消费者进行互动。相比传统媒体，互联网为品牌传播提供了更丰富的表现形式、更亲和力的互动体验载体、更具空间的创意发挥。凡客诚品就是通过直接与粉丝以及客户进行交流(见图13-5)，拉近了与消费者的关系，从而建构了自己在消费者心中的良好形象。

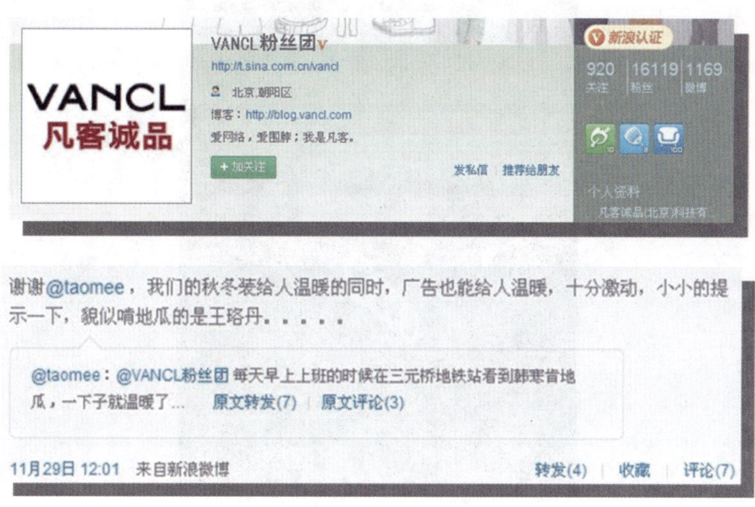

图13-5　凡客诚品与消费者的互动

三、企业自主生产、投放广告

（一）自主生产广告

新媒体使广告主可以自主、便捷地传播广告信息，而这里的广告信息，则不仅是直接的、功利性的产品信息，还包括突出广告主良好形象的品牌信息，而产品信息又是归属于商标品牌的，因此新媒体催生了“品牌传播”。厂商自主生产广告主要采取借势营销、故事营销和危机公关等形式。

1．借势营销

借势营销是借助有影响力的事件，展开与产品相关的营销活动，扩大企业和产品的知名度和影响力，达到既定市场目的的营销方式。具体表现为通过媒体争夺消费者眼球、借助消费者自身的传播力、依靠轻松娱乐的方式等潜移默化地引导市场消费。在这个过程中销售的目的隐藏于营销活动之中，生硬的借势与关联会引起受众的不满。在拥有了网站、博客、微博、微信、易信等媒体后，许多企业希望通过发出自己的声音，吸引消费者的眼球来实现企业的营销目的。而通过自身努力或在专业公司的帮助下，凭借一个万众瞩目的事件，吸引到消费者的眼球，成为这些企业的重要选择。

北京时间2014年2月8日凌晨，第22届冬季奥运会开幕式在俄罗斯索契的菲施特奥林匹克体育场举行。在开幕式上呈现奥运五环的方式非常独特，五环由雪花慢慢转化而来，从空中飘落。然而这一关键环节却出现了重大的乌龙，在现场有一片雪花未能转变，于是便出现了奥运五环变成“四环”的一幕。许多企业抓住这个千载难逢的机会，让自己企业的品牌在大众面前来了一次曝光。于是，奥迪在自家微博发布消息：“上面那个，真不是我们整的!”(见图13-6)，将五环失误与自己企业标志结合起来，做了一次免费广告，而且没有任何突兀的感觉。而红牛在微博上宣传“打开的是能量，未打开的是潜能”的口号(见图13-7)，体现自身品牌的精神内涵，从而获得了消费者的认可与称赞。

图13-6　奥迪在自己微博发布的广告

图13-7　红牛在自己微博发布的广告

2. 故事营销

故事营销就是指在品牌塑造时采用故事的形式为品牌注入情感，增加品牌的核心文化，并在产品营销的过程当中，通过释放品牌的核心情感能量，辅以产品的功能性及概念性需求，进而打动消费者的心灵。消费者有着个性化、情感化的消费特征，这种无形的情感体现往往需要故事来承载。一个好故事，胜过千万宣传费。好的故事，会使品牌变得有性格，使品牌内涵变得形象生动，从而拉近消费者与品牌的距离。

故事营销古已有之，商鞅南门立木、燕昭王千金买马骨都可以看作是成功的故事营销。而新媒体的出现，使得企业自己的发声平台，也因此有了更便利的条件来进行故事营销。一个比较典型的例子就是一家餐馆利用自己的微博、企业网站等平台成功地讲了一个个好的故事，使得自己在短时间内成为一个知名的餐饮品牌。这家企业叫雕爷牛腩，之所以以牛腩为店名，是因为牛腩里面就有故事。牛腩是其主打招牌明星产品，其烹饪牛腩的秘方，是向周星驰主演的电影《食神》中的原型人物——香港食神戴龙——以500万元购买而得。而食神本身又是一个故事性很强的人物，他不仅获得了“法国厨皇会”的荣誉主席称号，以及法国蓝带马爹利烹饪大使资格，而且经常为李嘉诚、何鸿燊等港澳名流提供家宴料理，他还是1997年香港回归当晚的国宴行政总厨。这些故事还不够，围绕着餐馆的各种用具充满了故事：高档茶水，免费，无限续杯；高档米，无限量免费续添；鸡翅木筷子，可以带回家；定制世界上最昂贵的刀做菜；一只与众不同的碗；申请专利的锅。有了好的故事还不算成功，还要让这些故事为人们所熟知。雕爷牛腩在开业前进行了半年的封测，这一从游戏推广中借鉴的方法不仅可以调整菜品、训练服务，而且由于封测邀请了一些明星参加，这些人在自己的微博上发布封测的情况，把雕爷牛腩的故事传播出去，从而使雕爷牛腩获得了受众的广泛关注。

在故事营销中，应该注意要有过硬的传播内容，也就是故事不仅要有吸引力，能够引起消费者的兴趣，而且故事也能经得起推敲，不至于引起消费者的怀疑。另外需要注意的是除非自有媒体有足够的影响力，否则通过自有媒体发布的故事一定要想办法被二次传播扩散才能起到良好的效果。

3. 危机公关

根据爱德华·伯尼斯(Edward Bernays)定义，公共关系是一项管理功能，制定政策及程序来获得公众的谅解和接纳。危机公关具体是指机构或企业为避免或者减轻危机所带来的严重损害和威胁，从而有组织、有计划地学习、制定和实施一系列管理措施和应对策略，包括危机的规避、控制、解决以及危机解决后的复兴等不断学习和适应的动态过程。自从进入信息时代，危机的信息传播比危机本身发展要快得多。好事不出门，坏事行千里。在危机出现的最初12～24小时内，消息会像病毒一样，以裂变的方式高速传播。而这时候，可靠的消息往往不多，社会上充斥着谣言和猜测。公司的一举一动将是外界评判公司如何处理这次危机的主要根据。媒体、公众及政府都密切注视公司发出的第一份声明。对于公司在处理危机方面的做法和立场，舆论赞成与否往往都会立刻见于传媒报道。

危机既是危，又是机。公司掌握有微博、微信等媒体平台，可以第一时间发出自己的声音。公司当机立断，快速反应，果决行动，通过自有媒体平台与媒体和公众进行沟通，从而迅速控制事态。如果处理得当，不仅企业形象得以挽回，而且企业品牌美誉度还可能达到一个更

13

高的高度。当当网CEO李国庆发布一条微博“如果晚上忘了关闭4G连接，一觉醒来，你的房子都快成移动公司的了”，引发了消费者对移动4G资费的担忧。面对这种不利局面，移动公司召开新闻发布会进行解释，同时移动副总在微博上回复了李国庆一封信，对主要问题进行了解释。新的主要内容是，一方面与李国庆进行友善的沟通，赞赏当当网春节期间的业绩，述说4G推出第一时间，李国庆也使用，感谢对移动的支持；另一方面引用李国庆微博原文“如果晚上忘了关闭4G连接，一觉醒来，你的房子快成中移动的了”，指出通过短信提醒、流量封顶等事实述说这事情不会发生。最后说中移动4G推动中国移动事业的发展，并在文末加上“但不包括房子”。在危机中，中国移动应对得当，不仅没有逃避问题，而且有理有据而又幽默地反驳了质疑者的误解，赢得了消费者的信任，也为移动的4G业务做了一次有效的宣传。

4．利用消费者生产广告

随着消费者的文化水平越来越高，在新的网络技术的支持下，消费者与厂商间可以建立直接的关系，在这种情况下，消费者有能力有条件参与企业广告的生产制作。

13

这种消费者参与制作的广告，主要是企业提供一定的宣传或营销要求，然后以悬赏奖励的方式发动消费者积极参与，最后企业选用符合要求的方案进行相应的活动，并给予被选中者一定的奖励。这种生产广告的方式有以下优点：首先，扩大了企业宣传的影响力。这种对消费者的邀请，在消费者积极进行设计制作的同时，也能使其中的企业宣传内容深入人心。其次，能够获得优秀的创意。“三个臭皮匠赛过诸葛亮”，如果参与者足够多，形成的创意方案足够多，那么出现优秀创意的可能性也就足够大。最后，节省了企业的广告费用。由于参与者是大量的非专业人士，企业只需要支付较少的费用便有可能从中选出有效的传播策略，从而降低了企业的营销成本。这种利用消费者生产广告的方式受到了企业和消费者的欢迎。联想曾举办平板设计营销大赛，邀请消费者为自己的YOGA平板销售提供创意，得到了消费者的积极响应(见图13-8)。最终联想获得了优秀的创意方案，参与者展示了自己的设计创意才华，而且拥有了一台平板电脑。

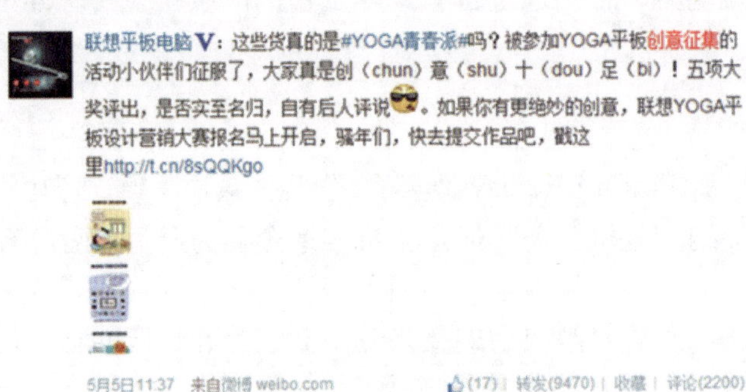

图13-8 联想平板创意征集活动

传播政治经济学戈恩哈姆·默多克教授则从负面角度分析了这种利用消费者生产广告的行为。他以社交网站Facebook为例，阐明其巨大利益的来源：Facebook的利益一方面来自将版位售卖给广告商；另一方面则来自对网民个人信息的售卖。用户以个人社交为目的上传个人信息，网站则将个人信息打包卖给广告商，广告商又根据你的信息确定投放广告。更有甚者，Facebook会将你在这个社交网络上粘贴的图片用于量身定做广告，以引起朋友的兴趣，

用户在不知不觉中便会成为Facebook的免费宣传工。市场化的进程无孔不入，深入生活，到最后，每个人都成为信息的生产者和销售者。

5．自媒体营销

自媒体营销是利用企业本身的媒介来宣传自己的产品，达到自产自销的一种营销方式。这种自媒体营销不需要借助多方面的媒介来宣传，通过自己一系列自身活动就可以轻松地达到传播效果。在传播的同时更加快速及时地进行信息的传达，同样能达到及时有效地反馈信息，让其了解受众需求从而为下一次的营销计划确定方向。阿迪达斯首度为中国市场推出的定制APP，实践了SOLOMO概念。融合GPS实时定位与LBS功能，植入SNS的分享功能，在真实城市地图中呈现全城玩家的实时位置，让玩家们既能与虚拟人物和物品互动，也可以追赶附近的真实玩家，并可到线下 100 多个阿迪达斯实体店中获取游戏道具。

阿迪达斯通过手机的APP应用来调动用户与品牌产品的互动，结合现实，不仅达到了用户与产品之间的互动，也带动了人与人之间的互动，体现了阿迪达斯的企业形象，强化了企业在用户心目中的位置，也让用户在获取道具的时候体验到了企业文化与产品。

（二）自主、自助投放广告

DSP以及其他移动广告创新模式彻底改变了广告业的生物钟。因为广告主和发行商可以借助这一模式，自主、自助地投放企业广告，持续监测它们的营销是否集中了对的人群，包括年龄、性别等特征，而且能够适时调整。

DSP(Demand Side Platform)译为需求方平台，在传统互联网业务中，主要服务于广告主或代理公司，是集投放策略、实施优化、分析报告为一体的需求方平台，帮助广告主进行精准的广告投放。移动DSP顾名思义就是针对移动端的需求方平台，广告主可以通过移动DSP平台来完成整个广告策略、交易、投放及优化的过程。移动DSP平台可以为广告主提供一站式的程序化购买，以人群为主体的受众购买，可以统一标准避免人群重叠造成不必要的浪费，同时能提高广告主的广告投放效益。让广告主在投放过程中实时了解广告投放表现，及时做出投放策略调整，避免投放效果的滞后造成策略失误。而且这种类型的广告并不是固定在某个页面上的，当消费者打开某个页面的一瞬间，广告平台和DSP通过各种技术手段将获得打开页面的人的基本信息，并通过这些基本信息最终决定该投放怎样的广告给这个用户。即在相同的页面上，不同用户会看到不同的广告，而该广告是为每个看到广告的人定制的。

四、广告营销费用直接支付给消费者

在企业与大多数消费者无法直接接触的时代，企业只能依靠报纸、杂志、电视、广播等大众媒介发布信息，从而尽可能地接触数量众多消费者，为此企业会向这些大众媒介支付大量费用。然而新媒体的出现为企业提供了一个直接接触众多消费者的机会，企业可以绕过大众媒介这一中介，将原本支付给大众媒介的费用直接支付给消费者，从而在双方之间建立良好的互动。企业可以采用许多方法促使用户接受这个广告，例如假如你接受看这个广告，企业会捐钱给慈善机构；再比如如果你接受了这个广告，你就可以成为第一批购买这个新产品的用户，这就会对用户产生吸引力。

“嘀嘀”与“快的”两大叫车软件间的竞争就鲜明地体现出了这种广告营销方式的优点。乘客使用打车软件最高可获10～30元的补贴，司机通过打车软件接到的每个订单可获

5～10元的补贴，而且推荐乘客安装软件还有奖励。2014年春节前后，“嘀嘀”与“快的”两大打车软件的高额补贴使得民众迅速知道了这两大打车软件。而且两者之间不断提高的补贴额度也吸引了媒体的关注，相关报道层出不穷，将原本默默无名的两大打车软件推向了高峰。这背后是两大网络巨头腾讯与阿里巴巴的大肆“烧钱”，嘀嘀打车提供的数据显示，仅1月10日至2月9日，补贴总额高达4亿元。巨额支出看似浪费，实则作用明显。根据EnfoDesk易观智库产业数据库最新发布的《中国打车APP市场季度监测报告2014年第2季度》数据显示，截至2014年6月，中国打车APP累计账户规模达1.3亿，其中，快的打车、滴滴打车分别以53.57%、45.56%的比例占据中国打车APP市场累计账户份额领先位置。快的打车覆盖306个城市，滴滴打车覆盖178个城市。

除了通过高额补贴培育打车软件的消费者之外，两大互联网巨头还同时培养着用户使用“移动支付宝”和“微信支付”的使用习惯，因为要培养用户习惯就需创造场景。相对来说，打车支付是一个“高频小额”的场景，既方便又不用担心限额。在一、二线城市打车也成为家常便饭，且受众的教育水平较高，很容易形成与打车一样的移动支付习惯。另外，在移动支付中获利的司机也是流动载体，会对乘客进行推荐。现实生活中有很多高频次场景可使用移动支付，长此以往用户使用场景可能发生迁移。

实质上，无论是几个亿，对于腾讯和阿里巴巴而言，真正砸的是“广告”而非“补贴”：平均每个用户每天20多元的成本，换来无数媒体的争相报道和趋之若鹜的消费者，相比广告投放，不但更经济划算，且效果更为明显。

58同城通过奖品的形式来调动受众的兴趣，消费者通过每天的登录，做游戏来获取金币，从而获得相应的奖品。58同城很清楚地认识到手机用户数量的庞大，通过促使消费者下载APP客户端可以增加自己品牌的知名度。所以58同城通过100%中奖这种形式的宣传，抓住人们对奖品有青睐需求的心理，以此来获取客户端的下载量。

这种有奖活动是根据人们的心理而开设的一种宣传形式，如果在传统媒体时代想让客户去关注58同城无非就是在电视上做广告、发放宣传单、在某些网站进行推广等手段。这种形式受众是被动地接受，是在广告上硬性的要求下的被迫地接收广告信息。而这种以奖品游戏的形式开展的新媒体传播形式可以使受众主动地、认真而且持久地去接受广告信息。这就是广告商所要的效果。

五、整合营销传播

网络时代，消费者可能接触的媒介越来越多，随之用户的注意力越来越分散，广告主需要考虑在不同的平台上投放广告。而且新的消费者行为模式(AISAS)决定了新的消费者接触点(ContactPoint)，媒体将不再限于固定的形式，不同的媒体类型不再各自为政，对于媒体形式、投放时间、投放方法的考量，首先源于对消费者与产品或品牌的可行接触点的识别，在所有的接触点上与消费者进行信息沟通。

《小时代》是由郭敬明小说改编并亲自导演的一部都市电影，电影开拍前开始，拥有过亿粉丝的主创人员就在其新浪微博上进行“狂轰滥炸”的宣传。郭敬明利用微博发布电影宣传海报，但是要隔一段时间才公布一个演员，利用饥饿营销方式，吊足了粉丝的胃口。此外，人人网为配合电影上映同步开展了“青春纪念册”的活动，线上号召闺密、同学一起组团去看《小时代》；在线下影院，设置有专门用于青春纪念册的物料，可以一起与《小时

代》的背景合影，留下纪念。同时还利用招聘网站招聘“《小时代》推广专员”，影片上映日期是在6月27号，与万达院线合作的“627路公交车”应运而生。该公交车主要针对三、四线城市，甚至小县城，公交路线就在学区与附近的电影院之间。小时代的营销模式完全主打新媒体营销，辅以传统的电影营销方式，利用新媒体的平台，更有效地扩大目标受众。

第三节　网络传播环境下广告企业观念的变革

网络时代，面对日益个性化、情感化、权力化的消费者以及注重新媒体、注重互动沟通、注重消费者的广告主，广告企业也必须通过自身的变革来适应这种变化。

一、广告企业创意观念的变化

（一）凸显创意是一种时代要求

传统媒体时代，广告企业虽然处处强调创意的重要性，然而令消费者熟知的广告并不多见。而网络时代，好的创意层出不穷。有人认为这种情况是广告行业发展水平所致，其实这种变化的背后是经济文化科技等方方面面的因素在起作用。经济发展制约着广告行业的发展，这种制约不仅体现在经济能为广告行业提供巨大的需求，更体现在消费者对广告的需求上。经济水平较低的情况下，人们在物质生活上较为匮乏，卖方在市场上占据主导地位，许多产品根本不需要推销便已经是供不应求，所以广告的重要性并没有凸显。随着经济的发展，买卖双方的地位开始改变，消费者有了更多选择，企业会借助广告来推销自己的产品，然而这种广告目的只是在售卖，大多从企业的角度宣传产品和服务的优势，手段比较生硬。进入新世纪后，供过于求的局面日益凸显，这时候买卖双方的地位发生了根本性逆转，消费者有了更多选择，这时候如何通过广告打动消费者成为企业首先要考虑的问题，创意的问题也就摆在了企业和广告企业的面前。

如果说经济水平发展所导致的供求关系的变化，是广告主和广告企业重视广告创意的原因，那么消费者文化消费水平的提升也从另一方面推动着广告主和广告企业重视广告创意。改革开放后的一段时间内，广告主和广告企业通过媒体提供给消费者的广告内容能够符合消费者的文化欣赏水平，所以广告并没有受到太多抱怨。后来随着消费者文化水平的提升，一些制作低劣的广告日益受到消费者的抵制，消费者用“恶俗”“脑残”等词语表达自身对这些广告的不满。与此同时，媒介所提供给消费者的内容也由单一变得多元，在丰富多彩的其他文化产品面前，广告很容易失去其作用。消费者不再满足于自己被当作宣传的对象，购买一些可有可无的产品，他们更注重精神层面的需求，希望广告传递的是对自己的关心和理解。所以面对着这些压力，广告主和广告企业必须提升广告制作水平，提升广告的精神内涵和创意价值。

（二）网络科技为凸显创意提供了条件

广告创意得以凸显还有赖于广告制作水平的提升，经过30余年的发展，我国建成了比较完善的广告人才培养体系。广告及相关专业的毕业生慢慢在广告行业占据主导地位，他们运用专业理论知识从事广告活动，推动着广告创意水平的发展。与此同时随着全球化的发展，中国广告界与国际广告界的交流也越来越频繁，通过“引进来”“走出去”，中国广告人的素质得到巨大提升，许多广告创意作品也在国际知名广告节上荣获大奖(见图13-9)，体现着中国广告创意水平的进步。

图13-9　上海奥美广告戛纳获奖作品

13

传统媒体时代的广告，受到的制约非常多，许多广告人称自己是戴着镣铐跳舞。在传统媒体发布广告不仅需要考虑广告时长、广告费用，而且还要考虑广告所带来的影响。许多好的创意会因时间太长、费用太多或者容易引起不良社会影响而胎死腹中。而网络的出现为创意的展现提供了一个新的平台，只要创意好，能够吸引人的眼球，时间不再是障碍。而且许多企业自己有媒体发布平台，广告成本也能得到控制。最重要的是网络的使用者多是年轻人，他们对于多元文化有着较强的接受能力，许多在传统媒体看来是禁忌的内容在网络上也可以发布。京东在2013年进行“双十一促销”时，所发布的广告就是一个较为极端而又有代表性的例子，广告中出现的语言和图画内容较为露骨(见图13-10)，是对广告内容展现的一次挑战，从中也证明了网络对于广告的包容。

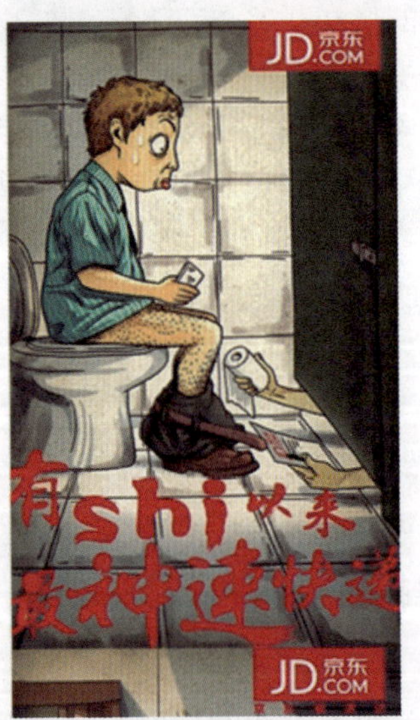

图13-10　京东“双十一促销”广告

（三）广告创意模式发生改变

网络使得人与人之间的联系变得更为便利，这种便利也被广告企业所利用。广告企业利用网络技术使得自己分布在各地的资源得到有效的利用，创意力量得到整合，广告创意方式得以拓展。2012年恒美广告(DDB Worldwide)在上海成立了其大中华区第一个全球创意核心俱乐部，并成立了一个整合全球资源的平台“Fit for Excellence”。这个俱乐部和平台旨在为DDB的全球客户们提供世界统一水准的作品，选择这一平台进行广告创意的客户将拥有一支不受地域限制的创意团队。品牌提供的简报会在这个平台上被发送给DDB位于世界各地的办公室进行分解和探讨。

麦当劳的“一见中薯”(I See Fries)就是来自这个平台的成果(见图13-11)。当麦当劳的创意简报发布给DDB全球的创意人才之后，短短2周时间，麦当劳就收到了20多个创意方案，最终确定将澳大利亚DDB的精彩创意用到中国来。

图13-11　麦当劳的“一见中薯”活动

二、网络时代的广告大数据与链接

（一）大数据

对广告投放来说，精准投放一直是广告主梦寐以求的终极目标之一，只把广告投放给应该看到广告的人，才能发挥广告的最高效益。精准的投放需要收集大量用户数据并进行用户细分，大数据的发展使得这种目标的实现成为可能，广告企业利用大数据能够帮助广告主发现细分受众的需求。消费者在网络上的点击、停留、购买、书写等所有行为都被记录和学习，所有顾客在网站上的历史数据，作为全方位了解其“个性”的依据。

由于通过收集到的数据进行有效分析，了解用户要什么，给他所需要的东西，互联网广告正越变越聪明，与消费者的喜好越来越贴合，广告不再是无用的信息，广告价值正在被放大。这背后所体现的正是大数据时代给数字营销所带来的变革。大数据利用海量的数据、丰富的内容，寻找客户所需要的规律，让受众在广告投放者眼中成为透明。大数据的分类维度，也比以往的数据形式更加丰富和多元，它不给数据种类设置限制，唯一的限制只是人的需求和思维，让受众与产品推广方式之间的匹配更加无缝、贴合，锁定用户也成为可能。

如今互联网广告行业呈现出网民浏览行为的碎片化及媒体资源碎片化，通过以RTB为主导的最有效的海量广告流量应对当前环境，将为更多的广告主提供最为适合的广告投放解决方案，通过对于自身平台的不断优化真正实现人群定向“零浪费”的广告投放体验。早在

2007年，Google就宣布要使用Cookie为用户量身打造广告。根据成千上万条网页浏览历史的记录，对每个用户进行定位。例如，某人经常收看网球比赛的新闻，Google推测他就是个网球迷，很可能也经常打网球，那么当他在YouTube上收看视频的时候，就会看到视频中插播的，或者旁侧陈列的当地网球比赛购票广告和网球用品广告。

（二）链接

在人与人之间建立链接关系作为广告公司的主要任务已经得到了越来越多业内人士的认可。DDB全球CEO 查克·布莱默在《互联网营销的本质：点亮社群》一书中写道："今天，我们的营销对象是一个会在内部共享信息、行动迅速、桀骜不驯的社区。" "如今我们更像是一个传播公司，而不是传统意义上的代理公司。"他不仅强调了广告的对象处在一个相互联系的群体中，而且这意味着广告公司的任务由过去的连接品牌和人，变成了如今的连接人和人。

消费者有链接的需要，因为工业化的进程把人赶到了城市，数千年来所形成的小群体生活方式被打破，人变成了原子式的、孤立存在的个体，作为社会性的人更加渴望与他人的沟通与交流，而商品则是这种沟通的媒介。通过这种媒介，消费者之间可以分享情感体验。互联网的出现，让几乎零成本联系成为一种可能。而且各种辅助工具也使得一对一的互动、大范围的相互互动、消费者的意见表达、活动参与等变得非常便利。在这种背景下如果还是一味地吸引眼球或者从事交易就有可能会被竞争所淘汰。

13

布莱默指出："过去我们到达一个消费者的目的是把品牌的故事告诉他，而现在我们到达一个消费者，是为了让他再把这个故事告诉别人。到达本身不再是目的，目的变成了促成分享和参与。"DDB曾经为新加坡最大的通信公司Starhub策划过一个帮助盲人逛超市的营销活动。它们专门开发了一款APP，让盲人可以用手机摄像头拍摄前方的照片。照片会被自动上传到指定社区，由志愿者以文字的形式描述这张照片的内容和周边信息。而该款APP能够进行文字解码，用声音把志愿者输入的文字朗读出来，这样盲人就能随时了解到自己眼前和周围的环境，就好像具备了"第三只眼"。

三、广告投放观念的变化

传统意义上，广告企业会将广告主的广告投放在电视、广播、报纸等大众媒介上，从而使这些广告尽可能多地接触潜在的消费者，然而这样粗糙的投放也会使得广告费用的一半被浪费掉。美国Tacoda广告公司的总裁摩根先生就说："最痛恨这些不相关广告的人，就是消费者；其次，就是为这些不相关广告买单的广告主！。"在网络时代，大数据、自媒体等技术和媒介手段使得媒介投放也发生了巨大变化。个性化技术能够从历史数据中挖掘每位消费者独特的偏好和需求信息，在网站上向消费者呈现与其需求高度吻合的广告。甚至不同的消费者，即使在同一个网页同一个位置，看到的也是完全不同的广告。个性化网络广告是从对"面"(细分市场)的关注，精确到对"点"的瞄准：对消费者来说，看到的都是喜欢和需要的产品广告；而对广告主来说，每条广告都能够到达需要这个产品的人，广告主再也不用担心付出的广告费得不到回报了。比如，同在某个门户网站的首页，一位25岁的年轻女白领看到的是欧莱雅的化妆品广告，而一位35岁的男性企业家看到的是奥迪汽车新款Q5的广告。

广告投放日益精准的背后是新的广告投放企业的崛起。以百度、Google为代表的网络公司，已经把销售绕过广告公司直扑品牌广告主。这些企业凭借自身在网络媒体和广告技术方面的优势，占据着更多广告市场份额。这些网络公司使用的广告投放策略主要有两种类型：一种是以RTB为代表的新型广告位购买模式；另一种是以原生广告为代表的广告植入模式。

（一）RTB

1．RTB的概念

Real Time Bidding模式(简称RTB模式)，又称实时竞价模式，是一种利用第三方技术在数以百万计的网站上针对每一个用户展示行为进行评估以及出价的竞价技术，是网络广告行业新型的购买模式。与大量购买投放频次不同，实时竞价规避了无效的受众到达，针对有意义的用户进行购买。RTB的核心思想之一便是售卖人而不是广告位(见图13-12)。RTB广告并不是固定在某个页面上的，当消费者打开某个页面的一瞬间，广告平台和DSP通过各种技术手段将获得打开页面的人的基本信息，并通过这些基本信息最终决定该投放怎样的广告给这个用户。即在相同的页面上，不同用户会看到不同的广告，而该广告是为每个看到广告的人定制的。

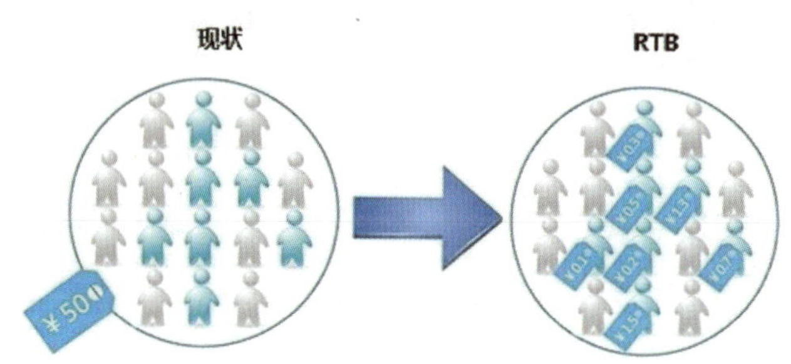

图13-12　RTB的核心思想

国内主要的广告交易平台包括谷歌DoubleClick、淘宝Tanx、百度等，也有一些小型的广告交易平台，只专注销售单一网站上的用户，如Adsvana便只专注为凤凰网构建交易平台，而腾讯也宣布要把部分的广告流量使用RTB的方式售卖。

2．RTB的流程

在RTB广告交易模式中，原有的广告生态链发生了变化，整个生态链包括DSP(需求方平台)、AD Exchange(广告交易平台)以及SSP(供应方平台)三个主体。广告主将自己的广告需求放到DSP平台上，互联网媒体将自己的广告流量资源放到广告交易平台，DSP通过与广告交易平台的技术对接完成竞价购买。

因此，当用户访问一个网站时，SSP即向Ad Exchange广告交易平台发送用户访问信号，随后广告位的具体信息则会经过DMP的分析匹配后发送给DSP，DSP将对此进行竞价，价高者会获得这个广告展现机会，并被目标用户看到——从开始竞价到完成投放，这一系列过程仅需100毫秒，全部依托机器完成。比如，消费者打开一个体育网站查看最近的篮球比赛信

息，该页面有广告栏。与此同时，广告供应方平台(SSP)会立刻将这一页面挂牌到一个或多个实时广告交易平台(AD Exchange)进行出售，AD Exchange便将收集到的关于消费者的详细信息(行为喜好)告知DSP，估计他们竞买该消费者打开页面的广告位。不同的企业会根据自己的实际情况给出报价。最后各个DSP出价信息提交给AD Exchange再汇总到SSP。报价最高的企业的广告便出现在消费者打开的页面中。这一切都发生在不到1秒的时间里，看网页的消费者全然不知网页上的广告是如何产生的。但这些广告却与他有着密切的关系，符合他的消费心理，从而增加了他购买的可能性。

3．RTB的影响

这种新型广告位售卖方式，所卷起的强势冲击波，已经激起传统广告行业的强烈反应。奥美成立Neo@Ogilvy专事网络广告代理。腾迈广告(TBWA)成立Agency.com定位于网络广告业务。阳狮大中国区董事长郑以萍则明确表示："阳狮的媒体策略是开放的，阳狮不排除任何有价值的新媒体，以及新的网络广告技术……"RTB广告发展潜力巨大，这种趋势值得广告行业关注。据知名的市场研究机构eMarketer预测，2013年RTB广告将占美国展示广告19%的市场份额，预计到2017年份额将攀升至29%。而在中国，2012年时RTB广告在广告市场中的份额为0.5%，这一数字到2016年可能达到20%～30%。

（二）原生广告

1．原生广告的概念

原生广告是2012年新提出的一个概念，没有人可以给原生广告一个很明确的定义，各界众说纷纭。维基百科上对原生广告的定义是：广告商在用户体验中通过提供有价值的内容试图抓住用户的眼球。它不同于"软文"，是一种"虽然是付费广告但尽量做到看上去像正常内容"的互联网广告形式，原生广告看上去更像广告，但依然提供有趣或者有用的内容，以此降低普通展示广告的侵入性，增加转化率。Buzzfeed的总裁乔恩·斯坦伯格说："当你用内容的形式并冠以该平台的版本，就是一种原生广告。举例，在推特里面，它会是一则推特；在Facebook里面，它会是一则新的状态；在Buzzfeed里面，它会是一则报道。"原生广告理念的重要发起人和倡导者Sharethrough CEO 达纳·格林伯格认为，"它是一种让广告作为内容的一部分植入到实际页面设计中的广告形式。"笔者理解原生广告是广告投放形式的一次创新，传统意义上的广告有价值的信息较少，被人们视作一种噪声。而原生广告则是通过提升自身的内在价值并与投放环境相匹配，从而实现广告本身的信息化。

2014年3月10日，新浪网的"原生信息流广告"系统将全面上线，3月14日，凤凰网的原生信息流广告也将正式对外发布，之前两家新闻门户都在紧锣密鼓地筹备着这个全新产品战略的推出。而此前，腾讯微博已经在国内率先发布了原生广告系统——智慧推。原生信息流广告在国内外的新闻网站接连出现，意味着互联网展示广告将更多地融合进入内容营销的阵营，全面提升展示广告的效果。

2．原生广告的特点

艾迪因赛总结了原生广告的以下几个特点。

1) 内容的价值性

原生广告为受众提供的是有价值有意义的内容，而不是单纯的广告信息，而是能够为用户提供满足其生活形态，生活方式的信息。一些广告商和平台为了提升点击率，将横幅广告伪装成原生广告。这种做法实际上辜负了用户的信任，让当前由浏览用户和广告商两大块组成的生态系统陷入危险境地中。

2) 内容的原生性

内容的植入和呈现不破坏页面本身的和谐，不是为了抢占消费者的注意力而突兀呈现，破坏画面的和谐性。奔驰就通过搜狗特别版本输入法Flash皮肤，向用户提供自动皮肤背景更换以及每天向用户推送奔驰SMART不同款车型的特别功能。在用户的电脑桌面，输入法为SMART提供了一个零距离的营销沟通渠道，让营销沟通直达用户。借由Flash版皮肤交互预置，让SMART与营销触角保持全天候交互，时刻推送不一样的SMART形象，时刻传递不一样的营销信息，时刻捕捉用户信息，实现全天候营销。

3) 用户的主动性

用户乐于阅读，乐于分享，乐于参与其中。原生广告不是单纯的“到我为止”的广告传播，而是每个用户都可能成为扩散点的互动分享式的传播。学者肖明超认为一个优秀的原生广告应该具备三大特点。首先，跟产品和内容高度相关和融合(位置原生)；其次，符合用户的使用期望，进入用户的使用流程(形式原生)；最后，带给用户符合逻辑的价值(内容原生)。2014年初，为了配合宝马1系广告上市，有道词典推出了特色原生广告形式(见图13-13)，与目标受众展开互动——在词典客户端首页的“每日英语”进行推广，推出英语题目“近日推出新款跑车的宝马公司总部位于……”等系列英语词汇的学习问答，借助有道词典的划词、取词功能，软性宣传宝马。 投放期间，有道词典后台数据库资料显示，每天对宝马进行宣传的有效答题人数超过10万，新增有效查询bwm的次数约为5000次，传播效果明显。因为，广告内容有机地融入到学习的内容当中，用户自然而然地就接收到了宝马1系上市的信息。

13

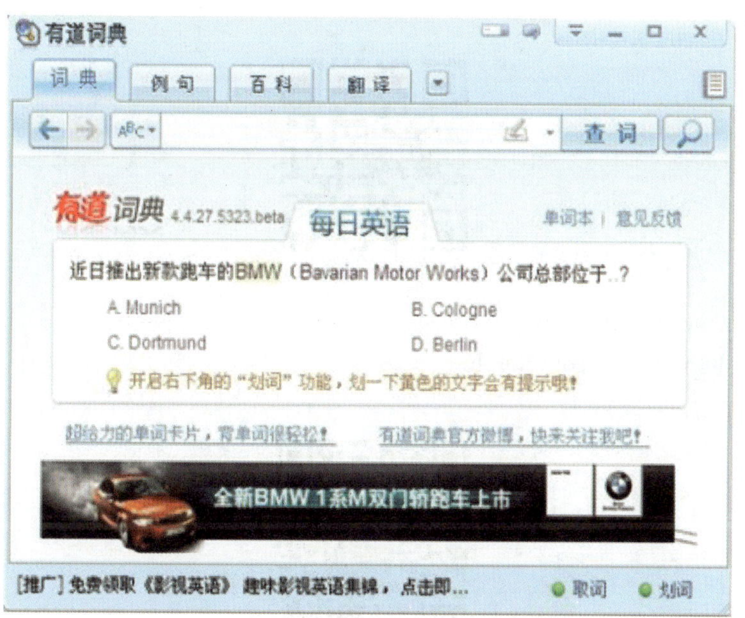

图13-13　有道词典上的宝马原生广告

本章小结

网络时代，政治经济文化的变化带来了消费者、广告主、广告企业的连锁变化。广告主和广告企业应该把握消费者的个性化、权力化、情感化特征。广告主不仅对消费者的信息接收渠道——新媒体保持足够的重视，而且还应该注重与消费者的沟通与交流，提供有价值的信息；广告企业应该利用大数据，帮助广告主与消费者建立链接，精确投放广告。消费者、广告主、广告企业应该融合，而非角色分明，三方要形成合力在互惠互利的情况下实现共赢。

延伸阅读

1. 广告门网址 http://www.adquan.com/
2. 广告门微博 http://weibo.com/adquan
3. 广告门微信

4. 钛媒体 http://www.tmtpost.com/
5. 钛媒体微博 http://weibo.com/tmtpost
6. 钛媒体微信

7. 虎嗅 http://www.huxiu.com/
8. 虎嗅微博 http://weibo.com/ihuxiu
9. 虎嗅微信

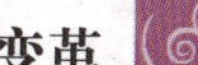

10. 梅花网 http://www.meihua.info/
11. 梅花网微博 http://www.weibo.com/meihua2002
12. 梅花网微信

13. 艾瑞网 http://www.iresearch.cn/
14. 艾瑞网微博 http://weibo.com/iresearch21cn
15. 艾瑞网微信

【案例】

绿山咖啡的用户体验

【案例简述】

绿山咖啡在转型前是一个传统意义上的咖啡供应商，也就是简单从农户手上收购咖啡豆，再自己进行加工。在这种传统的咖啡供应商的模式下，里面的利润空间是非常小的，而在它提供了颠覆式的用户体验之后，对它自己的价值获取同样有了很大飞跃。作为传统咖啡供应商时从中获取的价值不超过3美分，而转化成独特式的用户体验之后，每个K杯的售价是66美分，从中获取的毛利远远超过40%，所以绿山咖啡通过在中间提供颠覆式的用户体验，实现了很大的价值捕获。

【营销策略分析】

早餐咖啡准备过程中有两个非常具体的痛点：首先咖啡熬制过程比较长，有很长的清洗过程；第二个痛点，每次只能煮一壶咖啡，并且一壶只能有一种口味，不能满足家庭成员的不同口味需求。这两个点是非常具体的痛点，针对等待时间和清洗时间的痛点，绿山咖啡给出的是三步式解决方案——第一步拿起一个胶囊式咖啡（K杯），第二步按一个键，可以选半杯模式或者一杯模式，第三步就可以喝了，整个过程一般10～20秒钟就可以完成。无论在流程的复杂度上，还是在整个过程中间，都不需要任何思考，是一个完全颠覆性的体验。可以说绿山咖啡确实把自己变成了一个平台产品，对用户提供了完全不同的颠覆式的解决方案和颠覆式的用户体验。

【与传统的不同】

传统上我们只是一味地按照逻辑思维去想怎样满足客户的需要，而忽略了客户真正的需求就是从最小的事情体现出来的，而发现了这最小的点的精髓就找到了客户需求的中心。马斯洛将人的基本需求分为了五类，从最基本的生理需求、安全性需求、社交需求到最后的自我实现需求，这个理论框架为我们揭示了为什么互联网能够给我们带来不同的体验。互联网精神的应用使得我们能够给用户提供的体验，从感官的体验到更高层的体验，包括交互式体验、情感体验、社会体验，或者高度的个性化体验。

【可借鉴之处】

学习它利用互联网传播的用户体验精神。绿山咖啡的营销策略就是一切以用户为中心，追求用户极致体验的意境。而这恰恰就是当今的互联网的核心精神。绿山咖啡这个公司本身和互联网并没有特别强的关联，但是在它转型的过程中，运用了很多互联网的一些概念，尤其最核心的是，它紧紧地围绕用户的一些极端痛点和用户的一些终极需求，以这个为起点，也以这个为终点，从而实现了自己的成功转型。

思考练习

1．举出一个你印象深刻的新媒体广告，说说你有印象的原因，解释它与传统广告有何异同。

2．谈谈你对RTB模式的认识，指出这种模式的优劣之处。

第十四章

广告营销创新

〖学习要点及要求〗

本章有微信营销、微博营销 、搜索引擎营销、社区论坛营销等重要术语。通过本章的学习，掌握微信营销、微博营销、搜索引擎营销和社区论坛营销的方法。

随着网络时代的到来、消费者行为的改变，广告主和广告企业的营销行为也发生了重大变化。本章将介绍微信营销、微博营销、搜索引擎、社区论坛营销等利用新媒体技术的营销方式。通过案例介绍的形式阐述这些营销方式与传统营销一脉相承的一面，以及因其技术的改变、传播过程中施受关系的变化而独具特色的一面。

第一节　微信营销

微信不仅仅是一款手机应用，它已经开始渗入到我们生活的方方面面，带来生活方式的改变。刷微信朋友圈已经成为人们睡前、醒来的习惯性动作，各个企业也纷纷利用这一应用打造自己的营销利器，微信营销开始大行其道(见图14-1)。

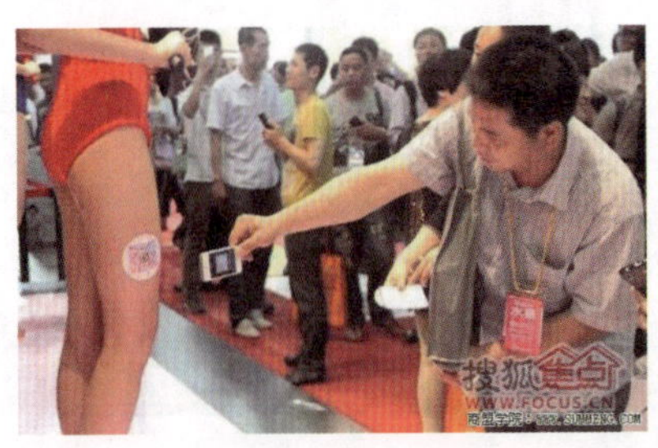

图14-1　无处不在的微信营销

一、微信

(一) 概念

微信(英文名：Wechat)是腾讯公司于2011年1月21日推出的一款为智能终端提供即时通信服务的免费应用程序，微信支持跨通信运营商、跨操作系统平台，可以通过网络快速发送免费(需消耗少量网络流量)语音短信、视频、图片和文字，同时，也可以使用通过共享流媒体内容的资料和基于位置的社交插件“摇一摇”“漂流瓶”“朋友圈”“公众平台”“语音记事本”等服务插件。

微信发展迅速，影响广泛。2011年1月21日，微信正式上线；433天以后，2012年3月29日，微信用户突破1亿；截至2013年11月注册用户量已经突破6亿。在用户数量呈几何级增长的同时，微信也从一个简单的聊天工具，变成了一种生活方式。甚至有人说：“我们对着微信说话、放歌，拿着微信拍照，甚至都不需要真的有拍摄的动作，它都会帮我们分析、执行和完成。微信的价值已经提升到新的层次，那就是降低信息输入和输出的成本，增加信息的总量和流动效率。”

（二）功能

微信提供公众平台、朋友圈、消息推送等功能，用户可以通过“摇一摇”“搜索号码”“附近的人”、扫二维码等方式添加好友和关注公众平台，同时将内容分享给好友以及将自己看到的精彩内容分享到微信朋友圈。

1．聊天

微信支持发送语音短信、视频、图片(包括表情)和文字，是一种聊天软件，支持多人群聊。

2．添加好友

微信支持查找微信号(具体步骤：单击微信界面下方的“朋友们”按钮—>添加朋友—>搜号码，然后输入想搜索的微信号码，然后单击“查找”按钮即可)、查看QQ好友添加好友、查看手机通讯录和分享微信号添加好友、摇一摇添加好友、二维码查找添加好友和漂流瓶接受好友等方式。

3．实时对讲机功能

用户可以通过语音聊天室和一群人语音对讲，但与在群里发语音不同的是，这个聊天室的消息几乎是实时的，并且不会留下任何记录，在手机屏幕关闭的情况下也仍可进行实时聊天。

4．微信支付

微信支付是集成在微信客户端的支付功能，用户可以通过手机完成快速的支付流程。微信支付以绑定银行卡的快捷支付为基础，向用户提供安全、快捷、高效的支付服务。

支持支付的场景有微信公众平台支付、APP(第三方应用商城)支付、二维码扫描支付(见图14-2)。

图14-2　微信支付的场景

5．朋友圈

用户可以通过朋友圈发表文字和图片，同时可通过其他软件将文章或者音乐分享到朋友圈。用户可以对好友新发的照片进行评论或赞，用户只能看共同好友的评论或赞。

14

二、微信营销

（一）概念

微信营销是网络经济时代企业营销模式的一种创新，是伴随着微信的火热而兴起的一种网络营销方式。微信不存在距离的限制，用户注册微信后，可与周围同样注册的“朋友”形成一种联系，用户订阅自己所需的信息，商家通过提供用户需要的信息，推广自己的产品，从而实现点对点的营销。

（二）微信营销的特点

1．点对点精准营销

微信拥有庞大用户群，借助移动终端、天然的社交和位置定位等优势，每个信息都是可以推送的，能够让每个个体都有机会接收到这个信息，继而帮助商家实现点对点精准化营销。通过微信不仅可以借助于微信公众号进行植入式的广告推广，还可以进行一对一互动。微信让 UV、手机号、E-mail 等“数据人”变成了实实在在的人。对精准营销的从业人员来说，从数据库的那一堆手机号、E-mail 地址里根本看不出一点个性来，但是微信中的人由于可以借助语音、图片、视频而变得生动活泼，从而让营销人员根据这些特点进行精确营销。同时，微信给了营销者一个直接与用户对话的渠道，可以让营销者和一个具体的顾客对话。某品牌在微信上售卖微信月饼券，使用微信扫描二维码，即可订购其月饼礼盒。借助腾讯微生活平台新推出的微信功能，他们把月饼券数字化成为微信月饼券，厂商先将自家的产品使用图文模式做出清楚的介绍，有兴趣购买的消费者只要点击自己想买的月饼券，使用微信支付平台(绑定银行卡)即可直接线上支付，完成购买，购买者可以直接通过微信将月饼券赠送给好友，好友收到月饼券后可以到附近门店领取月饼。

由于其可信度和到达率是传统媒介无法达到的，所以微信营销方式也是一种小众传播。

2．一对一互动

微信开放平台已经提供了基本的会话功能，让品牌用户之间做交互沟通，但由于陪聊式的对话更有针对性，所以品牌无疑需要大量人力成本投入。

以杜蕾斯为例，杜蕾斯微信团队专门成立了8人陪聊组，与用户进行真实对话。延续了杜蕾斯微博上的风格，杜蕾斯在微信中依然以一种有趣的方式与用户“谈性说爱”。据杜蕾斯代理公司时趣互动透露，目前除了陪聊团队，还做了200多条信息回复，并开始进行用户的语义分析的研究。

3．线上营销与线下营销的结合

线上线下的结合即Online To Offline(简称O2O)，是指微信可以利用已有的功能把受众的现实生活和网络生活进行结合，更有效地推送信息。这种线上和线下的活动结合更好地吸引人们的注意增加微观人数，受众不再是被动地接受而是主动积极地参与其中，更好地提高受众的反馈，积极地和受众进行沟通与交流。O2O模式可以对商家的营销效果进行直观的统计和追踪评估，规避了传统营销模式的推广效果不可预测性的劣势。O2O在服务业中具有很大的优势，价格便宜、购买方便、折扣信息等能及时获知等优点，而且将拓宽电子商务的发展

空间由规模化走向多元化。

杜蕾斯企业通过微官网、微会员、微推送、微支付、微活动，形成了一种主流的线上线下微信互动营销方式。通过线上线下活动的推广更好地把杜蕾斯的诉求及时地传达给客户，同时更好地传递企业文化。它不是像传统的方式一样一味地为产品做广告，而是采取一种软性的方式，以更贴切的方式让消费者接受并更多地增加公众服务平台的订阅人数。杜蕾斯利用公众账号平台进行自媒体活动，简单来说就是进行一对多的媒体性行为活动，通过这一平台，杜蕾斯企业可以打造属于一个微信的公众号，并实现和特定群体的文字、图片、语音全方位的沟通互动。从杜蕾斯企业角度来说利用公众平台一方面节约了企业成本，减少资源的浪费；另一方面又在很大程度上宣传了企业的文化、提高品牌知名度，提高了公众对企业的认知度，打造更具影响力的品牌形象，在宣传方面起到了空前的作用，企业不用再浪费大量的宣传费用就可以更大地提高宣传的影响力。

关注账户——选择商品——在线下单——网上支付(或者货到付款)——验收商品，目前，欧莱雅集团旗下欧莱雅小美盒(见图14-3)悄然上线的微信服务号打造了一个O2O的购物闭环。在这一条看起来简单清晰的逻辑链条背后是复杂的信息流及物流处理过程。这个能够在线购买定制化化妆品套餐的服务号并非简单的客服端口，而是结合产品策划、营销、客服、在线支付以及供应链为一体的综合解决方案。欧莱雅中国提出了SOLOMOCO的目标，即更加社交化(Social)、本土化(Local)、移动化(Mobile)和电子商务(Commercial)。而微信支付功能的开通使得上述SOLOMOCO构想成为现实。

14

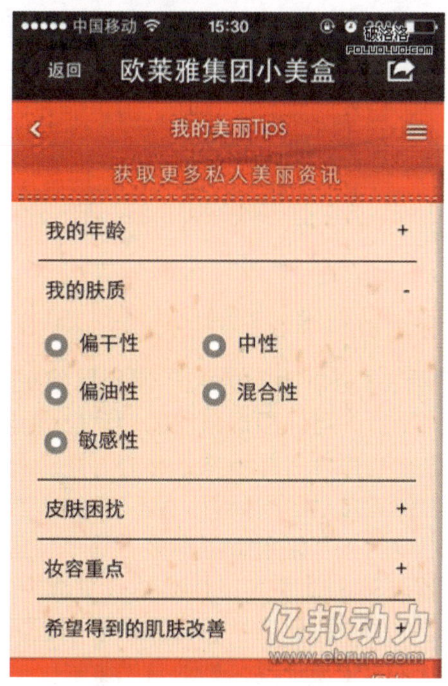

图14-3　欧莱雅小美盒页面

互联网行业最大的魅力就是边际成本很低，属于轻资产运作。现在O2O项目的共同点就是缩短了供应链环节。另外，利用互联网沟通信息会更方便、更透明，可以改变目前很多传统行业中信息不对称的问题，这就是为用户提供价值所在。

4．强关系的机遇

微信的点对点产品形态注定了其能够通过互动的形式将普通关系发展成强关系，从而产生更大价值。通过互动的形式与用户建立联系，互动就是聊天，可以解答疑惑，可以讲故事甚至可以“卖萌”，用一切形式让企业与消费者形成朋友关系，你不会相信陌生人，但是会信任你的“朋友”。微信是服务，而不是骚扰。传统广告之所以不讨人喜欢，是因为它在没有得到受众允许的情况下，给受众展示了他不需要的内容。微信在这方面做得比较好，公众账号是不可能主动添加个人用户的，微信平台也不会给用户推送公众账号，用户添加公众账号的唯一途径就是手动添加。既然用户是自己做出了这个动作，就说明用户是自愿收到来自公众账号的信息。

5．服务即营销

微信平台是要做到服务最大化，营销最小化；微博平台则要体现营销最大化，相较于微博而言，微信的定位就是服务。而服务和营销最大的区别在于：服务是一对一的、点对点的微信传递，而营销往往是一对多的信息推送。

2013年8月5日，微信5.0于苹果商店上线，这一版本或许是微信发展史上最重要的一个版本之一。为了防止公众账号对普通用户的骚扰，微信将公众账号分为订阅号和服务号两类，与此同时，微信官方开始大力提倡企业微信公众账号做服务而非营销。南方航空(以下简称“南航”)作为服务号的代表从中脱颖而出，南航用服务代替营销的策略取得了巨大成功。机票预订、办理登机牌、航班动态查询、里程查询与兑换、出行指南、城市天气查询、机票验真等这些通过其他渠道能够享受到的服务，用户都可通过南航微信公众平台来实现。南航并没有用营销而是用服务实现了粉丝的猛增，这在之前可能并没人预料得到。企业在微信公众号中进行广告营销是一种新型模式，它比传统广告营销相比，展示了不同于以往的营销方式——借助新媒体做好服务——服务即营销，体现了从传统媒体时代到新媒体时代的变迁。

（三）微信营销的方法

1．草根广告式——查看附近的人

微信中基于LBS的功能插件“查看附近的人”便可以使更多陌生人看到这种强制性广告。用户单击“查看附近的人”后，可以根据自己的地理位置查找到周围的微信用户。在这些附近的微信用户中，除了显示用户姓名等基本信息外，还会显示用户签名档的内容。所以用户可以利用这个免费的广告位为自己的产品打广告。营销人员在人流最旺盛的地方后台24小时运行微信，如果“查看附近的人”使用者足够多，这个广告效果也会随着微信用户数量的上升而增强，这个简单的签名栏也就变成了移动的“黄金广告位”。 位置签名：商家可以利用“用户签名档”这个免费的广告位为自己做宣传，附近的微信用户就能看到商家的信息，如饿的神、K5便利店等就采用了微信签名档的营销方式。

2．品牌活动式——漂流瓶

漂流瓶有两个简单功能：“扔一个”，用户可以选择发布语音或者文字然后投入大海中；“捡一个”，“捞”大海中无数个用户投放的漂流瓶，“捞”到后也可以与对方展开对

话，但每个用户每天只有20次机会。微信官方可以对漂流瓶的参数进行更改，使得合作商家推广的活动在某一时间段内抛出的“漂流瓶”数量大增，普通用户“捞”到的频率也会增加。加上“漂流瓶”模式本身可以发送不同的文字内容甚至语音小游戏等，如果营销得当，也能产生不错的营销效果。而这种语音的模式，也让用户觉得更加真实。但是如果只是纯粹的广告语，就会引起用户反感。招商银行的“爱心漂流瓶”用户互动活动就是个典型案例。招商银行的“爱心漂流瓶”，是招商银行为自闭症儿童提供帮助的慈善性质的营销活动。在活动期间，微信用户可通过“漂流瓶”功能捡到来自招行微信账户的漂流瓶，根据上面的提示完成一些配合，随后招商银行会根据用户的参与情况，通过壹基金的“海洋天堂”计划来购买为自闭孩子提供的专业辅导训练。

3．O2O折扣式——扫一扫

二维码发展至今其商业用途越来越多，所以微信也就顺应潮流结合O2O展开商业活动。将二维码图案置于取景框内，然后你将可以获得成员折扣、商家优惠，抑或是一些新闻资讯。

用户可以通过扫描识别二维码身份来添加朋友、关注企业账号；企业则可以设定自己品牌的二维码，用折扣和优惠来吸引用户关注，开拓O2O的营销模式。移动应用中加入二维码扫描这种O2O方式早已普及开来，坐拥上亿用户且活跃度足够高的微信，价值不言而喻。在各大型的地铁站内，巨幅的1号店的二维码宣传海报随处可见，并且这些海报的表现手法都很夸张，能够瞬间吸引人们眼球的同时，较大地刺激人们的神经，使之有想购买的欲望。这则海报不仅可以观看，更可以拿起手机扫描二维码直接购买所示商品，这种新颖的消费模式已经在年轻人中流行开来，成为都市消费的新潮流。

4．互动营销式——微信公众平台

在微信公众平台上，每个人都可以用一个QQ号码，打造自己的微信公众账号，并在微信平台上实现和特定群体的文字、图片、语音的全方位沟通和互动。对于大众化媒体、明星以及企业而言，如果微信开放平台+朋友圈的社交分享功能的开放，已经使得微信作为一种移动互联网上不可忽视的营销渠道，那么微信公众平台的上线，则使这种营销渠道更加细化和直接。腾讯公司利用“媒体公众微信热”的趋势，开发媒体公众微信，为受众提供了低成本高质量的资讯获取通道。媒体公众微信能与传统媒体进行深度的融合，打破了媒体的界定，公众微信平台更像一个“小纸条”或“悄悄话”实现了传统媒体不能实现的亲民形象。与此同时，媒体公众微信不断向传统媒体低廉成本转型，通过文字、图片、音频，打破传统媒体壁垒。

5．熟人营销——朋友圈

利用微信朋友圈进行的广告营销相比传统广告营销不仅在可信度上更让人信服，而且传播速度和传播总量更是达到难以估计的效果。2013年5、6月份，一款名为疯狂猜图的游戏(见图14-4)在前期成本不到10万元的情况下，做到了上线之初日增用户30万人、上线1个月下载量超千万次的成绩。疯狂猜图其实是个很简单的游戏，进入游戏后，系统会提供一张图片，再给出24个待选汉字或字母，用户需要在答案框里输入正确答案。如果猜不出答案，用户可以选择用金币获得提示，也可以分享到微信朋友圈向好友求助。事实表明，最后一个分享到朋友圈的动作对疯狂猜图的爆发起到了不可替代的作用。将游戏分享到朋友圈求助，朋友圈的朋友打开后下载成为新用户，新用户遇到困难再次分享到朋友圈吸引新用户，这一传播链条源源不断。由于微信关系大部分为相互之间较为信任的熟人关系，因此疯狂猜图借助微信实现了爆发式的增长。疯狂猜图的成功证明了朋友间的口碑传播依然是品牌传播的最重要力量。

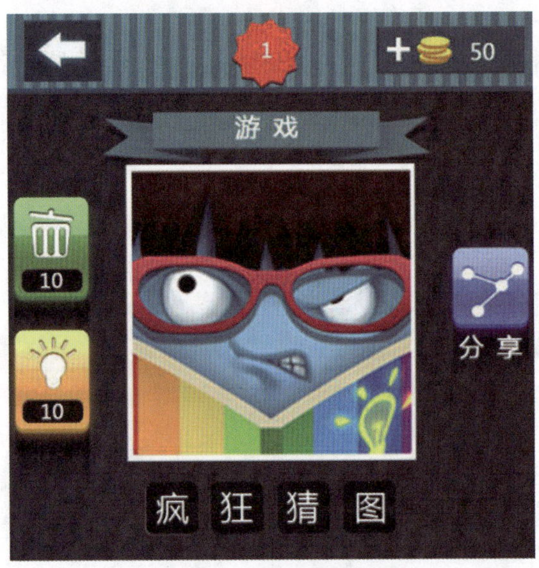

图14-4　疯狂猜图游戏

14

第二节　微博营销

一、微博

（一）概念

微博，即微博客(Micro Blog)的简称，是一种新型的互联网沟通交流工具，可以发布不超过140个字的信息，关注你的人可以即时接收。微博，又是一个基于用户关系的信息分享、传播以及获取平台，用户可以通过Web、WAP以及各种客户端组建个人社区，以140左右的文字更新信息，并实现即时分享。

最早也是最著名的微博是美国的Twitter(推特)，根据相关公开数据，截至2010年1月份，该产品在全球已经拥有7500万注册用户。国内微博企业绝大多数把学习的榜样都锁定在了Twitter身上，主要有新浪微博、腾讯微博、网易微博、搜狐微博(见图14-5)。

图14-5　国内主要微博

（二）特点

1．便捷性

使用者可以通过各种连接网络的平台，在任何时间、任何地点可以用电脑发微博、手机短信/彩信发微博、手机WAP发微博，还有对应的电脑/手机客户端发布微博；即时发布信息，其信息发布速度超过传统纸媒及网络媒体。比如一些大的突发事件或引起全球关注的大事，如果有微博在场，利用各种手段在微博上发表出来，其实时性、现场感以及快捷性，甚至超过所有媒体。

2．草根性

微博客草根性更强，且广泛分布在桌面、浏览器和移动终端等多个平台上，有多种商业模式并存，或形成多个垂直细分领域的可能。但无论哪种商业模式，都离不开用户体验的特性和基本功能。信息获取具有很强的自主性、选择性，用户可以根据自己的兴趣偏好，依据对方发布内容的类别与质量，来选择是否“关注”某用户，并可以对所有“关注”的用户群进行分类；使用门槛低，相对于强调版面布置的博客来说，微博的内容组成只是由简单的只言片语组成，从这个角度来说，对用户的技术要求门槛很低，而且在语言的编排组织上，没有博客那么高；打破传统网络产品的窄关系网、对等关系网，使人可以与不同层次的其他人物建立沟通联系。

3．传播迅速，影响广泛

微博提供了这样一个平台，你既可以作为观众，在微博上浏览你感兴趣的信息；也可以作为发布者，在微博上发布内容供别人浏览。发布的内容一般较短，例如140字的限制，微博由此得名。当然了也可以发布图片，分享视频等。微博最大的特点就是：发布信息快速，信息传播的速度快。微博改变了以往发送方信息主动推送的形式，改善烦琐、容易被过滤的问题，转为用户主动获取信息，另外通过裂变效应，使传播效果更快、更广；微博宣传的影响力具有很大弹性，与内容质量高度相关。其影响力基于用户现有的被“关注”的数量。用户发布信息的吸引力、新闻性越强，对该用户感兴趣、关注该用户的人数也越多，影响力越大。例如你有200万听众(粉丝)，你发布的信息会在瞬间传播给200万人。

4．背对脸

与博客上面对面的表演不同，微型博客上是背对脸的交流，就好比你在电脑前打游戏，路过的人从你背后看着你怎么玩，而你并不需要主动和背后的人交流。可以一点对多点，也可以点对点。当你follow一个自己感兴趣的人时，两三天就会上瘾。移动终端提供的便利性和多媒体化，使得微型博客用户体验的黏性越来越强。

5．原创性

在微博客上，140字的限制将平民和莎士比亚拉到了同一水平线上，这一点导致大量原创内容爆发性地被生产出来。微型博客的出现具有划时代意义，真正标志着个人互联网时代的到来。博客的出现，已经将互联网上的社会化媒体推进了一大步，公众人物纷纷开始建立自己的网上形象。然而，博客上的形象仍然是化妆后的表演，博文的创作需要考虑完整的逻辑，这样大的工作量对于博客作者成为很重的负担。而“沉默的大多数”在微博上找到了展示自己的舞台。

二、微博营销

（一）微博营销概述

1. 概念

微博营销是指通过微博平台为商家、个人等创造价值而执行的一种营销方式，也是指商家或个人通过微博平台发现并满足用户的各类需求的商业行为方式。微博营销以微博作为营销平台，每一个听众(粉丝)都是潜在营销对象，企业利用更新自己的微型博客向网友传播企业信息、产品信息，树立良好的企业形象和产品形象。微博营销注重价值的传递、内容的互动、系统的布局、准确的定位，涉及的范围包括认证、有效粉丝、话题、名博、开放平台、整体运营等。微博的运营商可以与企业共同进行策划，以企业微博、代言人微博、用户微博为载体，针对新产品、新品牌等进行主动的网络营销，微博将是植入式广告的最好载体之一。微博营销可以在趣味话题、图片和视频中植入广告。

14

2. 微博营销的价值

作为网络社交媒体中最为活跃的平台，微博的确改变了媒体和信息传播的方式，也在一定程度上改变了人们生活娱乐和搜索、获取信息的方式。在这个“自我为中心”的可快速传播信息的平台上，人人都可以传播并转发、评价信息，它是企业获取消费意见、赢得优质口碑、进行舆情监测的有效平台。而且，在这一化“被动推介”为“主动接受”的新媒体产品中，企业也能更直观地找到自己或忠实或潜在的“粉丝”，跟踪评估他们的消费习惯，有的放矢地进行产品推广或品牌文化的传播。六神邀请姚晨拍摄的广告宣传片在微博上一经发布(见图14-6)，就被广大粉丝争相转发，粉丝的积极性促进了企业品牌的传播。

图14-6　六神邀请姚晨拍摄的广告

（二）微博营销的特点

1．立体化

微博营销可以借助先进的多媒体技术手段，从文字、图片、视频等展现形式对产品进行描述，从而使潜在消费者更形象直接地接收信息。

2．高速度

微博最显著的特征之一就是其传播迅速。一条关注度较高的微博在互联网及与之关联的手机WAP平台上发出后短时间内互动性转发就可以抵达微博世界的每一个角落，达到短时间内最多的目击人数。2012年6月23日正值北京傍晚临近下班时，大雨猛然间落下，微博上网友开始讨论如何回家。此时一个叫“地空捣蛋”的账号发出一条微博：北京今日暴雨，幸亏包里还有两只杜蕾斯。他在配图中，详细介绍了自己怎样把杜蕾斯作为鞋套。此微博一发出，便被网友疯狂转发(见图14-7)，在1小时之内便被转发了1万多条。这种在某件突发性事件中依靠娱乐精神以及快速反应能力，微博可以帮助产品在短时间内获得大众媒体及普通受众的关注。

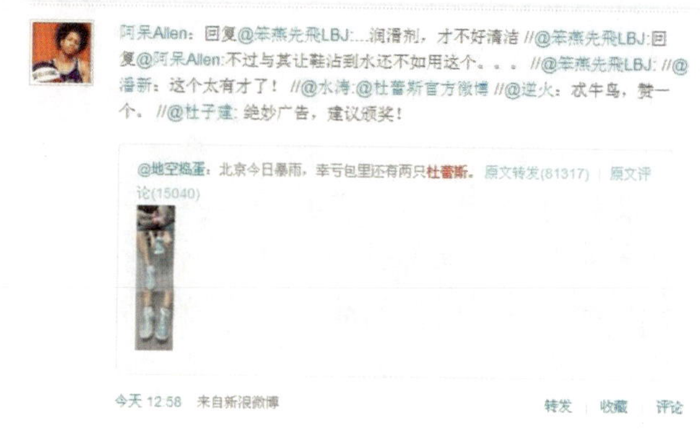

图14-7　被疯狂转发的微博

3．便捷性

微博营销优于传统的广告行业，发布信息的主体无须经过繁复的行政审批，从而节约了大量的时间和成本。

4．广泛性

通过粉丝关注的形式进行病毒式传播，影响面非常广泛；同时，名人效应能够使事件的传播量呈几何级放大。

（三）微博营销与博客营销的不同

1．信息源表现形式的差异

微博内容短小精悍，重点在于表达现在发生了什么有趣(有价值)的事情，而不是系统的、严谨的企业新闻或产品介绍。博客营销以博客文章(信息源)的价值为基础，并且以个人观点表述为主要模式，每篇博客文章表现为一个独立的网页，因此对内容的数量和质量有一定要求，这也是博客营销的瓶颈之一。

2．信息传播模式的差异

微博注重时效性，三天前发布的信息可能很少会有人再去问津。同时，微博的传播渠道除了相互关注的好友(粉丝)直接浏览之外，还可以通过好友的转发向更多更广的人群传播，因此它是一个快速传播简短信息的方式。博客营销除了用户直接进入网站或者RSS订阅浏览之外，往往还可以通过搜索引擎搜索获得持续的浏览，博客对时效性要求不高的特点决定了博客可以获得多个渠道用户的长期关注。

3．用户获取信息的差异

用户可以利用电脑、手机等多种终端方便地获取微博信息，发挥了“碎片时间资源集合”的价值。对于博客信息，用户也可以利用电脑和手机获取信息，但是相对于微博来说，信息获取远不如微博方便、快捷。

三、微博营销的做法

（一）微博营销的一般做法或原则

1．善用大众热门话题

与传统广告相比，用最新事件来吸引大家注意，巧妙运用事件营销，可以达到较好的营销效果。微博是进行事件营销的最佳宝地，能够及时传递事件进展，并容易引起围观和参与。事件营销通过制造具有新闻价值的事件，并让这一新闻事件得以传播，来转弯抹角地做广告，达到广告的效果。

索契冬奥会开幕式上代表五环的五朵雪绒花中有一朵没有成形，在这个事件出来后，微博上网友几乎都是在吐槽、讨论这件事，纷纷转发与此相关的微博。微博上的公司账号们纷纷借机营销。杜蕾斯、冈本、红牛、碧浪、雪花啤酒、茅台、安居客、兰芝、美的电器、TCL、阿里云、小米、淘宝、奥迪、尼桑、中粮五谷道场都陆续策划了“五环变四环”营销文案……搭乘大事件“顺风车”，迅速提升自己的品牌价值。

要注意的是，借助事件营销，必须注意事件本身的影响力，注意事件的延续性，需要把握整个事件的发展势态，制定周全和完美的策划。2014足球世界杯开赛不久，天天果园通过一组海报宣布成为“女性唯一合作伙伴”，推出一组以“世界悲球迷十大酷刑”为主要内容的海报(见图14-8)，号召球迷“别因为看球把她逼疯”。这组海报引发了数十家媒体官微以及海量微博、微信用户的不断二次发布。与此同时，天天果园在其移动端APP上推出了球迷向老婆“道歉装”的水果礼盒，也引发了持续的晒单和谈论。仔细观察，天天果园的这次借势营销有三个关键点：在整体主张上，统一且明确——“撑女性”。天天果园通过官微海报宣布成为“女性唯一合作伙伴”，表明自己的立场是站在因世界杯而被冷落的女性一边的；在表达上，还原生活场景，易感受。用产品承接，提供解决方案：天天果园在移动端APP上推出了29元的“道歉装”水果套餐，帮球迷表达歉意，化解矛盾。天天果园的道歉装产品组合既有优惠力度又有社交属性，即它能够就在人和人具体的互动关系中充当社交工具。

图14-8　天天果园“世界悲球迷十酷刑”海报

从整体来说，这次天天果园的世界杯营销动作简单清晰，“四两拨千斤”，是一次颇为成功的社会化借势营销。关键就在于抓准情绪，将品牌主张和推广信息与掩藏在热点事件、大事件背后的用户情绪进行有血有肉的绑定。

2．创造有意义的体验和互动

凡客作为最早在微博落户的企业之一，其微博营销手段让其他企业望尘莫及。凡客创造各种条件与消费者进行互动。不论是联合新浪相关用户赠送VANCL牌围脖，还是推出1元秒杀原价888元衣服的抢购，邀请姚晨、徐静蕾等人来参与互动等活动，都希望给予消费者以积极的体验。同时在代言人的选择上也考虑消费者的情感体验，代言人韩寒或王珞丹都是新青年的代表，尤其是他们的“凡客体”(见图14-9)，更是充分调动了网民的参与积极性。

图14-9　凡客体

3．定期举办活动，能够带来快速的粉丝增长，并增加其忠诚度

为在竞争激烈且存在行业巨头垄断的白酒市场获得成功，江小白另辟蹊径以互联网的方式进行品牌推广。江小白利用微博进行一系列营销，积极与消费者进行积极的沟通。江小白经常会做一个活动就是“#遇见江小白#”，消费者在任何地方看到江小白的东西，只需用手机拍下来“@我是江小白的微博”，就可能成为江小白的中奖用户，江小白就会给消费者一

些体验的分享(见图14-10)。与此同时，江小白注重线上活动的推广，将众多粉丝召集，让他们参与江小白品牌的建设，以此提高企业知名度和品牌凝聚力。通过这样的活动江小白不仅给品牌提供了传播的创意点，给自己的品牌赋予青春的含义，而且使得同年龄段的人产生共鸣，增加了品牌的亲和力和凝聚力。

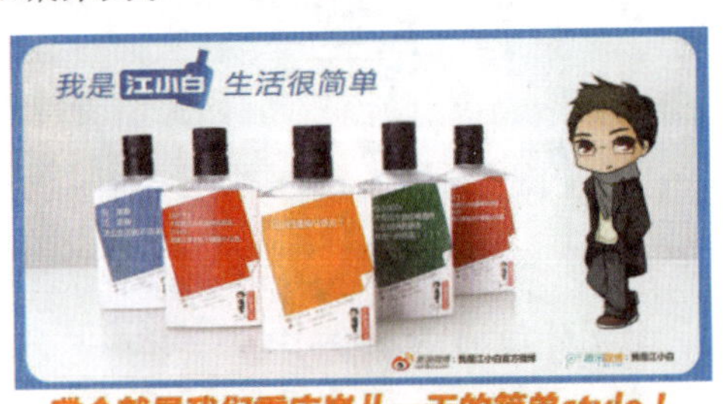

图14-10　江小白营销活动

（二）企业微博营销的做法

在微博营销中，赤裸裸地发布广告信息，很快会被网友抛弃。企业应该从以下几个方面来挖掘粉丝价值。

1. “用心”经营

社交媒体重视的是关系，传播只是对用户关系的一种利用，企业入驻社会化媒体，应该以诚恳和热情与粉丝建立关系，也就是要“用心经营”。杜蕾斯把官方微博定位为一个“有一点绅士，有一点坏，懂生活又很会玩的人，就像夜店里的翩翩公子”，名字取为“小杜杜”诙谐幽默，可以与消费者在微博平台上讨论日常生活中难说出口的私密问题。同时通过微博且实际的福利活动来吸引粉丝关注。杜蕾斯曾在微博中推送过一条活动消息：“杜杜已经在后台随机抽中了十位幸运儿，每人将获得新上市的魔法装一份。今晚十点之前，还会送出十份魔法装!如果你是杜杜的老朋友，请转发‘我要福利’。”活动一出，短短几个小时杜蕾斯就收到上万条微博转发，也赢得了几万名粉丝。企业跟自然人一样地与用户进行沟通交流是初级阶段；做一个有个性的企业是中级阶段；以企业独有的“人格”魅力来保持粉丝对企业品牌持久的关注，同时还会发现机会，懂得借势，借热点事件扩大自己的影响，那么就已经是营销的高级阶段了，杜蕾斯微博营销就是企业从中级阶段向高级阶段迈进的例子。

2. 淡化商业性，突出人情味

微博营销中消费者与企业关系的建立是在双方自愿的基础上，所以企业不应该只把消费者当成产品和品牌的销售对象，而应该将消费者当成有情感的个体。消费者不喜欢被商业、功利的宣传所包围，他们更愿意沟通。因此，微博营销应以情感沟通为主，淡化商业气息。

2013年2月4日，加多宝就成功地在自己的微博上进行了一次情感营销。加多宝在微博上做出了一组兼具视觉力与传播力的“对不起”系列图片，这组图片选取了四个哭泣的宝宝，并配以一句话文案诉说自己的弱势，不断强化对比自己与广药的地位差别(民企与国企)来博得民众对民企的同情，给予对手致命的打击。加多宝的悲情牌一经打出，立刻博取了大量网民的同情，其官方微博上的四张图片获得了超过4万的转发量，加多宝也一举将输掉官司的负面新闻扭转为成功的公关营销事件。

3. 举办线上活动，开展线下活动

2010年8月28日，新浪微博一周年。这一天，一场“微博快跑”活动绕城举行：十辆造型各异的MINI微博车队，载着特色礼物和8名网上征集的微博用户，从中关村出发，穿越北京的大街小巷，途经五道口、鸟巢、朝阳公园、天坛、西单、南锣鼓巷等北京地标性场所，将微博“随时随地分享”的精神传递给每一个路人。作为新媒体主力的微博上线后第一次成功的线下活动，采取了线上线下结合的方式利用新媒体集结人群，采用线下活动的方式增强广告效果。而且线上线下这种方式越来越受到广告主的喜爱。作为首次成功应用这种方式的案例，这个事件也在新媒体广告中有标志性意义。

线上线下，互动与交流，新媒体与传统媒体互相结合，互为补充，不孤立存在。虚拟与现实相互融合，带给人们不一样的社交体验和广告感受。采用线上线下式的广告在广告过程中比传统广告更具有吸引力，更具有冲击力和互动性，更能吸引受众关注。

4. 善用名人效应

名人就是人气的象征，借助知名度更高的人进行关联炒作，可以扩大自己的影响力。企业凭借微博能够快速传播的能力，抓住事件人物进行推广，宣传幽默诙谐，拉近与人们的关系，让广大受众开心一笑的同时，引起广泛的关注，塑造一种亲民的形象。2011年4月，微博大V作业本在自己微博上发表微博：今晚一点前睡觉的人，怀孕。几分钟之后，杜蕾斯官方微博转发了作业本本人的微博原文并@作业本：有我！没事！！随后在很短的时间内大量名人及粉丝转发并评论这条微博，竟达上万次。杜蕾斯利用人们的好奇与恶搞的心态，在短时间内抓住机遇，聚集了大量媒体及粉丝，引起人们与媒体的高度关注，并加以讨论，不仅提高了公司的形象，更是促进了销售，效果显而易见。

借助名人效应，及时跟随，引起网民关注，但此类事件要符合品牌调性，广告痕迹不能太过明显。企业利用明星在微博上做广告时，不要太刻意，要以一种自然的手法把广告信息传递出去，否则会引起明星粉丝的反感。某次中国台湾艺人林志颖在微博上为一个品牌做广告，广告痕迹过于明显，导致他的粉丝很不买账。所以，商家请明星做广告时，一是应注意与品牌的契合度，一个喜剧演员和一个严肃名牌的搭配并不是一个太好的选择；二是在借用明星进行宣传时，广告植入应自然，如发布食品广告，可以邀请名人试吃，并进行微博发布。

在微博中，名人效应不仅仅是企业对名人的借势营销或者企业选取明星做代言人而进行的营销，名人也在利用自己的影响力为自己的品牌进行营销。电影《后会无期》是韩寒的处女作。韩寒在一开始就将电影的各种拍摄细节、拍摄过程在微博上同步起来，迎来了各路博友的激烈探讨(见图14-11)。相当长的一段时间内，人们还在讨论他与另一个作家郭敬明的《小时代》究竟会哪个更胜一筹。韩寒的微博营销方法比较接地气，与其他电影拍摄时的保密相比，韩寒反而不断地透露各种拍摄细节、各种拍摄镜头，这就使得网友对他的电影的关注度更高。韩寒的这种宣传用以往电影的保密性换取了网友的广大的关注度，这种边拍摄边宣传的效果丝毫不弱于那种花大价钱宣传的效果。再加上韩寒与他们的互动，使得这部电影还没有上映就已经被众人所期待。

电影《后会无期》最后一次选景。站在大漠中，朋友问，你的围巾不错，哪买的。我说，我也不太清楚，这要是往常，我送你就是，但这次不行，因为这是我的睡裤。

1月9日 13:03 来自iPhone客户端 | 举报 (43840) | 转发(52918) | 收藏 | 评论(19619)

图14-11 韩寒在微博上发布电影消息

第三节 搜索引擎营销与社区论坛营销

14 网络时代，除了微信营销、微博营销外，企业还经常借助搜索引擎和社会论坛等形式进行营销活动。

一、搜索引擎营销

（一）概念及特征

1．概念

搜索引擎营销，是英文Search Engine Marketing的翻译，简称为SEM。简单来说，搜索引擎营销就是基于搜索引擎平台的网络营销，利用人们对搜索引擎的依赖和使用习惯，在人们检索信息的时候尽可能将营销信息传递给目标客户。搜索引擎营销追求最高的性价比，以最小的投入，获得最大的来自搜索引擎的访问量，并产生商业价值。搜索引擎营销的最主要工作是扩大搜索引擎在营销业务中的比重，通过对网站进行搜索优化，更多地挖掘企业的潜在客户，帮助企业实现更高的转化率。搜索引擎推广的基本思想是让用户发现信息，并通过(搜索引擎)搜索点击进入网站/网页进一步了解他所需要的信息。

2．特征

搜索引擎是一种以需求为主导的传播，即先有需求，再有传播的过程，与传统大众传播的被动性接受相比，受众的信息需求明确而强烈，所以很多内容的传播效果会比较好。尽管搜索引擎使受众自我把关的重要性凸显，但是受众的把关意识却并不强烈。传统大众传播中，由于传播者的显性化，人们对传播者的身份、品牌、可信度等十分重视，但在搜索引擎中，信息来源是分散而隐性的，因此受众对信息来源的重视程度有所下降。

另外，搜索引擎数据可以直观地反映人们的信息需求与服务需求，也可以反映人们对热点事件的关注程度，对于传统媒体以及网络媒体，都是非常好的受众研究资源。另一方面，针对特定的消费品市场，通过对相关搜索数据的分析，可以研究人们的消费倾向与偏好，以及各种不同品牌的影响力。

人们对搜索引擎工具的大量使用，使得搜索引擎营销前景广阔。2012年的搜索量达到了3.668万亿次。中国互联网络信息中心(CNNIC)统计的数据显示，2012年85.2%的人群使用台式电脑上网搜索，只有56.2%的人使用手机上网搜索，但后者人数在不断上升。奥巴马在总统竞选时就曾利用搜索引擎进行宣传。仅在2008年1—4月，奥巴马在搜索引擎上的广告费用就超过了300万美金，占整个网络营销费用的82%。每个在Google上搜索奥巴马的选民同时会在搜索结果页面的右侧，看到一个奥巴马的视频宣传广告。这个广告不仅批评麦凯恩的政策立场，还有对热点话题的判断和主张，向选民表达他的观点。

（二）搜索引擎营销的服务形式

搜索引擎营销主要是搜索引擎公司为帮助企业针对潜在消费者进行精确营销而提供的一种服务。随着谷歌、雅虎和百度的成功推广，搜索引擎营销已然突破传统模式的局限，在整个营销领域独领风骚。

1. 竞价排名

竞价排名服务，是由客户为自己的网页购买关键字排名，按点击计费的一种服务。网站付费后排名才能出现在搜索结果页面，付费越高者排名越靠前；客户可以通过调整每次点击付费价格，控制自己在特定关键字搜索结果中的排名；并可以通过设定不同的关键词捕捉到不同类型的目标访问者。这种按照点击付费的竞价排名，包括谷歌的adw、rds竞价广告，其最大的优势在于点击付费的方式击中了众多广告主的理财心理，同时也能保证该广告最大限度地进入目标客户的视野。

2. 购买关键词广告

企业可以在搜索结果页面显示广告内容，实现高级定位投放，用户可以根据需要更换关键词，相当于在不同页面轮换投放广告。例如在百度搜索关键词“戴尔”，屏幕不但呈现出戴尔官方网址、图文并排展示的分类产品信息，甚至还有微博实时互动、在线咨询等模块。同时，热卖机型、促销信息、商城搜索框等也可出现在这一区域，包含信息丰富，能满足用户各种关注需求。

3. 搜索引擎优化（SEO）

通过对网站优化设计，使得网站在搜索结果中靠前。 搜索引擎优化(SEO)又包括网站内容优化、关键词优化、外部链接优化、内部链接优化、代码优化、图片优化、搜索引擎登录等。

4. 定价提名

定价提名是基于DataEX架构、FIBI架构和云计算等技术，集效果和推广成本、排名和转化率多重优势于一体的互联网搜索营销SEM全新的解决方案。FIBI架构实现全网搜索引擎的物理算法分析，DataEX实现多个系统数据的无缝连接和实时交换，Paas架构的云计算充分保障海量访问检索的需求。所以，与传统的SEO不同，定价提名是互联网SEM领域将技术产品化、服务化的全新解决方案。

（三）如何进行搜索引擎营销

1. 搜索引擎营销的基本流程

搜索引擎营销讲究“知己知彼”，所以在进行搜索引擎营销时，企业必须了解产品或者服务针对哪些用户群体；同时了解目标群体的搜索习惯，比如目标群体习惯使用什么关键词搜索目标产品，目标群体经常会访问哪些类型的网站；同时，要分析目标用户最关注产品的哪些特性，也就是考虑影响用户购买的主要特性，例如品牌、价格、性能、可扩展性、服务优势等；接下来选取相关网络服务公司建立竞价广告账户及广告组规划，在创建诸如谷歌及百度的广告系列及广告组时，需要考虑管理的便捷性及广告文案与广告组下关键词的相关性；选择相关关键词，我们可以借助谷歌关键词分析工具，以及百度竞价后台的关键词分析工具，这些工具都是以用户搜索数据为基础的，具有很高的参考价值；接下来撰写有吸引力的广告文案投放内容网络广告，进行目标广告页面的设计，并基于KPI广告效果转换评估。

2. 搜索引擎营销的基本策略

1) 构造适合于搜索引擎检索的信息源

网站建设完成并发布到互联网上并不意味着自然可以达到搜索引擎营销的目的，如果不能被搜索引擎收录，用户便无法通过搜索引擎发现这些网站中的信息，当然就不能实现互联网营销信息传递的目的。这其中的关键便是信息源的构造。信息源被搜索引擎收录是搜索引擎营销的基础，企业网站中的各种信息是搜索引擎检索的基础。由于用户通过检索之后还要到信息源获取更多的信息，因此这个信息源的构建不能只是站在搜索引擎友好的角度，还应该包含用户友好。

2) 让网站信息出现在搜索结果中靠前的位置

网站仅仅被搜索引擎收录还不够，还需要让企业信息出现在搜索结果中靠前的位置，这就是搜索引擎优化所期望的结果。因为搜索引擎收录的信息通常都很多，当用户输入某个关键词进行检索时会反馈大量的结果，如果企业信息出现的位置靠后，被用户发现的机会就大为降低，搜索引擎营销的效果也就无法保证。让网站信息出现在靠前的位置既可以通过购买竞价排名的方式实现，也可以通过企业网站的精心维护来实现。比如网站更新一定要及时，企业越能提供最新鲜的企业信息，被搜索到的可能性就越大，排名越靠前。

3) 以搜索结果中有限的信息获得用户关注

通过对搜索引擎检索结果的观察可以发现，并非所有检索结果都含有丰富的信息，用户通常并不能点击浏览检索结果中的所有信息，需要对搜索结果进行判断，从中筛选一些相关性最强、最能引起用户关注的信息进行点击，进入相应网页之后获得更为完整的信息。做到这一点，需要针对每个搜索引擎收集信息的方式进行针对性的研究。

4) 为用户获取信息提供方便

用户通过点击搜索结果而进入网站/网页，是搜索引擎营销产生效果的基本表现形式，用户的进一步行为决定了搜索引擎营销是否可以最终获得收益。在网站上，用户可能为了了解

某个产品的详细介绍而成为注册用户。在此阶段，搜索引擎营销将与网站信息发布、顾客服务、网站流量统计分析、在线销售等其他互联网营销工作密切相关，在为用户获取信息提供方便的同时，与用户建立密切的关系，使其成为潜在顾客，或者直接购买产品。

二、社区论坛营销

（一）概念

论坛营销就是企业利用论坛这种网络交流的平台，通过文字、图片、视频等方式发布企业的产品和服务的信息，从而让目标客户更加深刻地了解企业的产品和服务，最终达到企业宣传品牌、加深市场认知度等网络营销的目的。

（二）特点

1．论坛营销成本低，见效快

论坛营销多数是属于论坛灌水，其操作成本比较低，主要要求的是操作者对于话题的把控能力与创意能力，而不是资金的投入量。营销人员会设计一些能够激起大家兴趣和参与热情的话题发布在论坛上，借由此话题进行广告宣传。比如，作为一个几乎涵盖了所有汽车品牌的论坛门户——“汽车之家”曾鼓励车友在买车后上传自己老婆和靓车的合影。这次活动中最吸引大家眼球的是论坛中一位国产汽车品牌比亚迪车主的女友不仅在自己男友的上传合影中出现，而且还在另一个宝马汽车车主上传的照片中再次上镜，更为离奇的是比亚迪车主的女友最终成了宝马车主的女友。这种离奇而又容易引发争议的故事引发了众多汽车论坛参与者的关注，而“汽车之家”也利用了此次机会，在此事件后不久上市，打响了自己的知名度。

2．传播广，可信度高

论坛营销一般是企业以自己的身份或者是伪身份发布的信息，所以对我们来说，其发布的信息要比单纯的网络广告更加可信。为迎合网络的需求，不同类型的站点都架构了论坛系统，操作者发布论坛的广度也很明显。

3．互动强、交流信息精准度高

企业做营销的时候一般都会提出关于论坛营销的需求，一般会有特定主题和板块的内容要求，操作者多从相关性的角度思考问题，所操作的内容就更有针对性，用户在搜索自己所需要内容的时候，精准度就更高。

4．针对性强

论坛营销的针对性非常强，企业可以针对自己的产品在相应的论坛中发帖，也可以为了引起更大反响而无差别地在各大门户网站的论坛中广泛发帖。论坛营销还可以通过这个平台与网友进行互动，引发更大的回响。

（三）方法

做论坛营销，并不是在论坛上发几个软文帖子、上几个广告位就可以获得成功。一次成

功的论坛营销活动需要前期的充分策划、运作中的事件与时机的把握，以及与线下活动的配合。

1．前期策划——寻找目标市场高度集中的行业论坛

知己知彼，方能百战百胜。企业在进行论坛营销时，需要一定时间的经营与策划。首先要对本身所在的行业进行一个透彻的分析，根据分析得出的结果寻找所在行业的一些著名论坛和主题论坛。在主题集中的论坛上进行论坛营销，往往会起到事半功倍的效果。其次，要了解所参与的论坛特性及网民行为。企业可以积极地在论坛上参与讨论、发表意见和看法。同时也要时刻留意其他会员的动态情况，当发现其他会员有问题和困难的时候，企业应主动出击，积极帮忙，建立自己与论坛网民的密切联系，为下一步推广做好准备。良好的论坛社区关系可以使企业接下来的营销活动达到一呼百应的效果。

2．精心组织——淡化广告色彩，激发网民参与

在营销活动进行时尽量不要在论坛上发广告，尤其是广告性很强的广告。因为大部分网民都会排斥论坛上的生硬广告，而且会对发广告的企业和个人产生抵触心理。有些论坛会明文规定论坛上不能发布广告，所以为了避免被网民排斥或者被封账号，切勿在论坛上发广告。不发布广告，并不是不能进行广告活动。论坛上的广告活动应该建立在帮助消费者的基础上，即根据消费者的消费心理，提供消费者需要的信息，引起消费者的主动关注，而不是将垃圾信息推到消费者面前。消费者在购买手机时会主动利用各种网络渠道获取产品信息，为自己的购买提供决策依据。根据这一特点，三星公司制作了图文并茂的手机功能介绍，并根据人群定位及论坛人气度进行相应级别划分，有针对性地对论坛话题进行投放。在活动进行中，三星公司还进行了实时监控，部分论坛以置顶的方式在网络论坛进行传播。执行人员根据论坛网友的互动和反馈，进行有针对性的话题引导，并通过和一些论坛意见领袖的沟通，让话题更进一步地深入影响下去。同时对负面话题进行监控，及时进行危机公关。在活动结束后，对活动的流量分析及反馈也都做了相应的分析和总结。而且，三星公司还对活动过程中的数据包括用户所留下的行为和反馈进行了收集整理，以帮助自己掌握消费心理需求及市场发展趋势，为以后的企业生产与营销活动奠定合理基础。

需要注意的是，在进行活动时企业一定要考虑论坛网民的参与情况，要讲求天时地利人和。活动发布要选择网民能够参与话题讨论的时间和事件，不能仅从营销活动组织者的角度考虑问题。一些针对青年人的广告营销，选择周末的晚上发布，可能会比周末早晨发布效果更好，因为许多年轻人会在周末早晨选择睡觉这种休息方式，从而导致了论坛活跃度不高，参与的消费者人数较少。

3．扩大营销活动影响——线上、线下相配合

如果企业的广告营销在网络上获得了一定的影响力，但线下却没有相应的结合，那么企业显然是在做无用功，这种影响力也会逐渐消散。所以在广告营销活动进行的同时，企业的线下活动也需要积极配合，线上活动吸引眼球，提高关注度，线下活动提供服务，塑造影响，从而共同推动广告效果的实现。

本章小结

新的营销形式并不是对传统广告营销的抛弃，新的媒介技术和传播手段的使用是为了更好地服务消费者，这也是广告营销的本质。微信营销注重与消费者一对一互动，微博营销注重信息在瞬间遍布，搜索引擎营销提供了精确定位消费者的可能，社区论坛营销营造较强的社区人际关系，这些新媒体营销都是为商家和消费者建立链接，在密切的互动中，实现商家对消费者的服务。

延伸阅读

1. 新浪微营销 http://weibo.com/sellorelse
2. 微博广告中心　http://tui.weibo.com/
3. 知微 http://www.weiboreach.com/
4. 36微信 http://www.36wechat.com/
5. 派代网 http://www.paidai.com/

【案例】

良品铺子的O2O营销

【案例简述】

良品铺子是一家集休闲食品研发、加工分装、零售服务的专业品牌连锁运营公司。2014年3月8日，良品铺子与阿里平台合作进行品牌宣传，在当天武汉及成都的所有门店，用手机支付宝支付，有机会享受10%免单，500元封顶；手机淘宝节成功落幕后，良品铺子以3月8日当天7995笔支付宝当面付的数量，从众多大型品牌商中脱颖而出，稳坐全品类第一。

【营销策略分析】

良品铺子是进行O2O模式探索的一个很成功的例子，目前其门店开放免费WIFI，不断进行线上线下融合的O2O实践探索。良品铺子利用电商运营、自媒体建设，以及全渠道布局三个方面探讨良品铺子的O2O模式。

在3月8号的免单活动中，良品铺子公司内部立即成立O2O项目组，当天众多门店反馈各店纷纷收到顾客免单的信息，顾客也将自己免单的惊喜分享到微博。经过这次活动，良品铺子实现了武汉与成都市场门店的手机支付宝支付功能，打破了O2O障碍，实现线上线下互通，并在同品类品牌中实现O2O率先占位。

1．网店与门店融合的O2O探索

门店WIFI为消费者提供网络环境，让消费者查看商品详情，实现质量安全追溯，查询他人评论。WIFI可以实现通过手机辨识消费者，通过线上数据的分析，获知消费者的行为特征、商品喜好，更有针对性地为消费者提供服务，提升消费者的愉悦感。

在O2O模式的探索中，线下传统企业拥有比线上企业更大的探索空间和优势。

2．微博微信是O2O的桥梁

微博、微信等媒体工具的出现，对互联网经济进行了完美补充，对于像良品店铺这样的希望在互联网世界有所作为的企业，自媒体的重要性是毋庸置疑的。一方面，一个有影响力的企业自媒体，能够降低企业在推广方面的成本。另一方面，对类似良品铺子这样的传统线下企业来说，自媒体就是它们将线下交易量转化为线上电商流量的重要工具和渠道。良品铺子微博为用户提供有独特视角与观点的原创性高品质内容与话题，同时对当前热点及美食话题进行深度加工，鼓励并培养用户的互动习惯，从而形成对良品铺子微博的依赖性和信任。良品铺子微信以用户与会员服务为核心搭建各项功能板块，不断提高与优化用户体验，借助微信LBS地理定位功能，实现全国门店周边覆盖的社区化服务网络，同步打通网上商城，完成线上线下一体化的O2O布局。

【与传统的不同】

良品铺子利用O2O模式以及与互联网经济的完美结合，将一个传统的线下小企业迅速打造成了一个专业品牌连锁运营公司。它与传统的不同主要是在于提高用户体验。那么，如何来提高用户体验？

可以从三个方面提高用户体验。

（1）线下为线上提供“配送”服务：借助线下门店的地理位置优势，为线上提供快捷的配送服务，让消费者有更好、更快的物流体验。

（2）线上为线下提供“数据”服务：借助线上大数据分析的优势，对线下门店进行数字化体验升级，让消费者在门店的购物过程中拥有线下的触感体验和情感体验，同时也能享受方便搜索、易于比较、查阅评论的数字体验。

（3）建立“全渠道、全过程、全通路”的客户关系管理体系：以客户为中心，记录客户的所有数据，标识客户的所有身份，研究分析客户的行为习惯、消费心理、消费需求，在和客户接触的每个触点上都为其提供个性化的服务，搭建全渠道零售模式，实现客户随时、随地、随意地享受良品铺子的产品和服务。

【可借鉴之处】

线上与线下活动相结合的O2O模式势必会成为未来企业宣传与发展活动的一大潮流，正确和巧妙地运用将对企业的宣传会起到意想不到的作用，并且更重要的是结合企业自身现状，通过对企业及市场环境的分析和比较，运用正确的媒体组合形式。

思考练习

1．生活中还有哪些新的广告营销方式？

2．利用微博、微信等新媒体工具，为自己做一次新媒体营销，让周围人认可自己是“全校最懂新媒体营销的人”。

参考文献

[1] IAB Internet Advertising Revenue Report － 2011 Full Year Result，www.pwc.co/pwc － iab－internet － advertising－ revenue － rep

[2] 美国无线通信和互联网协会(CTIA)，网址: http: / /www.ctia.org

[3] 2011 U.S.Mobile Online Advertising Sizing and Vendor Market Shares，网址: http: / /www.idc.com/getdoc.jsp?containerId= 231886

[4] 薛敏芝．美国新媒体广告规制研究．上海师范大学学报(哲学社会科学版)，2013(3)

[5] 甄西．2012年日本广告业扫描．出版参考，2013(34)

[6] 朱一玄，刘毓忱．水浒传资料汇编．天津：南开大学出版社，2002

[7] 水浒传会评本．陈曦钟，等辑校．北京：北京大学出版社，1981

[8] 杨海军．中国古代商业广告史．郑州：河南大学出版社，2005

[9] 黄合水．品牌学概论．北京：高等教育出版社，2009

[10] 金定海，郑欢．广告创意学．北京：高等教育出版社，2008

[11] 唐·舒尔茨，海蒂·舒尔茨．整合营销传播．河西军，黄鹂，朱彩虹，等译．北京：中国财政经济出版社，2005

[12] 陈培爱．广告学概论．修订版．北京：高等教育出版社，2010

[13] 张金海．20世纪广告传播理论研究．武汉：武汉大学出版社，2002

[14] 艾·里斯，杰克·特劳特．定位．王恩冕译．北京：中国财政经济出版社，2002.

[15] 陈刚．创意传播管理．北京：机械工业出版社，2012

[16] 胡晓云，张健康．现代广告学．杭州：浙江大学出版社，2008

[17] 维尔斯著．广告学原理与实务．张红霞译．北京：北京大学出版社，2007

[18] 威廉·威尔斯，桑德拉·莫里亚提，约翰·伯奈特．广告学原理与实务．桂世河译．北京：中国人民大学出版社，2009

[19] 赵琛．中国近代广告文化．长春：吉林科技出版社，2000

[20] 严学军，汪涛．广告策划与管理．第2版．北京：高等教育出版社，2006

[21] 段轩如．广告学概论．北京：经济科学出版社，2010

[22] 吴柏林．广告学原理．北京：清华大学出版社，2009

[23] 金力．广告营销策划经典案例分析．北京：北京大学出版社，2010

[24] 田卫平．广告营销原理．大连：东北财经大学出版社，2010

[25] 张建设，边卓，王勇，等．广告学概论．北京：北京大学出版社，2012

[26] 余明阳，陈先红．广告学．第3版．合肥：安徽人民出版社，2006

[27] 刘昕远．广告学概论．北京：中国轻工业出版社，2007

[28] 韩光军．现代广告学．第4版．北京：首都经济贸易大学出版社，2006

[29] 舒咏平．广告心理学教程．北京：北京大学出版社，2004

[30] 菲利普·科特勒著．营销管理．第9版．梅清豪，张桁译．上海：上海人民出版社，

[31] 吕化周，柳兴国，范应仁．市场营销学．武汉：武汉理工大学出版社，2006

[32] 纪华强．广告战略与决策．大连：东北财经大学出版社，2001
[33] 陈刚，单丽晶，阮珂，等．对中国广告代理制目前存在问题及其原因的思考．广告大观(理论版)，2006(1)
[34] 丁俊杰．现代广告通论．第2版．北京：传媒大学出版社，2007
[35] 徐小娟．论广告的文化环境．北京工商大学学报（社会科学版），2002（1）
[36] 张伟博．我国广告教育的调研报告．江苏经贸职业技术学院学报，2009(3)
[37] 黄合水，等．中国广告教育状况研究报告．广告研究，2008(5)
[38] 徐艟．广告学．合肥：合肥工业大学出版社，2010
[39] 王伟明．广告学导论．上海：上海交通大学出版社，2009
[40] 彭涌．广告策划．北京：中国青年出版社，2012
[41] 纪华强．广告策划．北京：高等教育出版社，2013
[42] 刘林清．广告学概况．北京：中国人民大学出版社，2011
[43] 赵国祥．广告策划实务．北京：科学出版社，2009
[44] 宋海松．麦肯的方法．广州：广东经济出版社，2002
[45] 汤峻峰，杨学军．成功广告案例分析．北京：中国商业出版社，2001
[46] 甘忠泽．现代广告案例．上海：复旦大学出版社，1999
[47] 马谋超．广告心理．北京：中国物价出版社，1997
[48] 屈云波．营销企划实务．北京：企业管理出版社，1998
[49] 朱海松．国际性广告公司基本操作流程．广州：广东翻译出版社，2002
[50] 王国全．新广告学．北京：广东人民出版社，2002
[51] 倪宁．广告学流程．北京：中国人民大学出版社，2001
[52] 傅根清．广告学原理．济南：山东人民出版社，2002
[53] 顾执．广告文案技法．上海：中国大百科全书出版社上海分社，1995
[54] 蒙勒·李，卡拉·约翰逊．广告原理．延边：延边人民出版社，2003
[55] 柏木重秋．广告概论．北京：中国经济出版社，1991
[56] 苗杰．现代广告学．北京：中国人民大学出版社，1999
[57] 樊志育．广告学概论．北京：三民书局出版社，1985
[58] 高志宏，徐智明．广告文案写作．北京：中国物价出版社，1997
[59] 大卫·奥杜威．一个广告人的自白．北京：中国友谊出版社，1991
[60] 傅汉章，邝铁军．广告学．广州：广东高等教育出版社，1985
[61] 曹芳华．网络为王：网络时代的品牌建设策略．厦门：厦门大学出版社，2010．
[62] 彭兰．网络传播学．北京：中国人民大学出版社，2009
[63] 雷跃捷．网络传播概论．北京：中国传媒大学出版社，2010
[64] 维克托·迈尔·舍恩伯格．大数据时代：生活、工作与思维的大变革．杭州：浙江人民出版社，2012
[65] 舒咏平．新媒体广告．北京：高等教育出版社，2010
[66] 杜俊飞．中国网络广告考察报告．北京：社会科学文献出版社，2007
[67] 威廉·阿伦斯．当代广告学．第8版．丁俊杰，程坪译．北京：人民邮电出版社，2005

[68] 李开复．微博改变一切．上海：上海财经大学出版社，2011
[69] 优米网．无微不至：微博影响实战指南．合肥：安徽人民出版社，2013
[70] 王易．微信营销与运营：策略、方法、技巧与实践．北京：机械工业出版社，2014